成功CEO的临门一脚

数据合规管理

From Compliance to Triumph:
Mastering Data Compliance Management

高亚平　周梦　纪倩　徐晶　著

法律出版社
LAW PRESS · CHINA
北京

图书在版编目(CIP)数据

成功CEO的临门一脚：数据合规管理 / 高亚平等著. -- 北京：法律出版社，2023
ISBN 978-7-5197-7767-8

Ⅰ.①成… Ⅱ.①高… Ⅲ.①数据管理—科学技术管理法规—研究—中国 Ⅳ.①D922.174

中国国家版本馆CIP数据核字(2023)第057200号

成功CEO的临门一脚：数据合规管理
CHENGGONG CEO DE LINMEN YI JIAO: SHUJU HEGUI GUANLI

高亚平 周 梦 纪 倩 徐 晶 著

责任编辑 陶玉霞
装帧设计 汪奇峰

出版发行 法律出版社
编辑统筹 法规出版分社
责任校对 王晓萍
责任印制 耿润瑜
经　　销 新华书店

开本 710毫米×1000毫米 1/16
印张 22.25 **字数** 380千
版本 2023年6月第1版
印次 2023年6月第1次印刷
印刷 三河市龙大印装有限公司

地址：北京市丰台区莲花池西里7号(100073)
网址：www.lawpress.com.cn
投稿邮箱：info@lawpress.com.cn
举报盗版邮箱：jbwq@lawpress.com.cn

销售电话：010-83938349
客服电话：010-83938350
咨询电话：010-63939796

书号：ISBN 978-7-5197-7767-8
定价：68.00元

凡购买本社图书，如有印装错误，我社负责退换。电话：010-83938349

序　　言

诺贝尔经济学奖得主哈佛大学的罗伯特·默顿认为“数字化时代，信任是一切发展的基础”，我们认为“数据合规是信任构建的基础”。

信任，不能崩塌。

几乎每个CEO都会经历无数次的推销电话，我们的个人信息每天都在被“消费”，由此形成了巨大黑产，据公安部2022年统计，侵犯个人信息刑事案件达1.6万余起。我们认为这个数据也只是冰山一角。

1. 有没有想过，你自己公司可能就深陷在这个产业链中，而你根本无从探查，你引以为傲的产品，竟然是开在非法数据来源上的恶树之花。

2. 有没有想过，突然有一天，你发现公司的数据被公然卖到了网上，“净网一拉”，天价罚单从天而降，自身安全岌岌可危。

3. 有没有想过，公司好不容易挣扎到投资人来，尽调之后，却认为数据非你所有，转身去投奔竞争对手。

4. 有没有想过，公司艰难熬到上市边缘，核查小组一就位，数据问题原形毕露，搅黄了最后的希望。

我们是谁?

我们在数据合规领域，有四个标签：

1. 有数据合规互联网创业经历；

2. 互联网企业数据合规管理经验；

3. IPO企业数据合规专项经验；

4. EXIN认证数据保护官及授权讲师。

我们是国内最早的互联网法律服务的创业者，2013年创立的lawbingo

(law+bingo，迄今最满意的取名)对标美国上市企业 legalzoom——最大的在线法律服务提供者。

作为德恒上海律师事务所数据与合规业务部的负责人，我有幸成为 EXIN(国际信息科学考试学会)在国内第一个持牌律师的数据保护官(DPO)授权讲师，并推动德恒上海成为 EXIN 数据保护官的国内唯一律所联合授权认证点。教学相长，CEO 学员们的视角启发我去聚焦他们的关注点，思考如何将数据合规管理真正融入企业产品中，让产品更加“性感”。

随着为一线互联网平台提供数据合规服务的经验越发丰富，三个递进层次的体会愈加强烈。第一层：我称其为对流层，坚守数据合规底线与企业业务发展之间的冲突，就像对流层强烈的上下对流交互运动；第二层：平流层，在这个层面，数据合规管理可以更好地融合其他管理体系，更好地与产品协同，“嵌入式”地进行合规管理；第三层：热层，抵达这个层次，数据合规管理进入良性循环，构建起信任体系，持续创造价值。而目前我们大部分的项目处在第一层和第二层。

即便是在经办一些独特的 IPO 数据合规专项，比如数据体量以其产品丰富到几乎每月上新，我们仍面临数据合规管理作为支撑底座时，与业务之间的冲突与拉扯。充分体会到，数据合规管理本身也在平衡中寻找韧性，并努力从第一、二层向第三层热层跨越。

一、书，向 CEO 传递什么

1. 迫切：不断上演的生死存亡的案例，证实数据合规的重要和迫切。

2. 必修：数据合规已然是企业经营的必修课，是一家企业从成功走向成就的“定海神针”。

3. 参与：你必须正视并亲自参与，不能全部寄托于你的法务、你的律师和你的产品能解决。

4. 指引：数据合规本身并不难，难的是你不知道该怎么做，本书就是你的指引。

二、数据合规管理，目标是什么

我把数据合规管理的工作目标，归结为三个：

目标一：数据不侵权。避免对别人构成侵权——减少资产损失。

目标二：数据安全。避免自身被侵权——减少资产损失。

目标三：数据确权。融入企业产品的资产化过程——增加资产价值。

三、藏在数据合规管理背后的真实意图：让资产增值

数据合规管理能否顺利实现第三个目标，让数据真正转化为资产？作为律师，我们通常过于强调数据的“确权”，但确权仅是工作起点。我们真正的目标应该是，与财务会计准则相适配，设计和构建一整套体系化的数据合规确权和转化为无形资产的流程制度，将尽可能多的数据以无形资产的形态装进资产负债表的资产端。

四、数据合规怎么做，才能助力资本市场

数据合规管理体系已经给出了最佳实践，以 ISO 27001 信息安全管理体系认证为代表。如果这类认证体系能够在企业中真正被贯彻（请注意，我强调真正被贯彻，实际上我们看到太多的认证停留于表面文档），就能顺利实现 CEO 关注的上述目标一和目标二，即减少资产损失。

因此 CEO 面对数据合规管理，只要做好三步：

1. 选对路：选取对路的数据合规管理认证体系。
2. 捅到底：将认证过程与业务有效结合，且在组织中贯彻得“服服帖帖”。
3. 重融合：融合企业中并行的各种认证体系，并发挥协同效应。

当然上述“三步上篮”过程，并不能保证投篮的命中，这只是标准动作的拆解，投篮的命中还需要我们与 CEO 联手作战，结合本书诸多细节的最佳实践指引，在制度建设、流程设计、岗位配置、权责明确等方面共同努力。

五、数据合规管理 80% 的工作

经历巨量数据企业的 IPO 数据合规管理工作之后，我最大的感触是，当 CEO

参与度比较低时，将导致数据合规管理工作的推动力不足，并会让管理层对律师形成过度依赖，无法让数据合规管理真正融入企业。

实际上，CEO 一旦理解数据合规管理究竟带来什么价值，并且掌握合规管理重点方向，在此基础上结合企业自身产品的特点，将数据合规管理和产品呈现有机结合起来，那么，80% 的数据合规工作企业可以自行完成。

六、本书很有特点

1. 表达上的特点：有图有真相

我们历来的观点就是，能用表和图说清楚的问题，尽量避免用文字。所以本书会有大量的思维导图、表格以及图片，尽量逻辑清晰地向读者展示要点，甚至可以作为查阅和指引的手册。

2. 结构上的特点：总目标 + 分解动作

我们用 IPO 数据合规 50 问串起企业数据合规的主要目标，并在后续章节拆解每一个重要问题。我们以点带面解决问题，在合规与产品的商业诉求之间寻求平衡。

3. 内容上的特点：监管视角，抓主要矛盾，定位引爆点

内容上我们不追求大而全，贯彻“二八理论”，解决重点问题。

（1）监管视角，题库思维

上市审核视角让数据合规管理的目标十分清晰具体，这就便于我们找到合规边界，将企业被问询的问题进行加工分析，构建出一套标准“题库”，帮助 CEO 顺利闯关。

（2）抓主要矛盾

数据合规的主要矛盾是什么？如何构成？本书抓住主要矛盾，比如 CEO 应该找具备什么样能力的人来负责数据合规管理？找对人，问题将迎刃而解。

（3）定位引爆点

爆破前需要“埋点”，通过引爆埋点，让数据合规管理从难变易，让 CEO 觉得可以轻松驾驭。

七、书的脉络

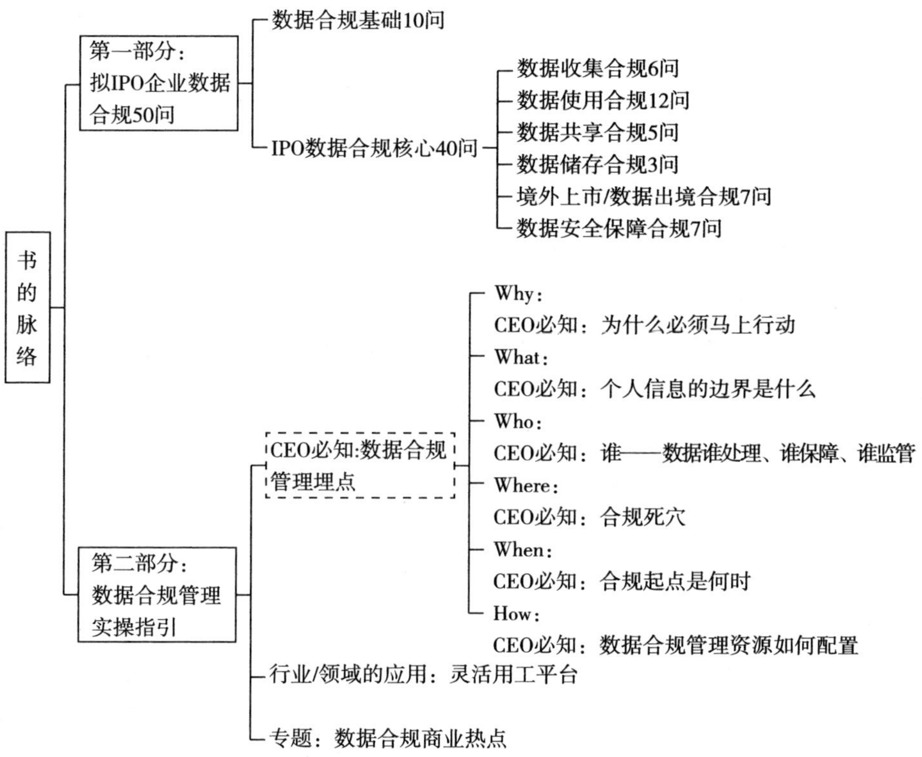

本书分为两个部分：

第一部分：拟 IPO 企业数据合规 50 问。

无论企业处于哪个发展阶段，这 50 问都非常贴合企业的需要。50 问就像是体检表的各项内容，无论你是处于青中年还是老年，体检表都适用。唯一不同的是，体检结果的差异对于体检者的紧迫性完全不同，这也取决于 CEO 临门一脚的目标。

把上市审核机构对拟上市企业的“灵魂拷问”，拆解到企业数据处理生命周期的各个阶段，形成数据合规 50 问。CEO 可以清晰地看到，数据合规在上市视角下的基本要求和应有的标准动作。

特别提示：由于数据合规 50 问涉及数据处理全生命周期，并对数据合规问题提出有针对性的合规解决方案，因此，本书第一部分内容是对后续内容提纲挈领的总览，其中提及的数据合规解决方案的部分内容将在本书第二部分展开论述。

第二部分：数据合规管理实操指引

CEO 关心的 80% 的数据合规管理，可以在这里找到答案。第二部分由八章构成，前六章，“5W+H”，解决数据合规“引爆点”，第七章以案例应用的形态，帮助 CEO 理解数据合规管理如何在行业中应用，第八章围绕数据合规的“热点”专题展开讨论。

1. Why：CEO 必知“为什么必须马上行动”

通过滴滴案的前车之鉴，识别必知的数据合规风险点。

2. What：CEO 必知“个人信息的边界是什么”

识别个人信息边界，影响着企业产品和服务的长相，以及可能触碰哪些底线，方便 CEO 取舍。

3. Who：CEO 必知“谁——数据谁处理、谁保障、谁监管”

集团内业务板块丰富，数据面临融合共享，“谁”是数据的入口，组织内谁来保护这些数据？谁来负责处理这些数据？谁又是外部监管者？外部监管者各自监管什么？本章一一解答。

4. Where：CEO 必知“合规死穴”

数据合规有很多“穴位”，由于企业产品由诸多个人信息的处理环节组成，最终的呈现形态丰富多样，但究竟哪些是“死穴”，能否绕道而行，直接影响产品的“卖相”，因此，数据合规风险点识别就是产品呈现的必经之路。

5. When：CEO 必知“合规起点是何时”

数据合规管理的起点是评估，评估甚至可以被定义为数据合规管理中最重要环节。数据合规管理能走多远、能发挥多少的价值，取决于数据合规的评估工作是否到位。

6. How：CEO 必知“数据合规管理资源如何配置”

管理资源配置的核心内容：从被动到主动，让产品“默认式”“嵌入式”地呈现数据合规，这需要 CEO 选对人、设对岗、建好制、搭好台，最终构建数据合规管理体系。

7. 行业 / 领域的应用：灵活用工平台

选取数据合规利益相关者众多的行业 / 领域进行分析，通过灵活用工平台案例来剖析数据合规面临的主要问题、解决方案以及合规体系。让 CEO 清晰看到平台企业如何在人、岗、制度等全流程维度实践数据合规战略。

8. 专题：数据合规商业热点

有算法、个性化推荐、有爬虫、有“黑模式”，如何用数据伦理去做商业上的取舍，如何在处理数据合规和商业利益问题上寻找到平衡。

八、感谢

首先我们需要互相感谢，感谢参与写作的周梦律师、纪倩律师和徐晶律师的辛苦付出，工作之余的写作让你们变得更加强大，梳理、总结、落笔的过程就是逐渐自我发现潜能的过程。

我们更需要感谢团队的李燊律师，其实数据合规管理领域，正是受益于李律师的牵线和执着，才有了 EXIN 对我们德恒上海 DPO 授权认证点的合作，并奠定了我们团队在数据合规领域的“国际化”基调。我们同时感谢闫铁钊律师，作为商事诉讼律师的合伙人，对书中不少观点的诉讼视角的讨论，让我们这些非诉律师跨越了盲区。

我们同时感谢完成出色检索工作的优秀实习生们：姚宇鸥、顾鼎年、李逸凡、张燕、陈好、方令权、姚懿珊、姚闽琴子、王心悦、施怡洁、许佳玮、杨思雪和郝思懿。希望你们的实习经历，能终身受益，让“有图有真相”和“一表解千愁”的画面感呈现方式发扬光大。“千里马常有，而伯乐不常在。”珍惜一些人生中特别“不适”的经历——我们团队以高压著称，在中西合璧的视角下，不断探寻新问题的解决路径。

最后感谢家人，感谢先生的支持和鼓励，回想 2021 年出版第一本书时我就提及，写作的原动力是先生赋予的，也许是王老师发现，我不仅善于口头表达，更善于通过创新、布局用文字的框架去呈现观点，而且视角和观点往往很独特有趣。

尤其感谢我们家闺女带给我的“喜感”，让我觉得人生丰富多彩，快乐无处不在，哪怕写作和隔离期间，都充满了力量和乐趣。这本书的出版应该可以再次听到小姐姐说：“哇，妈妈你好厉害，你这本书跟书店里卖的书一样！”

由衷地感谢德恒上海沈宏山主任的信任与支持，在沈律师的高度重视之下，才有了德恒数据与合规业务部的设立。深感任重而道远。

感谢身边给予支持的诸多高段位好朋友，反复提醒我，“记住，你是卖书”，必须明确书让谁读，带给读者什么价值。这一层思考，一度让我陷入两难，我到底是要把书变成一种相对通俗的读物，还是应该让自己呈现十足的“专业感”，并最终沦落为只有法律专业的同仁才能读懂。

回归初心，书最终的目标是希望企业能用得上、能用得好，尤其是实战类的书籍，都是众多项目经验和心血的凝练，充满了我们的坚持和热爱，渗透着我们的价值观、思考方式、工作机制。我们乐于看到企业跟着书中的指引真正实践起来，希望看到书中的精要被组织充分吸收，将最佳实践灵活应用。从这个视角换位来看写作方式，就发现两难其实不存在。如果是希望“隔山打牛”，那就让专业人士去读，然后指导企业去找到解决方案；如果是希望企业“金刚破若”，直接迅速见效，那就让 CEO 来读，然后统筹规划，自上而下推动。当然，这个自上而下的过程需要有很多细节去支撑，因此我们写作时试图协调“自上而下和自下而上”，当然最终呈现给读者的还存在诸多不完美，但已经是我们的“第三张小板凳”，敬请各位同仁批评指正。

目　录

CONTENTS

问题索引

开　篇

一轴全息：数据合规立法

导读

全球数据监管案例层出，中国也有了迄今为止最高金额的处罚案例，这在很大程度上得益于立法的逐步完善。

在开篇，我们通过梳理数据合规的立法脉络，以纵轴的形式展现我国自 1982 年《宪法》开始至今的数据合规立法动态，清晰刻画出 2015 年《刑法修正案（九）》将侵犯公民个人信息的行为纳入犯罪的分水岭作用，最终呈现初步形成的高频的立体的数据合规立法格局。

2022 年是全球数据合规强监管年，这是一个起点。

2022 年 7 月，国家互联网信息办公室对滴滴全球股份有限公司（以下简称滴滴公司）依法作出网络安全审查相关行政处罚的决定，对滴滴公司处人民币 80.26 亿元罚款。

2022 年 9 月，爱尔兰数据保护委员会（Data Protection Commission）披露，其将对 Meta 旗下的社交媒体平台 Instagram 处以 4.05 亿欧元（约合 27.98 亿元人民币）的罚款，原因是该社交平台允许未成年人账号公开个人邮件地址和电话号码，违反了欧盟《通用数据保护条例》(General Data Protection Regulation，GDPR)〔1〕。GDPR 被称为世界上最严厉的数据保护法，不遵守 GDPR 的规定可能导致巨额罚款，最高可达公司年度全球收入的 4% 或 2000 万欧元，以金额较大者为准。〔2〕

数据合规问题的解决箭在弦上，数据的无边界性和合规监管的全球化趋同，基本已是共识。立足当下，梳理我们既往的立法过程尤其重要。

我国 1982 年《宪法》便规定公民的通信自由和通信秘密受法律的保护，开始对个人信息保护进行规制。2016 年《网络安全法》的出台，树立起我国网络空间法治建设的重要里程碑，为网络数据安全的保护提供了立法制度的支撑。2021 年 1 月 1 日起正式实施的《民法典》则在人格权编第六章专章规定了隐私权和个人信息保护的相关内容；同年 9 月生效的《数据安全法》是我国第一部有关数据安全的专门法律；同年 11 月生效的《个人信息保护法》是我国第一部保护个人信息的专门法律，标志着我国向完善和深化个人信息保护方面迈出了重要一步。

对此，我们制作了国内针对数据合规（含个人信息保护，下同）相关重要立法的时间轴（见图 0-1），以此明晰我国立法脉络：

---

〔1〕 参见《Meta 领到 GDPR 生效后第二高罚款被罚 4.05 亿欧元　未保护儿童用户信息成为主要原因》，载亚洲资本网，http://news.yzbytv.com/2022/0907/91030.html。

〔2〕 See *What is GDPR, the EU's New Data Protection Law*? , GDPR.EV, https://gdpr.eu/what-is-gdpr/#:~:text=The%20General%20Data%20Protection%20Regulation%20%28GDPR%29%20is%20the, collect%20data%20related%20to%20people%20in%20the%20EU.

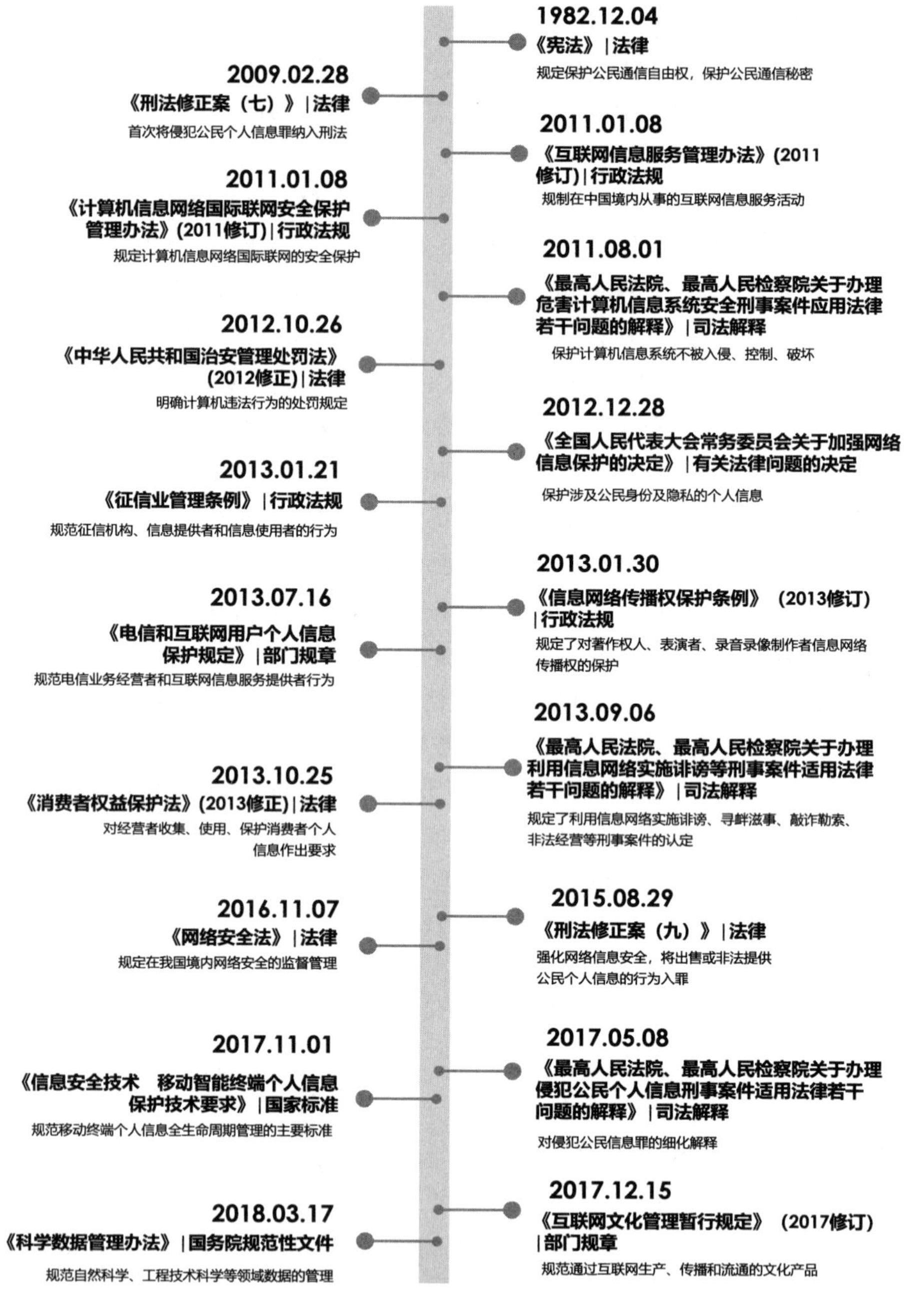

图 0-1　我国数据安全立法脉络

2018.06.27
《网络安全等级保护条例（征求意见稿）》|其他文件
把云计算、大数据、物联网等新业态纳入监管范围

2018.08.31
《电子商务法》|法律
对经营者收集、使用和保护用户个人信息作出规定

2018.09.15
《公安机关互联网安全监督检查规定》|部门规章
规定公安机关可以依法对互联网服务提供者和联网使用单位履行法律、行政法规规定的网络安全义务情况进行安全监督检查

2018.11.09
《检察机关办理侵犯公民个人信息案件指引》|司法解释
对侵犯公民个人信息罪认定中的重要问题作了指引

2018.11.15
《具有舆论属性或社会动员能力的互联网信息服务安全评估规定》|部门规范性文件
明确了什么是具有舆论属性或社会动员能力的互联网信息服务，及其安全评估方式

2019.01.23
《关于开展App违法违规收集使用个人信息专项治理的公告》|部门工作文件
指导个人信息保护执法实践

2019.03.03
《App违法违规收集使用个人信息自评估指南》|规范性文件
指导个人信息保护执法实践

2019.04.10
《互联网个人信息安全保护指南》|规范性文件
将《网络安全法》的原则性合规要求转化为具体指引

2019.04.23
《中华人民共和国电子签名法》(2019修正)|法律
自此电子签名与传统手写签名和盖章具有同等的法律效力

2019.05.10
《信息安全技术 网络安全等级保护基本要求》|国家标准
规定网络安全第一等级至第四等级保护对象的安全通用要求和安全扩展要求

2019.05.28
《数据安全管理办法（征求意见稿）》|其他文件
保障个人信息与重要数据安全

2019.06.01
《网络安全实践指南—移动互联网应用基本业务功能必要信息规范》|国家标准
列举了16类基本业务功能正常运行所需的个人信息

2019.08.22
《儿童个人信息网络保护规定》|部门规章
针对儿童个人信息的保护

2019.10.21
《最高人民法院、最高人民检察院关于办理非法利用信息网络、帮助信息网络犯罪活动等刑事案件适用法律若干问题的解释》|司法解释
规定了拒不履行信息网络安全管理义务、非法利用信息网络、帮助信息网络犯罪活动等犯罪的认定方式

2019.10.26
《中华人民共和国密码法》|法律
适用和监管的对象为密码，且不仅局限于密码产品和密码技术，还包括密码服务

2019.11.28
《App违法违规收集使用个人信息行为认定办法》|规范性文件
为认定App违法违规收集使用个人信息行为提供参考

图 0-1（续）　我国数据安全立法脉络

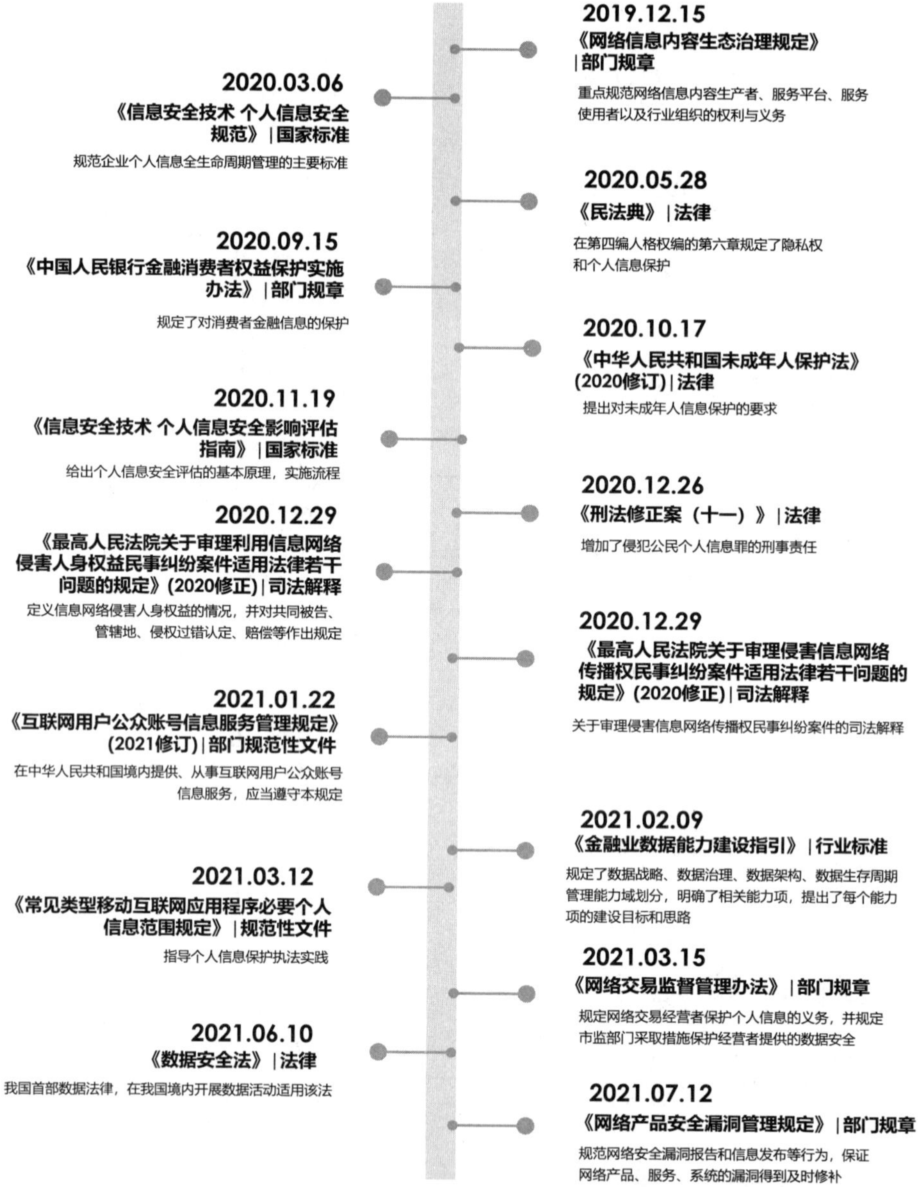

图 0-1（续） 我国数据安全立法脉络

2021.07.27

《关于审理使用人脸识别技术处理个人信息相关民事案件适用法律若干问题的规定》|司法解释

保护人民群众“人脸”安全的重要规范性文件

2021.07.30

《关键信息基础设施安全保护条例》|行政法规

对关键信息基础设施（CII）安全保护做了相较于《网络安全法》更为详细的规定

2021.08.16

《汽车数据安全管理若干规定（试行）》|部门规章

规范汽车数据处理活动

2021.08.20

《中华人民共和国个人信息保护法》|法律

在我国境内处理自然人个人信息的活动适用该法

2021.10.26

《关于进一步加强娱乐明星网上信息规范相关工作的通知》|部门规范性文件

整治泛娱乐化倾向、低俗炒作现象屡禁不止，流量至上、畸形审美、“饭圈”乱象等

2021.12.03

《互联网宗教信息服务管理办法》|部门规章

从事互联网宗教信息发布服务、转载服务、传播平台服务以及其他与互联网宗教信息相关的服务，须遵守本规定

2021.12.28

《网络安全审查办法（2021）》|部门规章

实质性扩大了网络安全审查的范围

2021.12.30

《银行保险机构信息科技外包风险监管办法》|部门规范性文件

银行保险机构将原本由自身负责处理的信息科技活动委托给服务提供商进行处理，需要遵守本办法

2021.12.31

《互联网信息服务算法推荐管理规定》|部门规章

规范互联网信息服务算法推荐活动

2021.12.31

《网络安全标准实践指南——网络数据分类分级指引》|部门工作文件

对网络数据分类分级提供了实践标准

2021.12.31

《金融产品网络营销管理办法（征求意见稿）》|其他文件

进行金融产品网络营销活动，须遵守本办法

2022.03.01

《最高人民法院关于审理网络消费纠纷案件适用法律若干问题的规定（一）》|司法解释

对网络直播各方责任进行了规定

2022.03.14

《未成年人网络保护条例（征求意见稿）》|其他文件

规定了对未成年人信息的特殊保护

2022.04.15

《信息安全技术 移动互联网应用（App）收集个人信息基本要求》|国家标准

为App收集个人信息的行为提供指引

2022.06.14

《移动互联网应用程序信息服务管理规定》(2022修订)|部门规范性文件

规范包括互联网应用商店应用程序分发等行为

图 0-1（续） 我国数据安全立法脉络

2022.06.27
《互联网用户账号信息管理规定》｜部门规章
规范互联网用户账号的注册和使用

2022.07.07
《数据出境安全评估办法》｜部门规章
规范数据出境活动，保护个人信息权益，维护国家安全和社会公共利益

2022.08.31
《数据出境安全评估申报指南（第一版）》｜部门其他文件
为指导和帮助数据处理者规范、有序申报数据出境安全评估而制定

2022.09.09
《互联网弹窗信息推送服务管理规定》｜部门规章
规范互联网弹窗信息推送服务

2022.10.25
《网络产品安全漏洞收集平台备案管理办法》｜部门其他文件
适用于中华人民共和国境内的网络产品安全漏洞收集平台的备案管理工作

2022.11.04
《个人信息保护认证实施规则》｜部门其他文件
规定了个人信息处理者开展个人信息收集、存储、使用、加工、传输、提供、公开、删除以及跨境等处理活动进行认证的基本原则和要求

2022.11.14
《中华人民共和国社会信用体系建设法（征求意见稿）》｜其他文件
中华人民共和国境内推进社会信用体系建设相关活动适用本法

2022.11.16
《互联网跟帖评论服务管理规定》｜部门其他文件
在中华人民共和国境内提供、使用跟帖评论服务，应当遵守本规定

2022.11.25
《互联网信息服务深度合成管理规定》｜部门规章
规范应用深度合成技术提供互联网信息服务行为

2022.12.01
《企业数据资源相关会计处理暂行规定（征求意见稿）》｜其他文件
规范企业数据资源相关会计处理

2022.12.08
《工业和信息化领域数据安全管理办法（试行）》｜部门其他文件
规范工业和信息化领域数据处理活动，加强数据安全管理

2022.12.16
《网络安全标准实践指南—个人信息跨境处理活动安全认证规范V2.0》｜部门其他文件
作为认证机构对个人信息跨境处理活动进行个人信息保护认证的认证依据，也为个人信息处理者规范个人信息跨境处理活动提供参考

2022.12.26
《银行保险机构消费者权益保护管理办法》｜部门规章
保护银行业保险业消费者合法权益

2023.02.22
《个人信息出境标准合同办法》｜部门规章
个人信息处理者通过与境外接收方订立标准合同的方式向中国境外提供个人信息，适用该办法

图 0-1（续） 我国数据安全立法脉络

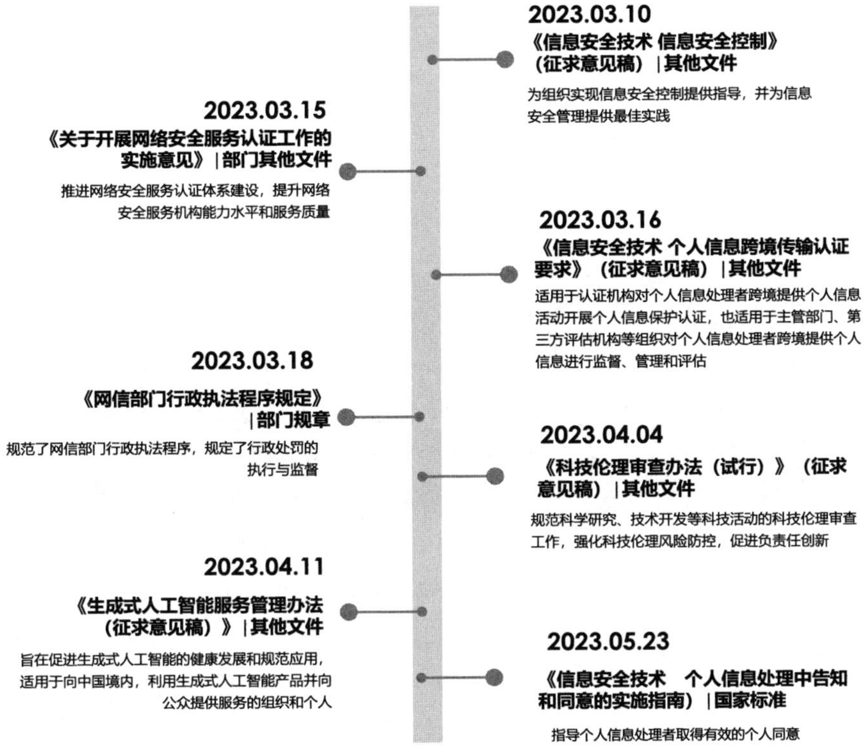

图 0–1（续）　我国数据安全立法脉络

注：

1. 上述文件中日期均为发布日期
2. 上述文件中的国家标准、行业标准不具有强制性。

CEO TIPS

数据轴其实已向您深刻揭示了数据立法与监管的核心趋势：

数据立法从普通法走向特别法（如《网络安全法》、《数据安全法》和《个人信息保护法》，以下简称三部曲），监管态势从普适化监管走向行业化、场景化监管（汽车、互联网信息服务、金融数据、算法等）。这意味着，在信息科技高速发展的当今时代，要想让企业持续释放生命力，就必须做好数据合规管理。

而要达到这个目标，对应三部曲的监管体系，可分别使用下述典型合规认证工具：

1. 网络安全等级保护备案（备案主体公安机关），互联网企业一般匹配三级认证（即“三级等保”）；

2.ISO 27001 信息安全管理体系认证（认证主体认证机构）；

3.ISO 27701 隐私信息管理体系认证（认证主体认证机构）和个人信息保护认证（认证主体市监和网信部门）。

第一部分

拟 IPO 企业数据合规 50 问

导读

以终为始去思考数据合规问题是本书一以贯之的逻辑理念。我们发现，只有当一家企业面临上市时，它所有的合规问题才会真实地展现在阳光之下。如果将企业上市过程比喻为障碍赛跑，那么数据合规问题必将是跑道上难以跨越的障碍物之一。

在本书第一部分，我们拆解了一批业务健全且蓄势待发的拟上市企业在数据合规问题上所面临的上市审核机构的问询，并依照数据合规全链路生命周期形态进行问题的逐一呈现。

本书之所以用 IPO 这个视角作为主线串起本书企业数据合规的指引全貌，是期待正在业务上高速奔跑的企业在开启上市这扇大门前，能先行了解在数据合规维度上的具体要求并由此反观当下该关注什么、改变什么、确立什么，达到"上医治未病"的效果。

第一章　数据合规基础 10 问

通过分析证监会和证券交易所（合称上市审核机构或审核机构）披露的各拟上市企业数据相关问询内容可知，对于以数据为主营业务的拟上市企业，审核机构应重点关注以下问题：(1)发行人是否存在处理个人信息、敏感个人信息的情形，处理方式是否合规；(2)发行人是否掌握重要数据；(3)发行人是否取得相关的数据权属；(4)发行人是否取得数据处理相关的资质、许可、认证及备案；(5)数据处理行为是否符合相关法律法规的规定，是否存在被处罚的风险。（见表 1-1-1）

表 1-1-1　数据合规基础相关问询

关注焦点	问询对象及时间	问询内容
个人信息	华信永道[①] 2022 年 10 月	公司是否存在收集或使用客户数据的情形。请发行人结合公司业务开展模式、具体业务内容、产品应用场景及产品功能等，分析说明公司及其员工在业务开展过程中是否存在收集、存储、传输、处理、使用客户数据或个人信息的情形
敏感个人信息	联众网络[②] 2022 年 7 月	报告期各期发行人仓储的病案数量及病案中所含信息是否属于敏感个人信息，相关病案的存储方式及保护措施
重要数据	长城信息[③] 2022 年 9 月	结合产品销售及经营模式，分析说明发行人是否掌握重要数据或掌握 100 万人以上的个人信息
数据权属	合合信息[④] 2022 年 9 月	发行人各项业务及研发分别获取、存储、使用哪些数据，对应的数据来源、数据权属，以及是否存在销售数据的情形
	数聚智连[⑤] 2022 年 10 月	说明发行人自电商平台获取数据的主要类型（如用户个人信息、订单管理信息、平台运营信息等），以及是否取得相关数据的所有权
资质许可	并行科技[⑥] 2022 年 9 月	结合发行人超算云服务的业务模式和实质，涉及上游超算基础设施和下游高等院校、科研院所等客户的法律法规、监管政策对于超算设施管理、超算第三方服务、信息数据安全和保密等方面的要求，说明发行人从事超算领域业务是否已取得相关资质、许可或认证

续表

关注焦点	问询对象及时间	问询内容
资质许可	东富龙科技⑦ 2022 年 7 月	发行人及控股子公司、参股公司是否为客户提供个人数据存储及运营的相关服务，是否存在收集、存储个人数据，对相关数据挖掘及提供增值服务等情况；如是，请说明是否取得相应资质及提供服务的具体情况
处罚风险	小影创新⑧ 2022 年 4 月	对个人信息的处理和使用是否符合《个人信息保护法》规定的处理规则，是否存在违法违规行为或被行政处罚的风险，是否对发行人构成重大不利影响

①《关于华信永道（北京）科技股份有限公司向不特定合格投资者公开发行股票并在北京证券交易所上市申请文件的审核问询函的回复》。

②《关于上海联众网络信息股份有限公司首次公开发行股票并在创业板上市申请文件第二轮审核问询函的回复》。

③《关于长城信息股份有限公司首次公开发行股票并在创业板上市申请文件的审核问询函的回复》。

④《关于上海合合信息科技股份有限公司首次公开发行股票并在科创板上市申请文件的首轮审核问询函的回复》。

⑤《关于北京数聚智连科技股份有限公司首次公开发行股票并在创业板上市申请文件的第二轮审核问询函的回复》。

⑥《关于北京并行科技股份有限公司公开发行股票并在北交所上市申请文件的审核问询函之回复》。

⑦《关于东富龙科技集团股份有限公司申请向特定对象发行股票的审核问询函之回复报告（修订稿）》。

⑧《关于杭州小影创新科技股份有限公司首次公开发行股票并在创业板上市申请文件的第二轮审核问询函的回复》。

问题 1 如何界定个人信息？

根据《个人信息保护法》的规定，个人信息是以电子或者其他方式记录的与已识别或者可识别的自然人有关的各种信息，不包括匿名化处理后的信息。也就是说，个人信息 = 已识别个人信息 + 可识别个人信息 − 匿名化信息。

其中“匿名化”是指个人信息经过处理无法识别特定自然人且不能复原的过程，与“去标识化”相对。“去标识化”是指个人信息经过处理，使其在不借助额外信息的情况下无法识别特定自然人的过程。

我们以一个典型案例分析个人信息与非个人信息的区别。2022 年 5 月，为了维护网络空间的健康秩序，在用户发表评论 / 发布内容时，各大网络平台强制公开用户 IP 属地[1]信息，一时间引发舆论监管与个人信息保护的激烈论战（具体参见

〔1〕 针对境内账号，仅展示省（自治区、直辖市）；针对境外账号，仅展示国家（地区）。

本书第二部分第二章中的“一、个人信息判定难：以IP属地为例”）。

那么，IP属地信息究竟是否构成个人信息？

（1）IP属地≠IP地址。IP地址是指对计算机等上网设备进行唯一标识的一串32位二进制数，指向具有唯一性，能够单独识别到个人，因而属于个人信息。

（2）IP属地对应的是宽泛的地理区域，单从境内账号展示的地域信息维度来看，省级地域内的用户数量庞大，难以直接通过该信息识别或关联到特定的自然人，不构成“单独识别个人”的信息；然而，若与用户已于平台公开的工作单位、工作经历、头像等信息相结合，却有可能构成“与其他信息结合识别个人”的信息，或属于对IP地址进行去标识化（而非匿名化）后得到的个人信息。

由此可见，IP属地是否构成个人信息，需要结合具体场景，评估其对特定自然人的可识别性所起的作用程度；同时，亦有赖于实践对可识别个人信息认定边界的把握尺度。

问题2 如何界定敏感个人信息？

与一般的个人信息相比，敏感个人信息一旦被泄露或者滥用，往往会对个人信息主体造成更大的人身或者财产损害，因此敏感个人信息应该受到更为严格的保护。根据《个人信息保护法》的规定，只有在具有特定的目的和充分的必要性，并采取严格保护措施的情形下，个人信息处理者才可处理敏感个人信息。

敏感个人信息的处理情况也愈加受到上市审核机构的重视。例如，联众网络[1]是一家为医疗管理部门、医院等提供无纸化病案、DRGs绩效考核等软件服务的公司，其在上市审核过程中，被上市审核机构重点关注其业务开展过程中是否涉及病案信息等敏感个人信息的处理以及处理的合规性。

因此，如何在个人信息中精准识别并区分敏感个人信息尤为重要。

➢ 基础法律定义

根据《个人信息保护法》的规定，敏感个人信息是一旦泄露或者非法使用，容易导致自然人的人格尊严受到侵害或者人身、财产安全受到危害的个人信息，包括生物识别、宗教信仰、特定身份、医疗健康、金融账户、行踪轨迹等信息，以及不

---

〔1〕 2021年12月29日，深圳证券交易所受理联众网络上市申请。经历两轮问询后，联众网络于2022年8月30日撤回申请并终止审核。

满 14 周岁未成年人的个人信息。

➢ 推荐性国家标准定义

参考《信息安全技术　个人信息安全规范》(GB/T 35273—2020，以下简称《个人信息安全规范》)，个人敏感信息是指一旦泄露、非法提供或滥用可能危害人身和财产安全，极易导致个人名誉、身心健康受到损害或歧视性待遇等的个人信息。通常情况下，14 岁以下(含)儿童的个人信息和涉及自然人隐私的信息属于个人敏感信息。具体如表 1-1-2 所示：

表 1-1-2　个人敏感信息列举

要点	内　容
个人财产信息	银行账户、鉴别信息(口令)、存款信息(包括资金数量、支付收款记录等)、房产信息、信贷记录、征信信息、交易和消费记录、流水记录等，以及虚拟货币、虚拟交易、游戏类兑换码等虚拟财产信息
个人健康生理信息	个人因生病医治等产生的相关记录，如病症、住院志、医嘱单、检验报告、手术及麻醉记录、护理记录、用药记录、药物食物过敏信息、生育信息、以往病史、诊治情况、家族病史、现病史、传染病史等
个人生物识别信息	个人基因、指纹、声纹、掌纹、耳廓、虹膜、面部识别特征等
个人身份信息	身份证、军官证、护照、驾驶证、工作证、社保卡、居住证等
其他信息	性取向、婚史、宗教信仰、未公开的违法犯罪记录、通信记录和内容、通讯录、好友列表、群组列表、行踪轨迹、网页浏览记录、住宿信息、精准定位信息等

➢ 特殊行业定义

针对特殊行业，主管部门可能会结合实际监管需要，出台细化规定。以汽车数据为例，其对应的敏感个人信息定义如下：

根据《汽车数据安全管理若干规定(试行)》的规定，敏感个人信息是指一旦泄露或者非法使用，可能导致车主、驾驶人、乘车人、车外人员等受到歧视或者人身、财产安全受到严重危害的个人信息，包括车辆行踪轨迹、音频、视频、图像和生物识别特征等信息。

问题 3　处理敏感个人信息需要注意什么？

考虑到敏感个人信息的特殊性，我国在一般个人信息的处理规则的基础上，对敏感个人信息的全生命周期处理流程提出了特殊的保护要求。

在组织机构的设置上，根据《个人信息安全规范》第11.1条的规定，处理超过10万人的个人敏感信息的组织即应当设置专职的个人信息保护负责人；而对于处理一般个人信息的，则放宽至100万人。（参见本书“问题46 什么情况下应当设置数据安全负责人、个人信息保护负责人以及儿童个人信息保护负责人？”）

根据《个人信息保护法》与《个人信息安全规范》的规定，我们从敏感个人信息的处理原则、个人信息保护影响评估、特殊告知与同意要求、传输与存储、使用、注销账户、公开、安全事件、组织机构等维度，梳理敏感个人信息处理要点如表1-1-3所示（表1-1-3中未涉及的内容应依据一般个人信息处理规则处理）：

表1-1-3 敏感个人信息处理规则

序号	要点	内容
1	处理原则	(1)具有特定的目的和充分的必要性； (2)采取严格保护措施
2	个人信息保护影响评估	个人信息处理者应当在处理敏感个人信息前，进行个人信息保护影响评估，并对处理情况进行记录（参见本书“问题9 如何正确认识个人信息保护影响评估？”）
3	特殊告知要求	(1)履行一般告知义务（参见本书“问题11 直接从用户获得数据，需要关注什么？”）： (a)个人信息处理者的名称或者姓名和联系方式； (b)个人信息的处理目的、处理方式，处理的个人信息种类、保存期限； (c)个人行使《个人信息保护法》规定权利的方式和程序； (d)法律、行政法规规定应当告知的其他事项。 (2)履行特殊告知义务：向个人告知处理敏感个人信息的必要性以及对个人权益的影响（依照《个人信息保护法》第18条①规定可以不向个人告知的除外）。 (3)告知方式：宜在收集敏感个人信息前，通过交互界面或设计（如弹窗、文字说明、填写框、提示条、提示音等形式），向个人信息主体履行告知义务
4	单独同意	(1)单独同意：处理敏感个人信息应当取得个人的单独同意；法律、行政法规规定处理敏感个人信息应当取得书面同意的，从其规定。 (2)同意方式：宜通过个人信息主体对信息收集主动作出肯定性动作（如勾选、点击“同意”或“下一步”等）征得其明示同意，而非默认同意。 (3)撤回同意：所要求的交互界面或设计应方便个人信息主体再次访问及更改其同意的范围。 (4)未成年人的特殊情形： (a)应当取得未成年人的父母或者其他监护人的同意； (b)个人信息处理者处理不满14周岁未成年人个人信息的，应当制定专门的个人信息处理规则

续表

序号	要点	内　　容
5	传输与存储	(1)传输和存储个人敏感信息时，应采用加密②等安全措施。 (2)个人生物识别信息应与个人身份信息分开存储。 (3)原则上不应存储原始个人生物识别信息(如样本、图像等)，可采取的措施包括但不限于： (a)仅存储个人生物识别信息的摘要信息③； (b)在采集终端中直接使用个人生物识别信息实现身份识别、认证等功能； (c)在使用面部识别特征、指纹、掌纹、虹膜等实现识别身份、认证等功能后删除可提取个人生物识别信息的原始图像④
6	使用	对个人敏感信息的访问、修改等操作行为存在访问权限上的要求，即宜在对角色权限控制的基础上，按照业务流程的需求触发操作授权
7	注销账户	注销账户的过程中需收集敏感个人信息核验身份时，应明确收集敏感个人信息后的处理措施，如达成目的后立即删除或匿名化处理等
8	公开	(1)进行个人信息保护影响评估； (2)向个人信息主体告知公开的目的、涉及的敏感个人信息的内容； (3)取得个人单独同意的； (4)不应公开：我国公民的种族、民族、政治观点、宗教信仰等敏感个人信息的分析结果
9	安全事件	考虑到敏感个人信息一旦泄露或者非法使用，容易导致自然人的合法权益受到侵害，若发生或者可能发生敏感个人信息泄露、篡改、丢失，建议按照本书“问题 48：发生个人信息泄露时，个人信息处理者应当怎么办？”履行法定补救与通知义务，并留存记录以自证清白
10	组织机构	(1)个人信息保护负责人：处理超过 10 万人的敏感个人信息的组织，应设立专职的个人信息保护负责人和个人信息保护工作机构，负责个人信息安全工作(参见本书“问题 46：什么情况下应当设置数据安全负责人、个人信息保护负责人以及儿童个人信息保护负责人？”)； (2)员工管理：应与从事个人信息处理岗位上的相关人员签署保密协议，对大量接触敏感个人信息的人员进行背景审查，以了解其犯罪记录、诚信状况等

①《个人信息保护法》第 18 条规定：“个人信息处理者处理个人信息，有法律、行政法规规定应当保密或者不需要告知的情形的，可以不向个人告知前条第一款规定的事项。紧急情况下为保护自然人的生命健康和财产安全无法及时向个人告知的，个人信息处理者应当在紧急情况消除后及时告知。”

② 采用密码技术时宜遵循密码管理的相关国家标准。

③ 摘要信息通常具有不可逆特点，无法回溯到原始信息。

④ 个人信息控制者履行法律法规规定的义务相关的情形除外。

问题 4 如何界定重要数据？

与一般数据相比，重要数据一旦被泄露或滥用，往往会对国家安全、公共利益造成更大的损害。因此，《网络安全法》、《数据安全法》以及相关法律法规与各类国家标准，都对重要数据制定了特殊的保护制度。重要数据的处理也愈加受到上市审核机构的重视，如在长城信息〔1〕上市审核过程中，上市审核机构就问询到其是否涉及重要数据的处理。

然而，目前《网络安全法》及《数据安全法》尚未对“重要数据”的定义、范围进行明确。

➢ 重要数据定义

参考 2022 年《信息安全技术 重要数据识别指南（征求意见稿）》（以下简称《重要数据识别指南》），其将重要数据定义为“以电子方式存在的，一旦遭到篡改、破坏、泄露或者非法获取、非法利用，可能危害国家安全、公共利益的数据”，同时标注“重要数据不包括国家秘密和个人信息，但基于海量个人信息形成的统计数据、衍生数据有可能属于重要数据”。

➢ 重要数据识别原则及识别因素

识别重要数据，需要遵循聚焦安全影响〔2〕、突出保护重点〔3〕、衔接既有规定〔4〕、综合考虑风险〔5〕、定量定性结合〔6〕与动态识别复评〔7〕六项基本原则。同时，依据《重要数据识别指南》的规定，具备以下因素之一的，是重要数据（见图 1-1-1）：

---

〔1〕 深圳证券交易所于 2021 年 12 月 29 日受理长城信息上市申请。经两轮问询后，其申请于 2022 年 9 月 15 日经创业板上市委员会审议通过。

〔2〕 从国家安全、经济运行、社会稳定、公共健康和安全等角度识别重要数据，只对组织自身而言重要或敏感的数据不属于重要数据，如企业的内部管理相关数据。

〔3〕 通过对数据分级，明确安全保护重点，使一般数据充分流动，重要数据在满足安全保护要求前提下有序流动，释放数据价值。

〔4〕 充分考虑地方已有管理要求和行业特色，与地方、部门已经制定实施的有关数据管理政策和标准规范紧密衔接。

〔5〕 根据数据用途、面临威胁等不同因素，综合考虑数据遭到篡改、破坏、泄露或者非法获取、非法利用等风险，从保密性、完整性、可用性、真实性、准确性等多个角度识别数据的重要性。

〔6〕 以定量与定性相结合的方式识别重要数据，并根据具体数据类型、特性不同采取定量或定性方法。

〔7〕 随着数据用途、共享方式、重要性等发生变化，动态识别重要数据，并定期复查重要数据识别结果。

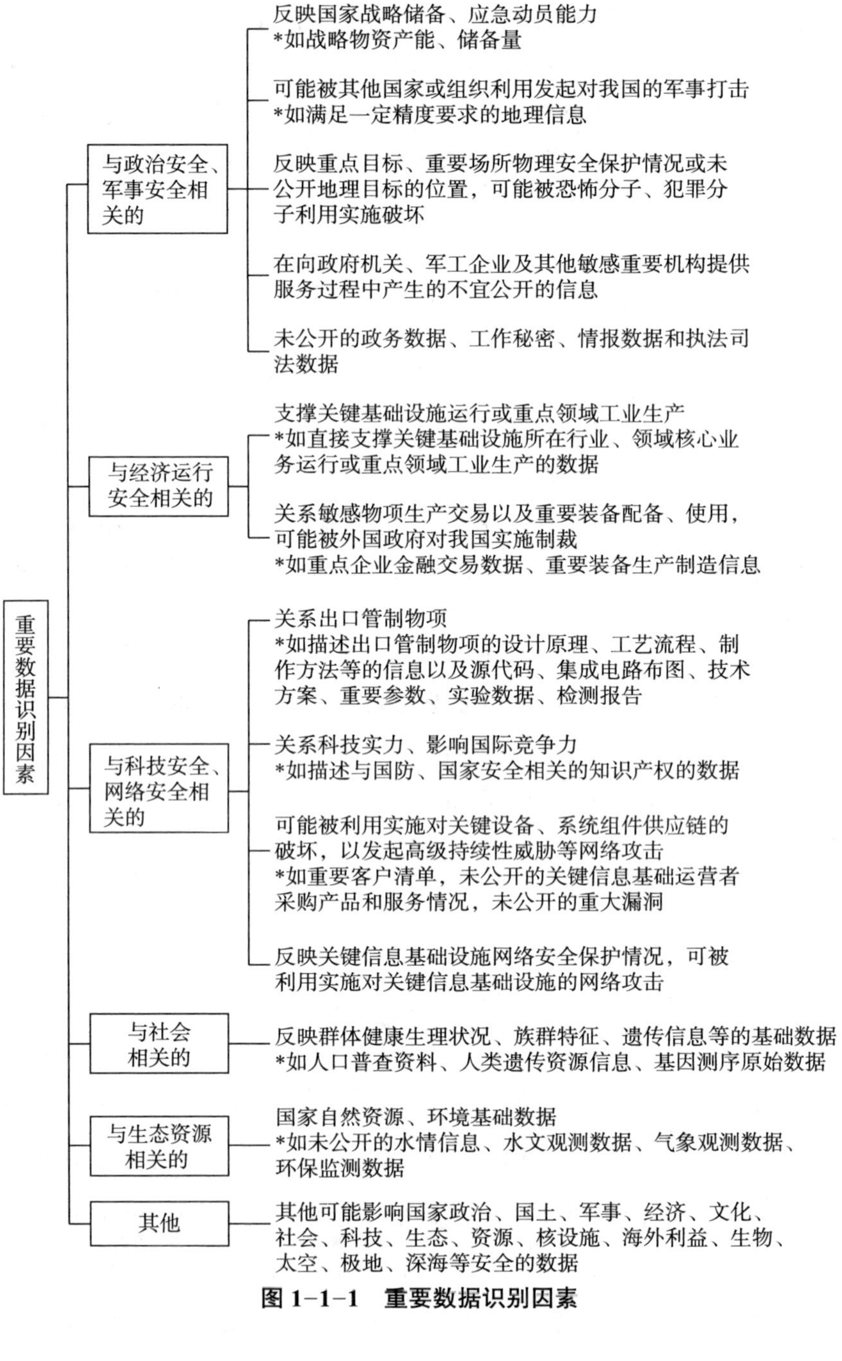

图 1-1-1　重要数据识别因素

➢ 汽车、基础电信行业与工业和信息化领域重要数据目录

根据《数据安全法》等法律法规的要求，国家有关部门应制定重要数据目录，加强对重要数据的保护。目前，我国汽车行业、基础电信行业以及工业和信息化领域制定了现行有效的重要数据目录（见表 1-1-4）。鉴于其他行业重要数据目录尚未出台，建议拟上市公司及时与主管部门作进一步沟通，以明确其所处理的数据性质是否构成重要数据。

表 1-1-4 汽车、基础电信行业及工业和信息化领域制定的现行有效的重要数据目录

领域	重要数据定义	重要数据范围	文件依据
汽车	一旦遭到篡改、破坏、泄露或者非法获取、非法利用，可能危害国家安全、公共利益或者个人、组织合法权益的数据	（1）军事管理区、国防科工单位以及县级以上党政机关等重要敏感区域的地理信息、人员流量、车辆流量等数据； （2）车辆流量、物流等反映经济运行情况的数据； （3）汽车充电网的运行数据； （4）包含人脸信息、车牌信息等的车外视频、图像数据； （5）涉及个人信息主体超过 10 万人的个人信息； （6）国家网信部门和国务院发展改革、工业和信息化、公安、交通运输等有关部门确定的其他可能危害国家安全、公共利益或者个人、组织合法权益的数据	《汽车数据安全管理若干规定（试行）》
基础电信	企业在运营中收集、产生、控制的不涉及国家秘密，但与国家安全、经济发展、社会稳定，以及公共利益密切相关的数据，特别是与国家基础通信网络安全密切相关的数据	（1）基础电信企业掌握的能够反映通信行业整体情况的数据，如网络规划、建设、关键技术信息。 （2）基础电信企业掌握的通信网络基础资源信息，一旦被恶意利用，可能会导致国家基础通信网络中断，进而对国家安全和社会稳定造成重大影响。 （3）基础电信企业掌握的能够导致通信行业发生系统性风险的能够反映通信网络总体运行状况的数据，一旦完整性、保密性、可用性遭破坏可能对国家或社会带来负面影响的数据，如网络运行监控数据。 （4）基础电信企业掌握的通信网络与系统的设计、安全防护计划和策略方案及其单元或设备选型、配置、软件等属性信息和脆弱性信息等；以及包括密码技术在内的其他与国家安全相关的单元、装置、设备、系统或计划、设计能力和缺陷信息。 （5）基础电信企业掌握的与意识形态、舆情等有关的文化安全相关信息。 （6）YD/T 3813—2020 中四级数据中的用户相关数据比照重要数据管理。 （7）基础电信企业掌握的其他与国家公共安全、经济发展、社会稳定，以及公共利益密切相关的数据	《基础电信企业重要数据识别指南》

续表

领域	重要数据定义	重要数据范围	文件依据
工业和信息化	—	(1)对政治、国土、军事、经济、文化、社会、科技、电磁、网络、生态、资源、核安全等构成威胁，影响海外利益、生物、太空、极地、深海、人工智能等与国家安全相关的重点领域； (2)对工业和信息化领域发展、生产、运行和经济利益等造成严重影响； (3)造成重大数据安全事件或生产安全事故，对公共利益或者个人、组织合法权益造成严重影响，社会负面影响大； (4)引发的级联效应明显，影响范围涉及多个行业、区域或者行业内多个企业，或者影响持续时间长，对行业发展、技术进步和产业生态等造成严重影响； (5)经工业和信息化部评估确定的其他重要数据	《工业和信息化领域数据安全管理办法(试行)》

问题 5　处理重要数据需要注意什么？

考虑到重要数据与国家安全、公共利益息息相关，我国对于处理重要数据制定了特殊的保护要求。根据《数据安全法》《网络数据安全管理条例（征求意见稿）》等相关法律法规，我们初步总结出重要数据处理者需要重点关注的要点，如表 1-1-5 所示：

表 1-1-5　重点数据合规要点

序号	要点	内　　容	来源
1	设置人员及机构	重要数据的处理者应当明确数据安全负责人和管理机构，落实数据安全保护责任	《数据安全法》
2	重要数据备案	重要数据的处理者，应当在识别其重要数据后的 15 个工作日内向设区的市级网信部门备案	《网络数据安全管理条例(征求意见稿)》
3	采购可信产品与服务	重要数据的处理者，应当优先采购安全可信的网络产品和服务	《网络数据安全管理条例(征求意见稿)》
4	数据安全培训	重要数据的处理者，应当制定数据安全培训计划，每年组织开展全员数据安全教育培训，数据安全相关的技术和管理人员每年教育培训时间不得少于 20 小时	《网络数据安全管理条例(征求意见稿)》

续表

序号	要点	内　　容	来源
5	共享 / 交易 / 委托处理重要数据前征得主管部门同意	数据处理者共享、交易、委托处理重要数据的，应当征得设区的市级及以上主管部门同意，主管部门不明确的，应当征得设区的市级及以上网信部门同意	《网络数据安全管理条例（征求意见稿）》
6	定期开展风险评估	重要数据的处理者应当按照规定对其数据处理活动定期开展风险评估，并向有关主管部门报送风险评估报告；风险评估报告应当包括处理的重要数据的种类、数量，开展数据处理活动的情况，面临的数据安全风险及其应对措施等	《数据安全法》
7	重要数据出境的特别规定	数据处理者向境外提供重要数据，应当通过所在地省级网信部门向国家网信部门申报数据出境安全评估：（一）数据处理者向境外提供重要数据……	《数据出境安全评估办法》

此外，根据《工业和信息化领域数据安全管理办法（试行）》的规定，工业和信息化领域的重要数据处理者还应当注意以下三点：

（1）建立覆盖本单位相关部门的数据安全工作体系，明确数据安全负责人和管理机构，建立常态化沟通与协作机制。本单位法定代表人或者主要负责人是数据安全第一责任人，领导团队中分管数据安全的成员是直接责任人。

（2）明确数据处理关键岗位和岗位职责，并要求关键岗位人员签署数据安全责任书，责任书内容包括但不限于数据安全岗位职责、义务、处罚措施、注意事项等内容。

（3）建立内部登记、审批等工作机制，对重要数据的处理活动进行严格管理并留存记录。

问题 6　如何确认数据权属?

数据作为新型生产资料，其权属关系的界定是解决后续流通利用环节中权利义务关系界定、数据主体合法权益保障、数据秩序维护等核心问题的先决条件。但数据不存在资源枯竭问题，将随着反复使用与汇聚融合不断繁荣数据价值，且数据在具有财产属性的同时，又具有相应的人身权特征，所以立法与司法层面目前尚未对数据权属形成明确规定或共识。

然而，由于数据权属问题与拟上市企业数据资源利用的合规性以及盈利能力息息相关，在上市审核过程中屡次被上市审核机构问询（如合合信息与数聚智联，皆被问询到数据权属问题）。由此可见，明确数据权属的确认规则对于拟上市企业而言至关重要。

➢ 立法层面

目前的国内立法中，涉及数据权属的规定主要有：

《民法典》第 111 条规定："自然人的个人信息受法律保护。任何组织或者个人需要获取他人个人信息的，应当依法取得并确保信息安全，不得非法收集、使用、加工、传输他人个人信息，不得非法买卖、提供或者公开他人个人信息。"第 127 条规定："法律对数据、网络虚拟财产的保护有规定的，依照其规定。"

相较于《民法典》的框架性规定，《深圳经济特区数据条例》首次提出数据的"人格权益"与"财产权益"的概念："自然人对个人数据享有法律、行政法规及本条例规定的人格权益"；"自然人、法人和非法人组织对其合法处理数据形成的数据产品和服务享有法律、行政法规及本条例规定的财产权益"。这在立法层面做出了有益尝试。

➢ 实践层面

立法存在滞后性，经济社会发展中面临的数据权属问题已成为实践层面无法回避的对象，近年来也受到上市审核机构的重视，在企业上市过程中屡被问询。

除上市问询外，司法实践审判对数据权属的问题亦有所涉及。

在杭州互联网法院审理的微信群控软件不正当竞争纠纷案中，其将涉案数据形态分为两种：一是单一原始数据个体，二是数据资源整体。

（1）就单一原始数据个体而言，网络平台方只能依附于用户信息权益，依其与用户的约定享有原始数据的有限使用权。使用他人控制的单一原始数据只要不违反"合法、必要、征得用户同意原则"，一般不应被认定为侵权行为，网络平台方亦无赔偿请求权。

（2）就数据资源整体而言，因为数据资源系网络平台方经过长期经营积累聚集而成，且能够给网络平台方带来开发衍生产品以获取增值利润和竞争优势的机会，所以网络平台方就此享有竞争权益。如果擅自规模化、破坏性地使用网络平台方数据资源，网络平台方作为数据控制主体有权要求获得赔偿。

结合上述实践，我们依据数据来源、数据类型，初步总结确定以下数据权属判

断规则[1],如图 1-1-2 所示:

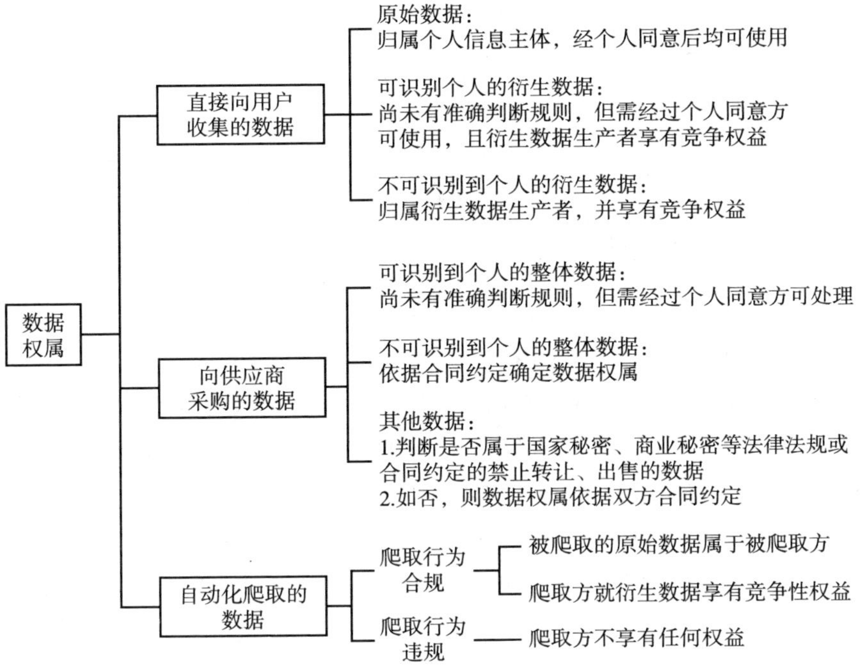

图 1-1-2 数据权属判断规则

注:本图中涉及个人同意的,含经个人同意或具备其他处理合法性依据两种情形。

问题 7 如何界定个人信息处理者与受托人?

根据我国《个人信息保护法》的规定,个人信息处理者是指在个人信息处理活动中自主决定处理目的、处理方式的组织、个人;受托人则是指接受委托处理个人信息的主体。该法的规定与欧盟 GDPR,对数据控制者与数据处理者的界定有异曲同工之处,简要对比如图 1-1-3 所示:

〔1〕 结合《信息安全技术 网络数据分类分级要求(征求意见稿)》,我们将衍生数据定义为:在原始数据的基础上,经过统计、关联、挖掘、聚合、去标识化等加工活动而产生的数据。

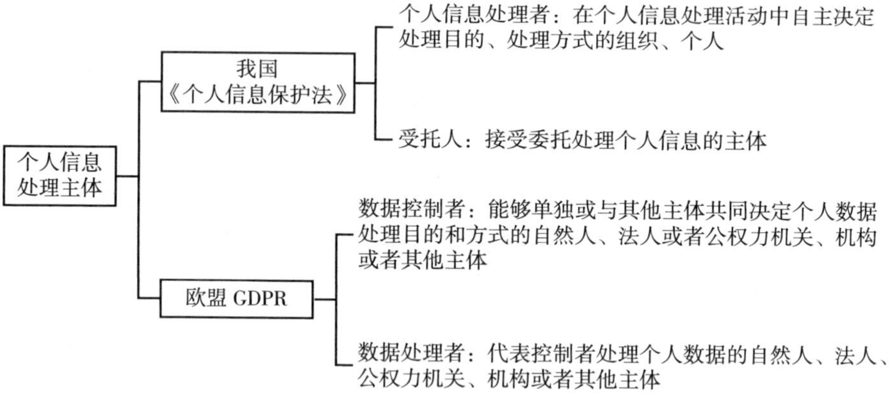

图 1-1-3　我国《个人信息保护法》与欧盟 GDPR 之对比

鉴于我国尚未出台具体的个人信息处理者与受托人的区分标准，建议拟上市企业参照欧盟数据保护委员会（European Data Protection Board，EDPB）发布的《GDPR 下数据控制者及数据处理者概念的指南（07/2020）》（Guidelines 07/2020 on the concepts of controller and processor in the GDPR）下数据控制者（对应我国个人信息处理者）与数据处理者（对应我国受托人）的区分标准，如图 1-1-4 所示：

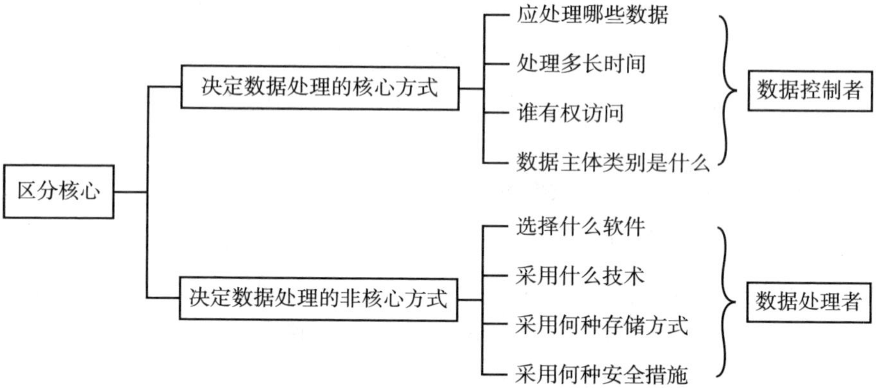

图 1-1-4　数据控制者与数据处理者的区分标准

问题 8　提供数据服务是否需要相关资质、许可、认证及备案？

我们将数据服务涉及的常见的、可能需要的资质、许可、认证及备案内容整理如图 1-1-5 所示（算法备案相关内容详见本书“问题 22　什么情况下需要进行算法备案？”与“问题 23　如何进行算法备案？”），具体应结合业务内容进行判断。

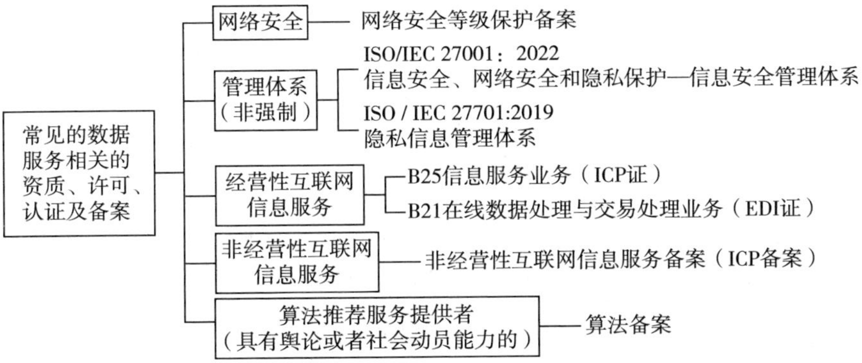

图 1-1-5 常见的数据服务相关资质、许可、认证及备案

我国法律法规对数据服务需要取得相关资质、许可、认证或备案的规定如表 1-1-6 所示：

表 1-1-6 数据许可、资质与备案相关法律法规梳理

序号	法律法规	基础信息	主要内容
1	《数据安全法》	全国人大常委会 2021 年 6 月 10 日发布 2021 年 9 月 1 日实施	第三十四条　法律、行政法规规定提供数据处理相关服务应当取得行政许可的，服务提供者应当依法取得许可
2	《网络安全法》	全国人大常委会 2016 年 11 月 7 日发布 2017 年 6 月 1 日实施	第二十一条　国家实行网络安全等级保护制度。网络运营者应当按照网络安全等级保护制度的要求，履行下列安全保护义务，保障网络免受干扰、破坏或者未经授权的访问，防止网络数据泄露或者被窃取、篡改： （一）制定内部安全管理制度和操作规程，确定网络安全负责人，落实网络安全保护责任； （二）采取防范计算机病毒和网络攻击、网络侵入等危害网络安全行为的技术措施； （三）采取监测、记录网络运行状态、网络安全事件的技术措施，并按照规定留存相关的网络日志不少于六个月； （四）采取数据分类、重要数据备份和加密等措施； （五）法律、行政法规规定的其他义务。 第二十二条　网络产品、服务应当符合相关国家标准的强制性要求…… 第二十三条　网络关键设备和网络安全专用产品应当按照相关国家标准的强制性要求，由具备资格的机构安全认证合格或者安全检测符合要求后，方可销售或者提供……

续表

序号	法律法规	基础信息	主要内容
3	《个人信息保护法》	全国人大常委会 2021 年 8 月 20 日发布 2021 年 11 月 1 日实施	第三十二条　法律、行政法规对处理敏感个人信息规定应当取得相关行政许可或者作出其他限制的，从其规定
4	《信息安全等级保护管理办法》	公安部、国家保密局、国家密码管理局、国务院信息工作办公室（已撤销） 2007 年 6 月 22 日发布 2007 年 6 月 22 日实施	第二条　国家通过制定统一的信息安全等级保护管理规范和技术标准，组织公民、法人和其他组织对信息系统分等级实行安全保护，对等级保护工作的实施进行监督、管理
5	《电信业务经营许可管理办法》	工业和信息化部 2017 年 7 月 3 日发布 2017 年 9 月 1 日实施	第四条　经营电信业务，应当依法取得电信管理机构颁发的经营许可证。 电信业务经营者在电信业务经营活动中，应当遵守经营许可证的规定，接受、配合电信管理机构的监督管理
6	《网络安全等级保护条例（征求意见稿）》	公安部 2018 年 6 月 27 日发布	第三条　【确立制度】　国家实行网络安全等级保护制度，对网络实施分等级保护、分等级监管。 前款所称“网络”是指由计算机或者其他信息终端及相关设备组成的按照一定的规则和程序对信息进行收集、存储、传输、交换、处理的系统。 第六条　【网络运营者责任义务】　网络运营者应当依法开展网络定级备案、安全建设整改、等级测评和自查等工作，采取管理和技术措施，保障网络基础设施安全、网络运行安全、数据安全和信息安全，有效应对网络安全事件，防范网络违法犯罪活动
7	《互联网信息服务管理办法》	国务院 2011 年 1 月 8 日发布 2011 年 1 月 8 日实施	第四条　国家对经营性互联网信息服务实行许可制度；对非经营性互联网信息服务实行备案制度。 未取得许可或者未履行备案手续的，不得从事互联网信息服务。 第七条　从事经营性互联网信息服务，应当向省、自治区、直辖市电信管理机构或者国务院信息产业主管部门申请办理互联网信息服务增值电信业务经营许可证…… 第八条　从事非经营性互联网信息服务，应当向省、自治区、直辖市电信管理机构或者国务院信息产业主管部门办理备案手续……

续表

序号	法律法规	基础信息	主要内容
8	《互联网信息服务算法推荐管理规定》	国家互联网信息办公室、工业和信息化部、公安部、国家市场监督管理总局 2021 年 12 月 31 日发布 2022 年 3 月 1 日实施	第二十四条第一款　具有舆论属性或者社会动员能力的算法推荐服务提供者应当在提供服务之日起十个工作日内通过互联网信息服务算法备案系统填报服务提供者的名称、服务形式、应用领域、算法类型、算法自评估报告、拟公示内容等信息，履行备案手续

问题 9　如何正确认识个人信息保护影响评估？

根据我国国家市场监督管理总局、国家标准化管理委员员出台的《信息安全技术　个人信息安全影响评估指南》，个人信息安全影响评估（或称个人信息保护影响评估）是指针对个人信息处理活动，检验其合法合规程度，判断其对个人信息主体合法权益造成损害的各种风险，以及评估用于保护个人信息主体的各项措施有效性的过程。其目的旨在发现、处置和持续监控个人信息处理过程中对个人信息主体合法权益造成不利影响的风险。具体个人信息保护影响评估要点见图 1-1-6。

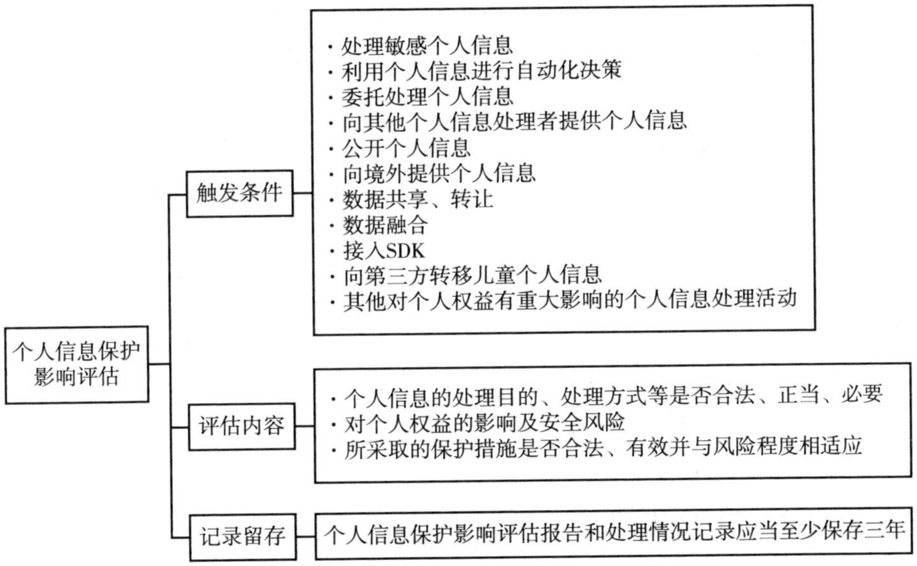

图 1-1-6 个人信息保护影响评估要点梳理

➢ 个人信息保护影响评估的法定情形

触发个人信息保护影响评估的法定情形（含根据国家推荐标准进行评估的情形）目前散见于各个法律法规以及文件中，让处理数据的企业无所适从。对此，我们分析整理了相关规定，明确以下 10 种情景需进行个人信息保护影响评估，其中情景 1 至情景 6、情景 10 为《个人信息保护法》等相关法律法规作出的强制性要求，情景 7 至情景 9 来自有关部门制定的推荐性标准、指南，供个人信息处理者参考借鉴（参见本书第二部分第五章第二节“个人信息保护影响评估‘十情景’‘五豁免’”）。

情景 1：处理敏感个人信息

敏感个人信息是一旦泄露或者非法使用，容易导致自然人的人格尊严受到侵害或者人身、财产安全受到危害的个人信息，包括生物识别、宗教信仰、特定身份、医疗健康、金融账户、行踪轨迹等信息，以及不满 14 周岁未成年人的个人信息。

（参见《个人信息保护法》第 55 条第 1 项）

情景 2：利用个人信息进行自动化决策

比如某宝获取用户位置、消费能力、使用软件时长等信息，给用户精准推送产品等；又如软件根据个人信息决定个人征信及贷款额度等。

（参见《个人信息保护法》第 55 条第 2 项、《个人信息安全规范》第 7.7 条）

情景 3：委托处理个人信息

委托他人处理自身收集的个人信息，即其在满足授权同意的前提下，自身不具备信息处理能力或与外部第三方进行合作时，委托其他技术团队等为其处理信息。

（参见《个人信息保护法》第 55 条第 3 项、《互联网个人信息安全保护指南》第 6.5 条、《个人信息安全规范》第 9.1 条）

情景 4：向其他个人信息处理者提供个人信息

向其他个人信息处理者提供个人信息的情形是自身收集信息之后，提供给其他人使用，不论是有偿还是无偿。

（参见《个人信息保护法》第 55 条第 3 项）

情景 5：公开个人信息

个人信息原则上不得公开，除非经过法律授权或者具备合理事由。

（参见《个人信息保护法》第 55 条第 3 项、《互联网个人信息安全保护指南》第 6.7 条）

情景 6：向境外提供个人信息

一般情况下，应当将在我国境内收集和产生的信息存储在境内，向境外提供时原则上应当经过国家网信部门组织的安全评估或满足其他法定条件。

（参见《网络安全法》第 37 条、《个人信息保护法》第 55 条第 4 项）

情景 7：数据共享、转让

数据共享是指与数据处理企业以外的任何企业、组织和个人分享用户的个人信息。如某打车软件为了提供地图服务与某导航软件进行用户信息共享。

数据转让是指数据处理企业将用户的个人信息以有偿或无偿的方式转让给任何企业、组织和个人。如某征信企业将其收集的用户征信信息转让给某贷款企业。

（参见《互联网个人信息安全保护指南》第 6.6 条、《个人信息安全规范》第 9.2 条）

情景 8：数据融合

数据融合是指将不同来源的数据进行整合来获得更高质量的信息。如电商平台公司除了提供传统的电商平台服务，还通过平台向用户提供金融服务。为了提供更精准的服务，电商平台公司将两条产品线的数据库打通，根据用户的消费能力和消费习惯来调整贷款额度和利息。

（参见《个人信息安全规范》第 7.6 条）

情景 9：接入 SDK

App 提供者接入 SDK（辅助开发某一类应用软件的相关文档、范例和工具的集合）收集个人信息前需要对第三方 SDK 进行安全性评估。不仅如此，SDK 提供者在发布上线前，也应进行安全评估。

（参见《个人信息安全规范》第 9.7 条，《网络安全标准实践指南——移动互联网应用程序（App）使用软件开发工具包（SDK）安全指引》第 5.2 条、第 5.3 条）

情景 10：向第三方转移儿童个人信息

网络运营者向第三方转移儿童个人信息的，应当自行或者委托第三方机构进行安全评估。

（参见《儿童个人信息网络保护规定》第 17 条）

➢ 个人信息保护影响评估的价值

《个人信息保护法》现已将个人信息保护影响评估制度作为一项强制性义务。若个人信息处理者触发却未进行个人信息保护影响评估，将面临 5000 万元以下或者上一年度营业额 5% 以下罚款（参见本书“问题 10：违规处理数据需要承担哪些法律责任？”）。个人信息保护影响评估有助于企业规范日常经营管理活动、减少管理和合规成本、树立企业形象，并且可以在发生个人信息安全事件后帮助企业自证清白（参见本书第二部分第五章第一节“保护的起点：个人信息保护影响评估”）。

问题 10 违规处理数据需要承担哪些法律责任？

实际上，根据数据违规行为的不同场景，数据处理企业所面临的法律责任也不尽相同。在这里，我们根据《刑法》《个人信息保护法》《数据安全法》《网络安全法》的规定，通过思维导图的方式，厘清数据处理企业在不同数据违规场景下，将面临何种法律责任：

（1）数据违规行为之刑事责任（见图 1-1-7）；

（2）数据违规行为之行政及民事责任（见图 1-1-8）。

- 数据违规行为之刑事责任
  - 个人信息权益维度
    - 侵犯公民个人信息罪
      违反国家有关规定，向他人出售或者提供公民个人信息，情节严重的，处3年以下有期徒刑或者拘役，并处或者单处罚金；情节特别严重的，处3年以上7年以下有期徒刑，并处罚金。
      ……
      单位犯前三款罪的，对单位判处罚金，并对其直接负责的主管人员和其他直接责任人员，依照各该款的规定处罚
  - 市场经济秩序维度
    - 侵犯商业秘密罪
      有下列侵犯商业秘密行为之一，情节严重的，处3年以下有期徒刑，并处或者单处罚金；情节特别严重的。处3年以上10年以下有期徒刑，并处罚金：
      （1）以盗窃、贿赂、欺诈、胁迫、电子侵入或者其他不正当手段获取权利人的商业秘密的；
      （2）披露、使用或者允许他人使用以前项手段获取的权利人的商业秘密的；
      （3）违反保密义务或者违反权利人有关保守商业秘密的要求，披露、使用或者允许他人使用其所掌握的商业秘密的
  - 公共秩序保护维度
    - 非法获取计算机信息系统数据、非法控制计算机信息系统罪
      违反国家规定，侵入前款规定以外的计算机信息系统或者采用其他技术手段，获取该计算机信息系统中存储、处理或者传输的数据，或者对该计算机信息系统实施非法控制，情节严重的，处3年以下有期徒刑或者拘役，并处或者单处罚金；情节特别严重的，处3年以上7年以下有期徒刑，并处罚金
    - 非法侵入计算机信息系统罪
      违反国家规定，侵入国家事务、国防建设、尖端科学技术领域的计算机信息系统的，处3年以下有期徒刑或者拘役
    - 破坏计算机信息系统罪
      违反国家规定，对计算机信息系统功能进行删除、修改、增加、干扰，造成计算机信息系统不能正常运行，后果严重的，处5年以下有期徒刑或者拘役；后果特别严重的，处5年以上有期徒刑。
      违反国家规定，对计算机信息系统中存储、处理或者传输的数据和应用程序进行删除、修改、增加的操作，后果严重的，依照前款的规定处罚
      ……
    - 拒不履行信息网络安全管理义务罪
      网络服务提供者不履行法律、行政法规规定的信息网络安全管理义务，经监管部门责令采取改正措施而拒不改正，有下列情形之一的，处3年以下有期徒刑、拘役或者管制，并处或者单处罚金：
      （1）致使违法信息大量传播的；
      （2）致使用户信息泄露，造成严重后果的；
      （3）致使刑事案件证据灭失，情节严重的；
      （4）有其他严重情节的。
      单位犯前款罪的，对单位判处罚金，并对其直接负责的主管人员和其他直接责任人员，依照前款的规定处罚。有前两款行为，同时构成其他犯罪的，依照处罚较重的规定定罪处罚

图1-1-7 数据违规行为之刑事责任

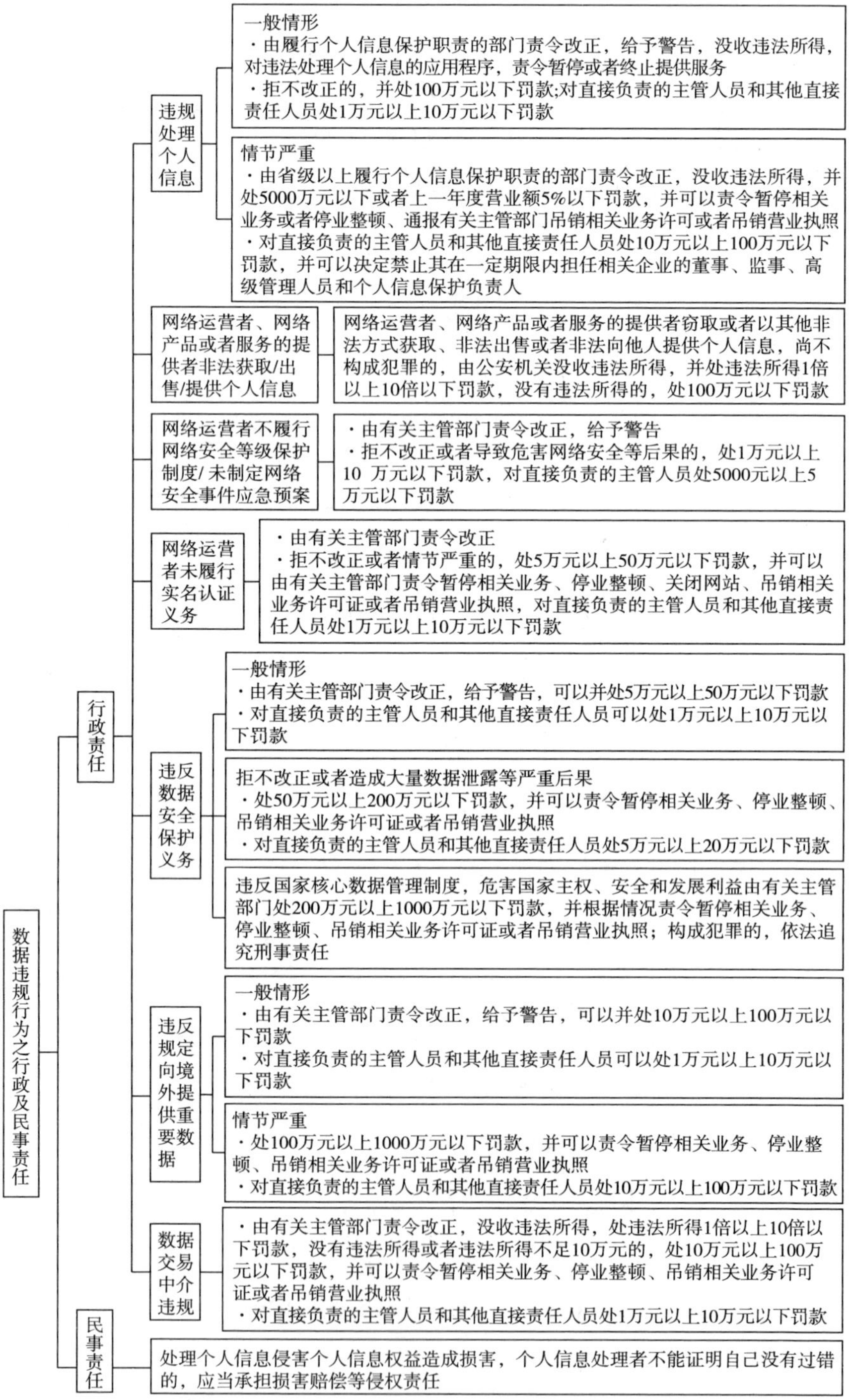

图 1-1-8　数据违规行为之行政及民事责任

CEO TIPS

大道至简。十个基础问题,看似简单,实则高难度,高价值。侧重三大方面:

1. 客体是什么?

数据处理的客体不同,意味着适用的“游戏规则”天差地别。数据边界若是模糊,数据保护则无从谈起。因此,您的首要任务就是厘清数据客体的边界(个人信息、敏感个人信息、重要数据等),从而掌握数据合规要求这一“游戏规则”的根基。

2. 主体是什么?

不同身份(个人信息处理者 / 受托人,前者大于后者,除非后者未恪守受托人“本分”)对应不同法律责任。您需要帮助公司找到适配自身商业模式的身份,使数据保护“事半功倍”。

3. 责任是什么?

经营管理重在风险边界意识,数据处理违规的核心法律责任您必须了然于心。

第二章　IPO 数据合规核心 40 问

数据合规不过关，将直接成为企业申请上市的实质性障碍。

某人工智能及大数据科技企业在 IPO 过程中因数据处理合规性问题受到上市审核机构的三轮问询，一路问至数据科技伦理等终极问题。可以说，以数据处理为核心价值的企业，如若能在早期关注、规划并构建数据合规体系，将为后续 IPO 奠定坚实的基础。

为此，我们结合数据处理的全生命周期（见图 1-2-1），梳理、分析上市过程中上市审核机构的问询问题，总结 IPO 过程中有关数据合规的 40 个核心问题，并结合一线项目实战经验凝练、提取合规要点，帮助拟上市企业厘清重点，做到心中有“数”。

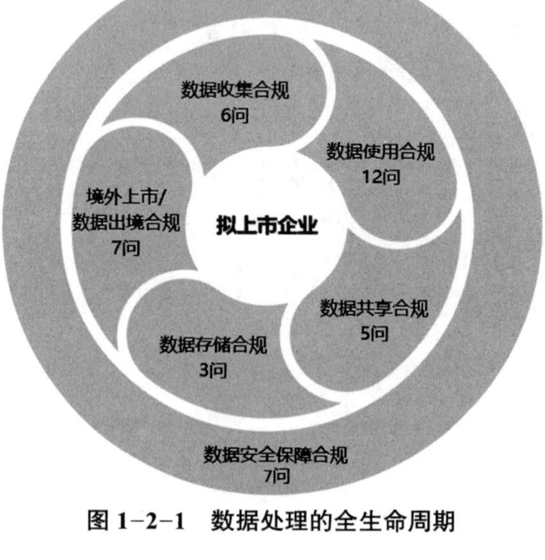

图 1-2-1　数据处理的全生命周期

第一节 数据收集合规 6 问

通过分析上市审核机构披露的各拟上市企业接受的数据相关问询内容可知，在数据收集环节，审核机构的核心关注点在于以下三点：

（1）数据来源的合规性

实践中常见的数据获取方式如图 1-2-2 所示（对应暗藏的数据合规风险点详见本书第二部分第四章第一节“个人信息收集使用主要侵权点的识别”）：

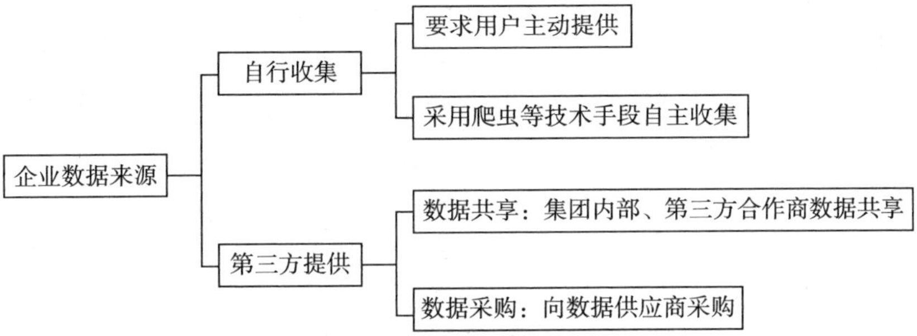

图 1-2-2 企业数据来源

（2）数据获取方式的合规性（包括第三方数据来源合规）

（3）是否建立相应内部机制保障第三方数据的合法合规性（见表 1-2-1）

表 1-2-1 数据收集合规相关问询

关注焦点	问询对象及时间	问询内容
数据来源	中数智汇[①] 2020 年 8 月	发行人是否存在因从互联网违规采集信息而受到主管当局处罚、信息主体投诉或诉讼等纠纷事项
	木瓜移动[②] 2020 年 11 月	补充披露发行人业务活动中使用数据及获取数据的基本情况，包括但不限于数据来源、途径、所有权方、存储位置、运用环节
	微众信科[③] 2020 年 12 月	发行人及发行人的数据供应商从事数据服务是否需要取得特殊资质、许可或备案，是否符合当前数据服务行业（提供商）的相关主要监管规定；发行人当前从事数据交易是否要求数据提供方说明数据来源，并留存审核、交易记录等内控机制

续表

关注焦点	问询对象及时间	问询内容
获取方式	微众信科[4] 2020 年 12 月	发行人自行采集数据采用的技术、内容是否合法合规，程序是否正当；是否存在采用特殊互联网手段（或技术）采集法律法规规定不属于公开的社会信息或需要特殊许可等前置程序方可获取数据的情形；发行人采集需要信息主体授权方能获取的信息（包括纳税）等获得授权的具体实现方式
	合合信息[5] 2022 年 9 月	自动化访问获取的企业数据确保来源合法性的具体方式
内部机制	中数智汇[6] 2020 年 10 月	发行人向供应商采购的数据其来源是否合法合规，发行人是否有相应机制保障供应商提供数据的合法合规性

①《关于北京中数智汇科技股份有限公司首次公开发行股票并在科创板上市申请文件审核问询函的回复》。

②《北京市康达律师事务所关于北京木瓜移动科技股份有限公司首次公开发行股票并在创业板上市的补充法律意见书（一）》。

③《关于深圳微众信用科技股份有限公司首次公开发行股票并在科创板上市申请文件的审核问询函之回复报告》。

④《关于深圳微众信用科技股份有限公司首次公开发行股票并在科创板上市申请文件的审核问询函之回复报告》。

⑤《关于上海合合信息科技股份有限公司首次公开发行股票并在科创板上市申请文件的首轮审核问询函的回复》。

⑥《关于北京中数智汇科技股份有限公司首次公开发行股票并在科创板上市申请文件审核问询函的回复》。

问题 11　直接从用户获得数据，需要关注什么？

处理个人信息，应当具备《个人信息保护法》规定的合法性基础。根据《个人信息保护法》的规定，除下列情形外，直接从用户获得数据，需要以“告知”用户并取得用户“同意”为前提（特殊情形下还需要获得用户的“单独同意”，参见本书第二部分第四章第二节“个人信息权益保护的特别机制：单独同意”）：

（1）为订立、履行个人作为一方当事人的合同所必需，或者按照依法制定的劳动规章制度和依法签订的集体合同实施人力资源管理所必需；

（2）为履行法定职责或者法定义务所必需；

（3）为应对突发公共卫生事件，或者紧急情况下为保护自然人的生命健康和财产安全所必需；

（4）为公共利益实施新闻报道、舆论监督等行为，在合理的范围内处理个人信息；

（5）依照《个人信息保护法》的规定，在合理的范围内处理个人自行公开或者其他已经合法公开的个人信息；

（6）法律、行政法规规定的其他情形。

可见，无须用户同意的情形在一般业务开展中难以直接适用，“告知—同意”规则则成为企业直接获取用户数据最为常见的合法性基础。具体而言，应“以显著方式、清晰易懂的语言”告知，并取得个人在“充分知情”“自愿”“明确”的前提下作出的同意。利用文字和 UI 界面设计诱导用户作出同意的“黑模式”（Dark Pattern）[1]，如利用 App 界面上的字体颜色、大小来影响用户作出同意，并不满足《个人信息保护法》的要求，将面临侵犯用户个人信息权益的法律风险。

“告知—同意”规则合规要点如图 1-2-3 所示：

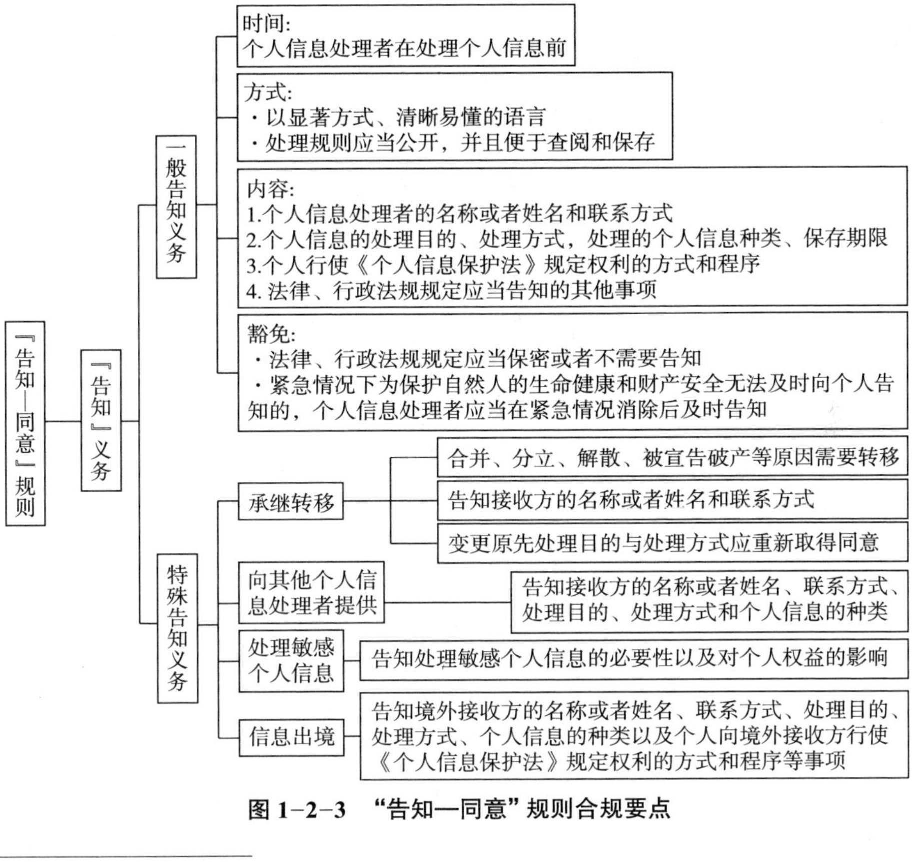

图 1-2-3 “告知—同意”规则合规要点

［1］ 根据 EDPB 于 2022 年 3 月发布的《关于社交媒体平台界面的黑模式的准则 3/2022：如何识别和避免它们》（Guidelines 3/2022 on Dark patterns in social media platform interfaces: How to recognise and avoid them），“黑模式”是一种产品设计模式，其目的是通过软件界面（interface）及用户体验（user experience）致使用户对其个人数据作出无意识、非自愿且可能有害的决定。

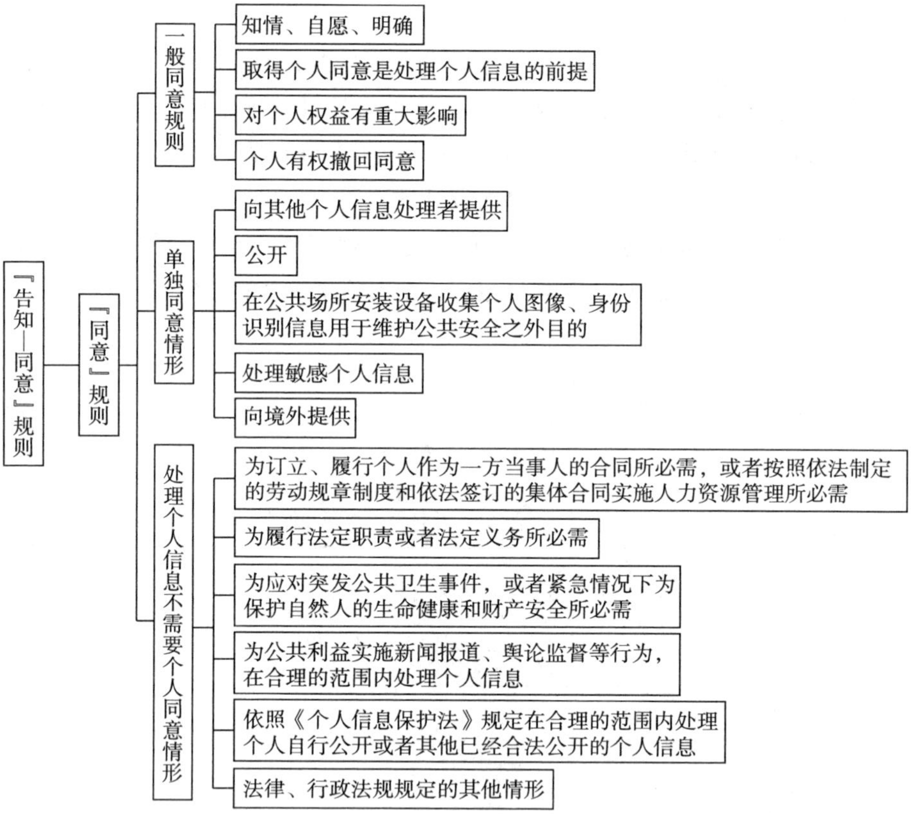

图 1-2-3（续） “告知—同意”规则合规要点

问题 12 爬取第三方企业数据的行为是否构成不正当竞争？

爬虫系一种高效数据收集方式，深受数据处理企业的青睐。然而，技术中立，法律有界。爬虫行为若不加以规制，则有可能侵犯第三方的合法权益，或面临刑事上的侵犯公民个人信息罪、非法侵入计算机信息系统罪等入罪风险，或面临民事上的不正当竞争等风险（参见本书第二部分第八章第三节“爬虫技术的合规风险分析”）。从披露的法院案例数量分析，爬取第三方企业数据的行为构成不正当竞争的案件占大多数。因此，我们就爬取行为是否会面临不正当竞争的法律风险梳理如下：

➢ 法律规制

当前我国关于爬虫行为的反不正当竞争规制，具体如表 1-2-2 所示：

表 1-2-2 爬虫行为的反不正当竞争规制要点

<table>
<tr><th colspan="2">要点</th><th>法条内容</th></tr>
<tr><td rowspan="3">不正当竞争行为类型</td><td>一般不正当竞争行为</td><td>《反不正当竞争法》第 2 条第 2 款："本法所称的不正当竞争行为，是指经营者在生产经营活动中，违反本法规定，扰乱市场竞争秩序，损害其他经营者或者消费者的合法权益的行为。"</td></tr>
<tr><td rowspan="2">特殊不正当竞争行为</td><td>《反不正当竞争法》第 12 条："经营者利用网络从事生产经营活动，应当遵守本法的各项规定。经营者不得利用技术手段，通过影响用户选择或者其他方式，实施下列妨碍、破坏其他经营者合法提供的网络产品或者服务正常运行的行为：（一）未经其他经营者同意，在其合法提供的网络产品或者服务中，插入链接、强制进行目标跳转；（二）误导、欺骗、强迫用户修改、关闭、卸载其他经营者合法提供的网络产品或者服务；（三）恶意对其他经营者合法提供的网络产品或者服务实施不兼容；（四）其他妨碍、破坏其他经营者合法提供的网络产品或者服务正常运行的行为。"</td></tr>
<tr><td>《禁止网络不正当竞争行为规定（公开征求意见稿）》第 20 条："经营者不得利用技术手段，非法抓取、使用其他经营者的数据，并对其他经营者合法提供的网络产品或者服务的主要内容或者部分内容构成实质性替代，或者不合理增加其他经营者的运营成本，减损其他经营者用户数据的安全性，妨碍、破坏其他经营者合法提供的网络产品或者服务的正常运行。"</td></tr>
<tr><td rowspan="3">法律责任</td><td>民事责任</td><td>《反不正当竞争法》第 17 条："经营者违反本法规定，给他人造成损害的，应当依法承担民事责任。经营者的合法权益受到不正当竞争行为损害的，可以向人民法院提起诉讼。因不正当竞争行为受到损害的经营者的赔偿数额，按照其因被侵权所受到的实际损失确定；实际损失难以计算的，按照侵权人因侵权所获得的利益确定……"</td></tr>
<tr><td rowspan="2">行政责任</td><td>《反不正当竞争法》第 24 条："经营者违反本法第十二条规定妨碍、破坏其他经营者合法提供的网络产品或者服务正常运行的，由监督检查部门责令停止违法行为，处十万元以上五十万元以下的罚款；情节严重的，处五十万元以上三百万元以下的罚款。"</td></tr>
<tr><td>《禁止网络不正当竞争行为规定（公开征求意见稿）》第 35 条："经营者违反本规定第二十条的，由市场监管部门依据反不正当竞争法第二十四条的规定处罚。"</td></tr>
</table>

➢ 判定维度

我们以“爬虫”等关键词在中国裁判文书网检索并筛选出 8 例[1]涉不正当竞争纠纷案件。经梳理发现，这类案件的争议焦点主要集中于以下三个方面：涉案双方是否构成竞争关系，涉案爬虫行为是否构成不正当竞争，以及构成不正当竞争行为的赔偿额如何确定。具体分析如图 1-2-4 所示：

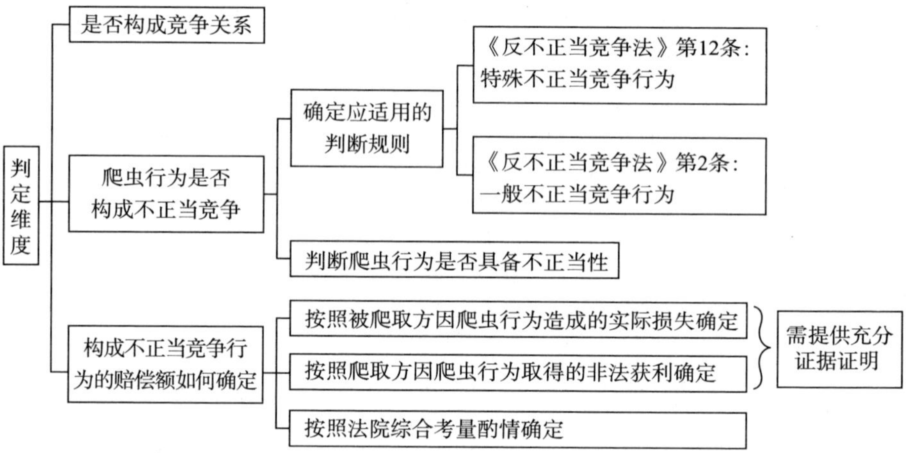

图 1-2-4　爬虫不正当竞争之判定维度

（一）竞争关系的认定

法院在判断爬虫行为是否构成不正当竞争时，首先会分析涉案双方之间是否构成竞争关系。现有司法实践均未局限于涉案双方是否构成在整体业务模式上构成竞争关系，而是聚焦于爬虫行为所涉及的双方之间的产品或服务是否有替代关系。

除此之外，若该爬取数据并使用的行为具有导致其他经营者利益遭受损害的可能性，且其同时会基于该行为获得现实或潜在的经济利益，构成“此消彼长”的关系，亦可能被法院判定为构成竞争关系。

（二）不正当竞争行为的认定

1.《反不正当竞争法》具体条款的适用

在判定具体爬虫行为是否构成不正当竞争行为前，需要先明确判断标准：爬

〔1〕 参见（2020）粤 0104 民初 46873 号；（2021）浙 8601 民初 309 号；（2017）京 0108 民初 24512 号；（2019）京 73 民终 2799 号；（2016）京 73 民终 588 号；（2019）京 73 民终 3789 号；（2019）浙 0108 民初 5049 号；（2021）京民终 281 号等民事判决书。

虫行为是属于《反不正当竞争法》第 12 条规定的特殊不正当竞争行为，还是属于《反不正当竞争法》第 2 条规定的一般不正当竞争行为。

2. 爬取行为是否具备不正当性的判定维度

（1）特殊不正当竞争行为

部分案件在审查爬虫行为是否构成特殊不正当竞争行为时，会从爬取的数据是否为公开数据、爬取公开 / 非公开数据的行为是否正当来进行判断。

部分案件在审查时，还会结合《反不正当竞争法》第 2 条进行考虑，即额外考虑该爬虫行为是否有违诚实信用原则，是否属于技术创新的公平竞争行为，是否有违竞争者自由竞争利益、消费者自主决策权利及社会公共利益等。

（2）一般不正当竞争行为

当爬虫行为被认定为可能构成一般不正当竞争行为时，部分法院聚焦于被爬取方是否因不正当竞争行为受到损害，还有部分法院则考虑该不正当竞争行为是否违反市场竞争秩序，是否损害其他经营者、消费者的合法权益。

（三）赔偿额的认定

一旦爬虫行为被认定为不正当竞争行为，爬取方所应承担的赔偿责任就成为案件焦点。赔偿额一般包括经济损失及合理支出，具体数额则往往取决于法院的酌定考量。

对于赔偿额的认定，被爬取方需提供证据证明爬虫行为使其遭受的实际损失或使爬取方取得的非法利益。但在绝大多数案件中，涉案双方很难向法院提交充分证据证明损失或获利。因此，法院往往还会综合被爬取方的公证费、律师费等合理支出，酌情对赔偿额予以确定。

问题 13 如何避免爬虫行为被认定构成不正当竞争？

从“问题 12：爬取第三方企业数据的行为是否构成不正当竞争？”可知，法院认定爬虫行为是否构成不正当竞争的首要条件是判断双方是否具有竞争关系。基于互联网公司的特性，法院在认定双方是否构成竞争关系时，并不局限于同一业务领域的竞争。只要双方在某一范围内的用户出现重合，法院即倾向于认定双方存在竞争利益。

我们以“爬虫”“不正当竞争”为关键词在中国裁判文书网进行检索，筛选出

2011~2022 年发生的 22 起典型案例，发现爬取方胜诉的仅 5 起，占比不到 22.8%。因此我们建议，若采用爬虫方式获取数据，应注意以下几点，以避免被认定构成不正当竞争：

（1）合规评估

建议建立第三方审查制度，与专业的中立机构（如律师事务所、专业咨询机构等）合作，在爬取数据前结合爬取目的、性质、方式、频率等方面进行评估。

（2）合法获取

（a）依法申请：就政府公共数据而言，对于有条件开放的公共数据，应当根据当地公共数据开放的具体流程，依法向有关部门提交申请。

（b）协议许可：遵守被爬取方的 Robots 协议。如若面对不合理的 Robots 协议，可以尝试走"协商—通知"路径（参见本书第二部分第八章第五节"爬虫在不正当竞争领域的微弱机会"）。

（c）三重授权：如爬取数据涉及用户的个人信息，建议遵守"用户授权平台 + 平台授权爬取方 + 用户授权爬取方"的三重授权原则进行抓取。

（3）合理限度

抓取数据需要在合理限度内，不能对服务器造成压力。

（4）合法使用

抓取数据涉及公开个人信息的，建议遵循《个人信息保护法》规定的公开个人信息处理规则：对于个人明确拒绝的，应当及时停止并删除相关个人信息。若处理已公开的个人信息，对个人权益有重大影响的，还应当取得个人同意。

（5）呈现形式

建议明确显示数据来源，并考虑设置跳转链接等不影响被爬取方平台正常经营活动的形式。

如在前锦网络信息技术（上海）有限公司（前程无忧网站运营主体，以下简称前锦公司）与上海逸橙信息科技有限公司（以下简称逸橙公司）其他不正当竞争纠纷案[1]中，逸橙公司向用户提供关联前程无忧网站账号的功能，并通过该账号在前程无忧网站下载简历，保存在自身服务器中并在日常经营中使用。法院认定，逸橙公司提供的是关联并同步企业用户已获得的简历的功能，企业用户如需购买

[1] 上海知识产权法院（2019）沪 73 民终 263 号民事判决书。

简历、发布职位信息等，仍需登录前锦公司网站完成。因此，该功能给前锦公司流量造成的损失有限，尚未达到需要司法救济的程度，逸橙公司的行为不构成不正当竞争。

问题 14 爬取政府公共数据，需要关注什么？

在数字政务时代，相关政府部门掌握着大量的公共数据。为了最大限度地释放公共数据的价值，打破“数据孤岛”的困境，上海、浙江、江苏、深圳等地纷纷出台专门面向公共数据领域的法律规范，有序开放、共享公共数据，鼓励第三方深化对公共数据的挖掘利用。但是，目前可见的数据利用方式通常依托政府自身搭建的数据服务中心或服务平台。

因此，如果利用爬虫技术避开或者突破计算机信息系统的安全保护措施，未经授权或者超越授权获取未开放或者有条件开放的公共数据，根据计算机信息系统的类型与非法行为的不同，将可能构成如表 1-2-3 所示的刑事犯罪：

表 1-2-3 爬取政府公共数据的刑事风险

计算机信息系统类型	非法行为	适用罪名
国家事务、国防建设、尖端科学技术领域的计算机信息系统	违反国家规定侵入系统	非法侵入计算机信息系统罪
国家事务、国防建设、尖端科学技术领域以外的计算机信息系统	违反国家规定侵入或者采用其他技术手段，获取系统中存储、处理或传输的数据，情节严重	非法获取计算机信息系统数据罪
	违反国家规定侵入或者采用其他技术手段，对系统实施非法控制，情节严重	非法控制计算机信息系统罪
计算机信息系统	提供专门用于侵入、非法控制系统的程序、工具，情节严重 明知他人实施侵入、非法控制系统的违法犯罪行为而为其提供程序、工具，情节严重	提供侵入、非法控制计算机信息系统程序、工具罪
	违反国家规定，对系统功能进行删除、修改、增加、干扰，造成系统不能正常运行，后果严重 违反国家规定，对系统中存储、处理或者传输的数据和应用程序进行删除、修改、增加的操作，后果严重 故意制作、传播计算机病毒等破坏性程序，影响计算机系统正常运行，后果严重	破坏计算机信息系统罪

除此之外，即使数据处理企业依法合规地获取公开数据，也不意味着其可以随心所欲地使用。建议从下述维度完善合规使用流程和制度：

（1）保障个人拒绝权

根据《个人信息保护法》的规定，个人信息处理者可以在合理的范围内处理个人自行公开或者其他已经合法公开的个人信息，但个人明确拒绝的除外。对于公开个人信息的获取，应向个人提供便于拒绝的通道，保障个人信息主体的拒绝权。

（2）评估影响度

根据《个人信息保护法》的规定，个人信息处理者处理已公开的个人信息，对个人权益有重大影响的，应当取得个人同意。建议在获取公开个人信息前评估对于个人权益可能造成的影响，并保存评估记录。

（3）评估与监测正当性

为预防前述法律风险，建议事前评估所采取的技术措施是否具有正当性，并重视事中监测，定期进行检测与复盘，包括但不限于：

（a）被采集网站是否具备 Robots 协议或公示条款限制自动化采集；

（b）被采集网站是否具备自动化采集限制措施；

（c）自动化采集数量及频率是否影响被采集网站的正常运行；

（d）自身自动化采集技术能否确保不删除、不篡改、不破坏被采集网站数据，不存在钓鱼链接、木马程序、植入后门等可能干扰被采集网站的情形等。

问题 15 直接从第三方采购数据，需要关注什么？

若从第三方采购数据，上市审核机构会特别关注数据供应商是否具备相关资质、提供数据行为是否合法等问题。我们建议通过以下方式，针对数据供应商建立审核评价机制以及证据留存机制：

（1）资质有效

确认数据供应商的数据提供行为是否需要具备相应资质（包含数据安全相关资质，如 ISO 27001 信息安全管理体系认证[1]、网络安全等级保护备案等，如涉及征信业务还应取得征信资质（参见本书“问题 8 提供数据服务是否需要相关资

〔1〕 ISO / IEC 27001：2022《信息安全、网络安全和隐私保护—信息安全管理体系—要求》（Information security、cybersecurity and privacy protection-Information security management systems-Requirements 简称 ISO 27001 信息安全管理体系认证）。

质、许可、认证及备案？"），并要求其承诺在数据供应过程中保证资质持续有效。

（2）来源合规

➢ 数据主体的有效授权：通过要求数据供应商出示数据主体的授权许可文件及要求其签署承诺函等方式，保障数据来源合规。

➢ 特殊数据的保护要求：重要数据处理者应当采购可信的产品或服务。交易重要数据时，应尽量取得相关主管部门的许可。采购敏感个人信息（含儿童个人信息）时，应注意进行个人信息保护影响评估。

➢ 采购境外数据：若涉及采购境外数据，可要求数据供应商出具出售境外数据不违背境外法律法规的承诺函。

（3）责任明确

明确需要数据供应商提供的数据的范围，包括但不限于数据主体范围、数据类别（如个人信息 / 敏感个人信息 / 重要数据等）、采购数量等，并通过协议明确约定数据范围以及双方的权利义务。同时，可针对可能发生的数据安全纠纷事件，设定好责任承担及纠纷解决机制。

（4）证据留存

建立证据留存机制，保留数据采购全流程的书面记录。当后续发生数据泄露等事件时，这有助于自证清白。

问题 16 如何建立数据收集环节的内控制度？

数据收集环节为整个数据处理流程的初始阶段，建立有效的内控制度是防止拟上市企业出师不利的有效手段。实践中，上市审核机构亦会重点关注拟上市企业在数据收集环节建立的内控制度（拟上市企业整体数据安全内部管理制度的构建，参见本书"问题 45 如何建立数据安全内部管理制度？"）。

对此，我们建议结合数据收集的对象与方式，建立对应风险防范内控制度：（1）数据收集记录制度；（2）自动化访问影响度评估制度；（3）自动化访问正当性评估制度；（4）自动化访问定期检测制度；（5）第三方数据供应商准入与筛选制度；（6）第三方数据供应商评价与追责制度；（7）数据主体权益保障与纠纷解决机制等。

以数据收集记录制度为例，建立有效的数据收集记录制度，应涵盖记录主体、记录方式、记录内容、记录周期、检查机制等必要内容。其中，数据收集记录的内容应包含数据获取方式、数据来源主体信息（含数据安全负责人 / 个人信息保护负责人姓名及联系方式）、数据内容、拟使用目的、采取的安全保障措施等。

第二节　数据使用合规 12 问

通过分析各拟上市企业披露的审核问询函可知，在数据使用合规环节，上市审核机构核心关注以下六点：(1)数据使用是否超出相应的授权范围；(2)数据使用是否侵犯个人隐私或其他合法权益；(3)使用数据进行商业化变现是否合规；(4)算法推荐技术的使用是否合规；(5)数据使用是否涉及科技伦理等敏感领域；(6)个人信息处理者与受托人的合作机制是否合规（见表 1-2-4）。

表 1-2-4　数据使用合规相关问询

关注焦点	问询对象及时间	问询内容
数据使用	蚂蚁集团[①] 2020 年 9 月	业务开展过程中获取的海量数据如何进行管理和运用，是否存在侵犯其他方数据隐私的情况，是否履行了与其他方关于数据安全的约定，对数据的获取、管理和使用是否合法合规
	微众信科[②] 2020 年 12 月	发行人是否存在超出法律规定、信息主体授权的范围和目的收集信息、向客户提供数据的情形，是否在法律、行政法规规定的范围内履行必要的限度原则采集和运用信息
	墨迹天气[③] 2019 年 10 月	发行人通过自主收集及第三方途径获取用户数据及标签，并利用数据进行商业化变现，发行人于 2019 年 7 月 16 日收到 App 专项治理工作组发出的《关于 App 收集使用个人信息相关问题的通知》，App 专项治理工作组要求发行人就收集使用个人信息中存在的问题进行整改。请发行人代表说明。……(2)发行人使用用户数据是否合法合规，尤其是商业化变现的合规性，并结合相关媒体报道的墨迹天气上传用户隐私等情况，对照《网络安全法》《关于办理侵犯公民个人信息刑事案件适用法律若干问题的解释》等法律法规，说明报告期发行人是否存在侵犯用户隐私或数据的情况，是否存在法律风险或潜在法律风险
算法治理	杭州小影[④] 2022 年 2 月	结合《关于加强互联网信息服务算法综合治理的指导意见》的精神分析说明发行人产品所使用算法的发展趋势，以及该指导意见规定的发展方向安全治理规则等对发行人技术研发、核心技术在产品或服务中的运用拟产生的影响；如有必要，请在招股说明书中细化提示相关产业政策、治理目标对发行人产品方向和业务内容产生影响的风险

续表

关注焦点	问询对象及时间	问询内容
算法治理	木仓科技[⑤] 2022 年 6 月	请说明信息推送、交易推荐、提供算法推荐服务、用户权益保护等内容是否符合《互联网信息服务算法推荐管理规定》
		请说明公司驾考宝典 App 在 360 手机助手应用上涉及“强制用户使用定向推送功能”等问题的整改情况
科技伦理	奥比中光[⑥] 2022 年 4 月	结合自身技术特点，产品的应用场景，数据合规和科技伦理方面的法律法规、政策等，说明相关情况是否影响发行人下游行业的发展，进而影响发行人的持续经营能力；充分披露数据合规和科技伦理方面的法律法规、政策对发行人技术商业化带来的不利影响
	合合信息[⑦] 2022 年 9 月	发行人是否涉及科技伦理敏感领域
个人信息处理者与受托人合作机制	数聚智连[⑧] 2022 年 10 月	进一步说明发行人可获取、使用的数据具体类型、数量规模，与电商平台、品牌方之间关于用户个人数据使用的合作机制、权责划分机制

①《上海市方达律师事务所关于蚂蚁科技集团股份有限公司首次公开发行人民币普通股（A 股）股票并在科创板上市的补充法律意见书》。

②《关于深圳微众信用科技股份有限公司首次公开发行股票并在科创板上市申请文件的审核问询函之回复报告》。

③《第十八届发审委 2019 年第 142 次会议审核结果公告》。

④《关于杭州小影创新科技股份有限公司首次公开发行股票并在创业板上市申请文件审核问询函的回复》。

⑤《关于武汉木仓科技股份有限公司首次公开发行股票并在创业板上市申请文件的审核问询函的回复》。

⑥《关于对奥比中光科技集团股份有限公司首次公开发行股票并在科创板上市发行注册环节反馈意见落实函的回复》。

⑦《关于上海合合信息科技股份有限公司首次公开发行股票并在科创板上市申请文件的首轮审核问询函的回复》。

⑧《关于北京数聚智连科技股份有限公司首次公开发行股票并在创业板上市申请文件的第二轮审核问询函的回复》。

问题 17 如何证明未超范围使用个人信息？

证明未超范围使用个人信息，可按以下四个步骤进行：

第一步：谨遵最小必要

应谨遵最小必要原则，明确处理个人信息的目的，并在实现处理目的的最小范围内处理个人信息。最小必要的要求包括最小影响、直接关联、最小类型、最小频度、最小数量、最小权限、最短时间等维度（具体详见本书第二部分第六章第一节“《个人信息保护法》应对七步攻略”、第六章第三节“实名认证与最小必要原则的冲突与融合”）。

第二步：明示收集内容

在明确最小必要范围后，应在《隐私政策》中明确列示所需收集的个人信息，并清楚告知用户收集其个人信息后的使用目的是什么。

第三步：实现系统留痕

应严格按照《隐私政策》的规定范围对用户个人信息进行使用，并于系统中对用户同意处理个人信息的记录（如勾选同意《隐私政策》、点击同意按钮等）进行留痕。

第四步：重新取得同意

当个人信息的处理目的、处理方式和处理的个人信息种类发生变更时，应当重新取得个人同意。

问题 18 如何证明未侵犯个人隐私或其他合法权益？

个人信息往往与个人隐私权[1]、肖像权[2]等人格权益息息相关，后者具有独立的保护路径。因此，如需使用涉及个人隐私或肖像的个人信息，除了依据《个人信息保护法》的要求保障个人信息主体权益外，亦需注意不可侵犯他人隐私权及肖像权。

（1）个人隐私权、肖像权等人格权益的保障

第一步：获取明确授权并留痕记录

如使用的个人信息中包含用户的肖像权、个人隐私权等相关权益，应当以获得其授权同意、主动提供配合并许可使用相关权益为前提，且不得采用欺诈、诱骗或强迫等方式诱导用户。

---

〔1〕《民法典》第 1032 条规定：“自然人享有隐私权。任何组织或者个人不得以刺探、侵扰、泄露、公开等方式侵害他人的隐私权。隐私是自然人的私人生活安宁和不愿为他人知晓的私密空间、私密活动、私密信息。”

〔2〕《民法典》第 1018 条规定：“自然人享有肖像权，有权依法制作、使用、公开或者许可他人使用自己的肖像。肖像是通过影像、雕塑、绘画等方式在一定载体上所反映的特定自然人可以被识别的外部形象。”

第二步：采取去标识化等安全措施

建议针对这类个人信息采取去标识化处理措施，以保障用户个人的隐私权、肖像权等权益。

（2）个人信息主体权利的保障

根据《个人信息保护法》的规定，个人对其个人信息处理享有知情决定权、限制处理权、查阅复制权、可携带权、更正补充权、删除权、解释说明权、拒绝权等权利，个人信息处理者应当建立便捷的个人行使权利的申请受理和处理机制。因此，我们建议拟上市企业通过以下方式，保障个人信息主体权利：

第一步：严格落实“告知—同意”原则

个人信息处理者应按照本书“问题 11　直接从用户获得数据，需要关注什么？”的建议，通过《隐私政策》等协议文本或系统提示向用户告知其拥有的个人信息主体权利以及具体的行使方式。

第二步：系统功能中设置便捷的个人信息主体权利使用方式

在向用户告知个人信息主体权利后，系统设置亦应匹配《隐私政策》等协议文本中明确的个人信息主体权利行使路径，而不能仅仅停留在“纸面上的合规”，或存在系统设置与《隐私政策》中告知的路径不一致等情形。

同时，该系统功能设置应足够便捷，建议从用户点击进入平台至行使相应权利的步骤不大于 4 步。

第三步：设置申诉、建议机制

个人信息处理者可于《隐私政策》等协议文本以及系统功能设置中明确个人信息权利行使的申诉、建议渠道，并及时反馈用户需求，保障其权利行使。

第四步：实现系统留痕

个人信息处理者可于平台系统中对用户同意处理个人信息的记录、行使个人信息主体权利的功能及记录、申诉建议渠道及用户具体的反馈内容和处理进度等内容进行留痕。

问题 19　如何分清不同数据处理身份的义务？

数据处理过程中，通常会涉及个人信息处理者（包含共同处理情形）与受托人两个角色，角色定位不同代表着承担的法定义务不同。具体如表 1-2-5 所示：

表 1-2-5 个人信息处理者与受托人在法定义务上的主要区别

角色	要点	法定义务
个人信息处理者	概念	在个人信息处理活动中自主决定处理目的、处理方式的组织、个人
	核心义务	我们根据《个人信息保护法》的规定梳理出个人信息处理者需要承担的“MACTOP”六大核心义务： (1)M(Management) 从系统资质、人员岗位设置及管理制度方面自外而内进行管理： (a)建立与个人信息保护相关的内部管理制度和管理规程； (b)落实个人信息保护负责人岗位设置； (c)按需申请获得 ISO 27001 信息安全管理体系认证、网络安全等级保护备案等资质。 (2)A(Authorization & Assessment) (a)确定个人信息处理的操作权限，根据业务流、个人信息流，授权不同部门、人员进行相应处理； (b)定期进行合规审计，并依法履行个人信息保护影响评估义务，予以记录与留痕。 (3)C(Category) 对个人信息进行分类管理，根据不同类别赋予不同数据保护工具。如对一般个人信息、敏感个人信息等不同类别的个人信息给予不同层级的保护。 (4)T(Technology) 采取相应的加密、去标识化等安全技术措施，来保护经分类和授权处理的个人信息。 (5)O(Organization) 定期对从业人员进行安全教育和培训。如通过签署保密协议、进行背景调查、定期安全教育、定期培训等方式，增强从业人员对于个人信息保护的合规意识，进一步明确内部涉及个人信息处理不同岗位的职责和处罚机制。 (6)P(Plan) 建立个人信息安全事件应急预案并定期组织相关人员进行演练，履行个人信息泄露通知、补救等各项义务与流程，明确各主体责任
受托人	概念	受个人信息处理者的委托处理个人信息的主体
	核心义务	(1)应当按照约定处理个人信息，不得超出约定的处理目的、处理方式等处理个人信息； (2)委托合同不生效、无效、被撤销或者终止的，应当将个人信息返还个人信息处理者或者予以删除，不得保留； (3)未经个人信息处理者同意，受托人不得转委托他人处理个人信息； (4)受托人应当采取必要措施保障所处理的个人信息的安全，并协助个人信息处理者履行《个人信息保护法》规定的义务

问题 20 委托他人处理个人信息，应该怎么做？

在数聚智连上市审核过程中，上市审核机构已经开始关注个人信息处理者与受托人关于个人信息处理合作机制与权责分担的问题，因此，建议拟上市企业在委托他人处理个人信息时，通过以下步骤[1]，确保委托处理行为合规：

〔1〕 参见《个人信息安全规范》。

第一步：进行个人信息保护影响评估

根据我国《个人信息保护法》的明确要求，委托处理个人信息属于个人信息保护影响评估的法定情形（参见本书“问题 9　如何正确认识个人信息保护影响评估？”）。

第二步：明确约定具体的委托处理内容

个人信息处理者委托处理个人信息的，应当与受托人约定委托处理的目的、期限、处理方式、个人信息的种类、保护措施以及双方的权利和义务等内容。

个人信息处理者还应注意，委托处理范围不应超过个人信息主体授权同意的范围，除非属于无须获得同意的情形（参见本书“问题 11　直接从用户获得数据，需要关注什么？”）。

第三步：对受托人处理行为进行监督

个人信息处理者应对受托人的处理行为进行监督，监督途径包括通过合同等方式规定受托人的责任和义务、对受托人进行审计等。

第四步：准确及时记录委托行为

个人信息处理者应准确并及时记录和存储委托处理个人信息的情况，包括受托人名称、联系方式、资质许可、委托处理目的、范围、期限、处理方式、签署的合同文本等内容。

第五步：及时采取补救措施

若个人信息处理者发现受托人未按照委托要求处理个人信息，或未能有效履行个人信息安全保护责任，应立即要求受托人停止相关行为并采取有效补救措施，控制或消除个人信息面临的安全风险。必要时个人信息处理者应终止与受托人的业务关系，并要求受托人及时删除其获得的个人信息。

问题 21　算法推荐服务提供者需要承担哪些义务与责任？

算法是为解决某个问题、完成某项任务或达到某种目的而采取的处理规则、运算指令、策略机制，体现为一种辅助人类决策或自主决策机制。[1]

由《互联网信息服务算法推荐管理规定》可知，算法推荐服务提供者应当承担的义务及法律责任如图 1-2-5 所示：

〔1〕《算法治理蓝皮书》，中国信息通信研究院和新华网大数据中心著，2022 年 1 月出版。

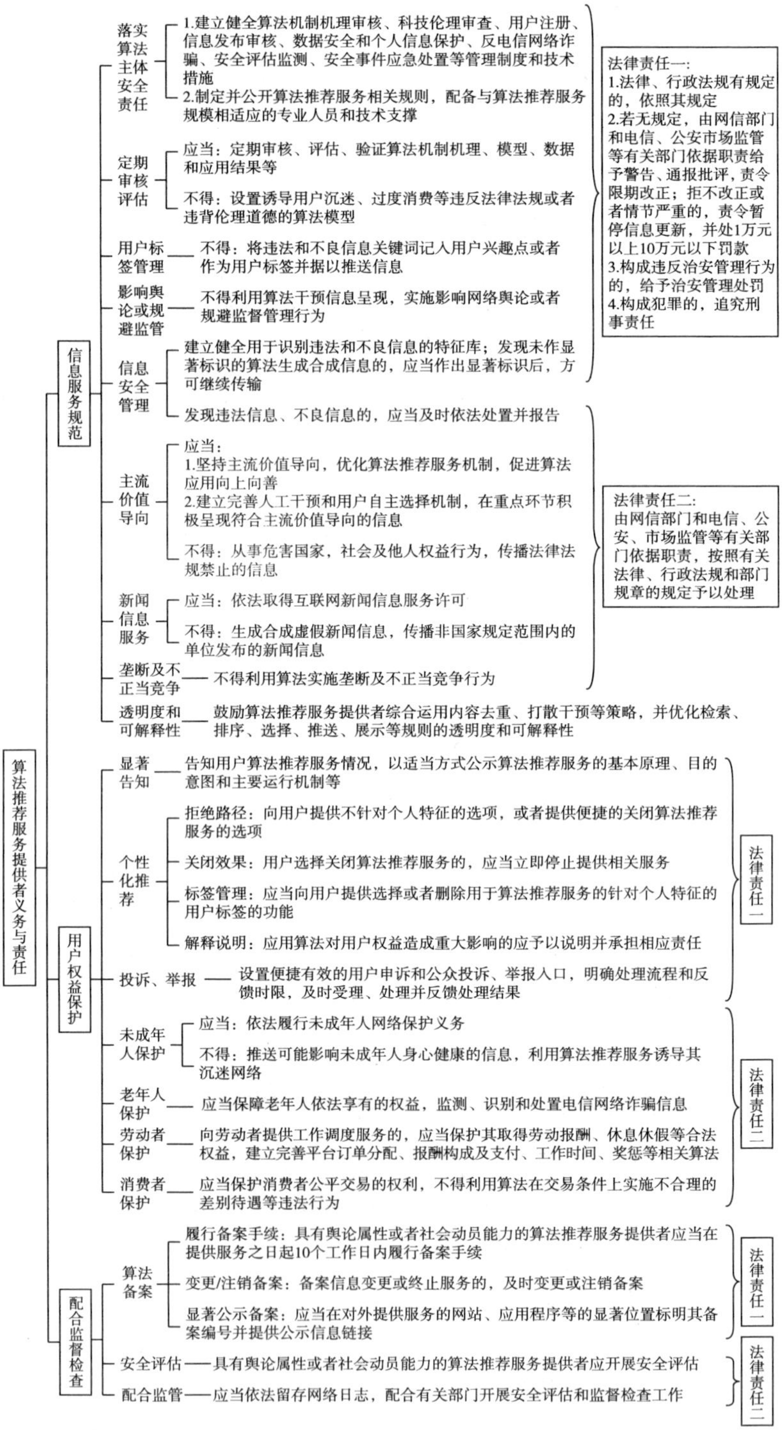

图 1-2-5　算法推荐服务提供者义务与责任要点梳理

问题 22 什么情况下需要进行算法备案？

根据《互联网信息服务算法推荐管理规定》的要求，具有舆论属性或者社会动员能力的算法推荐服务提供者应当在提供服务之日起 10 个工作日内履行备案手续。算法推荐技术，是指利用生成合成类、个性化推送类、排序精选类、检索过滤类、调度决策类等算法技术向用户提供信息。《具有舆论属性或社会动员能力的互联网信息服务安全评估规定》第 2 条规定："具有舆论属性或社会动员能力的互联网信息服务，包括下列情形：(1)开办论坛、博客、微博客、聊天室、通讯群组、公众账号、短视频、网络直播、信息分享、小程序等信息服务或者附设相应功能；(2)开办提供公众舆论表达渠道或者具有发动社会公众从事特定活动能力的其他互联网信息服务。"因此，符合上述规定的互联网平台，均应进行算法备案。

问题 23 如何进行算法备案？

根据《互联网信息服务算法推荐管理规定》的要求，具体备案程序如表 1-2-6 所示（参见本书第二部分第八章第一节"算法之治的启程——算法备案"）：

表 1-2-6 算法备案流程

要点	内 容
应备案内容	应通过互联网信息服务算法备案系统填报服务提供者的名称、服务形式、应用领域、算法类型、算法自评估报告、拟公示内容等信息 根据《互联网信息服务算法备案系统使用手册》的规定，具体备案信息如下： (1)算法基础属性信息：包括算法类型、算法名称、上线时间、应用领域、算法安全自评估报告、拟公示内容等； (2)算法详细属性信息：包括算法简介、使用场景、算法数据、算法模型、算法策略、算法风险与防范机制等信息； (3)产品及功能信息：产品信息：产品名称、产品的服务形式、访问地址、服务状态、服务对象、产品使用是否需要实名认证和前置许可、产品功能访问路径等；功能信息：功能名称、功能介绍
备案审查	(1)审查主体：国家和省、自治区、直辖市网信部门； (2)备案方式：互联网信息服务算法备案系统（https://beian.cac.gov.cn）； (3)审查时间：收到备案材料后在 30 个工作日内
变更与终止	(1)备案信息变更：应当在变更之日起 10 个工作日内办理变更手续； (2)终止提供服务：应当在终止服务之日起 20 个工作日内办理注销备案手续，并作出妥善安排

续表

要点	内　容
备案信息公示	完成备案的算法推荐服务提供者应当在其对外提供服务的网站、应用程序等的显著位置标明其备案编号并提供公示信息链接
法律责任	(1)应备案未备案：法律、行政法规有规定的，依照其规定；法律、行政法规没有规定的，由网信部门和电信、公安、市场监管等有关部门依据职责给予警告、通报批评，责令限期改正；拒不改正或者情节严重的，责令暂停信息更新，并处 1 万元以上 10 万元以下罚款。构成违反治安管理行为的，依法给予治安管理处罚；构成犯罪的，依法追究刑事责任； (2)备案瑕疵：具有舆论属性或者社会动员能力的算法推荐服务提供者通过隐瞒有关情况、提供虚假材料等不正当手段取得备案的，由国家和省、自治区、直辖市网信部门予以撤销备案，给予警告、通报批评；情节严重的，责令暂停信息更新，并处 1 万元以上 10 万元以下罚款

注：截至 2022 年 12 月，已有 100 个算法于互联网信息服务算法备案系统进行算法备案。

问题 24　使用数据进行个性化推荐，需要注意什么？

个性化推荐属于算法推荐中的一种典型形式，是商业变现场景中最为普遍的一种技术实现路径。

为了向用户提供个性化的服务，不少拟上市企业会对数据进行分析、整理及自动化决策，以求更精准地触达用户需求实现数据的商业化变现。因此，上市审核机构也越发重视个性化推荐功能的合规性，如木仓科技在上市审核过程中，就被问询到其主要产品“驾考宝典”使用算法推荐服务是否符合《互联网信息服务算法推荐管理规定》，以及被通报过的“强制用户使用定向推送功能”的整改情况。

➢ 个人信息保护

根据《个人信息保护法》的规定，针对自动化决策，企业可以采取以下两种路径：(1)为个人提供不针对个人特征的选项；(2)为用户提供便捷的拒绝方式。

基于大部分企业难以割舍商业化利用用户信息的资源禀赋，其往往会选择第二种路径，给予用户拒绝权，但在保障用户的拒绝权上，又在便捷度与彻底度上尽显暧昧态度，存在侵犯个人信息主体权益的法律风险，如图 1-2-6 所示，(参见本书第二部分第八章第二节“个性化推荐实践与监管的冲突”)：

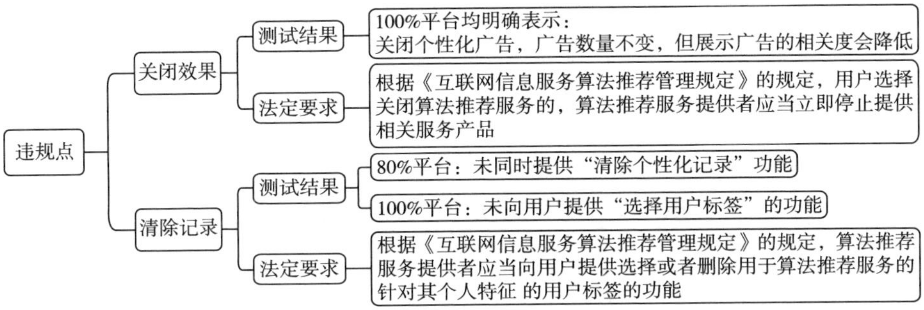

图 1-2-6 自动化决策违规要点

对此，建议拟上市企业事先依法进行个人信息保护影响评估并对处理情况予以记录（利用个人信息进行个性化推荐等自动化决策行为，属于《个人信息保护法》规定的个人信息保护影响评估的法定触发要件之一，因此，拟上市企业必须进行评估），确保对个人信息“用之有度”，嵌入保障用户各项合法权益的功能设计，畅通用户权利响应通道，及时处理用户的各项请求。

➢ 算法推荐管理

同时，由于平台向用户提供的个性化推荐服务，属于以算法推荐技术提供互联网信息服务，应当受到《互联网信息服务算法推荐管理规定》的制约，承担算法推荐服务提供者的责任（参见本书“问题 21　算法推荐服务提供者需要承担哪些义务与责任？”）。若属于具有舆论属性或者社会动员能力的算法推荐服务提供者，还应进行算法备案（参见本书“问题 22　什么情况下需要进行算法备案？”）。

问题 25 什么是互联网服务深度合成技术？

深度合成技术，是指利用深度学习、虚拟现实等生成合成类算法制作文本、图像、音频、视频、虚拟场景等网络信息的技术。2017 年，一位名为“Deepfakes”的用户在美国 Reddit 网站上分享了篡改人脸的色情视频，将深度合成技术带到大众面前。[1]随后，深度合成技术强大的仿真能力引发了公众对于金融诈骗、色情内容、个人隐私、商业诋毁等方面的担忧。为加强我国深度合成技术管理，保护

〔1〕《深度合成十大趋势报告（2022）》，清华大学人工智能研究院、北京瑞莱智慧科技有限公司、清华大学新传院智媒研究中心、国家工业信息安全发展研究中心著，2022 年 2 月。

国家、社会和个人的合法权益，国家互联网信息办公室、工业和信息化部、公安部三部门联合制定并发布了《互联网信息服务深度合成管理规定》(以下简称《管理规定》)。根据该管理规定及相关研究报告，深度合成技术类别及实践案例如表1-2-7所示：

表 1-2-7　深度合成技术类别及实践案例

《管理规定》定义	实践案例①
篇章生成、文本风格转换、问答对话等生成或者编辑文本内容的技术	2017年年底，清华大学发布了基于深度学习技术的诗歌写作系统“九歌”
文本转语音、语音转换、语音属性编辑等生成或者编辑语音内容的技术	2019年中央电视台《经典咏流传》节目推出了AI小工具“读诗成曲”。用户仅需朗读一段诗词，就能听到用自己声音唱诵的经典诗词唱段
音乐生成、场景声编辑等生成或者编辑非语音内容的技术	词曲写作、伴奏生成、歌声合成
人脸生成、人脸替换、人物属性编辑、人脸操控、姿态操控等生成或者编辑图像、视频内容中生物特征的技术	AI换脸“拯救”被劣迹艺人殃及的影视作品，多部电视剧作品均使用了该技术
图像生成、图像增强、图像修复等生成或者编辑图像、视频内容中非生物特征的技术	绘制像素画，辅助动画和游戏设计
三维重建、数字仿真等生成或者编辑数字人物、虚拟场景的技术	元宇宙、虚拟偶像洛天依

①《深度合成十大趋势报告(2022)》，清华大学人工智能研究院、北京瑞莱智慧科技有限公司、清华大学新传院智媒研究中心、国家工业信息安全发展研究中心著，2022年2月。

问题 26　深度合成服务提供者具有哪些义务？

根据《管理规定》，深度合成主体分为深度合成服务提供者〔1〕、深度合成服务技术支持者、深度合成服务使用者〔2〕三类。深度合成服务提供者应从落实信息安全主体责任、数据和技术管理规范、算法备案与安全评估三个方面履行自身义务，如表1-2-8所示：

〔1〕 深度合成服务提供者，是指提供深度合成服务的组织、个人。
〔2〕 深度合成服务使用者，是指使用深度合成服务制作、复制、发布、传播信息的组织、个人。

表 1-2-8 深度合成服务提供者义务要点

要点		内　容
落实信息安全主体责任	平台管理责任	1. 健全管理制度：建立健全用户注册、算法机制机理审核、科技伦理审查、信息发布审核、数据安全、个人信息保护、反电信网络诈骗、应急处置等管理制度； 2. 技术保障措施：具有安全可控的技术保障措施； 3. 提示信息安全义务：以显著方式提示深度合成服务技术支持者和使用者承担信息安全义务； 4. 实名认证：对深度合成服务使用者进行真实身份信息认证； 5. 投诉、举报机制：建立投诉举报入口并及时受理反馈
	内容管理责任	1. 禁止发布：不得发布法律、行政法规禁止的信息及虚假新闻信息； 2. 审核义务：应对输入数据和合成结果进行审核； 3. 不良信息处理：及时处理不良信息并向有关部门报告
数据和技术管理规范	加强训练数据管理	1. 采取必要措施保障训练数据安全； 2. 提供人脸、人声等生物识别信息编辑功能的，应当提示深度合成服务使用者依法告知被编辑的个人，并取得其单独同意
	加强技术管理	定期审核、评估、验证生成合成类算法机制机理
	信息标识	1. 一般标识 对使用其服务生成或者编辑的信息内容，应当采取技术措施添加不影响用户使用的标识，并依法保存日志信息。 2. 显著标识 （1）必须显著标识的服务内容 深度合成服务提供者提供以下深度合成服务，可能导致公众混淆或者误认的，应当在生成或者编辑的信息内容的合理位置、区域进行显著标识，向公众提示深度合成情况： （a）智能对话、智能写作等模拟自然人进行文本的生成或者编辑服务； （b）合成人声、仿声等语音生成或者显著改变个人身份特征的编辑服务； （c）人脸生成、人脸替换、人脸操控、姿态操控等人物图像、视频生成或者显著改变个人身份特征的编辑服务； （d）沉浸式拟真场景等生成或者编辑服务； （e）其他具有生成或者显著改变信息内容功能的服务。 （2）其他服务内容应提供显著标识功能 提供前款规定之外的深度合成服务的，应当提供显著标识功能，并提示深度合成服务使用者可以进行显著标识
算法备案与安全评估	进行算法备案	具有舆论属性或者社会动员能力的深度合成服务提供者，应履行算法备案和变更、注销备案手续
	开展安全评估	1. 开发上线具有舆论属性或者社会动员能力的新产品、新应用、新功能的，应当按照国家有关规定开展安全评估。 2. 以下情形应当依法自行或者委托专业机构开展安全评估： （1）生成或者编辑人脸、人声等生物识别信息的； （2）生成或者编辑可能涉及国家安全、国家形象、国家利益和社会公共利益的特殊物体、场景等非生物识别信息

问题 27 哪些企业会被关注科技伦理问题？

科技伦理是开展科学研究、技术开发等科技活动需要遵循的价值理念和行为规范，是促进科技事业健康发展的重要保障。

在 2021 年以前，我国主要聚焦于生物医药领域的科技伦理问题，通过《药品管理法》《基本医疗卫生与健康促进法》《医师法》《生物安全法》等法律法规，规定了从事药物、医疗器械临床试验、医学研究、生物技术研究及医师诊疗应当遵循伦理规范，通过伦理审查。

算法及人工智能技术的广泛应用在提升生产效率、优化用户体验的同时，也带来算法歧视、大数据杀熟、不正当竞争等科技伦理道德方面的问题。因此，我国对于算法向善、可信人工智能等科技伦理治理的合规要求也在不断提高。

基于此，在拟上市企业审核过程中，以合合信息为代表的多家科技公司均受到来自上市审核机构关于科技伦理合规的问询。上市审核机构主要关注的是企业是否涉及科技伦理敏感领域，如是，则企业需论述其在科技伦理领域是否符合相关法律法规规定。

根据中共中央办公厅、国务院办公厅《关于加强科技伦理治理的意见》的规定，拟上市企业同时符合下述两个条件的，应当设立科技伦理（审查）委员会：（1）主体：从事生命科学、医学、人工智能等科技活动的单位；（2）研究内容：涉及科技伦理敏感领域。当前，有关“科技伦理敏感领域”的具体含义及范围尚未明确，有待相关细则文件的进一步出台。

问题 28 如何进行科技伦理治理？

根据《关于加强科技伦理治理的意见》的规定，涉及科技伦理领域的企业应当做好科技伦理治理工作，如图 1-2-7 所示：

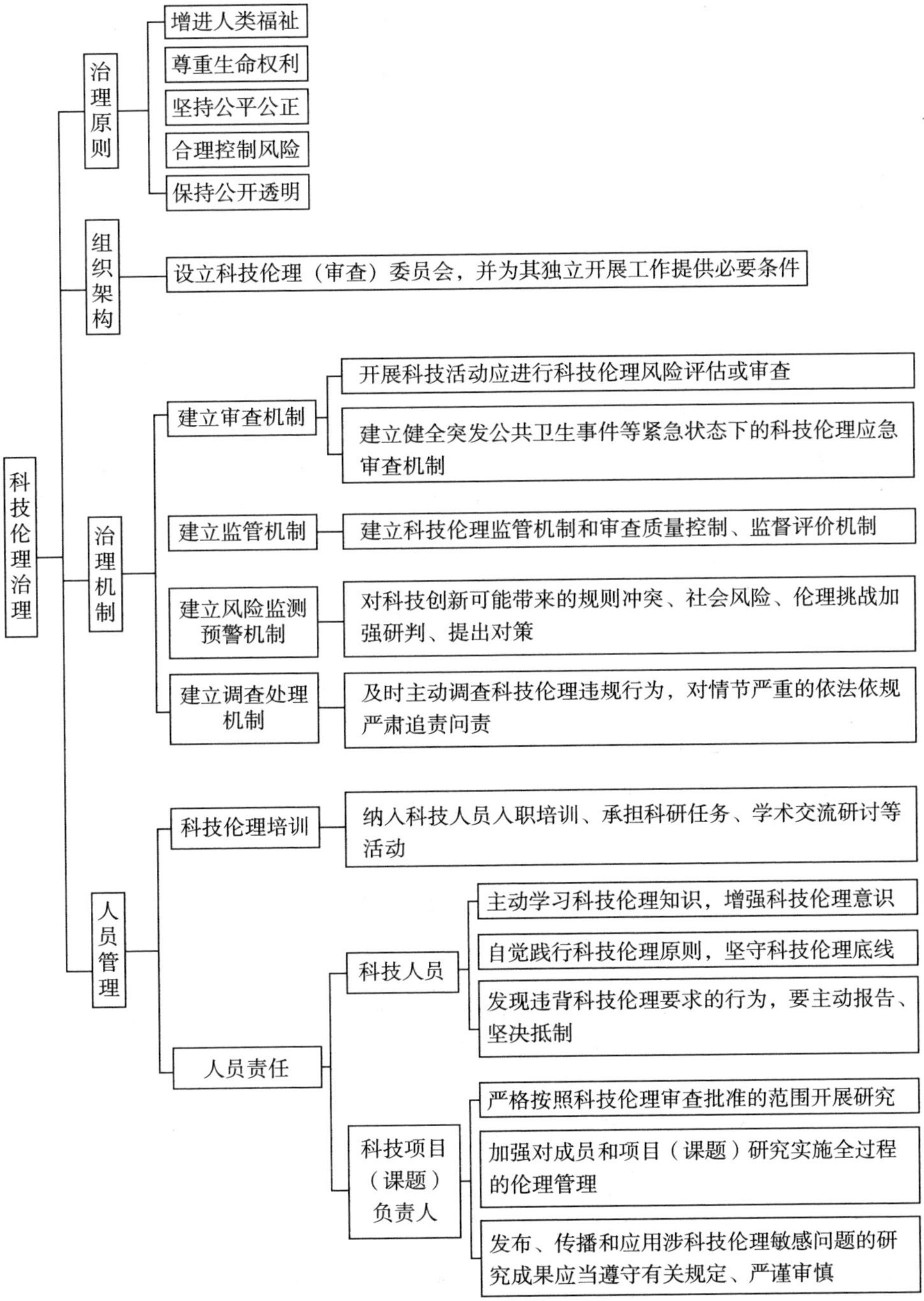

图 1-2-7 科技伦理治理要点梳理

其中，针对人工智能领域，在科技伦理治理过程中，还应当关注国家新一代人工智能治理专业委员会所制定的《新一代人工智能伦理规范》所规定的特别要求（见表 1–2–9）：

表 1–2–9 《新一代人工智能伦理规范》要点梳理

要点		内容
管理规范	推动敏捷治理	尊重人工智能发展规律，充分认识人工智能的潜力与局限，持续优化治理机制和方式，在战略决策、制度建设、资源配置过程中，不脱离实际、不急功近利，有序推动人工智能健康和可持续发展
	积极实践示范	遵守人工智能相关法规、政策和标准，主动将人工智能伦理道德融入管理全过程，率先成为人工智能伦理治理的实践者和推动者，及时总结推广人工智能治理经验，积极回应社会对人工智能的伦理关切
	正确行权用权	（1）明确人工智能相关管理活动的职责和权力边界，规范权力运行条件和程序；（2）充分尊重并保障相关主体的隐私、自由、尊严、安全等权利及其他合法权益，禁止权力不当行使对自然人、法人和其他组织合法权益造成侵害
	加强风险防范	增强底线思维和风险意识，加强人工智能发展的潜在风险研判，及时开展系统的风险监测和评估，建立有效的风险预警机制，提升人工智能伦理风险管控和处置能力
	促进包容开放	充分重视人工智能各利益相关主体的权益与诉求，鼓励应用多样化的人工智能技术解决经济社会发展实际问题，鼓励跨学科、跨领域、跨地区、跨国界的交流与合作，推动形成具有广泛共识的人工智能治理框架和标准规范
研发规范	强化自律意识	加强人工智能研发相关活动的自我约束，主动将人工智能伦理道德融入技术研发各环节，自觉开展自我审查，加强自我管理，不从事违背伦理道德的人工智能研发
	提升数据质量	在数据收集、存储、使用、加工、传输、提供、公开等环节，严格遵守数据相关法律、标准与规范，提升数据的完整性、及时性、一致性、规范性和准确性等
	增强安全透明	在算法设计、实现、应用等环节，提升透明性、可解释性、可理解性、可靠性、可控性，增强人工智能系统的韧性、自适应性和抗干扰能力，逐步实现可验证、可审核、可监督、可追溯、可预测、可信赖
	避免偏见歧视	在数据采集和算法开发中，加强伦理审查，充分考虑差异化诉求，避免可能存在的数据与算法偏见，努力实现人工智能系统的普惠性、公平性和非歧视性
供应规范	尊重市场规则	严格遵守市场准入、竞争、交易等活动的各种规章制度，积极维护市场秩序，营造有利于人工智能发展的市场环境，不得以数据垄断、平台垄断等破坏市场有序竞争，禁止以任何手段侵犯其他主体的知识产权
	加强质量管控	强化人工智能产品与服务的质量监测和使用评估，避免因设计和产品缺陷等问题导致的人身安全、财产安全、用户隐私等侵害，不得经营、销售或提供不符合质量标准的产品与服务

续表

要点		内 容
供应规范	保障用户权益	(1)在产品与服务中使用人工智能技术应明确告知用户,应标识人工智能产品与服务的功能与局限,保障用户知情、同意等权利; (2)为用户选择使用或退出人工智能模式提供简便易懂的解决方案,不得为用户平等使用人工智能设置障碍
	强化应急保障	研究制定应急机制和损失补偿方案或措施,及时监测人工智能系统,及时响应和处理用户的反馈信息,及时防范系统性故障,随时准备协助相关主体依法依规对人工智能系统进行干预,减少损失,规避风险
使用规范	提倡善意使用	加强人工智能产品与服务使用前的论证和评估,充分了解人工智能产品与服务带来的益处,充分考虑各利益相关主体的合法权益,更好促进经济繁荣、社会进步和可持续发展
	避免误用滥用	充分了解人工智能产品与服务的适用范围和负面影响,切实尊重相关主体不使用人工智能产品或服务的权利,避免不当使用和滥用人工智能产品与服务,避免非故意造成对他人合法权益的损害
	禁止违规恶用	禁止使用不符合法律法规、伦理道德和标准规范的人工智能产品与服务,禁止使用人工智能产品与服务从事不法活动,严禁危害国家安全、公共安全和生产安全,严禁损害社会公共利益等
	及时主动反馈	积极参与人工智能伦理治理实践,对使用人工智能产品与服务过程中发现的技术安全漏洞、政策法规真空、监管滞后等问题,应及时向相关主体反馈,并协助解决
	提高使用能力	积极学习人工智能相关知识,主动掌握人工智能产品与服务的运营、维护、应急处置等各使用环节所需技能,确保人工智能产品与服务安全使用和高效利用

第三节 数据共享合规 5 问

我国《数据安全法》与《个人信息保护法》[1]并未将“共享”作为数据处理行为的正列举项,仅在《个人信息安全规范》中将“共享”定义为“个人信息控制者向其他控制者提供个人信息,且双方分别对个人信息拥有独立控制权的过程”。欧盟 GDPR[2]亦未将共享作为数据处理行为的正列举项。

〔1〕《数据安全法》第 3 条第 2 款规定:“数据处理,包括数据的收集、存储、使用、加工、传输、提供、公开等。”《个人信息保护法》第 4 条第 2 款规定:“个人信息的处理包括个人信息的收集、存储、使用、加工、传输、提供、公开、删除等。”

〔2〕 GDPR Art, 4(2)‘processing’ means any operation or set of operations which is performed on personal data or on sets of personal data, whether or not by automated means, such as collection, recording, organisation, structuring, storage, adaptation or alteration, retrieval, consultation, use, disclosure by transmission, dissemination or otherwise making available, alignment or combination, restriction, erasure or destruction.

因此，我们认为数据共享（包括数据融合）行为并非标准的法律用语表述，是基于商业数据处理的需求，对于数据提供、共同处理、委托处理等行为（相较《个人信息安全规范》而言，本书的定义较为延展）的概括性表达，各方的责任义务需视具体的处理情况而定。

通过分析各拟上市企业披露的问询信息情况可知，在数据共享环节（此处不包括因合并、分立、解散、破产等原因共享的），上市审核机构核心关注点在于：（1）数据共享是否符合与用户 / 客户的协议约定以及相关的法律法规规定；（2）数据共享可能给公司业务带来的相关风险，如数据共享的运作机制是否会给公司独立性以及市场竞争力带来影响。（见表 1-2-10）

表 1-2-10　数据共享合规相关问询

关注焦点	问询对象及时间	问询内容
共享合规	蚂蚁集团① 2020 年 8 月	发行人与阿里巴巴集团的数据共享是否符合各自与客户的协议约定，是否存在侵害客户合法利益的情况；结合发行人与阿里巴巴等相关主体的数据共享协议，说明该等安排是否违反有关互联网用户信息保护的有关法律法规及规范性文件
	京东数科② 2020 年 10 月	数据共享是否符合各自与客户的协议约定，是否存在侵害客户合法利益的情况；结合发行人与相关主体的数据共享协议，说明该等安排是否违反有关互联网用户信息保护的有关法律法规及规范性文件
	数聚智连③ 2022 年 10 月	进一步说明发行人可获取、使用的数据具体类型、数量规模，与电商平台、品牌方之间关于用户个人数据使用的合作机制、权责划分机制
共享风险	蚂蚁集团④ 2020 年 8 月	发行人与阿里巴巴集团数据共享的总体运作机制，以及数据平台管理委员会的人员构成方式与职责定位，对发行人运营独立性、数据安全、市场竞争优劣势的影响，并按重要性原则完善相关风险揭示
	京东数科⑤ 2020 年 10 月	数据共享的总体运作机制对发行人运营独立性、数据安全、市场竞争优劣势的影响，是否存在京东集团单方终止数据共享的风险，按重要性原则完善相关风险揭示

①《上海市方达律师事务所关于蚂蚁科技集团股份有限公司首次公开发行股票并在科创板上市的法律意见书》。

②《关于京东数字科技控股股份有限公司首次公开发行人民币普通股并在上海证券交易所科创板上市之补充法律意见书》。

③《关于北京数聚智连科技股份有限公司首次公开发行股票并在创业板上市申请文件的第二轮审核问询函的回复》。

④《上海市方达律师事务所关于蚂蚁科技集团股份有限公司首次公开发行股票并在科创板上市的法律意见书》。

⑤《关于京东数字科技控股股份有限公司首次公开发行股票并在科创板上市申请文件审核问询函的回复》。

问题 29 共享数据前，需要做些什么？

在进行数据共享前，应当按照图 1-2-8 所示流程明确数据共享场景：

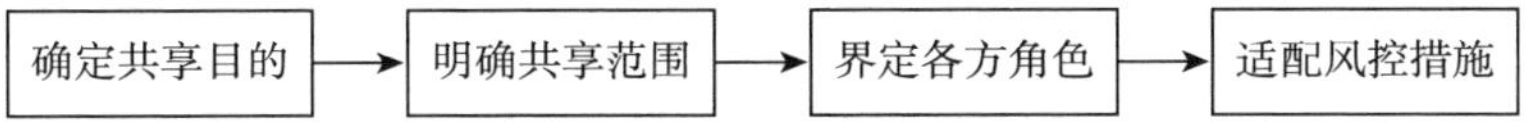

图 1-2-8 共享数据合规流程

第一步：确定共享目的

在决定是否进行数据共享前，首先需要确定共享的目的，知道共享什么以及与谁共享，并形成书面记录。

第二步：明确共享范围

应只共享实现目的所需的最少数据，以便遵循最小必要原则，并明确是否包括敏感个人信息、重要数据等特殊种类的数据。对于特殊种类数据，应当匹配相应的加密传输、去标识化等技术安全措施。

第三步：界定各方角色

作为数据提供方，应当明确共享场景及各自角色（提供、共同处理或委托处理，见表 1-2-11），并基于此明确双方各自的权利、义务及责任承担问题。

表 1-2-11 不同共享场景下提供方义务

共享场景	提供方义务
提供	（1）应当向个人告知接收方的名称或者姓名、联系方式、处理目的、处理方式和个人信息的种类； （2）取得个人的单独同意
共同处理	（1）需约定各自的权利和义务，但该约定不影响个人向其中任何一个个人信息处理者要求行使权利； （2）侵害个人信息权益造成损害的，双方应当依法承担连带责任
委托处理	（1）应当与受托人约定委托处理的目的、期限、处理方式、个人信息的种类、保护措施以及双方的权利和义务等； （2）对受托人的个人信息处理活动进行监督

第四步：适配风控措施

基于数据共享场景，明确数据共享可能会给数据主体带来的风险（如是否侵犯个人信息及隐私权）、是否符合与第三方的约定以及是否会对公司的独立性和数据安全带来风险，并制定相应适配的风控措施。

问题 30 作为共享数据接收方，需要关注什么？

作为数据接收方，应当基于确定的共享场景（提供、共同处理或受托处理），履行相应责任义务（见表 1-2-12）。

表 1-2-12 不同共享场景下接收方义务

共享场景	接收方义务
提供	（1）应当在处理目的、处理方式和个人信息的种类等范围内处理个人信息； （2）变更原先的处理目的、处理方式或处理的个人信息种类的，应当重新取得个人同意
共同处理	（1）需约定各自的权利和义务，但该约定不影响个人向其中任何一个个人信息处理者要求行使权利； （2）侵害个人信息权益造成损害的，双方应当依法承担连带责任
受托处理	（1）应当按照约定处理个人信息，不得超出约定的处理目的、处理方式等处理个人信息； （2）委托合同不生效、无效、被撤销或者终止的，受托人应当将个人信息返还个人信息处理者或者予以删除，不得保留； （3）未经个人信息处理者同意，受托人不得转委托他人处理个人信息； （4）应当依照《个人信息保护法》和有关法律、行政法规的规定，采取必要措施保障所处理的个人信息的安全，并协助个人信息处理者履行《个人信息保护法》规定的义务

问题 31 数据共享场景下，各方的权责如何划分？

在不同数据共享场景下，各方的权责划分及责任承担如表 1-2-13 所示：

表 1-2-13 数据共享场景下权责划分及责任承担

<table>
<tr><th>共享场景</th><th>共享方</th><th>接收方</th></tr>
<tr><td rowspan="2">提供</td><td colspan="2">权责划分：作为相互独立的个人信息处理者，需保障用户对接收方及处理行为的知情权及同意权（如适用），履行个人信息保护义务，并对各自处理用户个人信息的行为负责</td></tr>
<tr><td>责任承担：
行政处罚：单独承担
民事责任：单独承担</td><td>责任承担：
行政处罚：单独承担
民事责任：单独承担</td></tr>
<tr><td rowspan="2">共同处理</td><td colspan="2">权责划分：作为相互独立的个人信息处理者，履行个人信息保护义务，并对各自处理用户个人信息的行为负责（含在侵害个人信息权益造成损害的情形下，依法承担的连带责任）</td></tr>
<tr><td>责任承担：
行政处罚：单独承担
民事责任：连带责任</td><td>责任承担：
行政处罚：单独承担
民事责任：连带责任</td></tr>
</table>

续表

共享场景	共享方	接收方
委托处理	权责划分：作为个人信息处理者，履行个人信息保护义务，并就接收方受托处理用户个人信息的行为对外负责	权责划分：按照双方约定处理个人信息，并就受托处理行为向共享方负责
	责任承担： 行政处罚：单独承担 民事责任：单独承担	责任承担： 行政处罚：未明确规定 民事责任：原则上不承担，但若知道 / 明知处理行为违法的，承担连带责任 特别地，若超出受托处理范围与边界，构成新的个人信息处理者，则其独立承担相应责任

问题 32 集团数据融合场景下，如何证明数据资产的独立性？

对于多业务条线的集团公司而言，集团内部的数据融合（一个集团内不同业务子公司之间的业务、产品数据进行融合）不可避免。对于单独上市的业务子公司而言，如何实现数据资产的独立性，是问询时会被重点关注的问题。对此，我们建议：

（1）独立部署：集团母公司与各业务条线子公司之间应独立部署数据平台，对各自采集的数据进行独立存储，不得共用、混用数据池；

（2）明确权责：集团母公司与各业务条线子公司之间应确认关联公司各自的角色定位，并通过数据共享协议明确各自的权利、义务，并根据《个人信息保护法》及协议的约定履行自身职责。

同时，在数据融合场景下，应注意以下合规要点：

（1）在不同共享场景下，依法保障用户的个人信息权益

例如，在提供场景下，业务子公司需要保障用户的知情权并获得其单独同意；在共同处理场景下，集团母公司与业务子公司均需要向用户明确主体身份、处理目的及处理方式等信息；在委托 / 受托处理场景下，业务子公司需要在《隐私政策》中明确委托处理的情形。

（2）创新数据处理场景，通过数据中台能力产品化，实现真正技术赋能

其实，无论是在提供、共同处理还是委托 / 受托处理的场景下，集团母公司及业务子公司都因为或多或少地直接接触了用户数据，因而需要承担大小不一的义

务和责任。但在很多应用场景下，集团母公司只是为业务子公司提供数据高效、融合、统一处理的技术能力，并非一定要处理用户的个人信息。

在这种情形下，集团母公司可考虑创新数据处理场景，将数据中台能力产品化，通过提供软件运营服务（Software as a Service，SaaS）服务等方式，将个人信息的处理决定权交回业务子公司，自身不再参与决定个人信息的处理目的及处理方式。这样能够在减轻自身的个人信息合规义务的同时，清晰个人信息的处理主体与边界（参见本书第二部分第六章第四节“数据融合场景下的合规路径设计”）。

问题 33 App 运营者如何安全使用 SDK？

SDK 被广泛应用于各类 App 开发中，由 SDK 带来的安全问题已经引起多方关注，通过对比工业和信息化部 2021 年 11 月 3 日发布的通报（见图 1-2-9）与 2022 年 2 月 18 日发布的通报（见图 1-2-10）可以看出，其已经将 SDK 作为和 App 同等重要的针对侵害用户个人信息权益行为的常规检测项。

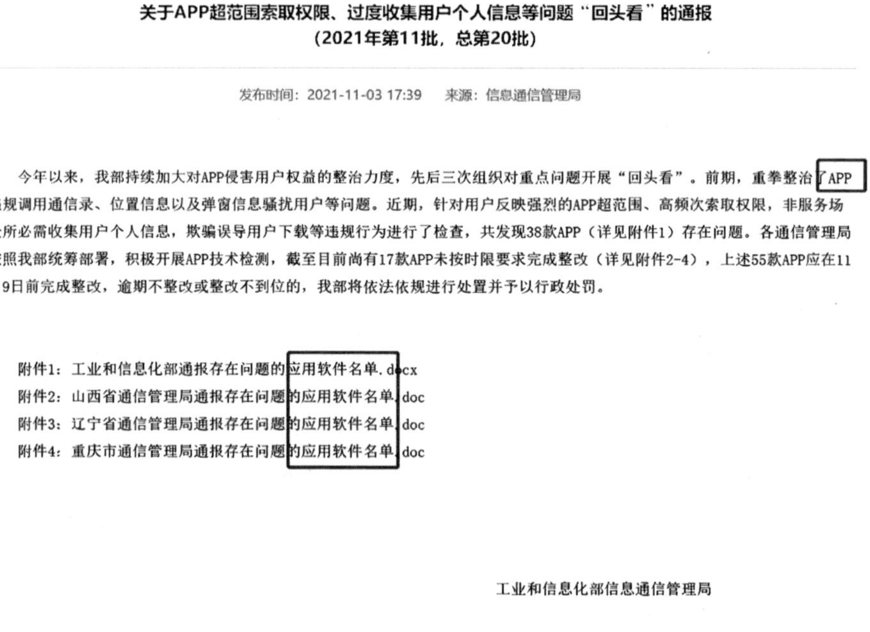
关于APP超范围索取权限、过度收集用户个人信息等问题“回头看”的通报
（2021年第11批，总第20批）

发布时间：2021-11-03 17:39　来源：信息通信管理局

今年以来，我部持续加大对APP侵害用户权益的整治力度，先后三次组织对重点问题开展“回头看”。前期，重拳整治了APP违规调用通信录、位置信息以及弹窗信息骚扰用户等问题。近期，针对用户反映强烈的APP超范围、高频次索取权限，非服务场景所必需收集用户个人信息，欺骗误导用户下载等违规行为进行了检查，共发现38款APP（详见附件1）存在问题。各通信管理局按照我部统筹部署，积极开展APP技术检测，截至目前尚有17款APP未按时限要求完成整改（详见附件2-4），上述55款APP应在11月9日前完成整改，逾期不整改或整改不到位的，我部将依法依规进行处置并予以行政处罚。

附件1：工业和信息化部通报存在问题的应用软件名单.docx
附件2：山西省通信管理局通报存在问题的应用软件名单.doc
附件3：辽宁省通信管理局通报存在问题的应用软件名单.doc
附件4：重庆市通信管理局通报存在问题的应用软件名单.doc

工业和信息化部信息通信管理局

2021年11月3日

图 1-2-9　2021 年 11 月 3 日工业和信息化部通报存在问题的应用软件名单

关于侵害用户权益行为的App通报
（2022年第1批，总第21批）

发布时间：2022-02-18 19:49　来源：信息通信管理局

依据《个人信息保护法》《网络安全法》《电信条例》《电信和互联网用户个人信息保护规定》等法律法规，我部近期组织第三方检测机构对移动互联网应用程序（APP）进行检查，截至目前，尚有107款APP未完成整改。同时，检测过程中发现，13款内嵌第三方软件开发工具包（SDK）存在违规收集用户设备信息的行为（详见附件）。

上述APP及SDK应在2月25日前完成整改落实工作。逾期不整改的，我部将依法依规组织开展相关处置工作。

附件：工业和信息化部通报存在问题的APP（SDK）名单.docx

工业和信息化部信息通信管理局
2022年2月18日

图 1-2-10　2022 年 2 月 18 日工业和信息化部通报存在问题的 App（SDK）名单

若 App 运营者（SDK 使用者）使用不合规的 SDK，也容易殃及自身。SDK 使用者与 SDK 提供者的个人信息保护责任划分包括以下三种情况：[1]

（1）SDK 提供者独立处理个人信息的，应自行承担个人信息保护责任。

（2）SDK 提供者受 SDK 使用者委托或与 SDK 使用者共同处理个人信息的，可按照合作协议或共同协商各自承担的责任。

（3）当 SDK 使用者独立处理个人信息的，应由 SDK 使用者承担个人信息保护的责任。

为减少因 SDK 造成的 App 安全与个人信息安全问题，我们建议 App 运营者：[2]

（1）遵循合法、正当、必要的原则选择使用 SDK。

（2）涉及个人信息处理时，需履行个人信息处理者义务：[3]

（a）若 SDK 使用者与 SDK 提供者共同处理个人信息，应双方协商确定如何告

〔1〕 参见电信终端产业协会发布的《软件开发包（SDK）个人信息处理规范》。
〔2〕 参见全国信息安全标准化技术委员会秘书处发布的《网络安全标准实践指南——移动互联网应用程序（App）使用软件开发工具包（SDK）安全指引》。
〔3〕 参见电信终端产业协会发布的《软件开发包（SDK）个人信息处理规范》。

知用户，征得用户的同意以及提供用户权利保障功能。

（b）若 SDK 提供者，作为受托方，根据 SDK 使用者的要求处理个人信息，应由 SDK 使用者告知用户征得用户同意，并提供用户权利保障功能，SDK 提供者应协助 SDK 使用者完成上述义务。

（c）若 SDK 提供者独立处理个人信息的，应自行告知用户，征得用户同意，并提供用户权利保障功能，SDK 使用者协助 SDK 提供者实现相应功能。

（3）建立 SDK 接入管理机制和工作流程，必要时应建立安全评估等机制设置接入条件，如：

（a）来源安全性评估：SDK 提供者的基本信息、SDK 提供者的沟通反馈渠道、SDK 提供者的安全能力、SDK 的基本功能、SDK 的版本号等。

（b）代码安全性评估：是否存在已知的恶意代码、是否存在已知的安全漏洞、是否申请敏感权限、是否嵌入了其他 SDK 等。

（c）行为安全性评估：调用的敏感权限、目的和频率；收集的个人信息类型、目的和频率；个人信息回传服务器域名、IP 地址、所在地域；是否存在热更新行为及热更新是否可主动关闭；传输数据是否加密；是否存在单独收集用户个人信息的界面；是否存在后台自启动和关联启动后收集个人信息的行为等。

（4）与 SDK 提供者通过合同等形式明确双方的安全责任及应实施的个人信息安全措施，妥善留存与 SDK 提供者有关合同和管理记录。

（5）应监督第三方产品或服务提供者加强个人信息安全管理，发现第三方产品或服务没有落实安全管理要求和责任的，应及时督促整改，必要时停止接入。

第四节　数据存储合规 3 问

通过分析各拟上市企业披露的问询信息情况可知，在数据存储环节，上市审核机构的核心关注点在于：（1）数据存储的方式、期限是否符合法律规定及合同约定；（2）数据存储是否存在潜在数据泄露风险（见表 1-2-14）。

表 1-2-14 数据存储合规相关问询

关注焦点	问询对象及时间	问询内容
数据存储泄露风险	金智教育[1] 2021 年 1 月	发行人对相关信息的储存及使用情况，是否存在转授权或流转给第三方的情况，是否存在相关信息泄露的情况，是否存在侵犯用户隐私及数据的情况，是否存在法律风险、纠纷或潜在纠纷
数据存储期限等合规性	零点有数[2] 2021 年 3 月	针对客户委托项目中各类采购的原始数据及后续处理完毕数据的保存期限，是否符合行业惯例及合同约定
	合合信息[3] 2022 年 3 月	发行人各项业务及研发分别获取、存储、使用哪些数据，对应的数据来源、数据权属，是否存在销售数据的情形

①《关于江苏金智教育信息股份有限公司首次公开发行股票并在科创板上市申请文件的第二轮审核问询函的回复》。

②《关于北京零点有数数据科技股份有限公司申请首次公开发行股票并在创业板上市的审核中心意见落实函的回复》。

③《关于上海合合信息科技股份有限公司首次公开发行股票并在科创板上市申请文件的首轮审核问询函的回复》。

问题 34 数据存储需要关注哪些合规要点?

存储也属于处理的行为之一，应当以取得用户同意为前提，并明确告知其存储期限及存储地点（如于《隐私政策》中明确数据存储相关规则），具体如图 1-2-11 所示：

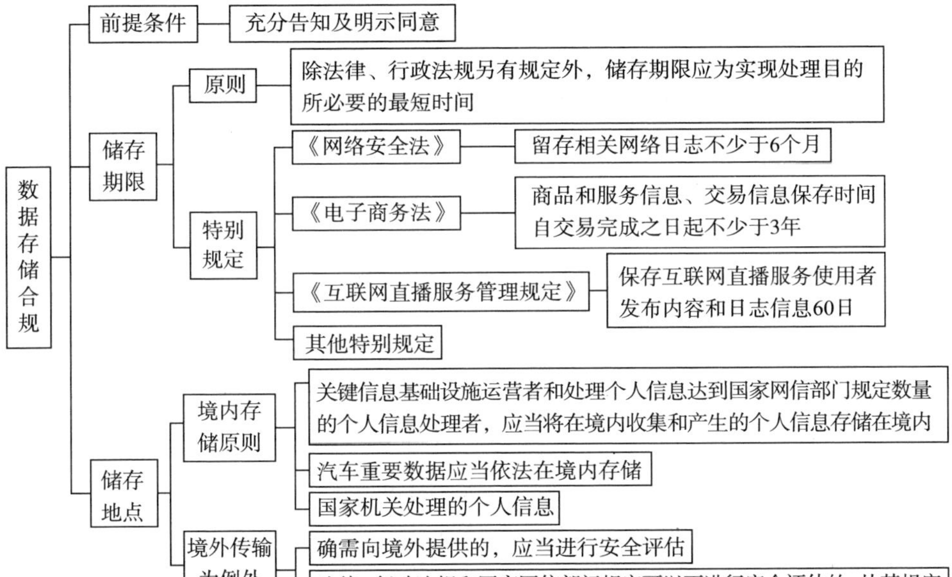

图 1-2-11 数据存储合规要点

基于最小存储期限的要求，我们整理部分行业法律法规要求的存储期限如表 1-2-15 所示：

表 1-2-15　部分行业法律法规要求的存储期限

序号	法律法规	基本信息	主要内容
1	个人信息保护法	全国人大常委会 2021.8.20 发布 2021.11.1 实施	第十九条　除法律、行政法规另有规定外，个人信息的保存期限应当为实现处理目的所必要的最短时间。
2	中华人民共和国电子商务法	全国人大常委会 2018.8.31 发布 2019.1.1 实施	第三十一条　电子商务平台经营者应当记录、保存平台上发布的商品和服务信息、交易信息，并确保信息的完整性、保密性、可用性。商品和服务信息、交易信息保存时间自交易完成之日起不少于三年；法律、行政法规另有规定的，依照其规定。 第五十三条第三款　电子支付服务提供者应当向用户免费提供对账服务以及最近三年的交易记录。
3	网络交易监督管理办法	市监总局 2021.3.15 发布 2021.5.1 实施	第三十一条　网络交易平台经营者对平台内经营者身份信息的保存时间自其退出平台之日起不少于三年；对商品或者服务信息，支付记录、物流快递、退换货以及售后等交易信息的保存时间自交易完成之日起不少于三年。法律、行政法规另有规定的，依照其规定。
4	中华人民共和国证券法	全国人大常委会 2019.12.28 发布 2020.3.1 实施	第一百三十七条　证券公司应当建立客户信息查询制度，确保客户能够查询其账户信息、委托记录、交易记录以及其他与接受服务或者购买产品有关的重要信息。 证券公司应当妥善保存客户开户资料、委托记录、交易记录和与内部管理、业务经营有关的各项信息，任何人不得隐匿、伪造、篡改或者毁损。上述信息的保存期限不得少于二十年。
5	中华人民共和国电子签名法	全国人大常委会 2019.4.23 发布 2019.4.23 实施	第二十四条　电子认证服务提供者应当妥善保存与认证相关的信息，信息保存期限至少为电子签名认证证书失效后五年。
6	互联网直播服务管理规定	网信办 2016.11.4 发布 2016.12.1 实施	第十六条　互联网直播服务提供者应当记录互联网直播服务使用者发布内容和日志信息，保存六十日。 互联网直播服务提供者应当配合有关部门依法进行的监督检查，并提供必要的文件、资料和数据。
7	征信业管理条例	国务院 2013.1.21 发布 2013.3.15 实施	第十六条　征信机构对个人不良信息的保存期限，自不良行为或者事件终止之日起为 5 年；超过 5 年的，应当予以删除。 在不良信息保存期限内，信息主体可以对不良信息作出说明，征信机构应当予以记载。

续表

序号	法律法规	基本信息	主要内容
8	中华人民共和国反洗钱法	全国人大常委会 2006.1.31 发布 2007.1.1 实施	第十九条 金融机构应当按照规定建立客户身份资料和交易记录保存制度。 在业务关系存续期间，客户身份资料发生变更的，应当及时更新客户身份资料。 客户身份资料在业务关系结束后、客户交易信息在交易结束后，应当至少保存五年。 金融机构破产和解散时，应当将客户身份资料和客户交易信息移交国务院有关部门指定的机构。
9	互联网信息服务管理办法	国务院 2011.1.8 发布 2011.1.8 实施	第十四条第二款 互联网信息服务提供者和互联网接入服务提供者的记录备份应当保存 60 日，并在国家有关机关依法查询时，予以提供。
10	网络餐饮服务食品安全监督管理办法	市监总局 2020.10.23 发布 2020.10.23 实施	第十五条 网络餐饮服务第三方平台提供者和自建网站餐饮服务提供者应当履行记录义务，如实记录网络订餐的订单信息，包括食品的名称、下单时间、送餐人员、送达时间以及收货地址，信息保存时间不得少于 6 个月。
11	人力资源市场暂行条例	国务院 2018.6.29 发布 2018.10.1 实施	第三十三条 人力资源服务机构应当加强内部制度建设，健全财务管理制度，建立服务台账，如实记录服务对象、服务过程、服务结果等信息。服务台账应当保存 2 年以上。

问题 35 个人生物识别信息应如何存储？

企业业务活动中往往涉及不同类型、不同级别的个人信息，应相应采取分类分级管理制度，配套不同数据存储策略。个人生物识别信息属于敏感个人信息，应根据《个人信息安全规范》等要求配备更高安全性级别的储存策略：

（1）采用加密等安全措施

存储个人生物识别信息等敏感个人信息时，应采用加密等安全措施（采用密码技术时宜遵循密码管理相关国家标准），保证数据库用户权限严格分离，并对涉及敏感个人信息数据库加强权限控制和安全审计。

（2）单独存储

个人生物识别信息应与个人身份信息分开存储，原则上不应存储原始个人生物识别信息（如样本、图像等），可采取的措施包括但不限于：

（a）仅存储个人生物识别信息的摘要信息（摘要信息通常具有不可逆特点，无法回溯到原始信息）；

（b）在采集终端中直接使用个人生物识别信息实现身份识别、认证等功能；

（c）在使用面部识别特征、指纹、掌纹、虹膜等实现识别身份、认证等功能后删除可提取个人生物识别信息的原始图像。

（3）及时备份

在符合前述第（2）项的基础上，对个人生物识别信息等敏感个人信息采取相应备份机制，确保其可用性。

问题 36 数据存储的尽头是删除？

除了删除，还可以采用匿名化处理的方式。

基于最小必要原则，在企业存储的个人信息存储期限届满后，企业应主动依法对个人信息进行删除（若删除个人信息从技术上难以实现的，根据《个人信息保护法》的规定，个人信息处理者应当停止除存储和采取必要的安全保护措施之外的处理）或匿名化处理（匿名化处理后的信息无法识别到个人，不是个人信息，参见本书“问题 1：如何界定个人信息？”）。

然而，若企业采取匿名化处理方式，鉴于再识别技术[1]日益精进（具体参见本书第二部分第二章“一、个人信息判定难：以 IP 属地为例”），匿名化已非绝对性概念，企业应加强匿名化处理情形下的风险识别，制定内部匿名化处理“回头看”制度，定期基于技术发展与识别技术的成本投入程度等因素进行“再识别评估”，以防止已进行匿名化处理的个人信息被再识别，从而违反个人信息保护相关法律要求。

第五节 境外上市 / 数据出境合规 7 问

针对拟上市企业赴境外上市，或者选择境内上市但涉及数据出境业务的，审核机构重点关注以下三点：（1）赴境外上市是否应申报网络安全审查；（2）境外发行证券和上市的数据出境合规；（3）拟境内上市企业是否涉及数据出境业务以及该业务的合规性。（见表 1-2-16）

---

〔1〕 再识别技术指通过使用数据匹配或类似技术将匿名化数据转换回个人数据的过程。

表 1-2-16 境外上市 / 数据出境合规相关披露 / 问询

关注焦点	问询对象 / 时间	问询内容
网络安全审查	蔚来[①] 2022 年 2 月	蔚来赴港上市文件披露，其于我国香港特别行政区上市是否须接受网络安全审查仍然存在重大不确定性
数据出境	海天瑞声[②] 2020 年 8 月	发行人及其子公司为境外客户提供训练数据服务或产品，涉及境外销售，该境外经营是否符合当地规定，是否符合我国出口管制规定
	合合信息[③] 2022 年 9 月	核查发行人是否存在向境外主体提供或销售数据产品及服务的情形，并就该类业务是否合法合规发表明确核查意见
涉外服务	合合信息 2022 年 9 月	核查发行人是否从事境外数据业务
	微众信科[④] 2020 年 12 月	发行人是否从事境外数据的获取、处理、提供等涉外服务，如涉及，请说明是否符合征信相关法律、数据安全相关法律规定的涉外信息、数据安全的要求和程序，该类业务的合法合规性

①《蔚来集团以介紹方式在香港联合交易所有限公司主板上市（上市文件）》。

②《关于北京海天瑞声科技股份有限公司首次公开发行股票并在科创板上市申请文件审核问询函的回复》。

③《关于上海合合信息科技股份有限公司首次公开发行股票并在科创板上市申请文件的第二轮审核问询函的回复》。

④《关于深圳微众信用科技股份有限公司首次公开发行股票并在科创板上市申请文件的审核问询函之回复报告》。

问题 37 什么情形下构成数据出境行为？

根据国家互联网信息办公室发布的《数据出境安全评估申报指南（第一版）》的规定，下列情形属于数据出境行为：

（1）数据处理者将在境内运营中收集和产生的数据传输、存储至境外；

（2）数据处理者收集和产生的数据存储在境内，境外的机构、组织或者个人可以查询、调取、下载、导出；

（3）国家互联网信息办公室规定的其他数据出境行为。

问题 38 境外上市企业应申报网络安全审查吗？

数据作为除土地、资本、技术等传统生产要素外的新兴重要生产要素，已成为各国国际竞争中，国家安全与发展的重要考量因素。因此，我国专门出台了《网络安全审查办法》，其中针对企业赴境外上市可能涉及的网络安全审查作出了详细规定。

（1）主动申报情形

根据《网络安全审查办法》的规定，掌握超过100万用户个人信息的网络平台运营者赴国外上市（注意此处用语非“境外”），必须向网络安全审查办公室主动申报网络安全审查。这个体量对于拟上市企业而言，显然很容易达到。

这里的难点在于“掌握”的含义。我们认为，应从实质角度对是否构成“掌握”进行判断，即是否实际控制个人信息或对个人信息存在重大影响。比如，受个人信息处理者委托处理个人信息，对个人信息处理的目的与方式不存在任何决定权的情形，即可能不构成该条所述的“掌握”。但若受托人超出授权委托的处理范围与权限，且能够决定处理的目的与方式，则可能构成该条所述的“掌握”。

（2）被动审查情形

网络安全审查办公室对于网络安全审查工作机制成员单位认为影响或者可能影响国家安全的网络产品和服务以及数据处理活动，有权依职责进行审查（注意此处未区分是境外上市还是国外上市）。

总结而言，对于掌握超过100万用户个人信息的网络平台运营者：

（1）赴我国香港特别行政区上市：不适用该主动申报规则，存在适用被动审查的可能。

注意：根据《网络数据安全管理条例（征求意见稿）》的规定，“处理一百万人以上个人信息的数据处理者赴国外上市的”，以及“数据处理者赴香港上市，影响或者可能影响国家安全的”，应当按照国家有关规定，申报网络安全审查。该征求意见稿尚未正式发布，未对影响国家安全进行明确界定。

虽目前暂无明确法律依据约束赴我国香港特别行政区上市的企业应主动申报网络安全审查，但正如前述蔚来集团所披露的信息，于我国香港特别行政区上市是否须接受网络安全审查仍然存在重大不确定性，建议拟上市企业实时关注立法动态。

（2）赴国外上市：应适用主动申报规则，亦存在适用被动审查的可能。

问题 39 境外上市过程中的数据出境如何合规？

美国众议院于当地时间2020年12月2日通过《控股外国公司问责法案》（Holding Foreign Companies Accountable Act，HFCAA），要求在美上市外国公司需向美国公众公司会计监督委员会(Public Company Accaunting Oversight Board, PCAOB)提交可供检查的会计师事务所出具的审计报告;若连续三次出现无法检查年度,则其将被禁止在美国相关证券交易所进行证券交易。这意味着中美证券监管合作争议再度升级。随后,不少知名中概股公司(如百度、爱奇艺、微博等)因此被美国证券交易委员会纳入预摘牌名单。在此大背景下,拟于境外上市企业需要更加重视境外发行证券和上市的数据出境合规问题。

根据我国证监会先后出台的《境内企业境外发行证券和上市管理试行办法》(以下简称《境外上市规定》)、《关于加强境内企业境外发行证券和上市相关保密和档案管理工作的规定》的规定,拟境外上市企业在境外上市过程中,需要重点关注数据出境合规和保密及档案管理合规:

1. 数据出境合规

2023 年 3 月 31 日,《境外上市规定》正式生效,其中明确了拟境外上市企业在上市过程中的数据出境合规要求:

(1)约束对象:境内企业

(a)境外直接发行上市的境内股份有限公司(如 H 股上市企业);

(b)境外间接发行上市主体的境内运营实体(如 WOFE、VIE 结构下的运营实体)。

(2)具体数据出境合规要求

境内企业境外发行上市涉及向境外提供个人信息和重要数据的,还应当符合法律、行政法规和国家有关规定,否则将被依法追究法律责任。

2. 保密及档案管理合规

在《境外上市规定》相关规定的基础上,《关于加强境内企业境外发行证券和上市相关保密和档案管理工作的规定》也于 2023 年 3 月 31 日生效,在进一步细化规定的同时,对境内企业境外发行证券和上市的保密和档案管理提出明确要求:

(1)约束对象

(a)境内企业(范围与《境外上市规定》相同);

(b)证券公司、证券服务机构:指从事境内企业发行上市业务的境内、外证券公司、证券服务机构。

(2)严格履行程序

(a)提供、公开披露涉及国家秘密、机关单位工作秘密的文件、资料的,应当依法报有审批权限的主管部门批准，并报同级保密行政管理部门备案；

(b)提供、公开披露其他泄露后会对国家安全或者公共利益造成不利影响的文件、资料的，应当按照国家有关规定，严格履行相应程序。

(c)提供会计档案或会计档案复制件的，应当按照国家有关规定履行相应程序。

(3)底稿存放

(a)以存放境内为原则：在境内形成的工作底稿应当存放在境内。

(b)审批出境：需要出境的，按照国家有关规定办理审批手续。

此外，境外上市应关注网络安全审查，具体参见本书“问题 38　境外上市企业应申报网络安全审查吗？”

问题 40　向境外提供数据前，需要做些什么？

为进一步规范数据出境活动，我国制定了数据出境安全评估制度。国家互联网信息办公室于 2022 年 7 月出台了《数据出境安全评估办法》，要求重点评估下述内容（见图 1-2-12）：

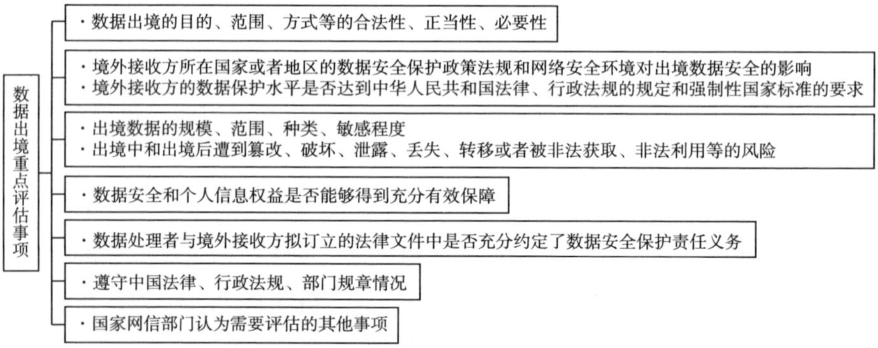

图 1-2-12　数据出境重点评估事项

问题 41　触发数据出境安全评估的情形有哪些？

根据《数据出境安全评估办法》《数据出境安全评估申报指南（第一版）》的规定，数据出境安全评估的触发情形为：(1)数据处理者向境外提供重要数据；(2)关键信息基础设施运营者和处理 100 万人以上个人信息的数据处理者向境外提供个人信息;(3)自 2021 年 1 月 1 日起累计向境外提供 10 万人个人信息或者 1 万人敏感个人信息的数据处理者向境外提供个人信息;(4)其他情形。具体分析如图 1-2-13 所示:

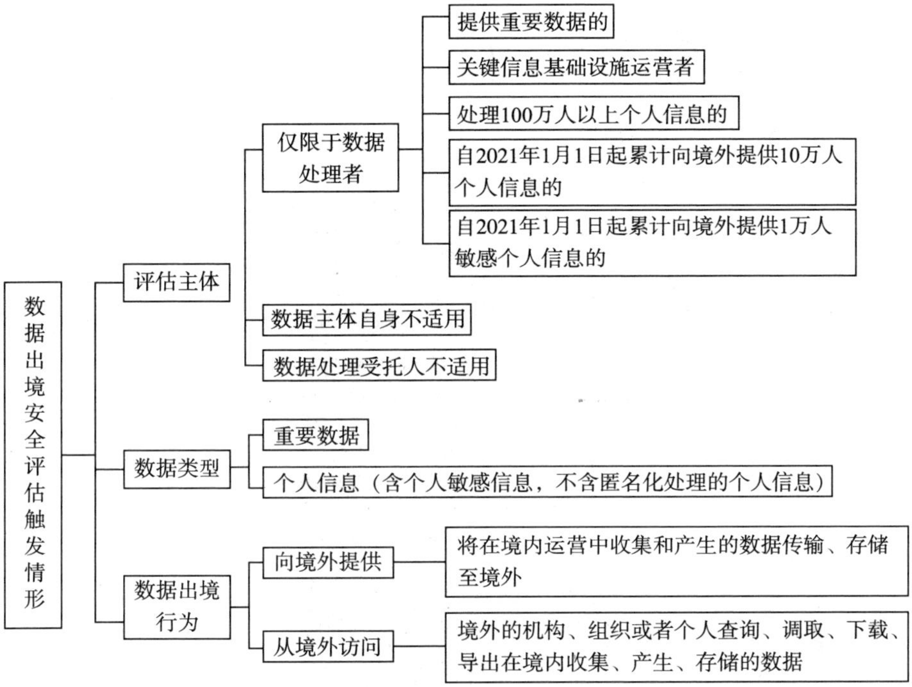

图 1-2-13 数据出境安全评估触发情形

问题 42 如何进行数据出境安全评估?

根据《数据出境安全评估办法》《数据出境安全评估申报指南(第一版)》的规定,触发数据出境安全评估情形的,应当通过所在地省级网信部门向国家互联网信息办公室申报数据出境安全评估。在申请评估前,数据处理者还应当开展数据出境风险自评估,并形成数据出境风险自评估报告。

同时,根据《个人信息保护法》《个人信息出境标准合同办法》的规定,如果出境的数据范围包含个人信息,还应当完成个人信息保护影响评估(参见本书“问题 9 如何正确认识个人信息保护影响评估?”)。

具体如下：

1. 风险自评估

（1）评估主体：数据处理者。

（2）重点评估事项：

（a）数据出境和境外接收方处理数据的目的、范围、方式等的合法性、正当性、必要性；

（b）出境数据的规模、范围、种类、敏感程度，数据出境可能对国家安全、公共利益、个人或者组织合法权益带来的风险；

（c）境外接收方承诺承担的责任义务，以及履行责任义务的管理和技术措施、能力等能否保障出境数据的安全；

（d）数据出境中和出境后遭到篡改、破坏、泄露、丢失、转移或者被非法获取、非法利用等的风险，个人信息权益维护的渠道是否通畅等；

（e）与境外接收方拟订立的数据出境相关合同或者其他具有法律效力的文件等是否充分约定了数据安全保护责任义务；

（f）其他可能影响数据出境安全的事项。

2. 个人信息保护影响评估

（1）触发情形：向境外提供个人信息前。

（2）评估主体：个人信息处理者。

（3）评估事项：

（a）个人信息处理者和境外接收方处理个人信息的目的、范围、方式等的合法性、正当性、必要性；

（b）出境个人信息的数量、范围、类型、敏感程度，个人信息出境可能对个人信息权益带来的风险；

（c）境外接收方承诺承担的责任义务，以及履行责任义务的管理和技术措施、能力等能否保障出境个人信息的安全；

（d）个人信息出境后泄露、损毁、篡改、滥用等的风险，个人维护个人信息权益的渠道是否通畅等；

（e）境外接收方所在国家或者地区的个人信息保护政策法规对标准合同履行的影响；

（f）其他可能影响个人信息出境安全的事项。

3. 安全评估

（1）评估主体：国家网信部门组织国务院有关部门、省级网信部门、专门机构等。

（2）评估事项：

（a）数据出境的目的、范围、方式等的合法性、正当性、必要性；

（b）境外接收方所在国家或者地区的数据安全保护政策法规和网络安全环境对出境数据安全的影响；境外接收方的数据保护水平是否达到中华人民共和国法律、行政法规的规定和强制性国家标准的要求；

（c）出境数据的规模、范围、种类、敏感程度，出境中和出境后遭到篡改、破坏、泄露、丢失、转移或者被非法获取、非法利用等的风险；

（d）数据安全和个人信息权益是否能够得到充分有效保障；

（e）数据处理者与境外接收方拟订立的法律文件中是否充分约定了数据安全保护责任义务；

（f）遵守中国法律、行政法规、部门规章情况；

（g）国家网信部门认为需要评估的其他事项。

（3）评估周期：发出书面受理通知书之日起 45 个工作日内完成；情况复杂或者需要补充、更正材料的，可以适当延长并告知预计延长的时间。

（4）评估有效期：2 年，自评估结果出具之日起计算。

（5）重新申报情形：

（a）在有效期内出现以下情形之一的应当重新申报评估：

● 向境外提供数据的目的、方式、范围、种类和境外接收方处理数据的用途、方式发生变化影响出境数据安全的，或者延长个人信息和重要数据境外保存期限的；

● 境外接收方所在国家或者地区数据安全保护政策法规和网络安全环境发生变化以及发生其他不可抗力情形、数据处理者或者境外接收方实际控制权发生变化、数据处理者与境外接收方法律文件变更等影响出境数据安全的；

● 出现影响出境数据安全的其他情形。

（b）有效期届满，需要继续开展数据出境活动的，应当在有效期届满 60 个工作日前重新申报评估。

问题 43 个人信息跨境处理的合规路径有哪些？

《个人信息保护法》为个人信息跨境提供了三条路径，安全评估路径（参见本书“问题 42　如何进行数据出境安全评估？”）、个人信息跨境处理活动安全认证路径以及个人信息出境标准合同路径。具体如图 1-2-14 所示：

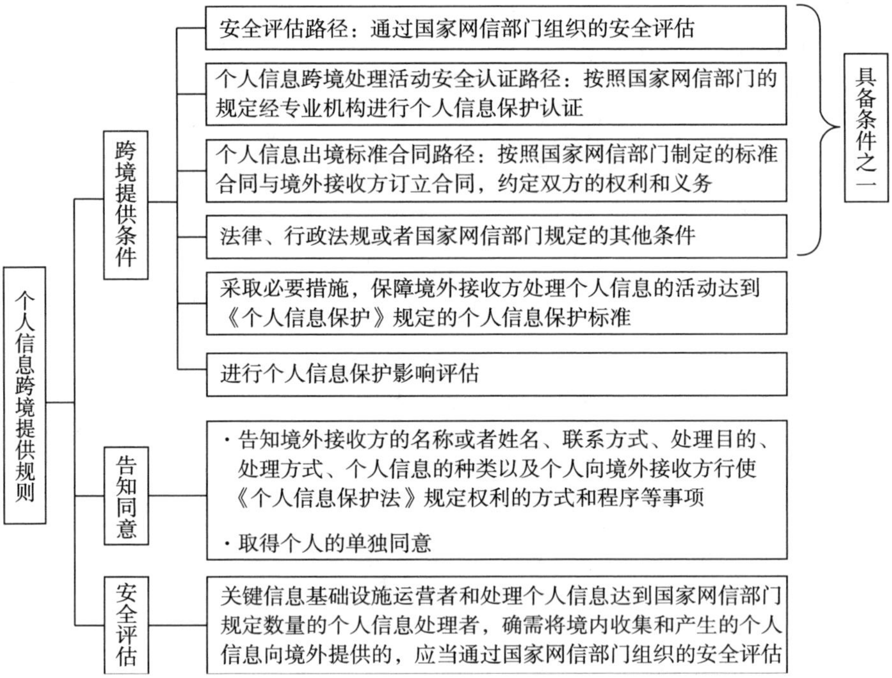

图 1-2-14　个人信息跨境提供的规则

第六节　数据安全保障合规 7 问

通过分析各拟上市企业披露的问询信息情况可知，在数据安全保障方面，上市审核机构的核心关注点在于：(1)是否符合数据合规的法定义务；(2)是否发生过数据安全事件及对应有效解决措施；(3)是否已建立完善的数据安全保障内控制度；(4)是否存在涉及数据合规与数据安全的诉讼争议或受处罚的情形；(5)是否存在被数据合规相关监管部门要求整改的情形以及具体整改措施，是否会对上市造成实质性阻碍。(见表 1-2-17)

表 1-2-17 数据安全保障合规相关问询

关注焦点	问询对象及时间	问询内容
数据合规法定义务	联众信息① 2022 年 7 月	充分论证“业务开展过程中不涉及对个人信息的收集、存储、传输、处理、使用”是否符合业务实质，逐条对照《个人信息保护法》《数据安全法》等相关法律法规，说明发行人相关业务开展的合规性
	木仓科技② 2022 年 6 月	发行人的经营活动、个人信息的处理（含收集、存储、使用、加工、传输、提供、公开、删除等）、发行人履行的义务是否符合《个人信息保护法》的相关要求及合规性，进行必要的风险揭示
合规措施及有效性	零点有数③ 2021 年 3 月	发行人针对数据使用、隐私及安全方面的内部控制措施及其有效性，是否存在泄密及其他数据使用风险
		发行人是否存在数据或信息被窃取、篡改、假冒、恶意破坏或攻击等网络安全事件风险及法律风险
	旷视科技④ 2021 年 6 月	发行人保证数据采集、清洗、管理、运用等各方面的合规措施
数据制度	青云科技⑤ 2020 年 6 月	发行人关于数据安全与网络安全保护的相关制度及措施，与客户签订的服务协议中关于安全责任约定与免责条款情况
争议纠纷情况		报告期内安全事故的发生类型、原因及发生概率统计，是否存在涉及数据安全与网络安全的诉讼和仲裁纠纷或其他争议情况
	微众信科⑥ 2020 年 12 月	发行人报告期内是否存在因数据合规问题而受到处罚、监管等情形
	路桥信息⑦ 2022 年 9 月	说明《网络与信息安全限期整改通知书》下发的原因、具体认定情况及整改情况，2021 年连续两次收到整改通知的合理性，该 App 是否存在下架的风险。其违法行为是否存在诉讼纠纷，以及对发行人业务的影响，其违法行为是否构成本次发行的障碍
	合合信息⑧ 2022 年 9 月	近期发行人接受上海市市场监督管理局调查核实的具体情况、进展及影响，该事项是否构成本次发行上市的实质障碍

①《关于上海联众网络信息股份有限公司首次公开发行股票并在创业板上市申请文件第二轮审核问询函的回复》。

②《关于武汉木仓科技股份有限公司首次公开发行股票并在创业板上市申请文件的审核问询函的回复》。

③《关于北京零点有数数据科技股份有限公司申请首次公开发行股票并在创业板上市的审核中心意见落实函的回复》。

④《关于旷视科技有限公司首次公开发行存托凭证并在科创板上市申请文件的审核问询函之回复》。

⑤《关于北京青云科技股份有限公司首次公开发行股票并在科创板上市申请文件的审核问询函的回复》。

⑥《关于深圳微众信用科技股份有限公司首次公开发行股票并在科创板上市申请文件的审核问询函之回复》。

⑦《关于厦门路桥信息股份有限公司公开发行股票并在北交所上市申请文件的审核问询函的回复》。

⑧《关于上海合合信息科技股份有限公司首次公开发行股票并在科创板上市申请文件的第三轮审核问询函的回复》。

问题 44 数据合规的法定义务有哪些？

在联众信息、木仓科技的上市审核过程中，上市审核机构均要求发行人对于符合《个人信息保护法》《数据安全法》等法定义务进行合规性说明。因此，拟上市企业首先需要明确数据合规的法定义务有哪些，以便对照实施、免于处罚并通过监督问询。对此，我们总结《个人信息保护法》《数据安全法》《网络安全法》的数据合规法定义务如下：

（1）《个人信息保护法》项下法定义务

根据《个人信息保护法》的规定，针对一般个人信息处理者与特殊个人信息处理者（提供重要互联网平台服务、用户数量巨大、业务类型复杂的个人信息处理者，以下简称特殊个人信息处理者），法定义务不尽相同。

拟上市企业往往会构成特殊个人信息处理者，所需履行的义务具体如图 1-2-15 所示（详见本书第二部分第六章第一节“《个人信息保护法》应对七步攻略”）：

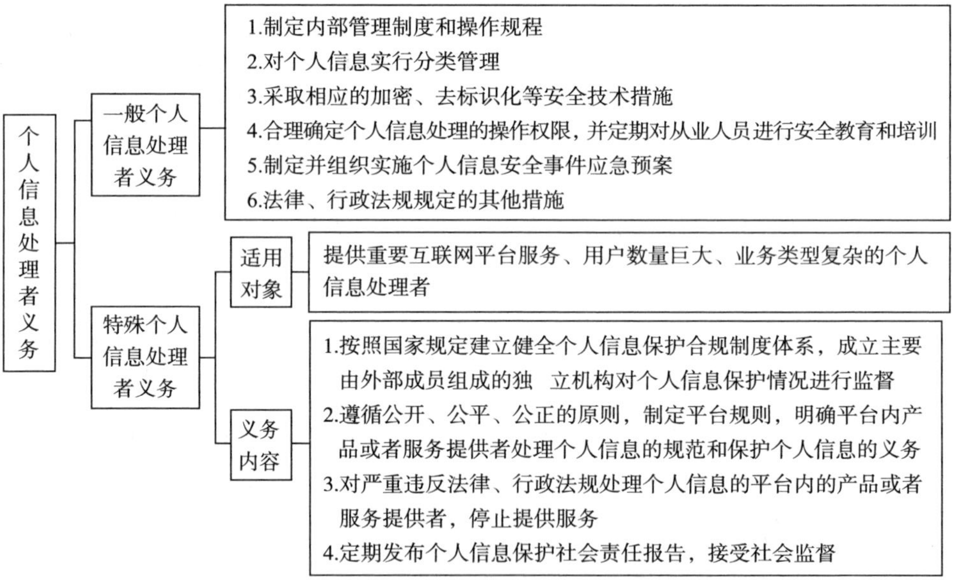

图 1-2-15 个人信息处理者义务要点梳理

（2）《数据安全法》项下法定义务

根据《数据安全法》的规定，数据处理者应当合法合规地获取数据、开展相应数据处理业务；同时应当建立数据安全制度，并加强风险监测、开展风险评估。其中，数据中介还需额外就数据交易履行审核存证义务。具体如图 1-2-16 所示：

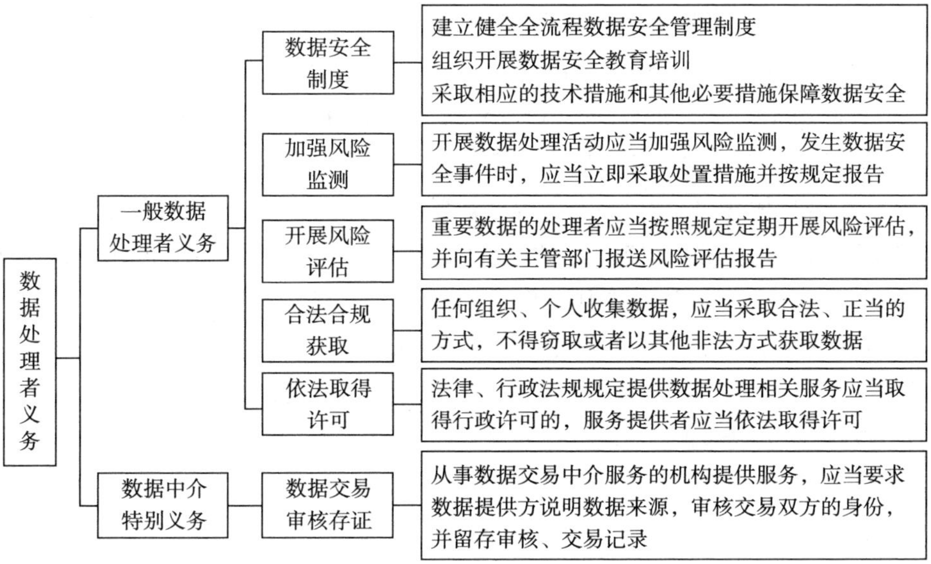

图 1-2-16 数据处理者义务要点梳理

（3）《网络安全法》项下法定义务

根据《网络安全法》，网络运营者（网络的所有者、管理者和网络服务提供者）在网络安全方面主要需要履行网络安全保护义务、监测预警及应急处置义务。具体如图 1-2-17 所示：

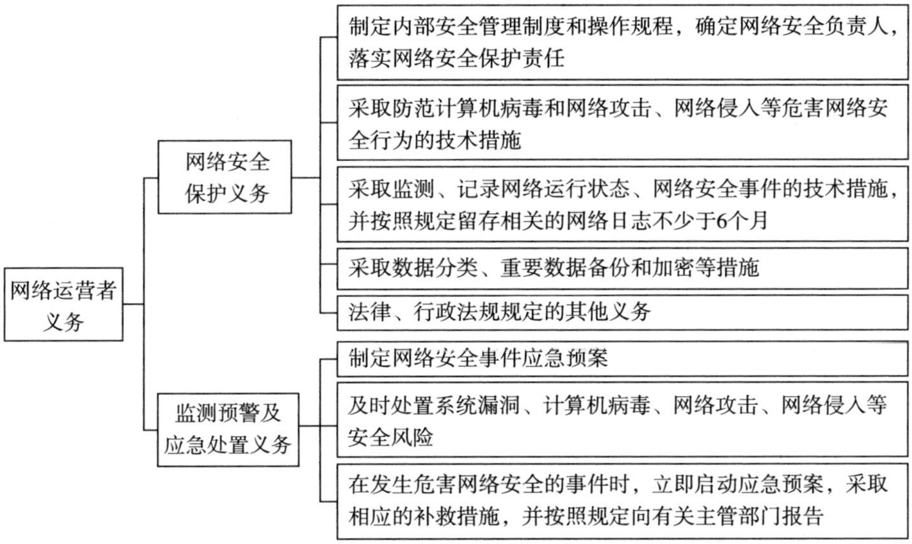

图 1-2-17 网络运营者义务要点梳理

问题 45 如何建立数据安全内部管理制度？

为有效保障数据安全，上市审核机构会十分关注企业的数据安全内部管理制度，以期防患于未然。如在上市过程中，零点有数被问询到“发行人针对数据使用、隐私及安全方面的内部控制措施及其有效性，是否存在泄密及其他数据使用风险”，旷视科技被问询到“发行人保证数据采集、清洗、管理、运用等各方面的合规措施”，青云科技被问询到“发行人关于数据安全与网络安全保护的相关制度及措施，与客户签订的服务协议中关于安全责任约定与免责条款情况”。

结合问询答复，拟上市企业可以参照以下维度，以及 ISO 27001 信息安全管理体系认证[1]，结合自身实际情况，建立数据安全内部管理制度：

1. 数据安全内部管理制度体系的建立

（1）组织架构

应当设置设立数据安全委员会 / 数据安全管理小组，并由个人信息保护负责人 / 数据安全负责人担任最高领导，主要负责公司个人信息保护及数据安全相关制度的制定和执行（参见本书第二部分第三章第二节“谁是个人信息保护负责人？”）。

（2）制度文件

应当制定并贯彻执行企业数据管理相关制度、管理规定等。

（a）制度大纲层面

通过制定数据安全合规管理制度体系，明确数据安全合规管理目标、方针、组织架构及职责、管理重点、管理运行机制、管理安全保障等内容。

（b）管理规定层面

如通过制定数据管理规定，明确数据分级分类规则与数据采集、使用、共享、传输、存储、删除等全生命周期管理与保护规范；通过制定个人信息安全管理规定，明确个人信息保护负责人任职及职责安排、个人信息处理规范、个人信息保护规程、个人信息安全事件的应急响应机制等；通过制定信息安全管理规定，明确信息安全风控管理机制、投诉举报机制等内容。

---

〔1〕 ISO 27001 新版标准已于 2022 年 10 月 25 日正式发布。与旧版相比，新版所列的控制项从 114 项减少到 93 项，转版时间为 3 年，现有证书需要在 2025 年 11 月前转版到新版本。

（c）具体操作层面

如通过制定数据采购管理规范，明确对于数据采购行为的供应商准入、审批、数据源的合规管理；通过制定网络安全事件应急预案，明确在发生数据泄露、篡改、丢失等安全事件时的应急响应制度；通过制定隐私政策管理规范，明确隐私政策的制定、修订、上线流程及规范，保护用户个人信息权利。

（3）人员管理

（a）入职审查与责任约定

可在员工入职前进行背景审核，考察其数据风险感知能力与职业道德，并通过《劳动合同》《保密协议》等明确员工在信息安全方面的责任义务。

（b）教育与培训

积极进行员工数据安全相关的教育与培训，增强其信息安全意识、能力。

（c）建立举报机制

可要求员工通过适当的渠道及时报告已发现或怀疑的信息安全事件，并采取匿名举报等措施保护员工的任职安全，或建立适当的激励机制。

（d）违规处理惩处

对违反企业相关信息安全管理制度的人员采取相应的惩处措施。

（e）离职数据处理

在与员工解除或终止劳动关系时，应要求员工返还其掌握的数据并继续承担保密义务。

（4）技术支持

（a）加密存储

对敏感个人信息及重要数据采取相应备份机制，同时进行加密和脱敏处理，保证数据库用户权限严格分离，并采用一整套数据库密码轮换制度和加密存储机制。

（b）权限管理

设置用户权限管理系统，按特权分散原则和最小授权原则对不同等级的使用者设置不同的信息查看、管理、修改配置等权限。

需要注意的是，不同类型的企业在管理制度建设过程中应各有侧重，如采用爬虫技术获取数据的企业应额外建立数据自动化采集制度等规范文件，建议拟上市企业依据自身主营业务内容及数据处理的独特因素，个性化定制合适的管理制度。

2. 数据安全内部管理制度体系的运行及完善

在企业内部已经建立起一套比较完善的数据安全内部管理制度体系之后，企业还需要建立一个持续循环的长效管理机制，确保管理制度的落地、实施、运行、检查、保持以及改进，如此才能保障管理制度发挥最大的价值。因此，建议企业依据“PDCA”[包括计划(plan)、实施(do)、检查(check)、处理(act)]管理思想，不断运行及完善上述管理制度。

问题 46 什么情况下应当设置数据安全负责人、个人信息保护负责人以及儿童个人信息保护负责人？

在联众信息上市审核过程中，上市审核机构要求发行人逐条对照《个人信息保护法》《数据安全法》等相关法律法规，说明发行人业务开展的合规性。根据我国现行法律法规及相关的国家标准，当拟上市企业处理数据满足一定条件时，应当设置数据安全负责人、个人信息保护负责人以及儿童个人信息保护负责人，如拟上市企业应设置而未设置，可能会因未满足相关法律法规的合规性要求导致上市进程受阻，因此需要关注不同负责人的具体设置条件：

(1)数据安全负责人

根据《数据安全法》的规定，重要数据的处理者应当明确数据安全负责人和管理机构，落实数据安全保护责任。关于重要数据的认定，参见本书“问题 4　如何界定重要数据？”

(2)个人信息保护负责人

根据《个人信息保护法》的规定，处理个人信息达到国家网信部门规定数量的个人信息处理者应当指定个人信息保护负责人，负责对个人信息处理活动以及采取的保护措施等进行监督。

对于上述“规定数量”，有待国家网信部门进一步出台细则予以明确。目前可参考推荐性国家标准《个人信息安全规范》：满足以下条件之一的组织，应设立专职的个人信息保护负责人和个人信息保护工作机构，负责个人信息安全工作：

(a)主要业务涉及个人信息处理，且从业人员规模大于 200 人；

(b)处理超过 100 万人的个人信息，或预计在 12 个月内处理超过 100 万人的个人信息；

(c)处理超过 10 万人的个人敏感信息的。

(3)儿童个人信息保护负责人

若涉及对不满14周岁的儿童个人信息的处理，应当根据《儿童个人信息网络保护规定》的规定，指定专人负责儿童个人信息保护。(参见本书第二部分第三章第二节“谁是个人信息保护负责人?”)

问题47 App/小程序被监管部门责令限期整改，是否会对上市造成影响?

在路桥信息上市审核过程中，上市审核机构要求发行人说明《网络与信息安全限期整改通知书》下发的原因以及整改等情况，那么App/小程序被责令限期整改，是否会对上市造成实质性阻碍?根据《首次公开发行股票并上市管理办法》[1]的规定，“发行人不得有下列情形：……(二)最近36个月内违反工商、税收、土地、环保、海关以及其他法律、行政法规，受到行政处罚，且情节严重……”也就是说，若拟上市公司在报告期内受到行政处罚且情节严重，就无缘上市。

因此，在判断App/小程序被监管部门责令限期整改是否会对上市造成影响时，需要先判断是否构成行政处罚。

根据2021年《行政处罚法》的规定，行政处罚的种类包括：(1)警告、通报批评;(2)罚款、没收违法所得、没收非法财物;(3)暂扣许可证件、降低资质等级、吊销许可证件;(4)限制开展生产经营活动、责令停产停业、责令关闭、限制从业;(5)行政拘留;(6)法律、行政法规规定的其他行政处罚。其中并不包括“责令限期整改”，即“责令限期整改”不属于行政处罚。在王某和诉山东省淄博市人民政府行政复议案[2]中，最高人民法院从行政处罚与责令限期整改的概念辨析、性质内容、规制角度、具体形式四方面论证了责令限期整改不属于行政处罚。[3]因此，仅

[1] 该办法已被《首次发行股票注册管理办法》(2023年2月17日发布并实施)废止。

[2] 参见最高人民法院(2018)最高法行申4718号行政裁定书。

[3] 第一，责令限期整改与行政处罚概念有别。行政处罚是行政主体对违反行政管理秩序的行为依法定程序所给予的法律制裁;而责令限期整改是指行政机关在实施行政处罚的过程中对违法行为人发出的一种作为命令。第二，两者性质、内容不同。行政处罚是法律制裁，是对违法行为人的人身自由、财产权利的限制和剥夺，是对违法行为人精神和声誉造成损害的惩戒;而责令改正或者限期改正违法行为本身并不是制裁，其只是要求违法行为人履行法定义务、停止违法行为、消除不良后果、恢复原状。第三，两者的规制角度不同。行政处罚是从惩戒的角度，对行政相对人科处新的义务，以告诫违法行为人不得再违法，否则将受罚;而责令改正或者限期改正则是命令违法行为人履行既有的法定义务，纠正违法行为，恢复原状。第四，两者具体形式不同。2017年《行政处罚法》第8条规定了行政处罚的具体种类，包括：警告，罚款，没收违法所得、没收非法财物，责令停产停业，暂扣或者吊销许可证、暂扣或者吊销执照，行政拘留等;而责令改正或者限期改正违法行为因各种具体违法行为不同，分别表现为停止违法行为、责令退还、责令赔偿、责令改正、限期拆除等形式。综上，责令改正或限期改正违法行为是与行政处罚不同的一种行政行为。

被责令限期整改并不会对上市造成直接的实质性阻碍。

但拟上市企业仍应对此时刻警醒，按时保质地在期限之内完成整改，避免从“限期整改”演变为“下架处理”。若由此导致拟上市企业旗下运营的 App 无法使用，将会对其业务持续运营造成不利影响，很可能对上市造成阻碍。

更重要的是，拟上市企业应当在事前做好 App 合规工作，定期或不定期（如 App 业务功能等发生重大变更等情形）自行或委托第三方进行 App 个人信息保护合规检测，及时发现违规情形并进行合规整改，降低后续由此被处以行政处罚的可能性。

问题 48 发生个人信息泄露时，个人信息处理者应当怎么办？

在零点有数上市审核过程中，上市审核机构关注发行人是否存在发生网络安全事件风险。实践中，企业遭受攻击导致数据泄露的风险难以完全避免。安全公司 Proofpoint 对全球 1400 位首席信息安全官（Chief Information Security Officer，CISO）对当前网络安全形势的看法的最新调查《2022 年 CISO 之声》白皮书[1]显示，约 48% 的受访 CISO 表示，其所在公司有可能在未来 12 个月里遭受实质性网络攻击。

由于网络安全风险防不胜防，所以若发生网络安全事件导致个人信息泄露，建议个人信息处理者立即履行法定的补救与通知义务，以尽可能地降低损害，维护个人信息主体权益，同时也要注意留存记录以自证清白。

（1）履行法定补救与通知义务

根据《个人信息保护法》的规定，发生或者可能发生个人信息泄露事件的，个人信息处理者需要及时采取补救措施，并履行通知报告义务。需要特别说明的是，个人信息处理者若能够有效避免信息泄露、篡改、丢失造成的危害，就可以不履行通知义务。具体如图 1-2-18 所示：

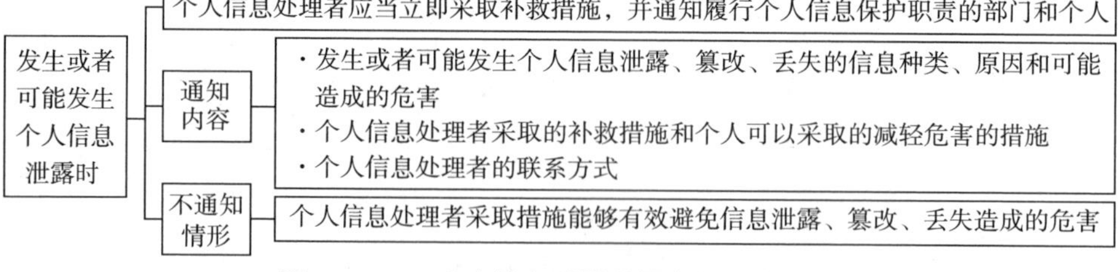

图 1-2-18 个人信息泄露处置合规要点梳理

---

〔1〕 See 2022 Voice of the CISO White Paper, Proofpoint, https://www.proofpoint.com/us/resources/white-papers/voice-of-the-ciso-report.

（2）留存记录

《个人信息保护法》第 69 条第 1 款规定："处理个人信息侵害个人信息权益造成损害，个人信息处理者不能证明自己没有过错的，应当承担损害赔偿等侵权责任。"也就是说，个人信息权益遭受损害的情形下：个人信息处理者承担侵权责任 = 推定具有过错 + 不能证明自身没有过错。该款确定的过错推定原则，直接加重了个人信息处理者的举证责任，若其无法证明自己无过错，需承担相应侵权责任。

因此，在发生个人信息泄露事件时，应对该泄露事件发生的原因、造成的影响、对应采取的各类补救措施、履行的通知报告义务等事宜留存完整记录，以在可能存在的诉讼争议环节自证清白。（参见本书"问题 50　如何对外证明数据合规实力？"）

问题 49　数据处理刑事风险，如何未雨绸缪？

在数据处理过程中，刑事责任风险不容忽视。一旦被提起刑事诉讼，企业的上市之路也几乎断送。但是，"合规不起诉"制度，给了企业一线生机。如 2022 年 8 月，最高人民检察院发布了第三批涉案企业合规典型案例。[1]其中，上海市普陀区检察院办理的首个数据合规不起诉案件，让因数据处理涉刑的拟上市企业看到了起死回生的希望。该案中，涉案 Z 公司未经 E 公司授权许可，通过爬虫程序非法获取其运营的 E 公司外卖平台数据，Z 公司及其涉案员工因涉嫌非法获取计算机信息系统数据罪被移送上海市普陀区检察院。后该检察院与 Z 公司协力履行合规不起诉流程，最终作出不起诉决定。因此，合规不起诉制度可谓是数据处理涉刑中实控人和企业的"救命稻草"。

合规不起诉制度由检察机关主导——对于符合一定条件的单位犯罪案件，检察机关可督促涉刑企业建立健全合规管理体系；如其能在一定期限后经监督考察合格，则对该涉刑企业不予起诉。该制度由最高人民检察院自 2020 年起推行，现已在全国检察机关全面推进落实。中华全国工商业联合会、最高人民检察院、司法部等九部门已联合发布了《关于建立涉案企业合规第三方监督评估机制的指导意见（试行）》，以规范促进合规不起诉相关试点工作有序开展。

---

〔1〕 最高人民检察院官网 2022 年 4 月，https://www.spp.gov.cn/xwfbh/wsfbt/202208/t20220810_570413.shtml#2。

具体流程如图 1-2-19 所示：

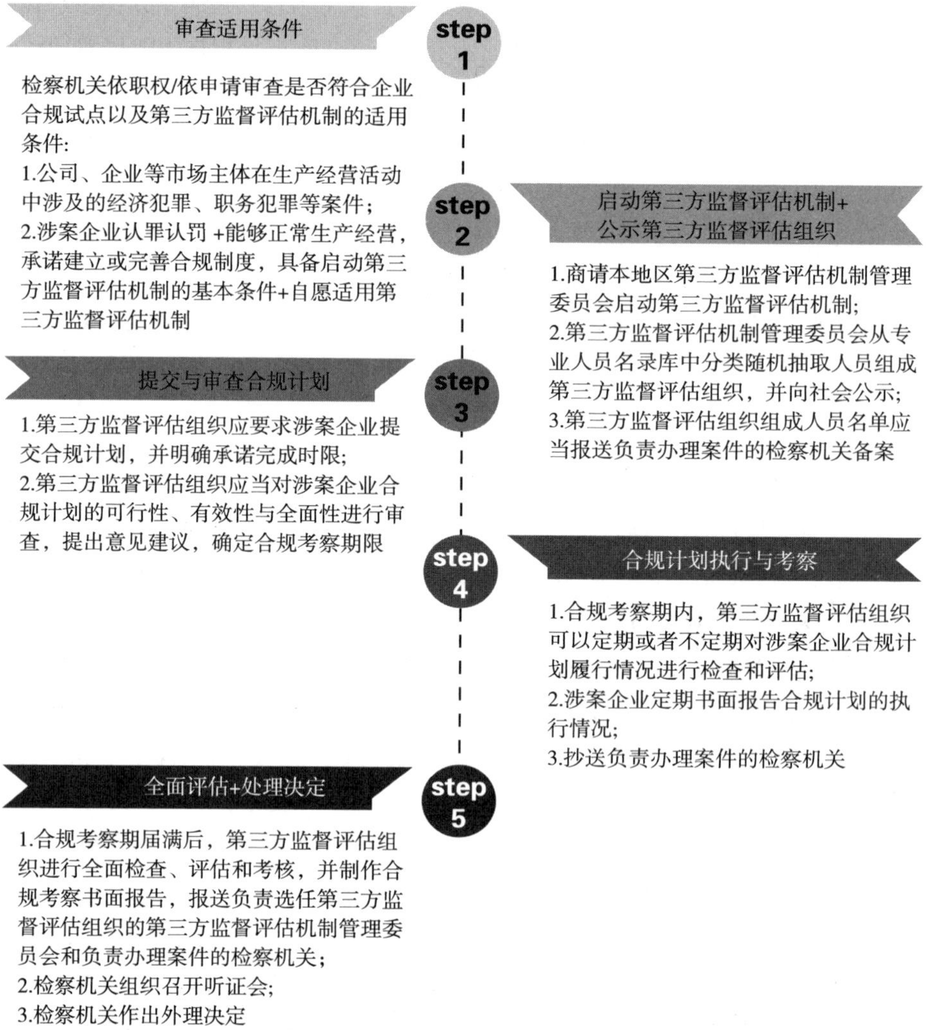

图 1-2-19　涉案企业合规整改流程

在上述涉案企业合规整改流程中，合规计划执行与考察为核心环节，其中：

（1）合规考察期如何确定？

根据《关于建立涉案企业合规第三方监督评估机制的指导意见（试行）》的规定，第三方监督评估组织（由第三方监督评估机制管理委员会选任组成）应当对涉案企业合规计划的可行性、有效性与全面性进行审查，并根据案件具体情况和涉案企业承诺履行的期限确定合规考察期。实践中，根据各地检察机关适用的政策文件的规定，合规考察期少则 1 个月到 3 个月，多则 6 个月以上。如根据辽宁省人民检察院等十机关《关于建立涉罪企业合规考察制度的意见》的规定，合规考察期为 3 个月到 5 个月；根据《苏州检察机关优化营商环境八条措施》的规定，合规考察期为 1 个月到 3 个月；根据宁波市检察院《关于建立涉罪企业合规考制度的意见》的规定，合规考察期为 6 个月到 12 个月。

（2）合规考察什么内容？

根据《关于建立涉案企业合规第三方监督评估机制的指导意见（试行）》的规定，在合规考察期内，第三方组织可以定期或者不定期对涉案企业合规计划履行情况进行检查和评估，可以要求涉案企业定期书面报告合规计划的执行情况，同时抄送负责办理案件的人民检察院。结合第三方组织对涉案企业专项合规整改计划和相关合规管理体系有效性的评估内容，合规考察期内，涉案企业须能满足下述几个方面：

（a）对涉案合规风险的有效识别、控制；

（b）对违规违法行为的及时处置；

（c）合规管理机构或者管理人员的合理配置；

（d）建立合规管理制度机制，充分保障人力物力；

（e）监测、举报、调查、处理机制及合规绩效评价机制的正常运行；

（f）持续整改机制和合规文化已经基本形成。

可见，涉案企业在合规考察环节"时间紧、任务重"。对于拟上市企业而言，在有限的合规考察期内建立合规机制压力是巨大的。因此，不妨未雨绸缪，针对高危风险，事前利用以 ISO 37301：2021《合规管理体系—要求及使用指南》（Compliance management systems-Requirements with guidance for use，以下简称 ISO 37301 合规管理体系认证）等为代表的标准认证工具，建立成体系、全流程、全覆盖的合规管理体系，将合规融入组织的治理、管理、业务过程以及人员的行为和意识之中，建立并维护企业合规文化。一方面，这能够有效预防与降低自身刑事犯罪风险；另一方面，这使企业在违规的情况下，亦能证明其主观合规意愿，并为事后合规整改打下基础，降低通过合规审查的难度。

问题 50 如何对外证明数据合规实力？

通过对前述数据安全保障合规相关问询的分析（见表 1-2-17），可见上市审核机构十分关注拟上市企业数据合规法定义务履行、合规措施及有效性、争议纠纷情况等方方面面。因此，拟上市企业有必要对上市审核机构及其他外部第三方证明数据合规实力，展现合规状态。

拟上市企业若要在数据领域展现合规状态，就需设计“个人信息保护合规环”（见图 1-2-20），进而由内而外地贯彻个人信息保护措施，实现自证清白（参见本书第二部分第六章第五节“‘自证清白’的合规体系构建”），同时充分彰显数据合规的意愿、能力和实力。

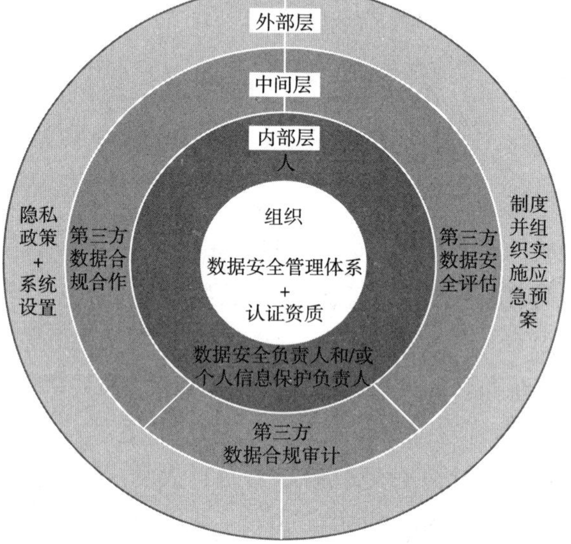

图 1-2-20 个人信息保护合规环

（1）内部层：建立内部数据合规 / 个人信息保护管理制度 + 设置数据安全负责人和 / 或个人信息保护负责人 + 具备对应认证资质

拟上市企业可考虑根据自己的业务模式及技术特点，申请获得数据安全合规管理相应认证资质（如 ISO 27001 信息安全管理体系认证、网络安全等级保护备案等资质），以此来证明其已建立起一整套个人信息安全合规管理体系。

除数据合规相关资质外，拟上市企业也可以考虑获得 ISO 37301 合规管理体系认证，通过建设整体的合规管理体系，对外彰显自身具备的完善管理能力。

（2）中间层：与中立专业第三方机构建立集合规合作、安全评估及合规审计于一体的全方位合作

在既往的问询答复中，不少企业会委托律师事务所等专业第三方机构出具相应报告、证明（如《数据安全管理尽职调查报告》），作为自身数据合规的辅助证明材料。

因此，若拟上市企业能够提交证据证明其已与中立专业第三方机构开展个人信息安全合规合作，提供对应专项报告、安全评估记录、合规审计文件等证明材料，则能从侧面彰显其对于个人信息安全合规义务的重视程度。

（3）外部层：制定完备的《隐私政策》+ 嵌入系统功能设置 + 制定并组织实施应急预案

由于内部层及中间层并未完全对外，用户无法直接知晓拟上市企业内部对数据安全保护以及用户个人信息权益保护的安排，因此法定应当制备的《隐私政策》是天然的对外高效传达的通道。

当然，仅仅提供一份完美的《隐私政策》文本并不足够，更重要的是《隐私政策》的内容能够真正匹配相应系统设置，针对个人信息的收集、共享、传输、转让、存储、删除等环节，将个人信息保护规则一一落到实处，并为个人信息主体依法设置高友好度的权利（如删除权、查阅权、复制权、携带权、更正权、补充权等）实现路径，切忌使《隐私政策》成为一纸空文。

除此之外，制定并组织实施个人信息安全事件应急预案，亦能够彰显拟上市企业对于个人信息安全事件的高度重视。通过应急响应培训和应急演练，使内部相关人员在应急情形发生时更好地处理个人信息安全问题，正是拟上市企业对外展示的重要窗口之一。

CEO TIPS

本章 40 个问题涵盖 IPO 数据合规的全生命周期。您可以通过这份“体检表”，沉浸式体验数据流转闭环中要被“核查”的每一个环节。重点关注以下三点：

1.“取之有道”

数据获取的路径要清晰合规。您需要知道公司数据主要来源的合规性，采用技术手段的合法性，以及终端授权的完整性。“取”的技术手段中，重点关注爬虫的合规性，防止技术、业务和风控部门存在割裂，导致爬取行为的合规性评估不足，为数据来源合规“埋雷”。

2.“用之有度”

您不妨做一次数据流与业务流的穿透试验，交互的节点就是您重点需要攻克的合规环节。您需重点关注四个方面：(1)公司身份的界定(个人信息处理者 / 受托人，注意集团公司数据融合场景下的各主体身份与责任的厘清)；(2)公司使用算法的合规性，包括算法备案与科技伦理问题；(3)公司商业变现典型路径——个性化推荐的合规性；(4)闭环终端——数据存储的合规性。

3.“建之有方”

数据合规管理体系建设是自证清白的重要一环。您需重点关注四个维度：(1)认证体系带来的业务连续性的价值；(2)数据合规与业务发展的有效结合；(3)杜绝认证体系和实际工作流程的“两张皮”现象；(4)公司内部对于数据合规的统一性认知。

第二部分

数据合规管理实操指引

导读

我们基于第一部分拟上市企业数据合规的视角提出的 50 个问题，解读了企业在数据合规维度面临的主要问题和应对的基本方略，以此作为数据合规基本框架知识的输入底座，为本部分详细展开的具体路径做了一层有机铺垫。本部分将通过一个叙事性的结构（为什么—是什么—谁—在哪里—什么时候—怎么做）帮助大家梳理林林总总的数据合规问题在实务操作层面的主要困境和解决方案。

本部分一共分为八个章节。第一章提出“为什么”必须马上行动，以滴滴公司数据违规案作为分析起点，解释了为什么在数据合规问题上采取行动是刻不容缓的。第二章提出个人信息究竟“是什么”，即指明所有数据合规讨论所针对的保护对象到底是什么，个人信息判定的边界到底在哪里，并通过案例解释了判定的难点和方法。第三章提出究竟“谁”在收集处理个人信息——一个非常基础却被严重忽略的根本性问题，通过本章我们可以看清楚这个实质是“谁”，再配置另外两个“谁”的角色，厘清个人信息在流转过程中的保护者、监管者的角色和法律定位。第四章提出个人权益“在哪里”，用全新的视角—侵权“案发地”来识别个人权益的“定位”点，从而帮助企业构建嵌入式的权益保护机制。第五章提出“什么时候”触发和启动保护机制，明白了这个机制，才能达到事半功倍的保护效果。第六章至第八章都是围绕“怎么做”展开的：第六章以总分模式从七个方面提出合规策略和具体路径；第七章以一个特定的领域——“灵活用工平台”为例，说明如何构建数据合规体系，它的独特性几乎触达了全行业；第八章以商业价值度和合规重地的视角将算法、个性化推荐、爬虫和“黑模式”四个维度单独提炼出来分析，萃取合规精华，滋养健康商业。

第一章　CEO 必知：为什么必须马上行动 (Why)

导读

作为本书第二部分的开篇，我们以可视化的形式分析全球 2022 年数据合规处罚案例，并着重分析 2022 年境内外处罚金额最高的数据合规案例——滴滴公司数据违规案，来探讨为何企业在数据合规问题上必须马上采取行动。

第一节　全球 2022 年数据合规处罚案例可视化分析

引言

近年来，进入互联网大数据时代后，互联网用户在享受科技给生活带来的便利的同时，逐步也感受到了个人信息泄露的隐患，仿佛置身于“楚门的世界”，变成了网络透明人，一举一动皆被“窥伺”。

如今，数据安全和个人信息保护已经成为全球的重点监管领域，各国的相关法律法规日益完善，执法监管也趋于强化、精准和全周期。对此，我们整理并分析 2022 年全球范围内的数据合规处罚典型案例，以期协助各类互联网平台增强数据合规意识，筑起牢固的数据安全防护体系。

一、全球数据合规处罚典型案例可视化分析

1. 各国案例数量排名

通过梳理全球 2022 年数据合规十大处罚典型案例，我们发现，美国占比最

多，有 4 个案例上榜，排名第一；爱尔兰由其对 Mate 公司的三项处罚案例排名第二（见图 2-1-1）。

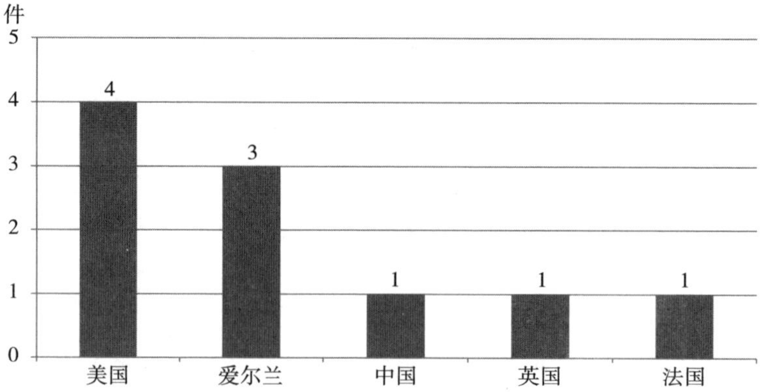

图 2-1-1　各国案例数

2. 被处罚平台类型统计

我们根据《常见类型移动互联网应用程序必要个人信息范围规定》中对于常见类型 App 的分类，将上述被处罚平台进行类型分析如图 2-1-2 所示，发现网络社区类平台被处罚风险最高。

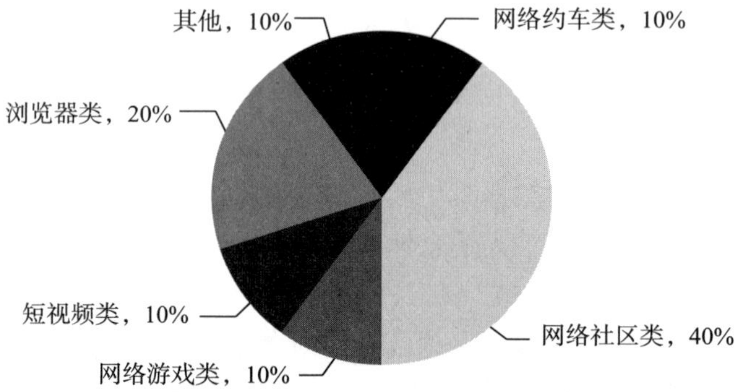

图 2-1-2　被处罚平台类型分析

3. 被处罚事由分析

通过各大平台被处罚事由分析（同一案例可能存在重复统计），我们发现，由于个性化广告投放及个人信息主体权益保障（包括知情同意、拒绝权等）相关的案例最多，各有 4 例；其次儿童 / 未成年人个人信息的保护需要引起各大互联网平台的重视（见图 2-1-3）。

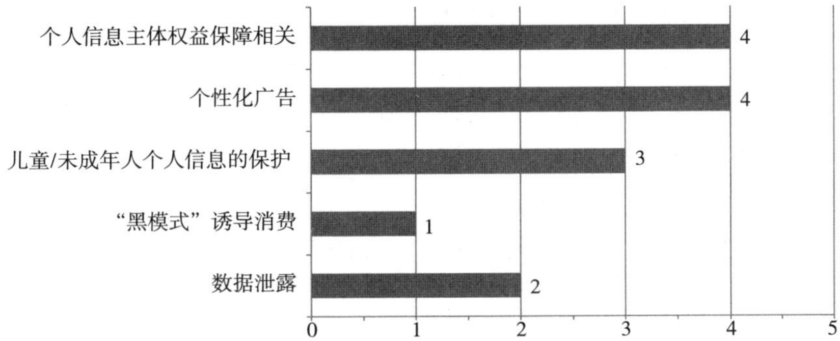

图 2–1–3 被处罚事由分析

同时，我们发现，国外的监管案例中的执法要点在国内立法角度也对应体现。如在美国，FTC 就 Epic Games 使用“黑模式”诱导消费做出处罚；在我国，已公开的《中华人民共和国反不正当竞争法（修订草案征求意见稿）》中，亦规定了“黑模式专条”[1]，可见在我国，对于黑模式的监管“未来已来”。

二、2022 年全球数据合规十大处罚典型案例

1. 滴滴公司因个人信息及数据处理活动违规被处以 80.26 亿元人民币罚款

【国家】中国

【日期】2022 年 7 月 21 日

【罚款金额】80.26 亿元人民币

【关键词】个人信息主体权益保护

【事由】滴滴全球股份有限公司被查明存在侵犯个人信息权益的问题、严重影响国家安全的数据处理活动，以及拒不履行监管部门的明确要求，恶意逃避监管等违法违规问题，被国家互联网信息办公室处罚 80.26 亿元人民币。

2. 侵犯儿童隐私，游戏《堡垒之夜》经营者 Epic Games 遭 5.2 亿美元罚金

【国家】美国

【日期】2022 年 12 月 29 日

【罚款金额】5.2 亿美元（约 35.15 亿元人民币）

〔1〕《中华人民共和国反不正当竞争法（修订草案征求意见稿）》第 15 条：“经营者利用网络从事生产经营活动，应当遵守本法的各项规定。经营者不得利用数据和算法、技术以及平台规则等，通过影响用户选择或者其他方式，扰乱市场公平竞争秩序。前款所称影响用户选择，包括违背用户意愿和选择权、增加操作复杂性、破坏使用连贯性等。”

【关键词】儿童个人信息保护、“黑模式”诱导消费

【事由】Epic Games 是游戏《堡垒之夜》的经营者，美国联邦贸易委员会(FTC)表示，将因其违反《儿童在线隐私保护法》(COPPA)、更改默认隐私设置而处以 2.75 亿美元罚款；并因通过“黑模式”[1]设置诱骗用户进行不必要的收费需退款 2.45 亿美元，合计 5.2 亿美元。

3. 侵犯未成年人个人信息，Meta 被罚款 4.05 亿欧元

【国家】爱尔兰

【日期】2022 年 9 月 2 日

【罚款金额】4.05 亿欧元(约 29.67 亿元人民币)

【关键词】儿童 / 未成年人个人信息保护

【事由】因 Meta 经营的 Instagram 对运营商业账号的未成年人用户的数据处理方式及该平台的用户注册系统未能妥善尽到未成年人及儿童个人信息保护义务，爱尔兰数据保护委员会(DPC)对 Instagram 处以 4.05 亿欧元的罚款和一系列纠正措施。

4.Google 就位置隐私诉讼与美国 40 州达成 3.92 亿美元和解

【国家】美国

【日期】2022 年 11 月 14 日

【和解金额】3.92 亿美元(约 26.48 亿元人民币)

【关键词】个人信息主体权益保护、个性化广告

【事由】Google 曾被指控对其用户位置跟踪设置进行误导性陈述，误导 Google 用户认为他们已经“关闭”了他们在 Google 上的位置跟踪功能，但 Google 仍继续通过其他服务持续收集用户位置信息并用于广告，违反了 40 州的消费者权益保护法。Google 同意支付 3.92 亿美元以解决该诉讼，并修复了对其位置历史设置实际作用的错误描述。

5.Meta 公司因非法投放定向广告被处罚 3.9 亿欧元

【国家】爱尔兰

---

〔1〕“黑模式”目前尚无统一定义，参照国际经合组织(OECD)于 2022 年 10 月发布的论文“Dark Pattern Commercial Patterns”，主要是指“一种使用数字选择架构(digital choice architecture，指影响用户在数字环境中做出的选择)的商业实践(尤其是在用户界面中使用)，其颠覆或损害消费者的自主性、决策或选择，经常欺骗、胁迫或操纵消费者，并可能以各种方式直接或间接损害消费者利益，尽管在许多情况下这种损害可能很难或无法进行衡量”。

【日期】2023 年 1 月 4 日

【罚款金额】3.9 亿欧元（约 28.57 亿元人民币）

【关键词】个性化广告

【事由】DPC 认为，Meta 没有向用户清楚详尽地表述如何处理其个人信息用于投放定向广告，违反了 GDPR 对透明度义务的要求，因此对其 Facebook（2.1 亿欧元）和 Instagram（1.8 亿欧元）两项总共罚款 3.9 亿欧元，并要求在 3 个月内使数据处理业务符合 GDPR 的规定。欧盟数据保护委员会（EDPB）支持了 DPC 关于 Meta 违反透明度义务的认定结果。

6.T-Mobile 为数据泄露事件支付 3.5 亿美元和解

【国家】美国

【日期】2022 年 8 月

【和解金额】3.5 亿美元（约 23.66 亿元人民币）

【关键词】数据泄露

【事由】2022 年 8 月，美国移动通信巨头 T-Mobile 同意支付 2021 年大规模数据泄露事件后的索赔、法律费用和管理费用，共计 3.5 亿美元。该数据泄露事件暴露了约 7600 万人的个人信息，包括客户名称、社会保险号、电话号码、地址和出生日期。除向受影响客户的现金支付外，T-Mobile 还同意投资 1.5 亿美元来加强其数据安全。

7. 因黑客爬取用户数据，Meta 被处以 2.65 亿欧元的罚款

【国家】爱尔兰

【日期】2022 年 11 月 28 日

【罚款金额】2.65 亿欧元（约 19.41 亿元人民币）

【关键词】数据泄露

【事由】黑客在 Meta 旗下软件 Facebook 中使用爬虫技术，将 5.33 亿 Facebook 用户个人信息泄露至黑客论坛。DPC 认为，Meta 违反了 GDPR 中要求采取旨在保护用户数据的技术和组织措施的规定，向 Mate 处以 2.65 亿欧元的罚款。除罚款外，Meta 还受到 DPC 的谴责和命令，要求其在特定时间范围内采取一系列指定的补救措施，使其处理合规。

8.Twitter 因欺骗性定向广告策略被罚款 1.5 亿美元

【国家】美国

【日期】2022 年 5 月 25 日

【罚款金额】1.5 亿美元（约 10.14 亿元人民币）

【关键词】个人信息主体权益保护、个性化广告

【事由】美国联邦贸易委员会（FTC）表示，自 2013 年开始，Twitter 就要求用户提供电话号码和电子邮件地址等来提高账户安全性，从 2014 年到 2019 年，超过 1.4 亿用户据此提供了个人信息。然而，FTC 发现，Twitter 在未告知用户的情况下，允许广告商使用上述个人信息发送定向广告。因此，Twitter 既违反了《联邦贸易委员会法》，也违反了司法部和联邦贸易委员会 2011 年一项和解协议的命令，Twitter 必须支付 1.5 亿美元的罚款。

9. 点击拒绝 Cookie 不够便捷，微软被罚 6000 万欧元

【国家】法国

【日期】2022 年 12 月 22 日

【罚款金额】6000 万欧元（约 4.4 亿元人民币）

【关键词】个人信息主体权益、个性化广告

【事由】法国数据保护机构（CNIL）发现，微软 Bing 搜索引擎在未经用户明确同意的情况下在用户计算机中投放广告 Cookie，且未能使拒绝同意使用 Cookies 与接受同意使用 Cookies 一样容易，这违反了法国的数据保护法。因此，CNIL 宣布对微软爱尔兰子公司处以 6000 万欧元的罚款。

10. 因未能保护儿童隐私，TikTok 或将被处以 2700 万英镑罚款

【国家】英国

【日期】2022 年 9 月 26 日

【罚款金额】2700 万英镑（约 2.25 亿元人民币）

【关键词】儿童个人信息保护

【事由】英国信息专员办公室（ICO）发现，TikTok 存在未经父母适当同意，处理了 13 岁以下儿童的数据，未能以简洁、透明和易于理解的方式向用户提供适当的信息；以及在没有法律依据的情况下处理特殊类别数据的情形，违反英国数据保护法，可能会面临 2700 万英镑的罚款。

三、结语

前车之鉴，后车之师。我们希望，通过 2022 年全球数据合规处罚典型案例的

汇总与分析，使我国互联网平台明确监管重点，探析监管趋势，以参照履行数据与个人信息保护相关的合规义务，共建安全的数据与个人信息信任世界。

第二节 滴滴数据合规"八宗罪"的全案分析

2022 年 7 月 21 日，对滴滴公司的网络安全审查终于有了结果，国家互联网信息办公室对滴滴公司处人民币 80.26 亿元罚款，对董事长兼 CEO 程某、总裁柳某各处人民币 100 万元罚款。

滴滴公司究竟是因为哪些数据违规行为被处以巨额罚款？对于同样需要处理大量数据的共享经济互联网平台（以下简称互联网平台）而言，滴滴案又有何警醒意义？我们梳理了滴滴公司数据违规"八宗罪"，发现其中的数据违规行为互联网平台都可能涉及。若因违背个人信息保护义务被处以最高上一年度营业额 5% 的顶格罚款，对于互联网平台的发展将是巨大的打击。

一、"八宗罪"：滴滴公司数据违法行为有哪些

国家互联网信息办公室公开信息[1]显示，滴滴公司共存在 16 项违法事实，归纳起来主要是 8 个方面，如表 2-1-1 所示：

表 2-1-1 滴滴公司违法行为

序号	内 容
1	违法收集用户手机相册中的截图信息 1196.39 万条
2	过度收集用户剪切板信息、应用列表信息 83.23 亿条
3	过度收集乘客人脸识别信息 1.07 亿条、年龄段信息 5350.92 万条、职业信息 1633.56 万条、亲情关系信息 138.29 万条、"家" 和 "公司" 打车地址信息 1.53 亿条
4	过度收集乘客评价代驾服务时、App 后台运行时、手机连接桔视记录仪设备时的精准位置（经纬度）信息 1.67 亿条
5	过度收集司机学历信息 14.29 万条，以明文形式存储司机身份证号信息 5780.26 万条

〔1〕 参见《国家互联网信息办公室有关负责人就对滴滴全球股份有限公司依法作出网络安全审查相关行政处罚的决定答记者问》，载国家互联网信息办公室网，http://www.cac.gov.cn/2022-07/21/c_1660021534364976.htm。

续表

序号	内　容
6	在未明确告知乘客情况下分析乘客出行意图信息 539.76 亿条、常驻城市信息 15.38 亿条、异地商务 / 异地旅游信息 3.04 亿条
7	在乘客使用顺风车服务时频繁索取无关的“电话权限”
8	未准确、清晰说明用户设备信息等 19 项个人信息处理目的

可见，滴滴公司的数据违规行为主要集中在以下两个方面：一是在数据收集阶段违背告知同意、最小必要等原则，违法收集、过度收集个人信息或索取权限；二是在数据存储阶段未采取加密、去标识化等安全技术措施，以明文形式储存敏感个人信息（身份证号）。

二、“沼泽地”：互联网平台常见的数据违规行为

在互联网产业的快速发展下，超大规模数据平台逐步形成，互联网平台在依据其掌握的海量用户数据提供各类业务功能、实现数字资产沉淀的同时，往往忽视了对用户个人信息的保护，相关案例层出不穷，如携程公司因“大数据杀熟”，唯品会公司因侵犯消费者查阅、删除等个人信息权利被诉诸法院。

从滴滴公司数据违规案中可以看出，网信部门在不断加大网络安全、数据安全、个人信息保护等领域执法力度。互联网平台需处理大量的个人信息，但对数据安全方面并未予以足够的重视，存在许多数据安全问题，很可能触犯滴滴公司数据违规“八宗罪”。因此，我们从上述“八宗罪”的角度出发，对互联网平台常见的数据违规行为作出归纳，力求使互联网平台避开数据处理过程中的“沼泽地”。

（一）违法收集：未取得用户明示同意而收集

违法收集行为对应的是滴滴公司数据违规的第一宗罪名，可分为以下两个方面：

第一，未经明示同意收集个人信息。[1]《隐私政策》是平台与用户的重要交互界面，用户可以通过勾选《隐私政策》的方式表示同意平台处理其个人信息。目

〔1〕《个人信息保护法》第 13 条规定：“符合下列情形之一的，个人信息处理者方可处理个人信息：（一）取得个人的同意……”

前，虽然大部分互联网平台公示了《隐私政策》文本，但往往是借鉴其他类似平台的内容，并未根据自身功能及数据收集使用规则进行个性化的调整，甚至默认勾选同意《隐私政策》或在用户同意《隐私政策》之前就收集个人信息，构成未取得用户同意而违法收集个人信息情形。此外，为提升个人信息搜集效率，大部分互联网平台采用爬虫技术爬取个人信息，若不当使用爬虫技术，将面临个人信息侵权的法律风险。

第二，未经单独同意收集敏感个人信息。[1]若互联网平台需要收集银行账号、身份证号、人脸信息等敏感个人信息，应当取得用户的单独同意，而大部分互联网平台尚未做到这一点。

（二）过度收集：超出最小必要范围而收集

过度收集行为对应的是滴滴公司数据违规的第二、三、四、七宗罪名及第五宗罪名中的第一项内容，可分为以下两个方面：

第一，超范围收集个人信息。为从源头上遏制互联网平台超范围收集个人信息，降低信息泄露风险，《个人信息保护法》规定个人信息处理应遵循最小必要原则。[2]然而实践中，大量互联网平台收集的个人信息与实现自身业务功能无明确关联，如收集无关的学历信息、职业信息等，甚至强制要求用户提供人脸等敏感个人信息，违背了最小必要原则，构成过度收集行为。

第二，要求开启与现有业务功能无关的权限。[3]许多互联网平台会要求用户开启与现有业务功能无关的权限，如电话、短信、相机权限等，构成过度收集行为。

（三）未明确告知用户个人信息处理目的

未明确告知用户个人信息处理目的行为对应的是滴滴公司数据违规的第六、八项罪名。如同我们在上文“（一）违法收集：未取得用户明示同意而收集”中分析的，许多互联网平台的《隐私政策》内容与平台功能和数据收集使用规则并不匹配，可能存在收集某类个人信息，却未向用户告知这类个人信息的处理目的的

---

〔1〕《个人信息保护法》第29条规定：“处理敏感个人信息应当取得个人的单独同意；法律、行政法规规定处理敏感个人信息应当取得书面同意的，从其规定。”

〔2〕《个人信息保护法》第6条规定：“处理个人信息应当具有明确、合理的目的，并应当与处理目的直接相关，采取对个人权益影响最小的方式。收集个人信息，应当限于实现处理目的的最小范围，不得过度收集个人信息。”

〔3〕《App违法违规收集使用个人信息行为认定方法》第4条规定，“收集的个人信息类型或打开的可收集个人信息权限与现有业务功能无关”可被认定为“违反必要原则，收集与其提供的服务无关的个人信息”。

情形。[1]

（四）违规储存：未采取相应的安全技术措施

违规储存行为对应的是滴滴公司数据违规的第五宗罪名中的第二项内容。为便于后续的数据调用、便捷交易，互联网平台往往会储存大量个人信息，包括身份证号、银行卡号等敏感个人信息，但往往未实现分级储存，亦没有采取加密、去标识化等相应的安全技术措施。[2]

三、"合规路"：互联网平台如何打造数据安全体系

滴滴案的巨额罚款给互联网平台敲响了数据合规的警钟，我们建议，平台应建立"个人信息保护合规环"，由内而外地贯彻个人信息保护措施，以实现自证清白：

1. 内部层：建立内部数据合规 / 个人信息保护管理制度 + 设置数据安全负责人和 / 或个人信息保护负责人 + 具备对应认证资质

互联网平台可考虑获得数据安全合规管理相应认证资质（如 ISO 27001 信息安全管理体系认证、网络安全等级保护备案等资质），以此来证明其已建立起一整套数据安全合规管理体系。

除数据合规相关资质外，互联网平台也可以考虑获得 ISO 37301 合规管理体系认证，通过建设整体的合规管理体系，对外彰显自身具备的完善管理能力。

2. 中间层：与中立专业第三方机构建立集合规合作、安全评估及合规审计于一体的全方位合作

根据《个人信息保护法》的规定，当发生处理敏感个人信息等情形时，平台应当事先进行个人信息保护影响评估。个人信息处理者应当定期对其处理个人信息遵守法律、行政法规的情况进行合规审计。

---

〔1〕《个人信息保护法》第 17 条规定："个人信息处理者在处理个人信息前，应当以显著方式、清晰易懂的语言真实、准确、完整地向个人告知下列事项：（一）个人信息处理者的名称或者姓名和联系方式；（二）个人信息的处理目的、处理方式，处理的个人信息种类、保存期限……"

〔2〕《个人信息保护法》第 51 条规定："个人信息处理者应当根据个人信息的处理目的、处理方式、个人信息的种类以及对个人权益的影响、可能存在的安全风险等，采取下列措施确保个人信息处理活动符合法律、行政法规的规定，并防止未经授权的访问以及个人信息泄露、篡改、丢失：（一）制定内部管理制度和操作规程；（二）对个人信息实行分类管理；（三）采取相应的加密、去标识化等安全技术措施；（四）合理确定个人信息处理的操作权限，并定期对从业人员进行安全教育和培训；（五）制定并组织实施个人信息安全事件应急预案；（六）法律、行政法规规定的其他措施。"

若互联网平台涉及处理大量敏感个人信息，可以委托专业第三方机构开展个人信息保护影响评估、进行合规审计，以此表明其个人信息处理的合法、正当、必要性。

3. 外部层：制定完备的《隐私政策》+ 嵌入系统功能设置 + 制定并组织实施应急预案

《隐私政策》是互联网平台对外展示自身数据安全及合规路径的重要抓手。从实用角度而言，不合格的《隐私政策》将导致互联网平台 App 面临被下架的风险。若想写好一份《隐私政策》，互联网平台应当把握以下要点：第一，列明不同业务功能下个人信息收集使用规则。第二，明确数据共享等处理规则。第三，明确平台数据安全保护措施。第四，明确互联网用户就其个人信息享有的权利。

当然，仅仅提供一份完美的《隐私政策》文本并不足够，更重要的是《隐私政策》的内容能够真正匹配互联网平台系统设置，针对个人信息的收集、共享、传输、提供、存储、删除等环节，将个人信息保护规则一一落到实处，切忌使《隐私政策》成为一纸空文。

CEO TIPS

“滴滴案”的启示

1. 作为2022年度摘冠的数据处罚案例，“滴滴案”的八宗罪核心在于数据来源不合规。在收集个人信息维度上，您重点关注和理解三个关键词（即对应个人信息处理的基本原则）：同意、范围和权限。(1)同意对应：告知同意原则；(2)范围对应：最小必要原则；(3)权限对应：目的限制原则。

2. “滴滴案”中，您应额外关注到“双罚制”，除了滴滴公司承担责任外，董事长兼CEO、总裁个人亦分别承担了100万元的罚款。可见，数据合规维度，直接负责业务的您个人与公司是“唇亡齿寒”的紧密捆绑关系。因此，数据合规管理必须是您的一把手工程。

第二章　CEO 必知：个人信息的边界是什么 (What)

导读

本书第一部分的第一个问题，就是讨论如何界定个人信息。数据合规中最敏感、最难把握、最受监管部门关注的问题非个人信息的界定莫属。然而到目前为止，某个与个人有关的信息是否属于个人信息的问题仍然存在争议。只有真正理解个人信息定义的边界（确定或者模糊），才能真正掌握监管与合规的本质，所以本章通过对 IP 属地案例的探讨，让读者深度理解如何判定个人信息的边界。

一、个人信息判定难：以 IP 属地为例

2022 年的网络平台账号管理热门事件当属 IP 属地公开。各大头部网络平台纷纷宣布将全量上线用户 IP 属地展示功能，在用户在发表评论 / 发布内容时，平台将强制公开展示其 IP 属地信息（针对境内账号，仅展示省、自治区、直辖市；针对境外账号，仅展示国家、地区），一时引发舆论监管与个人信息保护的激烈论战。

但在此之前，我们无法绕过一个前置问题：IP 属地是否属于个人信息？如果 IP 属地不属于个人信息，平台便无须受《个人信息保护法》的约束。事实上，不少平台也是基于这一点，将部分信息视为“非个人信息”而予以处理。例如，图 2-2-1 所示的某平台个人信息保护政策就将“单独的搜索关键字信息”认定为非个人信息。

> 1.16 在您使用我们提供的搜索服务时，我们会收集您搜索的关键字信息、搜索历史记录、设备信息（包括您使用的设备属性、连接和状态信息，例如设备型号、设备标识符（如IMEI/ AndroidID/ IDFA/ OPENUDID/ GUID/ OAID）、设备MAC地址、电信运营商等软硬件特征信息）。为了提供高效的搜索服务，部分信息会暂时存储在您的本地设备中。
>
> 在此，您需要注意的是，单独的搜索关键字信息无法识别您的个人身份，其不属于您的个人信息，因此我们有权以其他的目的对其进行使用；只有当您的搜索关键字信息与您的其他信息互有联系并可以结合识别您的个人身份时，我们会将您的搜索关键字信息作为您的个人信息，与您的搜索历史记录一同按照本政策进行处理与保护。

图 2–2–1　某平台的个人信息保护政策

然而，在再识别技术日益精进的今天，将部分个人信息与外部信息结合以识别到个人的风险越来越高，已对个人信息权益的保护造成较大的威胁。这一问题的背后，其实也隐藏着隐私保护（privacy）与数据效用（utility）之间的博弈。

对此，本章将结合相关法律法规规定、司法实践及境外先进经验，在明晰个人信息法定含义的基础上，以热议的 IP 属地问题为例，探讨再识别技术威胁之下，如何在保障个人信息权益不遭受较大损害的同时，实现类似于 IP 属地等信息的合规有效利用。

二、IP 属地是否属于个人信息？

基于 IP 地址而得出的 IP 属地信息，是否属于个人信息？

毕竟，正如美国 Paul Ohm 教授在其 “Broken Promises Of Privacy：Responding To The Surprising Failure Of Anonymization”[1]一文中所提到的：借助再识别技术，通过与其他外部信息（outside information）相结合，将有可能挖掘到数据主体的真实身份（需要说明的是，随着可逆技术的发展，匿名化信息强调的不可复原在绝对技术面前成为相对概念，导致去标识化信息与匿名化信息界限模糊，本书所称再识别技术的对象包含去标识化信息与匿名化信息，不做特别区分）。在该文所提及的马萨诸塞州州长个人信息再识别案中，尽管该州政府机构在公布该州公务员的医疗记录以供研究人员免费使用时，删除了包括姓名、地址、社会保险号等直接识

---

〔1〕 See Paul Ohm, *Broken Promises Of Privacy：Responding To The Surprising Failure Of Anonymization*, UCLA L.Rev., 57, 1701（2009）.

别性信息，但攻击者仅仅通过出生日期、邮政编码及性别三个关键要素便识别到该州州长个人，从而获取到其个人健康记录信息。

而且再识别技术的隐蔽性很强，实际上可能无法监测，因而即便是所谓匿名化信息，亦有可能遭受再识别技术的侵扰。理由在于，外部信息的外沿是无限延展的，它可以是某些组织或某些公众可以使用的信息，也可以是网络上已合法公开的可供所有人使用的信息，而我们永远无法确定哪些数据已经可用于再识别或将来哪些数据可能被发布。显然，随着数据链接技术和计算能力的发展，以及更多潜在的可匹配信息变得公开可用，任何人都可能通过组合、匹配信息以识别到个人信息。[1]

在回答 IP 属地是否属于个人信息这个问题之前，我们需要先厘清三个概念：个人信息、去标识化及匿名化。具体如表 2-2-1 所示：

表 2-2-1 个人信息、去标识化及匿名化概念

概念	定义
个人信息	1.《个人信息保护法》：个人信息是以电子或者其他方式记录的与已识别或者可识别的自然人有关的各种信息，不包括匿名化处理后的信息。 2.《民法典》：个人信息是以电子或者其他方式记录的能够单独或者与其他信息结合识别特定自然人的各种信息，包括自然人的姓名、出生日期、身份证件号码、生物识别信息、住址、电话号码、电子邮箱、健康信息、行踪信息等。 3.《网络安全法》：个人信息，是指以电子或者其他方式记录的能够单独或者与其他信息结合识别自然人个人身份的各种信息，包括但不限于自然人的姓名、出生日期、身份证件号码、个人生物识别信息、住址、电话号码等
去标识化	《个人信息保护法》：去标识化，是指个人信息经过处理，使其在不借助额外信息的情况下无法识别特定自然人的过程
匿名化	《个人信息保护法》：匿名化，是指个人信息经过处理无法识别特定自然人且不能复原的过程

根据表 2-2-1 可知：

1.IP 属地不构成“单独识别个人”的信息。IP 属地对应的是用户模糊的、不精确的地理位置，只到省（自治区、直辖市），而省级地域内的用户数量之庞大，显然是难以仅通过 IP 属地而单独识别到个人，因而不构成直接识别性信息。

---

〔1〕 See The UK Information Commissioner’s Office, *Anonymisation: Managing Data Protection Risk Code Of Practice*, https://ico.org.uk/media/1061/anonymisation-code.pdf.

2.IP 属地可能构成“与其他信息结合识别个人”的信息，或属于将 IP 地址进行去标识化（而非匿名化）后得到的个人信息。虽然 IP 属地不构成直接识别性信息，但一旦与其他额外信息相结合，就存在识别到某一个人的可能性，因而可能构成间接识别性信息。而且，IP 属地并不属于将 IP 地址进行匿名化后得到的信息，因为其不具备“无法识别”及“不能复原”的特征。

我国在间接识别性信息的认定上也曾作出有益探索。在广州互联网法院审理的一起案件中〔1〕，某消费者发现其姓名、联系方式、收货地址、电商平台注册账号等个人信息经部分加“*”处理后，被公布在“反恶”公司运营的“反恶”网站上，并被打上“打假师、欺诈师、恶人、恶意欺诈”等标签。对此，广州互联网法院认为，虽然“反恶”公司所发布的个人信息均进行了加星处理，未直接明确地指向该消费者，但根据该消费者提交的公证书显示，在“反恶”网站以该消费者及其手机号为关键词进行搜索后，结果显示的收件人姓名、平台账号、手机号码、收件地址、曝光记录与该消费者的个人信息、淘宝账号、京东账号、手机号码、收货地址相互重合，故最终认定“反恶”公司公布的信息可识别为张某的个人信息，属于个人信息。

三、隐私保护与数据效用的平衡木——个人信息保护影响评估

基于间接识别性信息外延的延展性与范围的模糊性，加之再识别技术的隐蔽性，如果将 IP 属地这类间接识别性信息一概归为个人信息，虽然对于个人信息主体而言，权益保护水平将得到提升，但对于个人信息处理者而言，个人信息的效用将大大降低。反之，虽然个人信息的商业价值可得到最大化利用，但个人信息主体权益将遭受巨大侵害，最终危害个人信息的持续性利用。

这就引发了一个问题：如何平衡隐私保护与数据效用？

对此，欧盟及新加坡等国家和地区提出通过评估来解决这一难题。例如，欧盟 WP29 在 2014 年 4 月发布的《关于匿名化技术的意见》（Opinion 05/2014 on Anonymization Techniques）中特别指出：基于匿名化技术与再识别技术均为活跃的研究领域，匿名化处理需进行持续性的评估，定期对匿名信息的剩余识别风险进行

〔1〕 参见《【法脉准绳】我成了“恶人”？！个人信息被网站公布并抹黑，如何维权？》，载微信公众号“广州互联网法院”2021 年 12 月 16 日，https://mp.weixin.qq.com/s/LFJYRpoHFE7FroJ6Ytd5XA。

再评估，以衡量采取的匿名化措施的有效性。又如，新加坡个人数据保护委员会（Personal Data Protection Commission，PDPC）出台的《基础匿名化指南》（Guide To Basic Anonymization），为企业执行数据匿名化与去标识化提供了指引。根据该指南，企业在进行数据匿名化时需要经历五个步骤，即识别数据、对数据进行去标识化、应用匿名化技术、评估匿名化效果、管理数据被重识别与披露的风险。

因此，对于我国个人信息处理者而言，当法律法规对间接识别性信息的界定较为模糊，而该处理行为对个人权益可能产生重大影响时，可以考虑在事前进行个人信息保护影响评估，评估个人信息的处理目的、处理方式等是否合法、正当、必要，对个人权益的影响和安全风险，以及所采取的保护措施是否合法、有效、与风险程度相适应，并对处理情况进行记录及留存。尤其是对于大型互联网平台而言，其处理众多的个人信息，且信息之间存在众多的外部连接点，如果不加以事先评估而断然将其认定为非个人信息而进行处理，将加剧个人信息风险的不可控性。事先评估一方面能够在一定程度上减少可能存在的个人信息权益损害风险；另一方面能够在损害真的发生时，为个人信息处理者提供证据自证清白。

四、结语

对于IP属地这类间接识别性信息是否构成《个人信息保护法》项下规定的个人信息，其判定绝非易事，目前也尚无定论。但应当注意到的是，间接识别性信息一旦加上其他额外外部信息，将很可能通过再识别技术识别到个人信息主体，从而带来个人信息安全风险。对此，我们建议个人信息处理者在事前做好个人信息保护影响评估，从而在个人信息保护与数据效用之间达到制衡。

CEO TIPS

冲破复杂场景下个人信息的判断“迷雾”

1. 公司复杂商业应用场景中的数据中是否包含个人信息，以及间接识别的个人信息，具有很强的迷惑性，并不是那么容易识别。

2. 您要考虑配置专人定期负责根据业务产品、业务场景以及政策法规等因素的变化，动态识别个人信息，以及评估个人信息处理过程中匿名化处理的有效性，理解“再识别”技术手段的现实特性。

第三章　CEO 必知：谁——数据谁处理、谁保障、谁监管 (Who)

导读

在理解了个人信息的判定边界之后，我们紧接着需要关注以下三方面：一是由谁来收集这些信息；二是一个组织当中是否有人专门负责保护这些信息，其职责是什么；三是什么样的监管人能够对个人信息保护起到监督和治理的作用。本章就是从三个"谁"的角度，厘清个人信息在流转过程中的收集者、保护者、监管者的角色和法律定位。

第一节　谁在背后收集个人信息?

引言

因《隐私政策》不合规，45 家科技公司被责令停产停业！

我们以"隐私政策、个人信息、责令停产停业"[1]在威科先行进行检索，发现有 45 家公司，因 App 首次运行未经用户阅读同意《隐私政策》即收集个人信息、未在《隐私政策》等公示文本中逐一列明 App 所集成 SDK 收集使用个人信息的目的、方式和范围等原因，被公安机关处以警告、责令停产停业等处罚。

《个人信息保护法》于 2021 年 11 月 1 日正式生效，距今已将近一年半的时间了。在这期间，相关政府主管部门及互联网用户愈加重视对个人信息的保护，工信部每月发布《关于侵害用户权益行为的 App 通报》，对于个人信息权益的监管

---

〔1〕 检索周期为 2021 年 11 月 1 日至 2023 年 4 月 11 日。

已进入“常态化”阶段；检察机关持续加大个人信息保护领域公益诉讼办案力度，个人信息保护检察公益诉讼典型案例频发；用户的个人信息保护意识也极大提升，个人信息侵权纠纷案件层出不穷。

那么，工信部通报谁？检察机关公诉谁？用户控告谁？

答案很简单，也很复杂。

简单的是，谁是个人信息处理者，就通报、公诉、控告谁；复杂的是，当细细阅读各大平台《隐私政策》时，却发现不少平台在《隐私政策》适用主体（即个人信息处理者）上做起了文章：通过使用“我们”一词，笼统地将平台运营主体及其相关关联公司一并纳入进来。

各平台企业的《隐私政策》中的“我们”究竟是谁？谁来负最终责任？

对此，我们梳理了各大头部平台的隐私政策中关于“我们”的表述，根据《个人信息保护法》及 GDPR 的规定，对前述表述的合规性进行论证，深入探究《隐私政策》下的“我们”的应有之义。

一、各大平台《隐私政策》中关于“我们”的表述

（一）各大平台《隐私政策》梳理总结

在各大平台的《隐私政策》中，平台往往会称呼己方为“我们”，关于“我们”一词，通常都会在《隐私政策》文本的导言部分加以说明或者设置适用范围条款予以阐述（见图 2-3-1）。

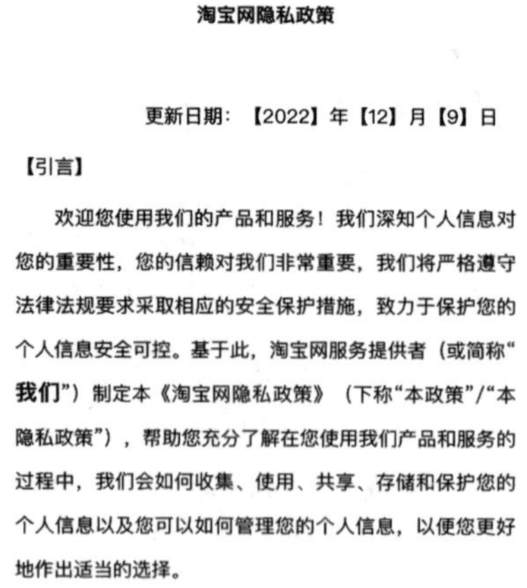

淘宝网隐私政策

更新日期：【2022】年【12】月【9】日

【引言】

欢迎您使用我们的产品和服务！我们深知个人信息对您的重要性，您的信赖对我们非常重要，我们将严格遵守法律法规要求采取相应的安全保护措施，致力于保护您的个人信息安全可控。基于此，淘宝网服务提供者（或简称“**我们**”）制定本《淘宝网隐私政策》（下称“本政策”/“本隐私政策”），帮助您充分了解在您使用我们产品和服务的过程中，我们会如何收集、使用、共享、存储和保护您的个人信息以及您可以如何管理您的个人信息，以便您更好地作出适当的选择。

图 2-3-1　淘宝《淘宝网隐私政策》

本团队梳理了目前各大平台《隐私政策》文本中关于“我们”的原文表述，并整理归纳为表 2–3–1：

表 2–3–1　各大平台《隐私政策》中关于“我们”的表述

序号	平台名称	内　　容
第一类：单一主体		
1–1	微信	《微信隐私保护指引》①（更新 / 生效日期：2022.6.27） 微信是一款由深圳市腾讯计算机系统有限公司（注册地为深圳市南山区粤海街道麻岭社区科技中一路腾讯大厦 35 层。以下亦简称“我们”或“腾讯”）提供服务的社交产品。 ……
1–2	微博	《微博个人信息保护政策》②（更新 / 生效日期：2022.3.3） 为切实保护微博用户个人信息，优化用户体验，微博（以下或称“我们”，指北京微梦创科网络技术有限公司）根据现行法规及政策，制定《微博个人信息保护政策》（以下简称“本政策”）。 本政策适用于我们以包括但不限于网站、客户端、小程序、H5、快应用、组件、widget 以及随技术发展出现的新形态向您提供的各项产品和服务，无论您是通过计算机设备、移动终端还是其他设备获得的微博服务
1–3	百度	《“百度”移动应用隐私政策》③（更新日期：2023.3.31，生效日期：2023.4.7） 百度公司（本隐私政策中指北京百度网讯科技有限公司，以下亦称“我们”）非常重视您的隐私保护和个人信息保护。本隐私政策适用于您通过任何方式对“百度”移动应用提供的各项服务的访问和使用。 为免歧义，本隐私政策中的“百度”移动应用（在本“百度”移动应用的某些功能场景中，亦被称为“百度 App”或“本软件”），仅仅指名称为“百度”的移动应用产品，并不指代百度公司或其关联公司旗下的其他移动应用产品
第二类：明确适用多主体		
2–1	淘宝	《淘宝网隐私政策》④（更新日期：2022.12.9） 淘宝网服务提供者（或简称“我们”）制定本《淘宝网隐私政策》（下称“本政策”/“本隐私政策”）。 …… 淘宝网：指淘宝网（域名为 taobao.com）网站及淘宝客户端。 淘宝网服务提供者：指淘宝网的互联网信息及软件技术服务提供者浙江淘宝网络有限公司、淘宝（中国）软件有限公司。 关联公司：指阿里巴巴集团控股有限公司（Alibaba Group Holding Limited）最新上市公司年报披露的淘宝平台服务提供者的关联公司

续表

序号	平台名称	内　　容
2-2	饿了么	《饿了么隐私权政策》[⑤]（更新日期：2022.11.18，生效日期：2022.11.25） 饿了么服务提供者（或简称“我们”）制定本《饿了么隐私权政策》（下称“本政策 / 本隐私权政策”）。 …… 1. 饿了么：指饿了么（域名为 ele.me）网站、移动客户端、H5 页面和小程序。 2. 饿了么服务提供者：指饿了么的互联网信息及软件技术服务提供者上海拉扎斯信息科技有限公司、拉扎斯网络科技（上海）有限公司，注册地址为上海市普陀区真北路 788 号 520 室、507 室。 3. 关联公司：指阿里巴巴集团控股有限公司（Alibaba Group Holding Limited）最新上市公司年报披露的阿里巴巴集团控股有限公司的关联公司
第三类：适用主体未明确		
3-1	哔哩哔哩	《哔哩哔哩隐私政策》[⑥]（更新日期：2023.4.6，生效日期：2023.4.13） 哔哩哔哩指上海宽娱数码科技有限公司（以下称“上海宽娱”）及其关联公司（以下合称“我们”）。 关联公司是指在现在、将来控制上海宽娱数码科技有限公司、受上海宽娱数码科技有限公司控制或与上海宽娱数码科技有限公司处于共同控制下的公司、机构。控制指通过所有权、有投票权的股份、合同、实际运营关联或其他被依法认定的方式直接或间接地拥有影响被控制对象管理 / 经营的能力
3-2	美团	《美团隐私政策》[⑦]（更新日期：2023.3.1，生效日期：2023.3.8） 美团（以下或称“我们”）非常注重保护用户（“您”）的个人信息及隐私。 …… 美团：本政策中所指的“美团”是指美团旗下所有公司及其附属、关联公司（包括美团网、大众点评、摩拜等各平台旗下已经成立的公司及未来可能成立的公司）。 关联公司：指美团（Meituan）最新上市公司年报披露的美团关联公司。包括但不限于北京三快科技有限公司、北京三快在线科技有限公司、上海汉涛信息咨询有限公司、北京西瓜国际旅行社有限公司等
3-3	爱奇艺	《爱奇艺隐私政策》[⑧]（更新日期：2022.11.29，生效日期：2022.12.6） “爱奇艺产品与 / 或服务”（以下亦称“我们的产品与 / 或服务”）指由北京爱奇艺科技有限公司及 / 或其关联公司（以下亦称“爱奇艺”、“我们”）提供的在线影音类产品与 / 或服务…… …… 关联公司是指在控制北京爱奇艺科技有限公司、受北京爱奇艺科技有限公司控制或与北京爱奇艺科技有限公司处于共同控制下的公司、机构。控制指通过所有权、有投票权的股份、合同、实际运营关联或其他被依法认定的方式直接或间接地拥有影响被控制对象管理 / 经营的能力

续表

序号	平台名称	内　　容
3-4	滴滴	《滴滴出行个人信息处理规则》⑨（更新日期：2023.3.10） 滴滴非常重视用户个人信息的保护。本个人信息处理规则适用于滴滴出行 App、小程序、开放平台产品或服务。滴滴平台由基础信息平台业务、功能服务交易信息平台业务、在线业务共同组成，功能服务交易信息平台业务主要包括滴滴网约车电商服务平台、滴滴出租车信息平台（快的新出租信息平台）、滴滴顺风车信息平台、滴滴代驾信息平台、滴滴公交信息平台、滴滴共享单车信息平台、滴滴共享电单车信息平台、加油信息平台、充电信息平台、养车信息平台、金融信息平台、滴滴货运信息平台、滴滴导航服务平台。 滴滴网约车电商服务平台，由滴滴出行（北京）网络平台技术有限公司（注册地址：北京市海淀区东北旺西路 8 号院 34 号楼二层 212 号，联系方式：gerenxinxibaohu@didiglobal.com）运营，作为电子商务平台，为您和网约车服务方提供网约车电商平台服务。 …… 您同意个人信息处理规则，仅代表您已了解本应用提供的功能，以及功能运行所需的必要个人信息，并不代表您已同意我们收集非必要个人信息。对于非必要的个人信息处理，会在您使用服务的过程中单独征求您的同意。如果您拒绝我们收集非必要个人信息，并不会影响您使用基本业务功能……

① 微信 App 端，2023 年 4 月 4 日第一次访问。
② 微博 App 端，2023 年 4 月 13 日第一次访问。
③ 百度 App 端，2023 年 4 月 13 日第一次访问。
④ 淘宝 App 端，2023 年 4 月 13 日第一次访问。
⑤ 饿了么 App 端，2023 年 4 月 13 日第一次访问。
⑥ 哔哩哔哩 App 端，2023 年 4 月 13 日第一次访问。
⑦ 美团 App 端，2023 年 4 月 13 日第一次访问。
⑧ 爱奇艺 App 端，2023 年 4 月 13 日第一次访问。
⑨ 滴滴出行 App 端，2023 年 4 月 13 日第一次访问。

（二）“我们”是谁？

从表 2-3-1 可知，目前各大平台关于我们的定义，主要分为三大类：

第一类：限定“我们”为单一主体。

即《隐私政策》中，明确的个人信息处理者是平台运营服务商，如微信、微博、百度平台。

第二类：明确“我们”适用多主体。

如淘宝和饿了么平台，均于《隐私政策》中明示其个人信息处理是 2 个确定的公司，因此这 2 个公司均为用户的个人信息处理者。

第三类：未直接明确“我们”的范围，予以模糊处理。

主要分为两种，一种是将“我们”定义为平台主体企业及关联公司，而对关联公司的定义则略过或者模糊化定义。如某平台虽然说明了关联公司的定义，却将某平台定义为其旗下所有公司及其附属、关联公司，甚至其中包括未来成立的公司，主体的不确定性显而易见。

另一种则是没有对我们进行定义，直接使用“我们”二字，比如某平台虽然明确了其旗下的各个平台及其运营公司，却丝毫没有提到“我们”的定义，“我们”二字在《隐私政策》中的突然出现不免显得有些突兀。

二、“我们”不明的合规风险

对于《隐私政策》中明确“我们”为单一主体或明确的多主体的，其在适用主体上并不存在歧义，但适用明确为多主体情况下，各个主体均需履行个人信息处理者主体责任，承担相应义务。

但是经过对上述各大平台所公示的《隐私政策》中关于“我们”的表述进行梳理，我们发现不少平台似乎试图混淆或模糊个人信息处理者的范围边界，以便实现集团内用户个人信息的自由融通、共享。那么，针对将《隐私政策》中“我们”范围扩大至关联公司的，个人信息处理者究竟是谁？用户应当向谁主张权益？该约定是否符合《个人信息保护法》的规定？对此，我们以我国《个人信息保护法》及欧盟 GDPR 的规定为指引，对其合规性进行论证，厘清《隐私政策》下的“我们”的应有之义。

（一）我国《个人信息保护法》及欧盟 GDPR 视域下的“我们”

关于主体身份明确问题，我们查阅了《个人信息保护法》中关于明确“个人信息处理者”的相关规定，发现其第 17 条规定：个人信息处理者在处理个人信息前，应当以显著方式、清晰易懂的语言真实、准确、完整地向个人告知个人信息处理者的名称或者姓名和联系方式。

换言之，平台作为个人信息处理者，必须在《隐私政策》中清晰明确告知用户，“我们”是谁，个人信息处理者的名称必须清楚准确。

无独有偶，作为《个人信息保护法》的制定蓝本，GDPR 第 13 条及第 14 条中亦明确，数据控制者在收集数据时，应当向数据主体告知其身份与详细联系方式及代表（如适用）、处理数据的目的及依据、数据的接收者或接收者的类型（如有）等信息。

由此可见，当平台在将“我们”的范围拓宽至包括关联公司时，若其对“关联公司”的定义及范围模糊处理，使得用户对此无法直接界定的，则显然违背《个人信息保护法》及 GDPR 的约定。

（二）关联主体共同处理 / 共享不可“随意”。

即使对“关联公司”的定义及范围予以清晰界定，但未履行个人信息共享或共同处理义务，亦存在违反《个人信息保护法》的法律风险。

以爱奇艺为例，其《隐私政策》中仅列出集团内两家主要运营主体，并未予以穷尽列举。如果在用户使用集团项下产品 / 服务过程中，涉及两个以上的个人信息处理者共同处理个人信息，则应当明确双方的权利义务，否则一旦造成用户个人信息权益受到侵害，在向用户承担连带责任后无法就内部责任予以明确划分。

而如果涉及集团内个人信息处理者之间的个人信息共享，根据《个人信息保护法》第 23 条规定：“个人信息处理者向其他个人信息处理者提供其处理的个人信息的，应当向个人告知接收方的名称或者姓名、联系方式、处理目的、处理方式和个人信息的种类，并取得个人的单独同意。”

因此，对于集团内的信息共享，若平台只是在《隐私政策》的格式条款中予以简单宽泛说明，未履行接收方的告知义务并取得用户的单独同意，亦存在违反《个人信息保护法》规定的“个人信息共享”义务的法律风险。

（三）“我们”不清、“罚则”无边。

一旦存在违法处理个人信息，或者处理个人信息未履行《个人信息保护法》规定的个人信息保护义务，且情节严重的，平台将面临“双罚制”下的严厉处罚：

针对平台企业而言，除有关部门责令改正、没收违法所得外，将并处 5000 万元以下或上一年度营业额 5% 以下的罚款，并可以责令暂停相关业务或者停业整顿、通报有关主管部门吊销相关业务许可或者营业执照。

而针对个人信息处理者的直接责任人，则将被处 10 万元以上 100 万元以下罚款，且可能被禁止其在一定期限内担任相关企业的董事、监事、高级管理人员和个人信息保护负责人。

然而，在“我们”不清的情况下，上述处罚应当落于集团内哪个主体之上？营业额是否直接在集团内各主体所创收的营业额上予以全额加总？如果是这样，则将导致法律风险责任在集团多主体之间穿透，不利于隔离划分集团内各方的自身安全边界。

三、结论：《隐私政策》中的“我们”应该是谁？

《个人信息保护法》已实施近一年半，经我们对各大互联网平台《隐私政策》的研读，仍有 33% 平台《隐私政策》并不符合《个人信息保护法》要求。但这个问题是个人信息保护合规的起点，需要得到充分的重视。

根据《个人信息保护法》的规定，个人信息处理者的信息必须明确具体，对于“我们”的模糊化处理、未明确指出个人信息处理者，或者将模棱两可的关联公司纳入“我们”的范畴，均不符合《个人信息保护法》。

而由此将带来两个连锁反应：

1. 用户“投诉无门”。由于个人信息处理者的身份不明确，导致用户无法确定维权主体，从而导致平台进一步违反《个人信息保护法》；

2. 平台集团内风险穿透。对于平台自身而言，其本想通过混淆或模糊处理“我们”而实现个人信息自由融通的目的，但因为该个人信息处理的主体不明晰，一旦出现诸如个人信息泄露等个人信息权益受损事件，将在很大程度上导致法律风险责任在集团多主体之间穿透，面临最高 5000 万元以下或上一年度营业额 5% 以下的罚款，极不利于隔离划分集团内各方的自身安全边界。

对此，各大平台应当重新审视《隐私政策》，审慎用词，明确边界，并根据不同情况按照《个人信息保护法》的规定履行以下义务：

1. 各大平台企业在更新《隐私政策》时，应当明确“我们”的定义，清晰明确告知用户“我们”的名称和联系方式；若涉及相应的第三方关联公司，也应当予以明确，不应该只给出“关联公司”一词而绕开定义，或者给出无法清晰界定的模糊定义；

2. 对于两个以上个人信息处理者共同处理个人信息的，各大平台应当约定清楚各自的权利和义务，在内部有效隔离风险；

3. 针对集团内个人信息处理者之间的个人信息共享，各大平台则应当根据《个人信息保护法》的规定，明确各方共享规则，并向用户履行告知同意义务，向个人告知接收方的名称或者姓名、联系方式、处理目的、处理方式和个人信息的种类，并取得用户的单独同意。

第二节 谁是个人信息保护负责人？

《300 万年薪招不到人，谁能胜任首席安全官？》[1]一文引发了互联网人的广泛关注，揭示了国内安全行业人才的现状——人才极度稀缺，可谓“重金难求”。面对“监管风暴”与“高额悬赏”，安全 1 号位（本书中“安全 1 号位”指个人信息保护负责人，或与该岗位权责类似的负责人）是否做好了充分的准备？

一、重赏之下，必有勇夫？

安全 1 号位需要思考和面对核心问题：企业为何愿意重金招聘？《个人信息保护法》的生效对安全 1 号位意味着什么？

根据安全公司 Proofpoint 对全球 1400 位首席信息安全官（Chief Information Security Officer，CISO）对当前网络安全形势的看法的最新调查《2022 年 CISO 之声》白皮书[2]显示，约 48% 的受访 CISO 表示，其所在公司有可能在未来 12 个月里遭受实质性网络攻击，其中法国和加拿大的 CISO 担忧比例分别高达 80% 和 72%（见图 2-3-2）。

---

〔1〕 参见真梓：《300 万年薪招不到人，谁能胜任首席安全官？》，载微信公众号“36 氪”，2021 年 10 月 27 日，https://mp.weixin.qq.com/s/Lg-L3FZ1Mo6HBmNTLjZq6g。

〔2〕 See 2022 Voice of the CISO White Paper, Proofpoint, https://www.proofpoint.com/us/resources/white-papers/voice-of-the-ciso-report.

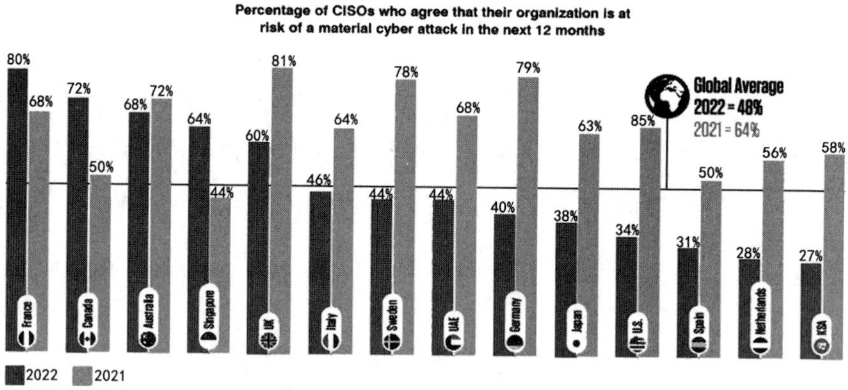

图 2-3-2　CISO 认为其组织在未来 12 个月内有遭受重大网络攻击风险的百分比

在这种全球环境下，国内的立法与执法更是逐步趋严。根据我国工业和信息化部关于 2022 年前三季度电信服务质量的通告，其累计检测 App 184.5 万款，责令整改 1002 款，公开通报 302 款，对违规行为始终保持高压震慑。

2021 年 11 月 3 日，中国网络空间安全协会发布团体标准《应用商店 App 个人信息收集使用上架审核和管理规范（征求意见稿）》，意味着 App、小程序、快应用、H5 等其他新形态网络应用程序，不仅要在上架应对国家监管部门审核监管，还要在上架前受到应用商店、应用市场、分发网站的上架审核。

这些责任毋庸置疑落到安全 1 号位。

二、GDPR“DPO[1]免责”PK《个人信息保护法》“双罚制”

前述网络应用程序能否上架可能只是企业内部对安全 1 号位的基本要求，但《个人信息保护法》生效后，安全 1 号位除了要承担内部责任外，在企业违规处理个人信息或者处理个人信息未履行法定个人信息保护义务的情况下，更是面临外部行政监管的“双罚制”！

欧盟 GDPR 以及 WP29 的《DPO 指南》[2]明确了“组织确保 DPO 免责”的基本原则，即 GDPR 仅针对作为数据控制者的组织进行处罚，并明确要求数据控制者与数据处理者应当确保 DPO 不会收到任何有关执行其工作任务的指示，DPO

〔1〕 DPO 英文全称为 Data Protection Officer，中文译为数据保护官。

〔2〕 GDPR，Art.38.3；GDPR，Art.24.1；WP 243 rev.01 Guidelines on Data Protection Officers，p.17.

不能因执行自身的任务而被解雇或处罚（为免疑义，针对 DPO 未勤勉尽责的情形，本书中不作论述）。

与该欧盟适用的原则显著不同，我国《个人信息保护法》确立了在个人信息违规领域的“双罚制”，为作为个人信息保护负责人的自然人戴上了“枷锁”。而且，该法除规定了双罚制外，还呈现出“两级制”以及“处罚措施多维度”的特点，具体如下：

其一，“双罚制”。违反《个人信息保护法》规定处理个人信息，或未履行《个人信息保护法》规定个人信息保护义务的，《个人信息保护法》除了针对单位进行处罚外，还明确了责任人（直接负责的主管人员和其他直接责任人）应承担的行政责任。

其二，“两级制”。《个人信息保护法》针对违规的“一般情形”与“情节严重”分别设置两级处罚，单位罚款最高可达 5000 万元或上一年度营业额 5%，直接负责的主管人员和其他直接责任人员罚款最高可达 100 万元。

其三，“处罚措施多维度”。除罚款外，《个人信息保护法》亦规定了针对负责人的“行业禁止令”（禁止其在一定期限内担任相关企业的董事、监事、高级管理人员和个人信息保护负责人）等处罚措施，该等措施与罚款可为“并处”关系。

可见，在企业违规的情况下，安全 1 号位需要承担针对其个人的行政责任，处罚措施上不仅存在最高可达 100 万元的罚款，亦可能并处“行业禁止令”。

三、安全 1 号位，权责剖析

在知悉最高违规成本后，安全 1 号位还需要知晓哪些平台需要设置个人信息保护负责人，以及个人信息保护负责人的权责。

（一）哪些平台需要设置个人信息保护负责人？

我们随机检索了五家典型互联网平台更新的最新《隐私政策》，其中两家平台（美团与微信）已设置个人信息保护负责人，并依据《个人信息保护法》的要求公开了个人信息保护负责人的联系方式；两家平台（淘宝与饿了么）仅设置个人信息保护专职部门且公布其联系方式，并未公示个人信息保护负责人及其联系方式；一家平台（微博）仅设置数据安全专项部门且未公示联系方式（见表 2-3-2）。

表 2-3-2 五大平台有关个人信息保护负责人设置情况

平台	个人信息保护负责人	联系方式	版本
美团	√	√	更新日期：2023 年 3 月 1 日 生效日期：2023 年 3 月 8 日
微信	√	√	更新日期：2022 年 6 月 27 日 生效日期：2022 年 6 月 27 日
饿了么	仅设置个人信息保护专职部门并公示联系方式		更新日期：2022 年 11 月 18 日 生效日期：2022 年 11 月 25 日
淘宝	仅设置个人信息保护专职部门并公示联系方式		更新日期：2022 年 12 月 9 日 生效日期：2022 年 12 月 9 日
微博	仅设置数据安全专项部门，未公示联系方式		更新日期：2022 年 3 月 3 日 生效日期：2022 年 3 月 3 日

可以看出，目前各互联网平台在个人信息保护负责人的设置上呈现出参差不齐的现象。根据《个人信息保护法》的规定，处理个人信息达到国家网信部门规定数量的个人信息处理者应当指定个人信息保护负责人，负责对个人信息处理活动以及采取的保护措施等进行监督。目前对于"规定数量"尚无明确规定，可参考《个人信息安全规范》：满足以下条件之一的组织，应设立专职的个人信息保护负责人和个人信息保护工作机构，负责个人信息安全工作：(1) 主要业务涉及个人信息处理，且从业人员规模大于 200 人；(2) 处理超过 100 万人的个人信息或预计在 12 个月内处理超过 100 万人的个人信息；(3) 处理超过 10 万人的个人敏感信息的。

（二）个人信息保护负责人的权责

《个人信息保护法》未对个人信息保护负责人的资质提出要求，根据《个人信息安全规范》的要求，个人信息保护负责人在角色定位上：其一，应具有相关管理工作经历和个人信息保护专业知识；其二，应参与有关个人信息处理活动的重要决策直接向组织主要负责人报告工作；其三，个人信息控制者应为其提供必要的资源，保障其独立履行职责。

针对安全 1 号位的具体权责，《个人信息保护法》明确的原则为"负责对个人信息处理活动以及采取的保护措施等进行监督"。若仅就该原则做文义解释，安全 1 号位权责核心在于"监督"，比 GDPR 所规定的 DPO 的职责[1]（以参与和个

〔1〕 GDPR, Art.38&Art.39.1; WP 243 rev.01 Guidelines on Data Protection Officers, p.6.

人信息保护相关的所有事项为原则，具体负责：为数据控制者、数据处理者及相关数据处理人员提供通知和建议；监督 GDPR、成员国的数据法规、数据控制者和处理者政策以及相关审计活动的合规性；提供有关数据保护影响评估的建议；与监管机构协作；为监管机构和数据处理活动提供联络）范围小得多。

这将形成在我国作为个人信息保护负责人的安全 1 号位比欧盟的 DPO“职责更小，但风险更高”的局面。

在《个人信息保护法》正式生效前，《个人信息安全规范》亦对安全 1 号位的职责进行了具体列举：（1）全面统筹实施组织内部的个人信息安全工作，对个人信息安全负直接责任；（2）组织制定个人信息保护工作计划并督促落实；（3）制定、签发、实施、定期更新个人信息保护政策和相关规程；（4）建立、维护和更新组织所持有的个人信息清单（包括个人信息的类型、数量、来源、接收方等）和授权访问策略；（5）开展个人信息安全影响评估，提出个人信息保护的对策建议，督促整改安全隐患；（6）组织开展个人信息安全培训；（7）在产品或服务上线发布前进行检测，避免未知的个人信息收集、使用、共享等处理行为；（8）公布投诉、举报方式等信息并及时受理投诉举报；（9）进行安全审计；（10）与监督、管理部门保持沟通，通报或报告个人信息保护和事件处置等情况。

基于权责与风险呈正相关的原则，建议将《个人信息安全规范》的职责作为《个人信息保护法》项下安全 1 号位职责的有效补充，但这亦意味着对安全 1 号位自身能力与经验要求的提升。

四、结语

在信息技术飞速发展、立法日益完善、监管日趋规范、个人信息主体维权意识越发强烈的大环境下，安全 1 号位同时面临着责任和压力。按照目前《个人信息保护法》等相关文件的规定，国内安全 1 号位偏企业内部岗，其“双罚制”的责任制度设计不同于 GDPR 规则体系下的 DPO 责任。因此，我们建议 1 号位在任职前完善管理工作经历、学习个人信息保护专业知识，加强自身风险防控意识；任职中依法勤勉尽责履行法定职责，并充分利用外部资源，积极寻求外部中介机构支持，优化内部个人信息安全风控体系。

第三节　谁是个人信息保护的监管人？

同样是 App[1]存在侵犯个人信息权益行为，为何处罚主体却不相同？（见图 2-3-3、图 2-3-4）

行政处罚相对人	[redacted]	处罚单位	深圳市公安局(深圳市海防与打击走私委员会办公室)
处罚金额(元)	-	没收金额(元)	-
处罚日期	2022-04-07	发布日期	-
违法事实	2022年3月28日，省厅网警总队线索通报，发现“深圳市辰瑞文化传播有限公司”旗下应用“[redacted]，技术检测分析“[redacted]应用存在以下违规行为:1.App 首次运行未经用户阅读同意隐私政策，就开始收集个人信息MAC地址、IMEI、AndroidID和应用列表信息。你单位的行为已构成非法获取、出售、向他人提供个人信息相关规定。		
违法行为类型	发改双公示无此数据项		
处罚结果	决定给[redacted]警告的行政处罚。根据《公安机关办理行政案件程序规定》第一百六十一条第一款之规定，二项行政处罚合并执行，决定给予警告的处罚。		
处罚依据	根据《中华人民共和国网络安全法》第二十二条、第四十一条和第六十四条，《中华人民共和国个人信息保护法》第十三条、第六十六条之规定		

图 2-3-3　公安机关给予警告处罚示例

关于侵害用户权益行为的APP通报
（2022年第5批，总第25批）

发布时间：2022-08-26 16:00　来源：信息通信管理局

依据《个人信息保护法》《网络安全法》《电信条例》《电信和互联网用户个人信息保护规定》等法律法规，我部组织第三方检测机构对群众关注的酒店餐饮类、未成年人应用类等移动互联网应用程序（APP）及第三方软件开发工具包（SDK）进行检查，对发现存在侵害用户权益行为的共227款APP（SDK）提出整改要求。截至目前，尚有47款APP（SDK）未按要求完成整改（详见附件），现予以通报。

上述APP及SDK应在9月5日前完成整改落实工作。逾期不整改的，我部将依法依规组织开展相关处置工作。

附件：
工业和信息化部通报存在问题的APP(SDK)名单.docx

工业和信息化部信息通信管理局
2022年8月26日

图 2-3-4　工业和信息化部给予通报处罚示例

---

〔1〕 根据《常见类型移动互联网应用程序必要个人信息范围规定》第 2 条的规定，App 包括移动智能终端预置、下载安装的应用软件，基于应用软件开放平台接口开发的、用户无须安装即可使用的小程序。

自《个人信息保护法》生效后，国家互联网信息办公室、工业和信息化部、国家市场监督管理总局、公安机关等各政府部门纷纷采取行动，彰显出我国对于保护公民个人信息的强监管态势。其中以对App（包括小程序）的监管最为直观和显著，这是由于无论是数字化企业，还是在数字化转型过程中的企业，多通过App形式收集处理个人信息。

在众多App运营者与监管碰撞的过程中，其最大的困惑就是：究竟是谁在监管？管些什么？各部门分别有什么处罚权？为此，特撰写本节，带领大家厘清App个人信息保护背后的"监管人"。

一、App侵犯个人信息权益后，谁来管？如何管？怎么罚？

对于个人信息保护监管模式，国际上通常存在专门监管与分散监管两种。例如，欧盟就是典型的专门监管模式，GDPR第51条明确要求欧盟成员国应当提供一个或多个独立的监管机构对GDPR的适用情况进行监督；美国则是分散监管模式的代表，其通过多部法律授权金融、电信、教育等部门进行分散监管。

我国最新出台的《个人信息保护法》则结合个人信息保护的监管需求和既往的执法实践经验，对履行个人信息保护职责的部门作出有特色的规定，形成以网信部门统筹协调、联合执法与单独执法相结合的执法方式，履行个人信息保护职责的部门的职责范围各有侧重，处罚权限亦有所区别。

（一）App谁来管？

我国在App个人信息保护监管部门的规定上，实现了从"九龙治水，多头监管"到"网信统筹，协同监管"的跨越，既能够更有针对性地回应各行业领域面临的个人信息保护问题，又能在一定程度上缓解"九龙治水"时代面临的监管空白与监管重叠等问题。

1. 九龙治水，多头监管

在《个人信息保护法》出台前，我国对于个人信息保护的监管大多处于分散监管的状态，将个人信息监管职责授权至国家互联网信息办公室、工业和信息化部、国家市场监督管理总局、公安机关以及各行业监管机构。但由于各监管部门信息难以联通，各部门权责不明，执法标准不一，存在监管空白、监管重叠以及用户投诉无门等情况，经常被诟病为"九龙治水，各自为政"。

2. 网信统筹，协同监管

考虑到“九龙治水”时代的诸多弊病，《个人信息保护法》在监管主体方面的立法逻辑有所突破，其中特别突出了个人信息保护的监管工作由国家网信部门统筹协调[1]，以此来预防多个监管部门“各成一派、多头混治”的情况（见图 2-3-5）。然而，由于其他各部门皆属于《个人信息保护法》规定的“履行个人信息保护职责的部门”，执法领域仍不免有重叠之处，需依靠各部门间信息报送等其他机制来解决。

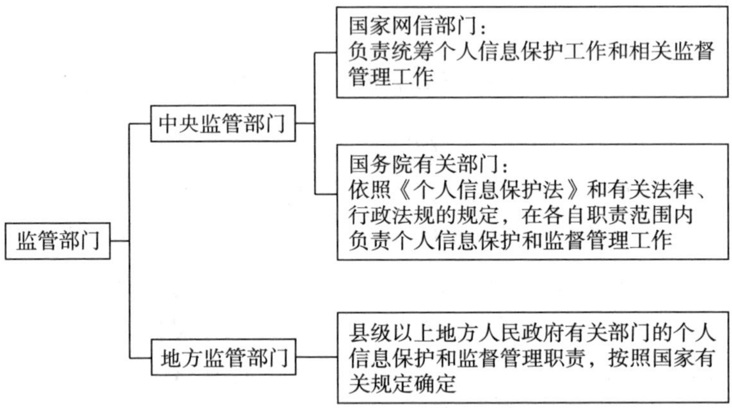

图 2-3-5 《个人信息保护法》关于监管部门的规定

除了网信部门依法履行个人信息保护的统筹协调职责，《个人信息保护法》规定的其他有个人信息保护和监管职责的“有关部门”亦有很多，如图 2-3-6 所示：

〔1〕《个人信息保护法》第 62 条规定：“国家网信部门统筹协调有关部门依据本法推进下列个人信息保护工作：（一）制定个人信息保护具体规则、标准；（二）针对小型个人信息处理者、处理敏感个人信息以及人脸识别、人工智能等新技术、新应用，制定专门的个人信息保护规则、标准；（三）支持研究开发和推广应用安全、方便的电子身份认证技术，推进网络身份认证公共服务建设；（四）推进个人信息保护社会化服务体系建设，支持有关机构开展个人信息保护评估、认证服务；（五）完善个人信息保护投诉、举报工作机制。”

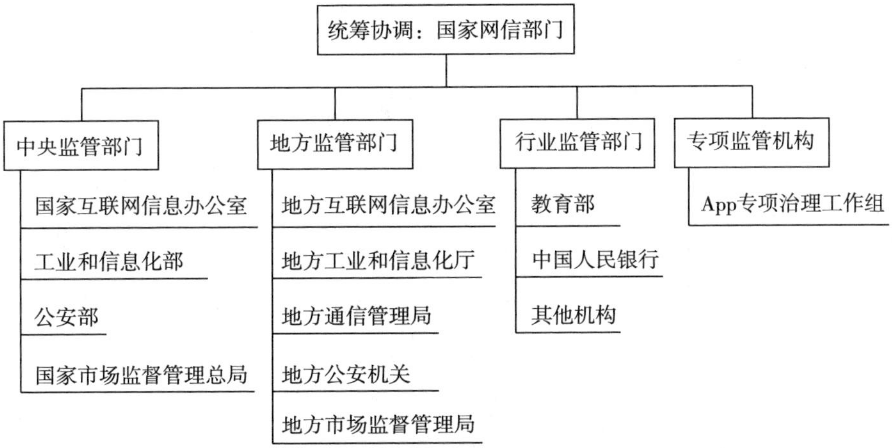

图 2-3-6 履行个人信息保护职责的有关部门

那么，上述“有关部门”又可依据何种“有关规定”对于 App 进行执法监管？具体的执法模式又是怎样的？

（二）App 如何管？

由上文可知，我国履行个人信息保护职责的部门有很多，如国家互联网信息办公室、工业和信息化部、公安机关、国家市场监督管理总局等，实践中形成了“联合执法 + 单独执法”的形式，对 App 进行监管：（1）联合执法，即由国家互联网信息办公室牵头，其他部门共同参与执法工作，如国家互联网信息办公室、工业和信息化部、公安部、国家市场监督管理总局四部门就联合开展的 App 违法违规收集使用个人信息专项治理行动。（2）单独执法，即各部门在自己的分管领域依据执法权限进行执法。比如，小鹏汽车擅自采集消费者的人脸照片，被上海市徐汇区市场监督管理局处罚 10 万元。此种情况下，各部门执法权限各有侧重，有自身独特的职责领域。

App 个人信息保护执法方式简要列举如图 2-3-7 所示。

（三）App 怎么罚？

由图 2-3-7 可知，在 App 个人信息保护领域，各部门既有共性适用法律，也有自身法律法规依据。根据“法无授权即禁止”的权力行使规则，各部门的处罚权限既有共性，又有各自的特性。各部门具体行政处罚权限的共性部分如图 2-3-8 所示，特性部分如图 2-3-9 所示：

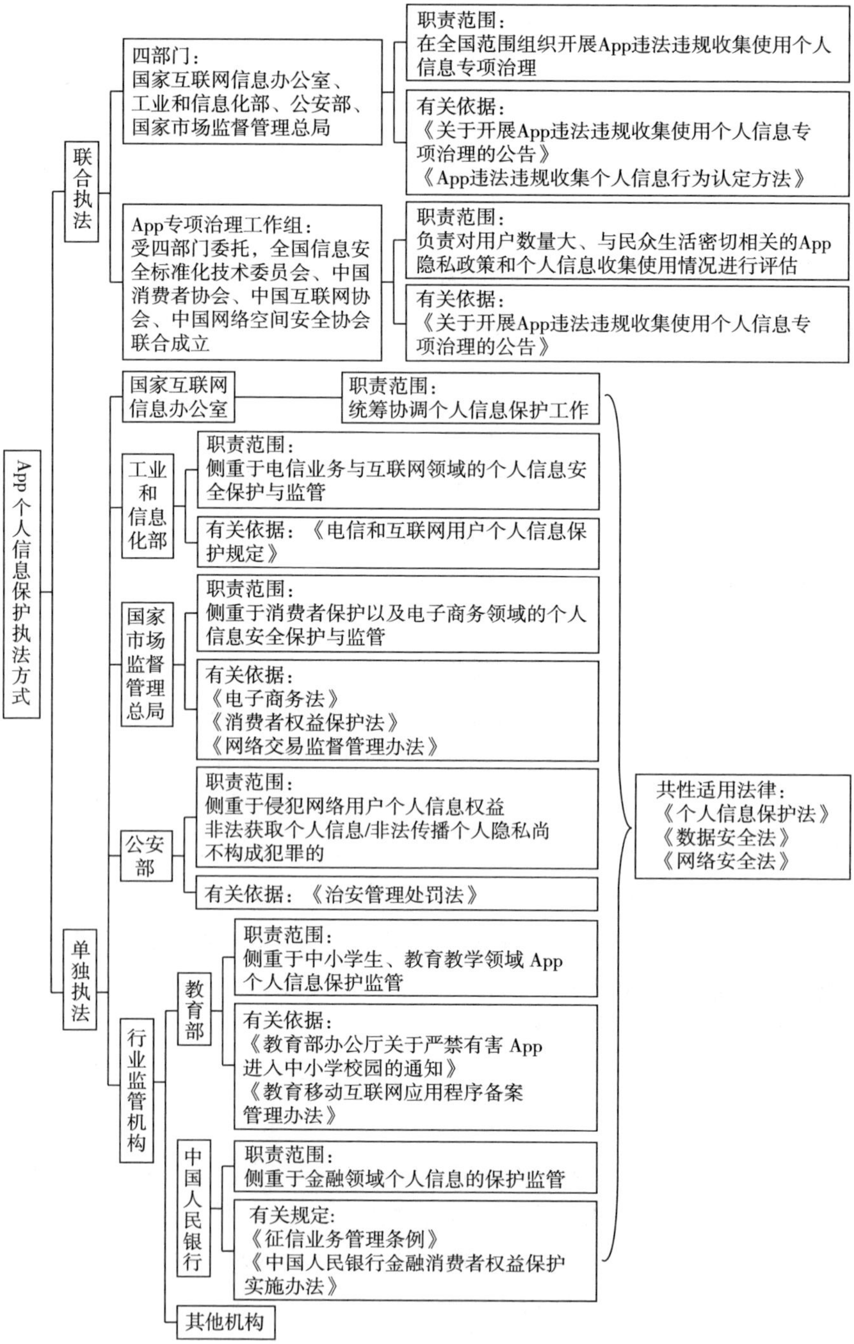

图 2-3-7　App 个人信息保护执法方式

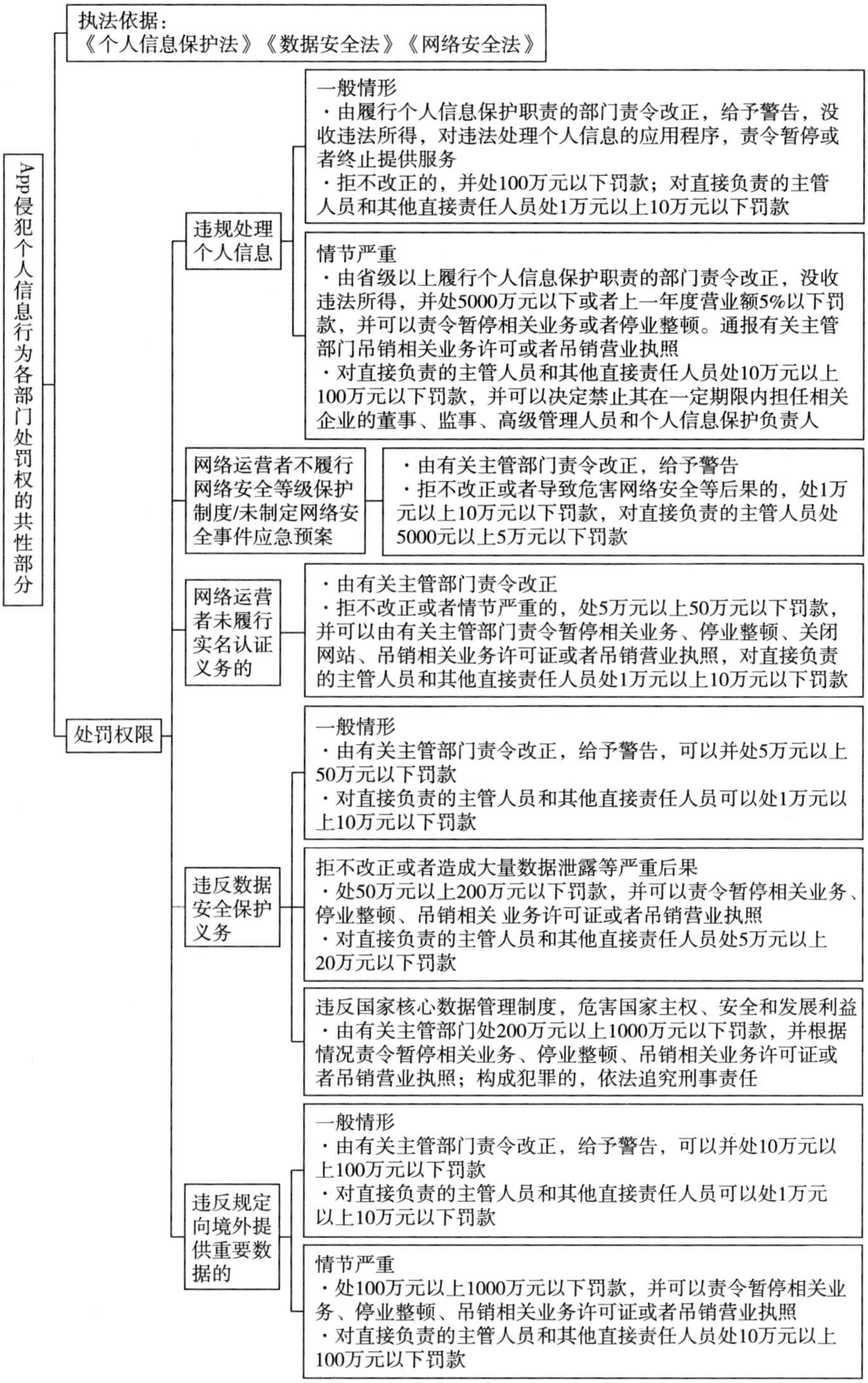

图 2-3-8 各部门处罚权的共性部分

各部门处罚权的特性部分：

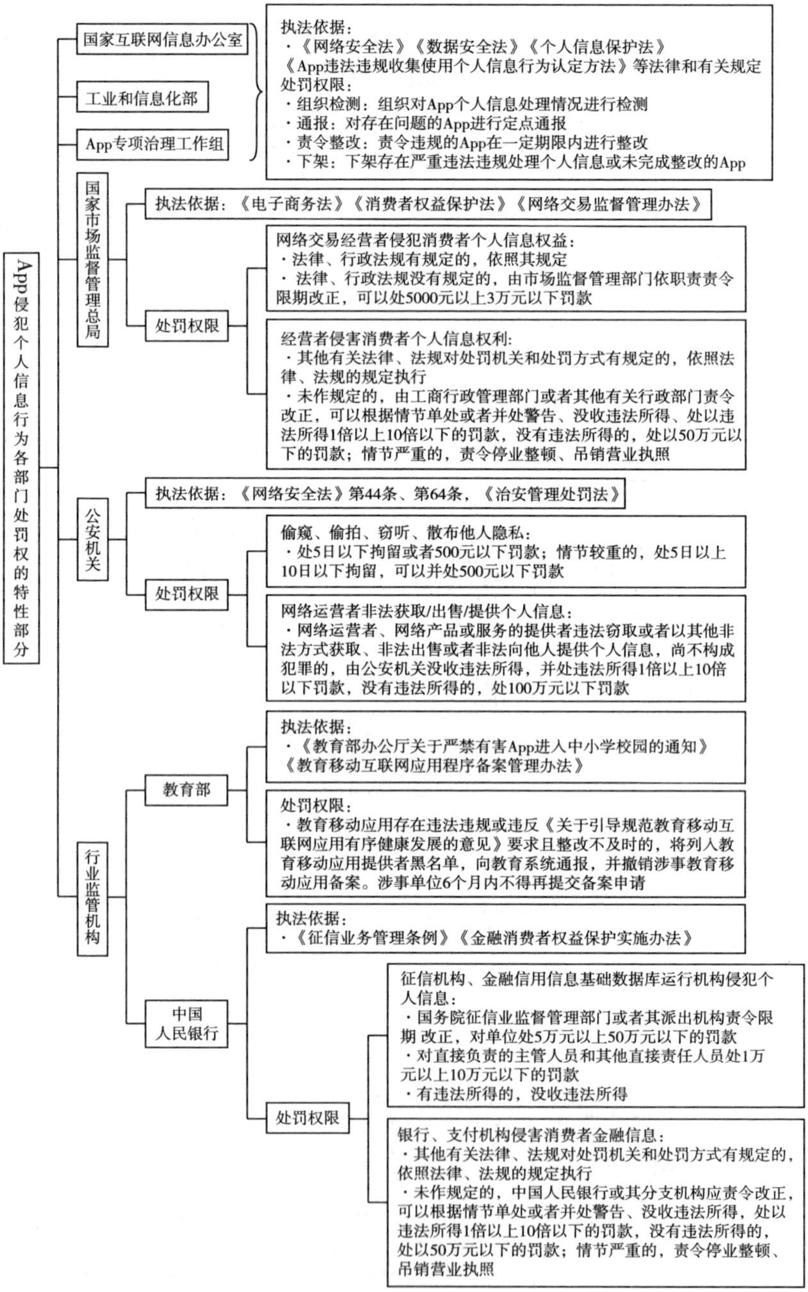

图 2-3-9　各部门处罚权的特性部分

二、监管趋严，App运营者应如何应对？

由上文可知，我国已经通过“统筹部门”和“有关部门”，以联合执法与单独执法相结合的形式，建立起了有效的行政执法机制，能够推进个人信息保护的事前、事中、事后全流程监管，覆盖各行业领域。若App运营者未有效履行个人信息安全保障义务，在行政责任上将面临最高被处以上一年度营业额5%罚款的处罚，若构成刑法上的侵犯公民个人信息罪，则视情节轻重面临3年以下有期徒刑或拘役至3年以上7年以下有期徒刑的刑罚。

上述规定固然严厉，但也能反映国家对于个人信息保护的重视程度，以及未来严打违法行为的力度。因此，我们建议App运营者与其心怀侥幸、被动承担风险，不如主动出击，积极进行个人信息保护合规建设：

（一）厘清自身个人信息保护义务

根据《个人信息保护法》的规定，一般个人信息处理者、特殊个人信息处理者、个人信息处理的受托人对于个人信息保护的法定义务不尽相同，App运营者首先要明确自身属于何种个人信息处理主体，方能厘清自身需要履行何种义务，以便逐步落实。

（二）写好并用好《隐私政策》

如App运营者需要处理用户的个人信息，就应当具备《个人信息保护法》规定的合法性基础：以“告知—同意”为核心的个人信息处理系列规则。《隐私政策》正是App与用户的法定沟通渠道，App运营者可通过《隐私政策》告知用户如何处理其个人信息并取得用户同意。此外，App运营者还应根据《隐私政策》设定的规则，及时调整系统功能并确保与之相匹配，避免仅仅是“纸面上的合规”。

（三）建立个人信息安全内部管理制度

1. 在组织架构及制度建设维度上，App运营者可以设立专职的个人信息保护负责人和个人信息保护工作机构，负责个人信息安全工作以及公司个人信息保护和数据安全相关制度的制定和执行。

2. 在技术支持以及权限管理维度上，App运营者可以采用加密和脱敏处理、数据库密码轮换制度、按特权分散原则和最小授权原则配置访问权限等方式，进行内部管理。

（四）获得数据合规管理相应认证资质

1. 数据合规认证资质：在获得数据合规相应认证资质（如 ISO 27001 信息安全管理体系认证、网络安全等级保护备案等）后，App 运营者不仅可以建立起一套完备的数据合规解决方案，也可在发生个人信息侵权事件时，向监管机构自证清白。

2. 合规管理体系认证：如 App 违规风险较高，除数据合规相关资质外，App 运营者可以考虑获得 ISO37301 合规管理体系认证。一方面，这能够有效预防与降低自身刑事犯罪风险；另一方面，这使企业在违规的情况下，亦能证明其主观合规意愿，并为事后适用“合规不起诉”制度打下基础。

三、结语

本节明确了我国在个人信息保护领域，已经形成以网信部门统筹协调、联合执法与单独执法相结合的执法方式，以推动个人信息保护领域的监管。建议 App 运营者主动出击，通过厘清自身个人信息保护义务、写好并用好《隐私政策》、建立个人信息安全内部管理制度、获得数据合规管理相应认证资质等方式，积极进行个人信息保护合规建设，以避免因侵犯个人信息权益被处以行政处罚乃至承担刑事责任。

CEO TIPS

您负责确定三个“谁”：

1. 面临多公司形态（如集团架构）的组织架构时，您要确定“谁”是收集数据、处理数据的主体，或者理解为《隐私政策》中“谁”是个人信息处理者。个人信息处理者角色的确定需要与公司组织架构、产品功能及业务形态相匹配，并根据其变动进行动态调整。

2. 确定“谁”是“安全1号位”。作为公司个人信息保护负责人，个人能力需要与法定的责任和义务相匹配。双罚制高悬，让这个职位担当不易，您要考虑进行充分的资源支持。

3.“谁”在监管？“九龙治水”的数据监管治理现状，让企业经常摸不着头脑。您应对的最佳策略是内外兼修，配置个人信息保护负责人的角色，与外部监管机构实现协同。

第四章　CEO 必知：合规死穴 (Where)

导读

个人信息主体是否有能力清晰识别自身的权益？有没有类似“权益地图”的指引，方便定位并识别通常容易被侵权的“位置”？本章第一节中，我们将通过这样的指引帮助个人信息主体辨认核心的权益，企业则可以在指引之下有效“避雷”。

在知悉并定位这些侵权点之后，本章第二节指出，企业或者个人能够有效使用 / 利用“单独同意”的特别保护机制，实现个人信息的实时保护。

第一节　个人信息收集使用主要侵权点的识别

用因果倒置分析的逻辑来看，如果我们能清晰辨别个人信息最常见的侵权点，就能快速识别应有的保护权益在哪里，尤其是核心权益诉求。因此，本节从最常见的 App 收集和处理个人信息的典型案例出发，分析识别个人信息的侵权问题，进而定位个人信息保护的核心权益。

2020 年 7 月 30 日，北京互联网法院宣判了北京微播视界科技有限公司隐私权、个人信息权益网络侵权责任纠纷案〔1〕以及腾讯科技（北京）有限公司等网络侵权责任纠纷案〔2〕，判定抖音、微信读书两款移动互联网应用程序均有侵害用户个人信息的情形。可见随着互联网技术的蓬勃发展，个人信息采集侵权风险越发增

〔1〕 北京微播视界科技有限公司、许某某网络侵权责任纠纷案，(2019)京 0491 民初 6694 号。

〔2〕 参见黄某诉腾讯科技（深圳）有限公司、腾讯科技（北京）有限公司、深圳市腾讯计算机系统有限公司侵害隐私权、个人信息权益案，(2019)京 0491 民初 16142 号。

长。针对该现象，全国信息安全标准化技术委员会秘书处组织编制了《网络安全标准实践指南—移动互联网应用程序（App）收集使用个人信息自评估指南》（以下简称《指南》）并于 2020 年 7 月正式发布，归纳总结出 App 收集使用个人信息的 6 个评估要点。

随后，针对实践中收集使用个人信息的最小必要原则难以界定等问题，国家市场监督管理总局与国家标准化管理委员会发布的推荐性国家标准《信息安全技术　移动互联网应用程序（App）收集个人信息基本要求》（2022 年 4 月 15 日发布，2022 年 11 月 1 日实施，以下简称《基本要求》），细化了告知同意要求以及最小必要个人信息的判断标准，供 App 运营者参考，以提升自身个人信息保护水平。

为此，本节在梳理、总结《指南》和《基本要求》的基础上，聚焦个人信息采集侵权问题，结合真实案例，就常见个人信息采集的侵权行为的风险点进行提示，以此迅速定位出个人信息保护的初始权益。

一、App 收集使用个人信息合规要点梳理

通过对《指南》与《基本要求》的梳理，我们归纳总结出 App 收集使用个人信息的合规要点如表 2-4-1 所示（对于《基本要求》，我们仅梳理其较《指南》而言显著增加的合规要点）：

表 2-4-1　App 收集使用个人信息合规要点梳理

要点		《指南》内容	《基本要求》内容
告知同意原则	是否公开收集个人信息的规则	1. 是否公开隐私政策等收集使用规则； 2. 是否提示用户阅读隐私政策等收集使用规则； 3. 隐私政策等收集使用规则是否易于访问； 4. 隐私政策等收集使用规则是否易于阅读； 5. 公开的收集使用规则是否完整	——
	是否明示收集使用个人信息的目的、方式和范围	1. 是否逐一列出收集使用个人信息的目的、方式、范围等； 2. 收集使用个人信息的目的、方式、范围发生变化时是否通知用户； 3. 是否同步告知申请打开权限和要求提供个人敏感信息的目的； 4. 收集使用规则是否易于理解	1. 应向用户明示 App 基本业务功能①、扩展业务功能②和必要个人信息③范围，并显著区分必要和非必要个人信息； 2.App 收集特定类型个人信息的，应满足附录 C2④的收集要求

续表

要点		《指南》内容	《基本要求》内容
告知同意原则	是否征得用户同意后才收集使用个人信息	1. 收集个人信息或打开可收集个人信息权限前是否征得用户同意； 2. 用户明确表示不同意收集后是否仍收集个人信息； 3. 用户明确表示不同意收集后是否频繁征求用户同意、干扰用户正常使用； 4. 实际收集的个人信息是否超出用户授权范围； 5. 是否以默认选择同意隐私政策等非明示方式征求用户同意； 6. 是否未经用户同意更改其设置的可收集个人信息权限状态； 7. 存在定向推送信息情形的是否提供非定向推送信息的选项； 8. 是否以不正当方式误导用户同意收集个人信息； 9. 是否向用户提供撤回同意收集个人信息的途径、方式； 10. 是否违反其所声明的收集使用规则	1. 应拆分 App 的必要个人信息和非必要个人信息的同意。 2. 对于以间接获取方式收集的个人信息，宜向用户提供个人信息获取来源的查询方法。 3. 应获取单独同意： (a)收集敏感个人信息的； (b)收集儿童个人信息，应取得父母或者其他监护人的单独同意。 4. 当 App 提供多种类型服务时，应按照服务类型分别告知用户并取得同意
最小必要原则	是否遵循必要原则，仅收集与其提供的服务相关的个人信息	1. 是否收集与业务功能无关的个人信息； 2. 用户是否可拒绝收集非必要信息或打开非必要权限； 3. 是否以非正当方式强迫收集用户个人信息； 4. 收集个人信息的频度是否超出业务功能实际需要	明确必要个人信息的范围确定方式： 1. 当 App 类型属于附录 A[⑤] 给出的常见服务类型时，必要个人信息的范围及使用应符合附录 A 要求； 2. 当 App 类型不属于附录 A 给出的常见服务类型时，应先划分基本业务功能和扩展业务功能，再将保障 App 基本业务功能正常运行所必需的个人信息确定为必要个人信息； 3. 要求用户必须提供的个人信息不应超出必要个人信息范围； 4. 当无须收集用户个人信息即可提供 App 基本业务功能时，应确保用户在不提供个人信息的情况下可正常使用 App 基本业务功能
提供个人信息	是否征得用户同意后才向他人提供个人信息	1. 向他人提供个人信息前是否征得用户同意； 2. 向接入的第三方应用提供个人信息前是否征得用户同意	1.App 接入可收集个人信息的第三方应用，对第三方应用的安全管理要求； 2.App 嵌入可收集个人信息的第三方 SDK，对第三方 SDK 的安全管理要求

续表

要点		《指南》内容	《基本要求》内容
个人信息主体权益保障	是否提供删除或更正个人信息功能，或公布投诉、举报方式等信息	1. 是否提供有效的注销用户账号功能； 2. 是否提供有效的更正或删除个人信息途径； 3. 是否建立并公布个人信息安全投诉、举报渠道	——
	其他要求	——	1. 定向推送信息和用户画像场景采用唯一设备识别码⑥标识用户时，应使用可变更的唯一设备识别码，且不应将其与用户身份信息或不可变更的唯一设备识别码关联； 2. 如存在读取剪切板或公共存储区的行为，应告知用户读取的信息范围和使用目的，不应在未取得用户同意的情况下收集剪切板中包含的个人信息和公共存储区中的个人信息

①基本业务功能：移动互联网应用程序实现用户主要使用目的的业务功能。

② 扩展业务功能：移动互联网应用程序所提供的基本业务功能之外的其他业务功能。

③ 必要个人信息：保障移动互联网应用程序基本业务功能正常运行所必需的个人信息，缺少该信息移动互联网应用程序即无法实现基本业务功能。

④ 附录 C《特定类型个人信息收集要求》，包括日历信息、应用程序列表、设备信息、短信信息、通话记录信息、通讯录信息、位置信息、生物识别信息、录音及拍摄录像信息、传感器信息、相册信息、存储文件信息等的收集要求。

⑤ 附录 A《常见服务类型 App 必要个人信息范围及其使用要求》，包括：地图导航类、网络约车类、即时通信类、网络社区类、网络支付类、网上购物类、餐饮外卖类、邮件快递寄递类、交通票务类、婚恋相亲类、求职招聘类、网络借贷类、房屋租售类、二手车交易类、问诊挂号类、旅游服务类、酒店服务类、网络游戏类、学习教育类、本地生活类、女性健康类、用车服务类、投资理财类、手机银行类、邮箱云盘类、远程会议类、网络直播类、在线影音类、短视频类、新闻资讯类、运动健身类、浏览器类、输入法类、安全管理类、电子图书类、拍摄美化类、应用商店类、实用工具类、演出票务类。

（注：附录 A 的必要个人信息范围，主要指消费侧用户个人信息，不包括服务供给侧用户个人信息）

⑥ 唯一设备识别码，指可唯一标识移动智能终端的编码，也称设备唯一标识符，可分为可变更的唯一设备识别码和不可变更的唯一设备识别码。可变更的唯一设备识别码，是指用户可重置、变更或关闭追踪的唯一设备识别码。不可变更的唯一设备识别码，是指不因设备恢复出厂设置、应用安全卸载或用户操作而改变的硬件标识符。

通过上述表格梳理对比《指南》及《基本要求》的合规要求，我们清晰可辨个人信息在采集维度上的主要侵权点，下文我们将结合真实案例，就常见个人信息采集的侵权行为风险点进行分析。

二、App 个人信息采集侵权风险要点识别

风险点一：违背告知同意原则

在用户同时使用运营者运营的多个社交软件时，运营者倾向于迁移用户的好友关系，认为这样方便快捷。但应当注意，用户可以自由选择在各类应用中的社交圈，其在特定社交软件中的好友并不当然可以成为在其他社交软件中的好友。若运营者未经用户同意迁移好友关系，则面临侵权风险。

1. 典型案例[1]

微信读书软件是由腾讯深圳公司运营的一款手机阅读应用，用户可以在该款软件上进行阅读书籍、分享书评等操作。

2019 年 4 月 12 日，黄某在登录微信读书软件时发现，在没有进行任何添加关注操作的情况下，她的账户中“我关注的”页面下出现了大量微信好友；同时，在“关注我的”栏目下也同样出现了大量微信好友。黄某还表示，在使用该软件的过程中发现，即使她与微信好友在微信读书中没有任何关注关系，也能够相互查看对方的书架、正在阅读的读物、读书想法等信息，而这些信息是她并不愿向他人展示的信息。黄某遂起诉微信读书运营者腾讯公司。

2020 年 7 月 30 日，北京互联网法院当庭宣判深圳市腾讯计算机系统有限公司应当停止侵权：停止微信读书软件收集、使用黄某微信好友列表信息的行为，并删除软件中留存的黄某的微信好友列表信息；解除黄某在微信读书中对其微信好友的关注；解除黄某微信好友在微信读书中对黄某的关注；停止将黄某使用微信读书软件生成的信息（包括读书时长、书架、正在阅读的读物）向黄某的微信好友展示的行为。此外，腾讯科技（深圳）有限公司、深圳市腾讯计算机系统有限公司向黄某书面赔礼道歉，并连带赔偿黄某公证费 6600 元。

2. 风险提示

微信好友关系、读书信息属于个人信息。个人信息的核心特点是“可识别性”，结合微信读书的使用场景，其准确向用户展示了共同使用应用的微信好友的昵称、头像，实际上达到了可识别性标准。同理，微信读书中的读书信息包含了可指向该信息主体的网络身份标识信息，也属于个人信息。

---

〔1〕 参见黄某诉腾讯科技（深圳）有限公司、腾讯科技（北京）有限公司、深圳市腾讯计算机系统有限公司侵害隐私权、个人信息权益案，（2019）京 0491 民初 16142 号。

微信读书向用户共同使用该应用的微信好友公开用户读书信息的行为，并未告知用户并获得同意，侵害了用户的个人信息权益。在未明确告知用户的情况下，运营者在不同应用中迁移好友关系不符合一般用户的合理预期，向未主动关注的好友默认公开读书信息亦不符合一般用户的合理预期。微信读书自动为用户添加关注，显然更需要显著提示用户并获得明确同意。

可见，在互联网时代，网络用户享有自主建立信息化“人设”的自由，也应享有拒绝建立信息化“人设”的自由，而这种自由行使的前提是用户清晰、明确地知晓此种自由。因此，运营者应对用户进行显著的告知，确保用户充分了解、知悉信息处理的方式、范围及风险。

风险点二：违背最小必要原则

在用户使用 App 时，出于便捷性以及最大化商业利益的考虑，运营者往往会在《隐私政策》中要求用户通过概括授权的方式，“一揽子”授权运营者使用其个人信息，并通过模糊“我们”的概念，使集团内不同主体均有权收集使用，却忽视了最小必要原则，面临侵权风险。

1. 典型案例[1]

胡某为携程 App 的钻石贵宾客户。依携程公司宣传内容，钻石贵宾客户享有酒店会员价 8.5 折起等特权。2020 年 7 月 18 日，胡某通过携程 App 代理渠道预订酒店，订金为 2889 元，但退房时，酒店发票显示房价仅为 1377.63 元。据此，胡某致电携程公司客服，经查询后，携程公司客服仅同意退还胡某 1268 元。由此胡某认为携程公司利用其个人信息，根据其“高净值客户”的标签向其报出高价，构成欺诈，遂对携程公司提起诉讼，要求携程公司对欺诈所涉的房费差价进行退一赔三的赔付；同时要求在胡某不同意携程 App 的《服务协议》《隐私政策》的情况下仍可以使用携程 App，目的是要求胡某在携程公司停止收集其非必要个人信息情况下仍可继续使用携程 App。

2021 年 12 月 31 日，针对胡某提出的在携程 App 上增加不同意其《服务协议》《隐私政策》也可使用 App 的选项之主张，浙江省绍兴市中级人民法院审理后认为，携程公司存在如下违法处理用户个人信息的行为：

（1）携程公司“强制且不指明具体内容”的信息收集方式不当。携程公司以捆

〔1〕 参见胡某、上海携程商务有限公司侵权责任纠纷案，（2021）浙 06 民终 3129 号。

绑服务、强制停止使用等不正当手段，变相胁迫、强制用户同意携程公司及其关联公司、业务合作伙伴处理其个人信息的行为，违反我国法律有关处理个人信息的正当性原则。

（2）携程公司对个人信息的收集超出了最小范围之限。携程公司在向胡某提供服务前，以概括授权的方式，要求胡某对预订酒店无关的账户信息、设备信息以及位置信息等一并允许携程公司予以收集、使用，超出了实现酒店预订等核心、主要的处理目的所必需的信息范围。

（3）携程公司对个人信息的使用未采取对个人权益影响最小的方式。携程公司要求用户同意其将信息分享给携程公司可随意界定的关联公司、业务合作伙伴进行数据分析和商业利用，进一步加重了用户个人信息使用风险，不符合最小损害原则要求。

虽然法院最终出于利益平衡的考量，最终没有支持胡某提出的“不同意《隐私政策》仍可使用 App”的诉讼请求，[1]但法院认定携程公司存在违规收集使用用户个人信息的行为无疑为最小必要原则的落实增加了有益的司法实践。

2. 风险提示

我们在本书第二部分第三章第一节中，提及不少平台在《隐私政策》使用主体上暗藏玄机：通过在《隐私政策》开头使用“我们”一词，笼统地将平台运营主体及其相关关联公司一并纳入，似乎试图通过混淆或模糊个人信息处理者的范围边界以便实现集团内用户个人信息的自由融通、共享，最大化商业利益。然则，此行为却忽视了收集使用个人信息应遵循的最小必要原则，侵犯了用户个人信息权益。

在本案中，法院已经明确论述了携程公司强迫用户同意携程公司及其关联公司、业务合作伙伴处理其个人信息的行为违法，若胡某将其诉讼请求更改为“要求携程公司不得未经用户单独同意即将用户个人信息提供给关联公司及合作伙伴”，或许最终会有不一样的判决结果。

因此，我们建议，平台应明确《隐私政策》中“我们”究竟是谁，并公示平台必要个人信息与非必要个人信息的范围，不得以概括授权的方式要求用户“一揽子”同意收集必要与非必要的个人信息，以遵循最小必要原则，维护用户的个人信息

---

〔1〕 法院最终判决携程公司退还胡某订房差价 243.37 元，并按差额房费的 3 倍支付赔偿金 4534.11 元，驳回其他诉讼请求。

权益。

风险点三：违规提供个人信息

运营者在收集、使用用户数据时，往往不满足于一次性使用，而倾向于将个人信息提供给关联主体，以发挥用户数据最大的价值。但信息提供涉及个人信息的再利用，若运营者未经用户同意提供个人信息，将可能导致个人信息遭受不当使用，引发侵权风险。

1. 典型案例[1]

2018 年 1 月 31 日，俞某到某母婴店购买商品，并使用支付宝公司运营的支付宝客户端进行支付。支付完成后，俞某发现支付宝的“支付完成”页面最后一行以很小的字体显示“授权淘宝获取你线下交易信息并展示”，并在其前面设置了默认勾选。为查询个人信息是否被泄露，俞某在尚未对支付宝客户端进行任何进一步确认操作的情况下，立即打开淘宝客户端进行登录查看，发现俞某刚刚在某母婴店发生的交易详细信息已经显示在淘宝客户端的订单中。随即俞某又打开天猫客户端进行登录查看，发现俞某刚刚在某母婴店发生的交易详细信息已经显示在天猫客户端的订单中。

为了避免之后的交易行为再次被泄露，俞某打开支付宝客户端，在刚刚的支付完成页面上取消勾选授权，点击“完成”。此时，俞某带着疑虑试图通过购买其他商品，验证取消授权是否确认完成。然而，在俞某再次购买商品，用支付宝客户端进行支付后，“支付完成”页面中再也找不到默认勾选的“授权淘宝获取你线下交易信息并展示”字样，致使俞某无法操作选择取消默认勾选，且俞某之后的多次交易仍然立即显示在淘宝客户端和天猫客户端的订单中。

俞某担心个人信息及隐私有可能随时被泄露或被滥用，故诉至法院，请求判令被告共同向俞某赔偿经济损失 1 元。2019 年 12 月 10 日，北京市海淀区人民法院一审判决乐友公司、支付宝公司、淘宝公司、天猫公司构成共同侵权，应共同赔偿俞某经济损失 1 元。

2. 风险提示

运营者作为用户个人信息处理者，只有在取得用户知情同意的情况下，方可与他人对用户的个人信息进行共享。本案中，俞某第一次支付完成后，在支付完

---

〔1〕 参见俞某与浙江天猫网络有限公司等网络侵权责任纠纷案，（2018）京 0108 民初 13661 号；支付宝（中国）网络技术有限公司等与俞某网络侵权责任纠纷案，（2018）京 01 民辖终 812 号。

成界面已经出现了“授权淘宝获取你线下交易信息并展示”字样，俞某应当已经知晓其交易信息会在淘宝、天猫订单中出现，但是俞某将该默认勾选取消，应当视为俞某明确拒绝各被告对其个人信息实施共享行为，用户主观上不希望淘宝公司获取其线下交易并进行展示，则运营者理应遵从用户意愿，不应再对用户交易信息进行共享。但运营者未遵从用户意愿，反而在后续交易中不再征求用户同意，该行为违背用户意志，不当收集和使用了用户的个人信息。

因此，乐友公司、支付宝公司、淘宝公司、天猫公司在明知其使用智慧门店中个人信息需要事先获得用户授权的情况下，并未实际取得用户授权就使用了俞某的个人信息，该行为侵犯了俞某对其个人信息享有的权益，构成共同侵权，依法应当承担相应的侵权责任。

可见，在个人信息共享的过程中，运营者应当明确告知用户将其个人信息用于共享的目的、范围，并获得用户的明确授权，并在获得的授权范围内使用该用户信息。

风险点四：侵犯个人信息主体权益

用户在个人信息处理中，享有知情决定权、查阅复制权、可携带权、更正补充权、删除权、请求解释说明权、拒绝自动化决策权等个人信息主体权利，然而实践中，除知情决定权外，其他的用户查阅复制权、删除权等权益行使往往容易被运营者所忽视，侵犯用户个人信息权益。

1. 基本案情[1]

2021 年 3 月 1 日，周某某因担心广州唯品会电子商务公司（以下简称唯品会公司）运营的平台获取并记载的其本人信息有误或被泄露，致电该平台客服，希望平台披露收集到的其本人信息。该平台客服表示：“用户有填写的信息，可以在 App 个人中心予以查看，且这些信息采取了加密的保护措施，不会泄露；对于用户没有填写的信息，平台无法展示。”同日，周某某向该平台隐私专职部门邮箱发送电子邮件，请求披露其个人信息，平台未予回复。周某某遂诉至法院，请求唯品会公司向其披露收集的个人信息。

2022 年 5 月 13 日，广州市中级人民法院生效判决认为，周某某要求唯品会公司向其披露个人信息，实质是主张个人信息查阅复制权。个人信息查阅复制权是

---

〔1〕 参见州唯品会电子商务有限公司、周某某个人信息保护纠纷案，(2022) 粤 01 民终 3937 号。

个人重要的法定权利，依法应予充分保障。周某某作为唯品会平台注册用户，有权要求平台披露收集的个人信息及相关处理情况。故该院根据案件具体情况，判决唯品会公司提供其收集的周某某相关个人信息及其处理相关情况供周某某查阅、复制。

2. 风险提示

个人信息查阅复制权、更正权、删除权等权利是用户保护个人信息的重要的基础性权利，对于防止个人因他人非法收集、处理个人信息而遭受人身财产权益损害具有重要意义。建议运营者在《隐私政策》以及平台功能界面中，明示用户所拥有的个人信息主体权利以及权利行使方式，并及时响应用户的权利行使需求。

风险点五：违背个人信息安全保障义务

运营者对于用户的个人信息负有安全保管及防止泄露、控制危险的义务，因为运营者具备开启、参与社会交往服务及给他人权益带来潜在危险两项特征。因此，虚拟数字世界中的运营者与现实世界中的安全保障义务主体一样，应对针对其服务用户发生的侵权负有排除义务，并对未来的妨害负有审查和控制义务。运营者违反安全保障义务导致用户个人信息泄露的，容易引发侵权风险。

1. 典型案例[1]

2017 年 8 月 9 日，申某通过携程公司手机 App 平台订购了 2017 年 8 月 10 日东方航空公司承运的两张联程航班机票。2017 年 8 月 10 日 10 时 15 分，申某收到号码 +85295672718 向申某在携程 App 注册账号及订购涉案机票所留的尾号为 3686 的手机号发送的短信，短信内容为航班因机械故障取消，将给予退款和补偿。

申某按照短信提示拨打了“客服电话”，“客服”准确地说出了乘机人姓名、身份证号、航班起飞时间、航班号，并再次告知申某因航班取消需退款 1250 元，“客服”向申某提出通过支付宝或微信途径退款，申某将其支付宝账户提供后，“客服”以无法操作为由向申某提出以更为快捷的支付宝亲密付方式支付。申某遂开通支付宝亲密付功能，分四次向支付宝会员“开通航空服务”付款共计 19008.99 元，后申某按照“客服”的要求通过手机银行、网上银行分两次共计转账 99976 元，因仍

[1] 参见申某与支付宝（中国）网络技术有限公司等侵权责任纠纷案，(2018)京 0105 民初 36658 号。

未收到退款，申某意识到被骗。

申某认为携程公司作为专业的机票代理机构，未尽到安全保障义务，导致其身份信息及订票信息泄露，使诈骗分子有可乘之机，因而造成损失。携程公司在安全措施上存在重大疏漏，违反安全保障义务，应当承担相应的赔偿责任。

2018 年 12 月 29 日，北京市朝阳区人民法院一审宣判：携程公司违反网络运营主体的安全保障义务，存在个人信息保护上的安全维护漏洞，应赔偿申某经济损失 5 万元，并向申某出具书面道歉声明，向其赔礼道歉。

2. 风险提示

本案中申某的财产损失，并非由携程公司直接侵权造成，而是由于申某被诈骗分子欺诈所致。但在损失发生的过程中，诈骗分子向申某提供了完整的机票行程信息，并发送至申某留存给携程公司手机号码的手机中，致使申某误信了诈骗分子为客服工作人员，这是导致申某受到欺骗的主要原因。正是基于这一点理由，在诈骗分子未能被追踪到的情况下，申某选择了起诉携程公司，要求其承担侵权损害赔偿责任。

原《侵权责任法》第 37 条有关安全保障义务的规范价值取向，同样适用于网络空间。携程公司在信息安全管理的落实方面存在漏洞，未尽到个人信息保管及防止泄露义务，具有过错，应承担侵权责任。携程公司作为网络运营者，在本案中的侵权责任出现了个人信息侵权与安全保障义务责任侵权请求权竞合的问题，经法院释明后，申某选择了以安全保障义务责任侵权请求权作为其权利保护请求路径。

可见，运营者对用户的个人信息负有安全保障的法定义务，具体包括：（1）严格保密信息并健全用户信息保护制度；（2）合规收集和使用信息；（3）采取必要技术等相关措施，确保收集的个人信息安全；（4）管理机构和人员须尽职管理的保障义务等。

风险点六：违背对 SDK 等第三方应用的安全管理要求

第三方软件开发工具包（SDK）被广泛应用于各类 App 开发中，由第三方 SDK 带来的安全问题已经引起多方关注。自 2022 年年初，工业和信息化部等有关部门已经将 SDK 处理个人信息行为作为常规检测项。因此，App 运营者除应履行自身的个人信息安全保障义务外，亦需依据和 SDK 的具体个人信息处理情景，对 SDK 履行相应的安全管理义务。

1. 典型案例[1]

深圳市公安局南山分局查明，2022 年 2 月 24 日，经技术检测分析，深圳市鲸旗天下网络科技有限公司旗下应用“昆仑墟”存在未在《隐私政策》等公示文本中逐一列明 App 所集成第三方 SDK 收集使用个人信息的目的、方式和范围等违规行为，该应用程序违规行为被认定为“未经用户同意收集使用个人信息”。

深圳市公安局南山分局决定给予深圳市鲸旗天下网络科技有限公司警告的行政处罚。

2. 风险提示

为减少因第三方 SDK 造成的 App 安全与个人信息安全问题，我们建议 App 运营者遵循合法、正当、必要的原则选择使用第三方 SDK，向用户告知 SDK 收集使用个人信息的目的、方式与范围，与 SDK 提供者明确约定个人信息保护责任划分情况，同时建立第三方 SDK 接入管理机制和工作流程，必要时应建立安全评估等机制设置接入条件，监督其加强个人信息安全管理。

风险点七：爬取其他运营者衍生数据涉嫌不正当竞争

实践中，运营者往往通过大数据分析处理，提炼整合用户原始数据，获得匿名化、去标识化的衍生数据，以发挥数据的更大效用。但衍生数据具有财产价值，通过不正当的手段获取并使用将有损公平竞争秩序，构成不正当竞争。

1. 典型案例[2]

淘宝公司是“生意参谋”数据产品的开发者和运营者。“生意参谋”数据产品所显示的数据内容均为趋势图、排行榜、占比图等形式的预测型、指数型、统计型数据信息，能够为商家的店铺运营提供数据化参考。“生意参谋”提供的数据内容是淘宝公司经用户同意，在记录、采集用户于淘宝电商平台上进行浏览、搜索、收藏、加购、交易等活动所留下的痕迹而形成的海量原始数据基础上采取脱敏处理，并在剔除涉及个人信息、用户隐私等原始数据后再经过深度处理、分析、整合，加工形成的诸如预测型、指数型、统计型的衍生数据。

美景公司是“咕咕互助平台”软件的开发者和运营者，该软件的经营模式是利

---

〔1〕 参见深南公（粤海）行罚决字〔2022〕33708 号行政处罚决定书。

〔2〕 参见淘宝（中国）软件有限公司与安徽美景信息科技有限公司不正当竞争纠纷案，（2017）浙 8601 民初 4034 号；安徽美景信息科技有限公司、淘宝（中国）软件有限公司商业贿赂不正当竞争纠纷案，（2018）浙 01 民终 7312 号。

用已订购“生意参谋”数据产品服务的淘宝用户所提供的子账户，为他人获取“生意参谋”数据产品中的数据内容提供远程登录技术帮助，从中获取商业利益。美景公司在“咕咕生意参谋众筹”网站上推广“咕咕互助平台”软件，吸引已订购淘宝公司“生意参谋”产品的淘宝用户下载“咕咕互助平台”客户端，通过该软件相互分享、共用子账户。

淘宝公司认为，美景公司的上述行为对淘宝公司数据产品已构成实质性替代，直接导致淘宝公司数据产品订购量和销售额的减少，已构成不正当竞争行为。2018 年 8 月 16 日，杭州铁路运输法院一审认定美景公司构成不正当竞争，判决美景公司立即停止不正当竞争行为，赔偿淘宝公司经济损失及合理费用共计 200 万元。后美景公司上诉，浙江省杭州市中级人民法院判决驳回上诉，维持原判。

2. 风险提示

对于运营者而言，大数据产品已成为其独立享有的财产性权益。网络大数据产品不同于原始网络数据，其提供的数据内容虽然同样源于网络用户信息，但经过网络运营者大量的智力劳动成果投入，以及深度开发与系统整合，最终呈现给消费者的数据内容已独立于网络用户信息、原始网络数据之外，是与网络用户信息、原始网络数据无直接对应关系的衍生数据。

本案中，美景公司并未付出自己的劳动创造，仅是将“生意参谋”数据产品直接作为自己获取商业利益的工具，其使用“生意参谋”数据产品也仅是提供同质化的网络服务。此种将他人市场成果直接为己所用，从而获取商业利益与竞争优势的行为，明显有悖公认的商业道德，属于不劳而获“搭便车”的不正当竞争行为。

虽然技术本身是中立的，但将技术作为不正当竞争的手段或工具时，该行为即具有可罚性。本案中，美景公司以营利为目的，组织、帮助他人利用已订购“生意参谋”数据产品服务的淘宝用户所提供的子账户，擅自获取“生意参谋”数据产品的数据内容，损害了淘宝公司的商业利益，其并非单纯的技术提供者，而是不正当竞争行为的直接实施者。

可见，运营者对数据产品享有竞争性财产权益，已得到实践肯定。若其他运营者通过技术手段爬取、利用他人数据产品获取商业利益，属于不劳而获的“搭便车”行为，构成不正当竞争。

三、结语

本节“二、App 个人信息采集侵权风险要点识别”提及的风险可归集为六大类：违背告知同意原则、违背最小必要原则、违规提供个人信息（包括集团公司内违规共享行为）、侵犯个人信息主体权益、违背个人信息安全保障义务、违背对 SDK 等第三方应用的安全管理要求。除这六类风险以外，我们也提示，若是爬取其他运营者的衍生数据，有构成不正当竞争行为的风险。

如上所述，这六大类风险正好覆盖了数据从收集到使用再到提供的主要环节，也清晰地再现了侵权行为“现场”。在贴上常见“案发地”的标签之后，个人信息主体可以显著识别并加以重点关注自身权益容易被侵害之地。同时，App 运营者在为用户提供服务时，不可避免地需要收集和使用用户的个人信息，也能充分意识到“你知道我可能干什么”的逻辑，而在产品设计和功能输出时做到嵌入式的默认保护。

默认式的保护需要在组织内部达成共识，遵循《个人信息保护法》等法律法规的要求进行个人信息收集，避免侵犯用户隐私权、个人信息权益等侵权风险；同时，基于信息安全保障义务，App 运营者应当保障信息管理系统安全，避免存在漏洞而导致用户个人信息泄露。

此外，最后的不正当竞争的案例也提示 App 运营者需要关注匿名化、去标识化的衍生数据，在讨论其是否属于个人信息范畴的同时，如数据收集和处理行为涉及从其他运营者处获得数据，还需要关注是否存在被认定为构成不正当竞争的法律风险。

对此，我们建议 App 运营者比照《指南》及《管理要求》的合规要点进行查漏补缺，不断完善 App 的《隐私政策》，建立健全个人信息采集制度、信息安全保障制度，根据最小必要原则通过自身平台或通过第三方开放平台采集用户信息，以降低个人信息收集违规相关法律风险。

第二节 个人信息权益保护的特别机制：单独同意

对于个人信息权益的保护，除了上一节提及的“个人信息收集使用主要侵权点的识别”之外，我们还可以充分利用《个人信息保护法》中重要的一项特别机制——单独同意制度，对个人信息处理行为加强引导。

以《个人信息保护法》第 23 条规定为例，该条表明，个人信息迁移涉及向作为个人信息处理者的其他法律主体提供个人信息，因此适用此条款，应取得个人的单独同意。这就对应到上一节典型案例中的风险点三：违规提供个人信息。

我们分析认为，"单独同意制度" 的充分利用，可以有效阻隔 70% 以上的个人信息处理的侵权行为。对此，本节对平台处理个人信息时应取得单独同意的情形展开分析。

一、什么是单独同意？

《关于〈中华人民共和国个人信息保护法（草案）〉的说明》指出，《个人信息保护法》确立了以 "告知—同意" 为核心的个人信息处理一系列规则。对于《个人信息保护法》未作特别规定的一般信息，个人信息处理者只需要满足两个条件即可处理个人的信息：一是个人信息处理者应当以显著方式、清晰易懂的语言真实、准确、完整地向个人告知有关个人信息处理者和信息处理的事项；二是个人应当在充分知情的前提下自愿、明确作出该同意。

但个人信息处理者告知方式的 "清晰易懂" 和以个人同意前提的 "充分知情" 之间本身就存在矛盾。清晰易懂地告知意味着用户阅读时间的冗长，而大量信息的一次性输入反而可能对用户的理解造成干扰。从用户的实际体验来看，也许用户会在最开始的几次选择中维持认真阅读的状态，但随着阅读此类告知的次数增多，用户更多地开始 "应付式" 选择同意，这种行为模式符合心理学上的知觉定式和边际递减效应。

对于由个人信息处理者一次性告知但常常在用户的忽视中直接同意的一般信息，《个人信息保护法》为用户设置了 "反悔" 的权利，即用户的撤回权[1]。但对用户来说，撤回处理者已经获得并处理的信息与直接拒绝处理或利用信息带来的效果显然是天差地别的。为此，针对处理个人信息中的敏感个人信息等特殊情形，《个人信息保护法》对个人信息处理者提出了额外的要求——应当取得个人的单独同意。

---

〔1〕《个人信息保护法》第 15 条规定："基于个人同意处理个人信息的，个人有权撤回其同意。个人信息处理者应当提供便捷的撤回同意的方式。个人撤回同意，不影响撤回前基于个人同意已进行的个人信息处理活动的效力。"

顾名思义，单独同意对个人信息处理者的告知方式和个人的同意方式提出了更高要求，即个人信息处理者在征得个人同意时，必须就法律规定应当取得单独同意的事项单独取得个人的同意，个人能够独立于其他个人信息处理行为及规则自由地作出同意。从实践上看，单独同意的要求主要是为规避个人信息处理者“一揽子”告知同意的做法。

二、哪些情形应单独同意？

根据《个人信息保护法》的规定，我们总结出个人信息处理者采集处理个人信息时必须单独同意的情形，如表 2-4-2 所示：

表 2-4-2　须取得单独同意的情形

情形	《个人信息保护法》法条内容
向其他个人信息处理者提供个人信息	第二十三条　个人信息处理者向其他个人信息处理者提供其处理的个人信息的，应当向个人告知接收方的名称或者姓名、联系方式、处理目的、处理方式和个人信息的种类，并取得个人的单独同意。接收方应当在上述处理目的、处理方式和个人信息的种类等范围内处理个人信息。接收方变更原先的处理目的、处理方式的，应当依照本法规定重新取得个人同意。
公开个人信息	第二十五条　个人信息处理者不得公开其处理的个人信息，取得个人单独同意的除外。
收集个人图像、身份特征信息	第二十六条　在公共场所安装图像采集、个人身份识别设备，应当为维护公共安全所必需，遵守国家有关规定，并设置显著的提示标识。所收集的个人图像、身份识别信息只能用于维护公共安全的目的，不得用于其他目的；取得个人单独同意的除外。
处理敏感个人信息	第二十九条　处理敏感个人信息应当取得个人的单独同意；法律、行政法规规定处理敏感个人信息应当取得书面同意的，从其规定。
向境外提供个人信息	第三十九条　个人信息处理者向中华人民共和国境外提供个人信息的，应当向个人告知境外接收方的名称或者姓名、联系方式、处理目的、处理方式、个人信息的种类以及个人向境外接收方行使本法规定权利的方式和程序等事项，并取得个人的单独同意。

此外，根据《个人信息保护法》第 31 条第 1 款的规定，“个人信息处理者处理不满十四周岁未成年人个人信息的，应当取得未成年人的父母或者其他监护人的同意”。这是对未成年人个人信息的特别保护。

三、单独同意的例外情形

虽然单独同意事项是一般同意事项中的特殊情形，但在实践中，某些被认为发生在单独同意事项中的情形，并不需要获得个人的单独同意。这些单独同意的例外情形如表 2-4-3 所示：

表 2-4-3　单独同意的例外情形

《个人信息保护法》法条内容	解读
第二十一条　个人信息处理者委托处理个人信息的，应当与受托人约定委托处理的目的、期限、处理方式、个人信息的种类、保护措施以及双方的权利和义务等，并对受托人的个人信息处理活动进行监督。 受托人应当按照约定处理个人信息，不得超出约定的处理目的、处理方式等处理个人信息；委托合同不生效、无效、被撤销或者终止的，受托人应当将个人信息返还个人信息处理者或者予以删除，不得保留。 未经个人信息处理者同意，受托人不得转委托他人处理个人信息。	根据《个人信息保护法》第 23 条的规定，只有在接收方是个人信息处理者的情况下，才应获得单独同意。但在本条下，接收方为提供方的受托人，个人信息处理者既不需要告知，也不需要单独同意
第二十二条　个人信息处理者因合并、分立、解散、被宣告破产等原因需要转移个人信息的，应当向个人告知接收方的名称或者姓名和联系方式。接收方应当继续履行个人信息处理者的义务。接收方变更原先的处理目的、处理方式的，应当依照本法规定重新取得个人同意。	本条可以看成接收方为主体变更后的提供方时，适用《个人信息保护法》第 23 条的特殊情形

四、与个人同意有关的其他情形（默认同意及拒绝权）

除了前文所述的一般同意与单独同意外，《个人信息保护法》为用户对企业处理其信息的行为设置了第三种同意路径，即默认同意，并赋予用户拒绝权。此路径的适用范围很小，主要针对《个人信息保护法》第 27 条[1]。

《个人信息保护法》第 27 条默认个人同意个人信息处理者对其自行公开或合法公开的个人信息进行处理，但这种默认同意是有限制的：首先，个人信息处理者只能在合理的范围内处理已公开的个人信息；其次，个人信息处理者可处理的个

〔1〕《个人信息保护法》第 27 条规定："个人信息处理者可以在合理的范围内处理个人自行公开或者其他已经合法公开的个人信息；个人明确拒绝的除外。个人信息处理者处理已公开的个人信息，对个人权益有重大影响的，应当依照本法规定取得个人同意。"

人信息仅限于对个人权益无重大影响的信息；最后，当个人明确拒绝个人信息处理者对其公开信息的处理时，个人信息处理者不能对其信息进行处理。

《个人信息保护法》规定的另一个用户的拒绝权在于《个人信息保护法》第 24 条〔1〕。根据该条第 2 款的规定，个人信息处理者通过自动化决策方式向个人进行信息推送、商业营销时，应当同时提供不针对其个人特征的选项，或者向个人提供便捷的拒绝方式。也就是说，用户要么能获得处理者（此处多为互联平台类企业）推送或营销的其他选项，要么能便捷地拒绝平台的推送或营销。该条第 3 款还规定，通过自动化决策方式作出对个人权益有重大影响的决定，个人有权要求个人信息处理者予以说明，并有权拒绝个人信息处理者仅通过自动化决策的方式作出决定。

五、个人信息迁移的优化路径

从《个人信息保护法》制定草案开始，我们就已经认识到我国对个人信息安全越发重视且监管趋严的态度。这对各企业平台来说，既是进行合规改革的挑战，又是进行合规风险规避的机遇。以平台采集处理个人信息时必须“单独同意”的事项为例：向第三方提供个人信息，公开个人信息，收集个人图像、身份特征信息用于维护公共安全之外目的，处理敏感个人信息，向境外提供个人信息等事项，一方面为个人的信息安全提供了保障，另一方面对行业的规范发展提出了要求，而这两方面都是促进行业向好、向广发展所必需的。

征得个人单独同意虽能为个人的信息安全和选择自由提供保障，却也会带来行业效率降低的隐忧。在信息时代，平台间的个人信息迁移非常普遍，针对这种个人信息处理者向其他个人信息处理者一次性提供大量个人信息的情形，个人的单独同意是否会成为平台高效完成个人信息迁移的阻碍呢？为此，我们需要探索个人信息迁移的优化路径。

针对前面的问题，我们发现，征得个人单独同意并不一定导致取得授权的效率变得低下，反而可能基于行业的规范发展和用户的信赖而更快、更好地达成目

〔1〕《个人信息保护法》第 24 条规定：“个人信息处理者利用个人信息进行自动化决策，应当保证决策的透明度和结果公平、公正，不得对个人在交易价格等交易条件上实行不合理的差别待遇。通过自动化决策方式向个人进行信息推送、商业营销，应当同时提供不针对其个人特征的选项，或者向个人提供便捷的拒绝方式。通过自动化决策方式作出对个人权益有重大影响的决定，个人有权要求个人信息处理者予以说明，并有权拒绝个人信息处理者仅通过自动化决策的方式作出决定。”

的。为在获得个人单独同意的前提下依然高效率地达成目的，个人信息处理者需要做到两方面，这两方面也就是平台个人信息迁移的优化路径：第一，平台需要细化且落实“告知—同意”规则，通过翔实的告知内容避免平台告知与用户同意之间的拉扯，也避免后续可能出现的纠纷。第二，平台可确立个人信息流通规则体系，在引入管制规则和责任规则的基础上，鼓励个人信息在流通中得到利用，并使其在流动中发挥出价值。

CEO TIPS

“蛇打七寸”，您不仅要把握好数据“进出”两端，还需要注意“消化”过程。我们提出问题要害，方便您定位排查隐患，并找到解决方案：

1. 绘制数据风险雷区地图；标识出来七个主要风险点，是对第二部分第一章三个关键词“同意、范围和权限”的进一步延展分析。

2. 重点关注：(1)数据来源依赖于生态中的第三方时，需要注意不正当竞争风险；(2)对于合作伙伴，尤其是 SDK 的数据合规管理，必须给予充分重视；(3)数据共享是重中之重，与上文的“谁”在收集和处理数据的问题匹配，权限的获得与多主体、多业务场景的共享需要严格恪守“目的限制原则”；(4)重视个人信息主体的权益保障，关注查阅复制权。

3. 善用“单独同意”机制：法定的单独同意事项需要了然于心，同时充分挖掘个人信息迁移的价值和有效路径，以改善单独同意机制与实现商业目的之间的冲突。

第五章　CEO 必知：合规起点是何时（When）

导 读

本章我们继续在起点问题上下硬功夫。所有起点的合规，目标是避免不合规的发生，以及通过有效的评估手段，把风险事项控制在可以接受的范围内。所以无论是欧盟的 GDPR，还是《美国数据隐私和保护法案》，抑或我国的《个人信息保护法》，都强调个人信息保护影响评估的重要性，并将评估界定为法定义务。

第一节　保护的起点：个人信息保护影响评估

面对日益趋严的监管态势，企业需严格履行个人信息保护义务，重视事前防范，而事前防范的关键在于实施处理信息的行为前进行有效的个人信息保护影响评估。在《个人信息保护法》第 55 条，就明确规定个人信息处理者在实施处理敏感个人信息、利用个人信息进行自动化决策等行为时，应当事前进行个人信息保护影响评估。基于此，我国国家市场监督管理总局、国家标准化管理委员会于 2021 年 6 月 1 日起正式实施《信息安全技术　个人信息安全影响评估指南》（以下简称《评估指南》），为指引企业有效开展个人信息保护影响评估提供了有效支撑。

对此，本节在重点分析《评估指南》的基础上，结合欧盟 GDPR 有关的处罚案例与监管要求，对个人信息保护影响评估的定义、必要性、触发条件及责任主体四个方面进行梳理，在介绍个人信息保护评估的现实意义的同时，针对《评估指南》的要求提出切实可行的措施，为数据企业个人信息合规提供借鉴与参考。

一、定义：什么是个人信息保护影响评估？

根据《评估指南》的规定，个人信息保护影响评估是指针对个人信息处理活动，检验其合法合规程度，判断其对个人信息主体合法权益造成损害的各种风险，以及评估用于保护个人信息主体的各项措施有效性的过程，旨在发现、处置和持续监控个人信息处理过程中对个人信息主体合法权益造成不利影响的风险。

二、必要性：为什么要做个人信息保护影响评估？

（一）案例剖析：瑞典人脸识别案 vs. 中国人脸识别第一案

1. 瑞典"GDPR"处罚第一案：人脸识别案（见表 2-5-1）

表 2-5-1 瑞典人脸识别案基本情况

要点	内 容
基本案情	1. 某高中学校使用人脸识别技术来记录学生的上课考勤，学生们的面部生物识别数据及全名被相机以照片的形式捕捉并存储于未连接互联网的本地计算机中。在过去的 3 周中，学校董事会已经用此方式监测了 22 名学生的出勤情况。未来学校董事会拟考虑将此技术作为标准程序来实施，其目的是使学校考勤更加容易。 2. 学校在收集学生的生物识别数据之前征得了监护人的明确同意，但未进行相关的风险评估，亦未事先与瑞典主管数据保护机构进行协商
争议焦点	学校董事会（The Board）使用人脸识别技术采集个人数据来监控出勤情况是否符合数据保护法规
处罚结果	根据 GDPR 第 35 条、第 36 条的规定，瑞典数据保护局[①]认为该学校董事会没有尽到事先评估和事先与主管部门协商的义务，处以 20 万瑞典克朗（约合人民币 16 万元）罚款
处罚理由	1. 法律依据： （1）依法应当进行评估： 根据 GDPR 第 35 条的要求，当一种处理行为特别是用到了新技术时，考虑到处理行为、内容和目的可能会对自然人的权利和自由产生高风险，数据控制者应当在处理前完成一份设想的数据处理行为对个人数据保护影响的评估。 （2）评估应当包含的内容： 根据 GDPR 第 35 条的要求，相应数据主体和其他有关人员在进行个人数据评估时，至少需要考虑以下因素，才能证明遵守 GDPR 尽到了相应的义务： （a）对预期处理的系统描述操作和处理目的； （b）评估目的与手段之间必要性和比例性； （c）数据处理过程对个人基本权利和自由的影响、相应风险以及应对风险措施。 （3）应当进行事先协商： 根据 GDPR 第 36 条的要求，当根据第 35 条制定的数据保护影响评估表明在控制者缺乏减轻风险的措施会导致高风险时，数据控制者应当在处理前向主管部门协商

续表

要点	内　　容
	2. 法律适用： （1）关于是否进行个人数据风险评估的事先调查，学校答辩称： （a）人脸识别技术的好处在于可以方便在一群人中精确识别个体，节省大量用于记录学生考勤的时间，但是弊端在于需要收集学生各个角度的图像和数据，如果在识别的时候有围巾和帽子的遮挡，则会无法识别； （b）孩子的父母给予了对于个人数据收集的同意，并且符合《行政程序法》以及《教育法》的有关规定； （c）学生的个人信息被储存于不可以对外联网的服务器之中，只能由有授权的工作人员查看，且其只能处理与目标群体有关的数据，该数据必须在试用期结束时删除。 （2）瑞典数据保护局认为： （a）评估存在瑕疵：虽然学校在使用系统之前进行了相应的评估，测试了数据风险以及相应的安全性，但是评估中缺乏对于学生这一特殊群体的具体考量以及他们与学校之间依赖性的非独立地位的考虑，缺乏处理行为对数据主体权利和自由存在的风险的评估，也缺乏与其处理目的相关的比例方面的评估和说明； （b）未进行事先协商：学校并未与主管监督部门就涉及 GDPR 第 35 条数据评估项下如何减少相应风险的有关措施进行事先协商。 3. 结论： 综上，尽管学校董事会提交了数据保护影响评估报告，但报告中未证明其采取了适当的技术和组织措施来降低该数据处理行为带来的高风险，瑞典数据保护局无法得出风险降低的结论。因此，瑞典数据保护局得出结论，学校使用人脸识别技术记录学生考勤的行为违反了 GDPR 第 35 条和第 36 条关于数据评估和事先协商的规定

① 瑞典数据保护局于 2020 年 1 月 1 日更名为瑞典隐私保护局。其任务是在信息社会中保护个人隐私，防止通过信息侵犯隐私，针对侵犯隐私的行为发布指令及法规守则，处理投诉并进行检查，以及通过审查政府法案，确保新的法律和法令以适当的方式保护个人数据。

2. 中国人脸识别第一案

无独有偶，我国也发生了一起人脸识别纠纷案件，被喻为“中国人脸识别第一案”。

2019 年 4 月，郭某与妻子向野生动物园购买双人年卡，并留存相关个人身份信息、拍摄照片及录入指纹。此后，野生动物园将入园系统从指纹识别升级为人脸识别，并告知包括郭某在内的年卡消费者“未注册人脸识别的用户将无法正常入园”，由此涉诉。

2021 年 4 月 9 日，该案在杭州市中级人民法院作出二审宣判。二审法院在一审判决野生动物园赔偿原告郭某合同利益损失及交通费、删除郭某办理指纹年卡时提交的包括照片在内的面部特征信息的基础之上，增加判决野生动物园删除采集的郭某的指纹识别信息。

由于该案审判时，我国暂未将个人信息保护影响评估作为强制义务，所以该案更多地聚焦于个人信息收集的正当必要性原则，一审、二审的判决均体现了目前司法层面对于个人信息的保护；而瑞典人脸识别案则是将数据保护影响评估制度作为一项强制性义务，违反该项业务使学校董事会遭受巨额罚款，因而威慑力更甚。

（二）个人信息保护影响评估的现实意义

从上述案例中可以看出，进行有效的个人信息保护影响评估，有利于在开展个人信息处理前，准确识别可能导致个人信息主体权益遭受损害的风险，并据此采用适当的个人信息安全控制措施，确保对个人合法权益的不利影响的风险处于总体可控的状态。

不仅如此，个人信息保护影响评估对于企业、个人信息主体以及监管机构而言，还具备以下现实意义：

1. 对于企业

第一，有助于规范企业日常经营管理活动。《评估指南》提到在企业的日常活动中，企业可以通过评估识别既有体制下可能导致个人信息主体权益受损的风险，进而采用适当的安全措施。此外，企业还需持续关注内外部因素的变化情况，持续修正已采取的安全措施，使企业在个人信息保护方面处于动态合规的状况。

第二，有助于减少管理和合规成本。评估报告除了在日常的经营管理中指导企业建立合规机制，继而避免违规风险之外，还可以在政府、相关机构的调查、执法中发挥重要作用，证明企业确实遵守了个人信息保护与数据安全等方面的法律、法规和标准的要求，有助于企业在个人信息安全事件发生后自证清白。

第三，有助于建立与员工之间的信任关系。执行个人信息保护影响评估流程的企业可以向其员工证明，企业将严肃对待个人信息保护问题，也期望他们能够采取相同的处理方式，警惕可能导致企业受损的个人信息安全问题。

第四，有助于树立企业形象。恰当的个人信息保护影响评估还可以向企业的用户或民众证明，企业尊重他们的隐私并会回应他们所担忧的个人信息安全问题，用户或民众更倾向于信任执行个人信息保护影响评估的企业。

总而言之，个人信息保护影响评估通常被视为一种预警机制与自证清白机制，它为企业提供了一种安全风险发现方法，能够使企业在早期就识别出个人信息安全问题，进而实施预防措施和专项保护措施；如果个人信息安全事件不幸发生，它还可以协助企业证明其已经尽到了合规义务。

2. 对于个人信息主体

《评估指南》指出，对于个人信息主体而言，评估报告可以确保其了解个人信息被如何处置、如何保护，并使其能够判断是否有剩余风险尚未得到处置，有效地保障个人在个人信息处理过程中享有的知情权、请求解释说明权等各项权益。

根据《评估指南》编制说明，评估最终关注的是个人信息处理行为对用户权益产生的影响，如个人信息的不当处理可能危害个人人身和财产安全、损害个人名誉和身心健康、导致歧视性待遇等。

3. 对于监管机构

《评估指南》指出，对于主管监管部门而言，其在处理个人信息安全相关投诉、调查个人信息安全事件等时，可以事先通过评估报告了解相关情况，或将报告作为相关证据。

不仅如此，《评估指南》是落实我国关于个人信息保护的各项法律法规的实践标准。根据《评估指南》的征求意见稿编制说明，"该标准是《个人信息安全规范》落地的有力抓手，是完善我国个人信息安全保护标准体系的关键环节"，"适用各类组织自行开展个人信息保护影响评估工作。同时为国家主管部门、第三方测评机构等开展个人信息安全监管、检查、评估等工作提供指导与依据"。

作为推荐性国家标准，《评估指南》可以由监管部门在执法过程中决定是否采纳，司法机关也可以将其作为裁判说理的依据，在某些情况下甚至会产生强制性法律规范的效果。

三、个人信息保护影响评估的触发条件和责任主体

在明确个人信息保护影响评估的定义和必要性之后，我们针对我国现行法律法规进行梳理，分析开展个人信息保护影响评估的触发条件，并对做个人信息保护影响评估的责任主体进行阐述，为企业组织有效识别是否应当在企业内部开展个人信息保护影响评估以及如何开展评估提供指引。

（一）触发条件：何时开展个人信息保护影响评估？

目前，我国对于开展个人信息保护影响评估的触发条件的规定可见于《个人

信息保护法》《网络安全法》《儿童个人信息网络保护规定》等相关规定中，透露出我国立法机构对于个人信息保护影响评估的高度重视。

作为首部针对个人信息保护影响评估制定的推荐性国家标准，《评估指南》就评估原理及评估实施流程等作出细化规定。其虽不具备强制性法律效力，但对于企业开展个人信息安全监督、检查、评估等工作具备较高的参考价值。

对此，我们针对相关法律法规及国家标准，就个人信息保护影响评估的不同触发条件进行梳理，如表 2-5-2 所示：

表 2-5-2 个人信息保护影响评估触发条件

要点	内 容	法律法规
个人信息处理	整体规则 有下列情形之一的，个人信息处理者应当事前进行个人信息保护影响评估，并对处理情况进行记录： （1）处理敏感个人信息①； （2）利用个人信息进行自动化决策； （3）委托处理个人信息、向其他个人信息处理者提供个人信息、公开个人信息； （4）向境外提供个人信息； （5）其他对个人权益有重大影响的个人信息处理活动	《个人信息保护法》第 55 条
	自动化决策 个人信息控制者业务运营所使用的信息系统，具备自动决策机制且能对个人信息主体权益造成显著影响的（例如，自动决定个人征信及贷款额度，或用于面试人员的自动化筛选等），应： （1）在规划设计阶段或首次使用前开展个人信息安全影响评估，并依评估结果采取有效的保护个人信息主体的措施； （2）在使用过程中定期（至少每年一次）开展个人信息安全影响评估，并依评估结果改进保护个人信息主体的措施； （3）向个人信息主体提供针对自动决策结果的投诉渠道，并支持对自动决策结果的人工复核	《个人信息安全规范》第 7.7 条
	第三方委托处理 （1）在对个人信息委托处理时，不应超出该信息主体授权同意的范围； （2）在对个人信息的相关处理进行委托时，应对委托行为进行个人信息安全影响评估； （3）对个人信息进行委托处理时，应签订相关协议要求受托方符合本文件； （4）应向受托方进行对个人信息数据的使用和访问的授权； （5）受托方对个人信息的相关数据进行处理完成之后，应对存储的个人信息数据的内容进行删除	《互联网个人信息安全保护指南》第 6.5 条

续表

要点	内　　容	法律法规
个人信息处理	公开披露 个人信息原则上不得公开披露。如经法律授权或具备合理事由确需公开披露时，应充分重视风险，事先开展个人信息安全影响评估，并依评估结果采取有效的保护个人信息主体的措施	《互联网个人信息安全保护指南》第 6.7 条
	数据出境 关键信息基础设施运营者和处理个人信息达到国家网信部门规定数量的个人信息处理者，应当将在中华人民共和国境内收集和产生的个人信息存储在境内。确需向境外提供的，应当通过国家网信部门组织的安全评估；法律、行政法规和国家网信部门规定可以不进行安全评估的，从其规定	《个人信息保护法》第 40 条
	共享、转让 个人信息原则上不得共享、转让。在对个人信息进行共享和转让时应进行个人信息安全影响评估，应对受让方的数据安全能力进行评估确保受让方具备足够的数据安全能力，并按照评估结果采取有效的保护个人信息主体的措施	《互联网个人信息安全保护指南》第 6.6 条
	汇聚融合 应根据汇聚融合后个人信息所用于的目的，开展个人信息安全影响评估，采取有效的个人信息保护措施	《个人信息安全规范》第 7.6 条
接入第三方产品	概括要求 当个人信息控制者在其产品或服务中接入具备收集个人信息功能的第三方产品或服务且不适用 9.1（委托处理）和 9.6（共同个人信息控制者）时，对个人信息控制者的要求包括：建立第三方产品或服务接入管理机制和工作流程，必要时应建立安全评估等机制设置接入条件	《个人信息安全规范》第 9.7 条
	App 提供者安全措施 （1）遵循合法、正当、必要的原则选择使用 SDK。 （2）集成 SDK 前对 SDK 进行安全性评估，包括：来源安全性评估、代码安全性评估、行为安全性评估。 （3）使用提供者基本信息明确、沟通反馈渠道有效的 SDK	《网络安全标准实践指南——移动互联网应用程序（App）使用软件开发工具包（SDK）安全指引》第 5.2 条
	SDK 提供者安全措施 App 提供者在选用 SDK 时，应选用安全性、可靠性高的 SDK，可采取的安全措施包括但不限于： 通过代码审计、代码混淆等方式，增强自身安全性。在发布上线前，进行安全评估，评估内容包括但不限于：完整性校验、恶意代码检测、安全漏洞检测、权限申请和调用频率检测、收集个人信息类型和频率检测、后台自启动和关联启动并收集个人信息的行为检测。发布上线后，持续进行安全监测或定期进行安全检测，发现新的安全漏洞时应及时进行修复并告知 App 提供者	《网络安全标准实践指南——移动互联网应用程序（App）使用软件开发工具包（SDK）安全指引》第 5.3 条

续表

要点	内　　容	法律法规
处理儿童个人信息	儿童信息委托处理 网络运营者委托第三方处理儿童个人信息的，应当对受委托方及委托行为等进行安全评估，签署委托协议，明确双方责任、处理事项、处理期限、处理性质和目的等，委托行为不得超出授权范围	《儿童个人信息网络保护规定》第 16 条第 1 款、第 17 条
	儿童个人信息的转移 网络运营者向第三方转移儿童个人信息的，应当自行或者委托第三方机构进行安全评估	
提供信息时评估豁免情形	网络运营者向他人提供个人信息前，应当评估可能带来的安全风险，并征得个人信息主体同意。下列情况除外： （1）从合法公开渠道收集且不明显违背个人信息主体意愿； （2）个人信息主体主动公开； （3）经过匿名化处理； （4）执法机关依法履行职责所必需； （5）维护国家安全、社会公共利益、个人信息主体生命安全所必需	《数据安全管理办法（征求意见稿）》第 27 条

①《个人信息保护法》第 28 条第 1 款规定："敏感个人信息是一旦泄露或者非法使用，容易导致自然人的人格尊严受到侵害或者人身、财产安全受到危害的个人信息，包括生物识别、宗教信仰、特定身份、医疗健康、金融账户、行踪轨迹等信息，以及不满十四周岁未成年人的个人信息。"《个人信息安全规范》第 3.2 条规定，个人敏感信息是指一旦泄露、非法提供或滥用可能危害人身和财产安全，极易导致个人名誉、身心健康受到损害或歧视性待遇等的个人信息。而且，该条注 1 指出："个人敏感信息包括身份证件号码、个人生物识别信息、银行账户、通信记录和内容、财产信息、征信信息、行踪轨迹、住宿信息、健康生理信息、交易信息、14 岁以下（含）儿童的个人信息等。"

（二）责任主体：谁来做个人信息保护影响评估？

针对进行个人信息保护影响评估的责任主体，我国现行规定中分别界定为网络运营者（依据《儿童个人信息网络保护规定》的规定）、个人信息控制者（依据推荐性国家标准《个人信息安全规范》的规定）、个人信息处理者（依据《个人信息保护法》的规定）。上述表述虽尚未统一，但不难看出认定责任主体的核心在于是否有能力决定个人信息处理的目的、方式。

根据《评估指南》的要求，具体负责进行个人信息保护影响评估的责任部门，分为机构内部组织的评估和委托外部专家进行的评估。企业的责任部门根据部门的具体能力配备情况，既可自行开展个人信息保护影响评估工作，也可聘请外部独立第三方机构来承担具体的个人信息保护影响评估工作。对于具体的产品、服务或者项目，由相应的产品、服务或项目的负责人确保个人信息保护影响评估活动的开展和顺利进行，并给予相应支持。

当企业选择自行评估时，每个企业都可以决定谁最适合协调和执行个人信息保护影响评估的流程。该流程通常是由企业内部设立的法务部门、合规部门或信息安全职能部门来进行；且当企业自行组织评估时，主管监管部门和客户仍可另行要求独立审计来核证影响评估活动的合理性和完备性。

由此，对于内部组织架构尚不完善、部门之间尚不完全独立的企业而言，委托外部第三方机构进行评估是更好的解决路径。第三方机构本身的独立性、专业性既能保证评估过程和结果的中立性，又能在此基础上给企业提供进一步的合规方案。

四、结语

个人信息保护影响评估有助于企业进行事前风险防范，履行个人信息保护义务、降低管理和合规成本、加强对员工的个人信息安全教育及建立个人信息合规机制。《评估指南》提供了个人信息保护影响评估的切实参考，成为企业在个人信息保护实践中的重要指引以及相关监管机构执法的参照。

根据相关法律法规及国家标准，当企业涉及处理敏感个人信息（含 14 岁以下儿童个人信息）、自动化决策、公开披露、数据出境、汇聚融合、接入第三方产品或进行其他对个人有重大影响的个人信息处理活动时，即触发个人信息保护影响评估机制，需要企业自行或委托第三方专业机构实施评估工作。

对于内部组织架构尚不完善、部门之间尚不完全独立的企业，建议委托外部第三方机构（如律师事务所、安全技术机构、咨询公司等）进行独立且专业的个人信息保护影响评估。第三方机构有助于更加中立地审视企业在个人信息保护中存在的问题，并针对相关问题提供进一步的合规解决方案，协助企业进行更为高效的评估工作，保障网络安全与数据合规。

第二节　个人信息保护影响评估“十情景”“五豁免”

上一节中，我们总结梳理了个人信息保护影响评估的触发条件，这些触发条件的相关规定散落在各个法律法规和国家标准之中，包括《网络安全法》《儿童个人信息网络保护规定》《互联网个人信息安全保护指南》《个人信息保护法》等文件，从不同的监管视角对个人信息处理者提出其开展评估具体的要求。

只有在认识到个人信息保护影响评估对企业、个人信息主体和监管机构的三重现实意义时，评估才能真正落地。上一节中评估机制多方价值的总结如下：

对企业而言，评估工作可以规范组织日常经营管理活动，及时识别风险和保护措施的漏洞，将事后补救的工作前置于预防阶段。这样一来可以减少管理和合规成本，使评估成果在监管和调查过程中发挥重要作用；二来可以重塑企业形象，为企业赢得知名度的提升。

对于个人信息主体而言，其是被保护的重心所在。个人信息保护影响评估报告可助其了解个人信息将如何被处置、保护，供其判断是否存在任何风险，在数据透明的时代下保障个人对个人信息的知情权。

对监管机构而言，在处理个人信息安全相关投诉、开展相关事件调查时，评估报告可作为其开展工作的重要参考，甚至将此作为处罚幅度确定的裁量要素。

基于此，本篇化繁为简，以缩略版的形式再次直观地整理出个人信息保护影响评估的十种情景和五种豁免的情景，便于企业对照查验实施。

一、强制评估“十情景”

我们将法律法规与国家标准中要求强制进行评估的十情景总结如下（见图2-5-1）

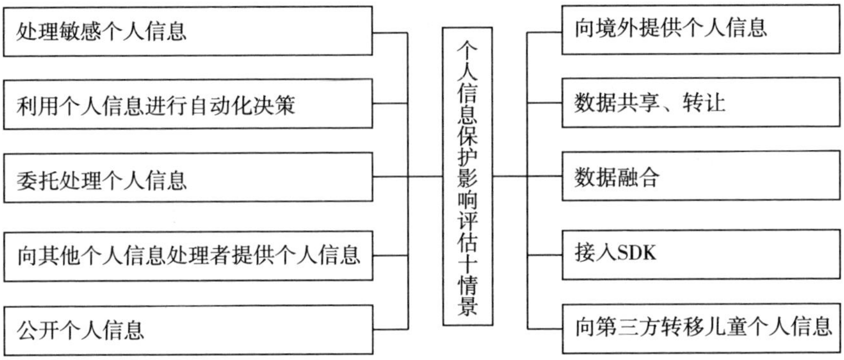

图 2-5-1 “十情景”相关内容

情景 1：处理敏感个人信息

所谓“敏感个人信息”是指一旦泄露或者非法使用，容易导致自然人的人格尊严受到侵害或者人身、财产安全受到危害的个人信息，包括生物识别、宗教信仰、特定身份、医疗健康、金融账户、行踪轨迹等信息，以及不满 14 周岁未成年人的个人信息。

（参见《个人信息保护法》第 28 条第 1 款、第 55 条第 1 项）

情景 2：利用个人信息进行自动化决策

比如某宝获取用户位置、消费能力、使用软件时长等信息，给用户精准推送产品等；又如软件根据个人信息决定个人征信及贷款额度等。

（参见《个人信息保护法》第 55 条第 2 项、《个人信息安全规范》第 7.7 条）

情景 3：委托处理个人信息

委托第三方处理个人信息时，应对委托行为进行个人信息保护影响评估，确保受委托者具备相应的数据安全能力要求。同时，委托处理时不应超出该信息主体授权同意的范围，并应签订相关协议要求受托方符合相关个人信息保护要求。

（参见《个人信息保护法》第 55 条第 3 项、《互联网个人信息安全保护指南》第 6.5 条、《个人信息安全规范》第 9.1 条）

情景 4：向其他个人信息处理者提供个人信息

向其他个人信息处理者提供个人信息的情形是自身收集信息之后，提供给其他人使用，不论是有偿还是无偿。

（参见《个人信息保护法》第 55 条第 3 项）

情景 5：公开个人信息

个人信息原则上不得公开，除非经过法律授权或者具备合理事由。

（参见《个人信息保护法》第 55 条第 3 项、《互联网个人信息安全保护指南》第 6.7 条、《个人信息安全规范》第 9.4 条）

情景 6：向境外提供个人信息

一般情况下，应当在我国境内收集和产生的信息存储在境内，向境外提供时原则上应当经过国家网信部门组织的安全评估。

（参见《个人信息保护法》第 40 条、第 55 条第 4 项，《网络安全法》第 37 条）

情景 7：数据共享、转让

数据共享是指个人信息控制者向其他控制者提供个人信息，且双方分别对个人信息拥有独立控制权的过程。如某打车软件为了提供地图服务与某导航软件进行用户信息共享。

数据转让是指个人信息控制者将用户的个人信息以有偿或无偿的方式转让给

另一个控制者。如某征信企业将其收集的用户征信信息转让给某贷款企业。

（参见《互联网个人信息安全保护指南》第 6.6 条、《个人信息安全规范》第 9.2 条）

情景 8：数据融合

数据融合是指将不同来源的数据进行整合来获得更高质量的信息。如电商平台公司除了提供传统的电商平台服务，还通过平台向用户提供金融服务。为了提供更精准的服务，电商平台公司将两条产品线的数据库打通，根据用户的消费能力和消费习惯来调整贷款额度和利息。

（参见《个人信息安全规范》第 7.6 条）

情景 9：接入 SDK

接入 SDK 时的 App 开发者和 SDK 提供者。接入 SDK（辅助开发某一类应用软件的相关文档、范例和工具的集合）收集个人信息前需要对第三 方 SDK 进行安全性评估。不仅如此，SDK 提供者在发布上线前，也应进行安全评估。

［参见《个人信息安全规范》第 9.7 条，《网络安全标准实践指南——移动互联网应用程序（App）使用软件开发工具包（SDK）安全指引》第 5.2 条、第 5.3 条，《软件开发包（SDK）个人信息处理规范》第 8 条、第 9 条］

情景 10：向第三方转移儿童个人信息

网络运营者向第三方转移儿童个人信息的，应当自行或者委托第三方机构进行安全评估。

（参见《儿童个人信息网络保护规定》第 17 条）

二、豁免评估“五条件”

针对上述列举的触发强制评估的十种情形，《数据安全管理办法（征求意见稿）》第 27 条规定仅以下五种情形可构成豁免。

情景 1：从合法公开渠道收集个人信息且不违背个人信息主体意愿。

情景 2：个人信息主体主动公开。

情景 3：将经过匿名化处理的个人信息提供给他人。

情景 4：个人信息为执法机关依法履行职责所必需。

情景 5：个人信息为维护国家安全、社会公共利益、个人信息主体生命安全所必需。

三、谁来做个人信息保护影响评估？

根据《评估指南》的要求，企业既可根据自身情况自行开展个人信息保护影响评估工作，也可聘请外部独立第三方开展合规工作。若企业内部组织架构不完善、部门之间尚不完全独立，建议委托外部第三方机构（如律师事务所、安全技术机构、咨询公司等）进行独立且专业的评估。第三方机构开展个人信息保护影响评估时就能够更加中立，并就评估过程中发现的问题对症下药，提供合规解决方案，降低企业被下架、约谈、整改的风险，保障相关企业的持续运营。

CEO TIPS

不断被强调，但同时又不断被忽视的“个人信息保护影响评估”

1. 凡事预则立，正确的起点决定了后续的合规方向。您在进行一项商业决策时，基于本部分前四章的梳理，在充分意识到个人信息合规处理的重要性、识别出个人信息的边界、明确公司处理个人信息的身份，以及知道哪里是个人信息处理的“死穴”之后，接下来的重要任务就是找到负责人，根据本章梳理的触发条件与评估方法启动评估流程，并做好 3 年的记录留存。

2. 您可以建议负责人借用一些评估工具实现部分流程自动化，并建立起一套适合自身业务特性的评估流程。评估流程中应重点关注应对预案的设计。

3. 评估机制的有效性需要关注两点：动态和及时。评估不是一劳永逸的，需要持续动态地实时进行评估，评估参数变化且满足评估触发条件的应当重新评估。评估不能后置后补，而应在先在前，并且让评估成为一个习惯性标准动作。

4. 评估的真正难点并不在于那些已被明确列出的法定评估触发事项，而在于需要主观判断的兜底项——“对个人权益有重大影响”的个人信息处理活动，于是容易陷入“评估的评估”的无限循环。我们对此的建议是，适当放宽对于个人信息重大权益影响的认定，但是可以略微简化具体评估流程。

第六章　CEO必知：数据合规管理资源如何配置(How)

导读

当您读到本章节时，恭喜您已经对数据合规和企业面临的主要数据合规问题有了基本认知，且构建了基本知识框架，这得益于前述IPO视角下通过对审核问询问题梳理看到的数据全生命周期、个人信息基本定义的厘清和侵权视角下的权益保障案例的提要，以及对作为保障的起点评估机制的真实价值的分析和挖掘。接下来，本章将引导大家进入具体的实战策略部分，我们以总分模式选取了企业端面临的合规核心难点问题，逐一协助大家找到面对数据合规问题时的思考路径和实操层面制衡点或者是平衡点的把握。

第一节　《个人信息保护法》应对七步攻略

随着《个人信息保护法》的正式生效，Apple(于2021年10月27日更新了《Apple隐私政策》[1]，见图2-6-1)、腾讯(于2021年10月29日更新了《微信隐私保护指引》[2]，见图2-6-2)等平台均给予积极响应。时至今日，一年多的跨度，我们看到众多平台已多次更新隐私政策。

---

〔1〕《Apple隐私政策》：https://www.apple.com.cn/legal/privacy/szh/。

〔2〕《微信隐私保护指引》：https://weixin.qq.com/cgi-bin/readtemplate?lang=zh_CN&t=weixin_agreement&s=privacy。

Apple 隐私政策

更新日期：2021 年 10 月 27 日

Apple 的隐私政策阐释了 Apple 如何收集、使用和共享你的个人数据。

除了本隐私政策以外，我们还在某些会要求使用你的个人信息的产品和功能中嵌入了数据和隐私信息。这些特定产品的信息会随我们的数据和隐私图标一并显示。

在使用这些功能之前，你将有机会查看这些特定产品的信息。你还可以随时与这些功能相关的“设置”中以及/或者通过 apple.com.cn/legal/privacy/data 来查看上述信息。

请花些时间熟悉我们在隐私保护方面的做法 (可从下列标题访问)，如有任何疑问，请联系我们。

图 2-6-1 《Apple 隐私政策》

注：所涉截图仅作为本书举例展示之用，不视为对所涉主体个人信息处理合规性的任何评价。

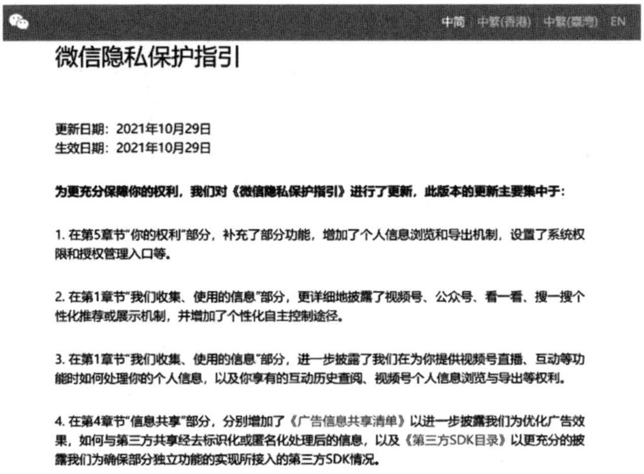

中简 中繁(香港) 中繁(台湾) EN

微信隐私保护指引

更新日期：2021年10月29日
生效日期：2021年10月29日

为更充分保障你的权利，我们对《微信隐私保护指引》进行了更新，此版本的更新主要集中于：

1. 在第5章节“你的权利”部分，补充了部分功能，增加了个人信息浏览和导出机制，设置了系统权限和授权管理入口等。

2. 在第1章节“我们收集、使用的信息”部分，更详细地披露了视频号、公众号、看一看、搜一搜个性化推荐或展示机制，并增加了个性化自主控制途径。

3. 在第1章节“我们收集、使用的信息”部分，进一步披露了我们在为你提供视频号直播、互动等功能时如何处理你的个人信息，以及你享有的互动历史查阅、视频号个人信息浏览与导出等权利。

4. 在第4章节“信息共享”部分，分别增加了《广告信息共享清单》以进一步披露我们为优化广告效果，如何与第三方共享经去标识化或匿名化处理后的信息，以及《第三方SDK目录》以更充分的披露我们为确保部分独立功能的实现所接入的第三方SDK情况。

图 2-6-2 《微信隐私保护指引》

我们以互联网平台为例（仅针对作为个人信息处理者的情形，以下简称平台）以问答形式梳理出从容应对《个人信息保护法》的“七步走”，帮助平台和类平台企业（包括有 App/ 小程序的企业）应对《个人信息保护法》的监管要求。

互联网平台“七步走”，从容应对《个人信息保护法》

第一步：真的受《个人信息保护法》规制吗？——《个人信息保护法》的法律适用

第二步：真的知晓违规处理个人信息的罚则吗？——5000 万元或 5% 最高罚则

第三步：真的享有处理个人信息的合法性基础吗？——处理个人信息的依据

第四步：真的知晓怎么合规处理个人信息吗？——处理个人信息的一般原则

第五步：真的依法保障了个人的法定权益吗？——个人信息主体的权利

第六步：跨境提供了个人信息吗？——跨境传输的合规要点

第七步：真的准备好自证清白了吗？——举证责任倒置的应对

一、真的受《个人信息保护法》规制吗？——《个人信息保护法》的法律适用

平台在急于应对《个人信息保护法》前，应先行确定自身是否受《个人信息保护法》的规制，简单而言，可分三步进行判断：

第一步，看行为，即是否存在处理个人信息的行为。核心关键词为“个人信息”与“处理”：其一，标的应属于《个人信息保护法》规定的“以电子或者其他方式记录的与已识别或者可识别的自然人有关的各种信息”，其中匿名化处理后的信息非个人信息；其二，行为应属于《个人信息保护法》规定的“处理”行为，包括收集、存储、使用、加工、传输、提供、公开、删除等。

第二步，看地域，即该行为的发生地，若属于在我国境内处理个人信息的活动，应受《个人信息保护法》规制；若属于在我国境外处理个人信息，只有在满足下述情形下才受《个人信息保护法》规制：个人信息的来源为“境内自然人”，同时，存在“以向境内自然人提供产品或者服务为目的”“分析、评估境内自然人的行为”“法律、行政法规规定的其他情形”中的任一情形。

第三步，看例外情形，《个人信息保护法》规定了两种例外情形：其一，自然人因个人或者家庭事务处理个人信息的，不适用《个人信息保护法》；其二，法律对各级人民政府及其有关部门组织实施的统计、档案管理活动中的个人信息处理有规定的，适用其规定。

综上，可以得出，若同时满足：（1）标的为“个人信息”，存在“处理”行为；（2）行为发生在中国境内或发生在境外，但对象为境内自然人且存在三种情形中的

任一情形；(3)不存在例外情形，就要受《个人信息保护法》的规制。

二、真的知晓违规处理个人信息的罚则吗？——5000 万元或 5% 最高罚则

《个人信息保护法》一大显著特点就是处罚严厉，若受《个人信息保护法》规制，建议平台先行明晰违规成本，以为自身行为加上"枷锁"。《个人信息保护法》项下的罚则呈现"双罚制"、"两级制"以及"处罚措施多维度"的特点，具体如下：

其一，采取"双罚制"。违反《个人信息保护法》规定处理个人信息的，或未履行《个人信息保护法》规定个人信息保护义务的，该法除针对单位进行处罚外，亦明确了责任人（直接负责的主管人员和其他直接责任人）应承担的行政责任。

其二，采取"两级制"。《个人信息保护法》区分违规的一般情形与情节严重的情形，并针对两种情形设置两级处罚，其中，罚款最高可达 5000 万元或上一年度营业额的 5%。

其三，"处罚措施多维度"。除罚款外，该法亦规定了责令改正、给予警告、没收违法所得、责令暂停或者终止提供服务以及针对负责人的"行业禁止令"等处罚措施，该等措施与罚款可"并处"。

三、真的享有处理个人信息的合法性基础吗？——处理个人信息的依据

平台拥有海量的自然人用户，处理个人信息，应当具备《个人信息保护法》规定的合法性基础。随着《个人信息保护法》的生效，我国确立了以"告知—同意"为核心的个人信息处理系列规则：

其一，显著告知。个人信息处理者在处理个人信息前，应当以显著方式、清晰易懂的语言真实、准确、完整地向个人告知有关个人信息处理者和信息处理的相关事项，通过制定个人信息处理规则的方式告知的，该处理规则应当予以公开，并便于查阅和保存。

其二，取得同意。除法定情形（如为订立、履行个人作为一方当事人的合同所必需，或者按照依法制定的劳动规章制度和依法签订的集体合同实施人力资源管理所必需等情形）外，取得个人在充分知情的前提下的自愿同意。

其三，单独同意。若涉及向第三方个人信息处理者提供个人信息、公开个人信息、公共场所安装图像采集、个人身份识别设备，为维护公共安全以外的目的收

集个人图像、身份识别信息、处理敏感个人信息、向境外提供个人信息等“单独同意”事项，则应当取得个人的单独同意。

其四，特殊同意。若涉及针对不满 14 周岁未成年人的个人信息处理，应当取得该个人的单独同意（该类信息属于敏感个人信息）并取得未成年人的父母或者其他监护人的同意。

平台可根据自身处理的个人信息类别及处理情形，对应采取上述措施以取得处理个人信息的合法性基础。

四、真的知晓怎么合规处理个人信息吗？——处理个人信息的一般原则

合规处理个人信息，单单获得个人的同意，还远远不够。《个人信息保护法》吸收 GDPR 等国际经验，并基于我国国情确立了处理个人信息的一般原则，包括：合法、正当、必要和诚信原则；目的明确、合理原则；最小必要原则；公开、透明原则；质量原则；安全保护原则。个人信息处理者应将上述原则贯穿于个人信息处理的全过程与各环节。以最小必要原则为例，该原则包含三方面要求：

其一，最小影响。处理个人信息应当采取对个人权益影响最小的方式。

其二，最小范围。收集个人信息，应当限于实现处理目的的最小范围，不得过度收集个人信息。

其三，最短时间。除法律、行政法规另有规定外，个人信息的保存期限应当为实现处理目的所必要的最短时间。

除上述原则性内容判断方式外，对于该最小必要原则，可依据《常见类型移动互联网应用程序必要个人信息范围规定》（国信办秘字〔2021〕14 号，以下简称国信办 14 号文）列举的常见类型 App 予以对照，或可参考国家标准《个人信息安全规范》中对收集个人信息的最小必要的释明“a）收集的个人信息的类型应与实现产品或服务的业务功能有直接关联；直接关联是指没有上述个人信息的参与，产品或服务的功能无法实现；b）自动采集个人信息的频率应是实现产品或服务的业务功能所必需的最低频率；c）间接获取个人信息的数量应是实现产品或服务的业务功能所必需的最少数量”予以判断，以确保处理个人信息符合该原则。

五、真的依法保障了个人的法定权益吗？——个人信息主体的权利

平台在处理个人信息过程中，除应注意自身的处理行为外，更应注意保障个人信息主体的法定权益，建立便捷的个人行使权利的申请受理和处理机制。

个人信息主体所享有的法定权利包括知情决定权、查阅复制权、可携带权、更正补充权、删除权、请求解释说明权、逝者近亲属权、拒绝自动化决策权等，以社会广泛关注的自动化决策为例，《个人信息保护法》生效后，平台利用个人信息进行自动化决策，应注意下述要点：

其一，禁止"大数据杀熟"。应当保证决策的透明度和结果公平、公正，不得对个人在交易价格等交易条件上实行不合理的差别待遇。

其二，提供备选或便捷的拒绝方式。通过自动化决策方式向个人进行信息推送、商业营销时，应当同时提供不针对其个人特征的选项，或者向个人提供便捷的拒绝方式。其中，不针对个人特征的选项，根据《个人信息安全规范》第 7.5 条第 b）项注释，基于个人信息主体所选择的特定地理位置进行展示、搜索结果排序，且不因个人信息主体身份不同展示不一样的内容和搜索结果排序，则属于不针对其个人特征的选项。

其三，要求解释说明并拒绝自动化决策权。若作出对个人权益有重大影响的决定（针对个人权益有重大影响的决定，《个人信息安全规范》列举了如下情形：自动决定个人征信及贷款额度，或用于面试人员的自动化筛选等），个人有权要求个人信息处理者予以说明，并有权拒绝个人信息处理者仅通过自动化决策的方式作出决定。

其四，履行评估义务。应当事前进行个人信息保护影响评估，并对处理情况进行记录。评估应当包括下列内容：（1）个人信息的处理目的、处理方式等是否合法、正当、必要；（2）对个人权益的影响及安全风险；（3）所采取的保护措施是否合法、有效并与风险程度相适应。对应的个人信息保护影响评估报告和处理情况记录应当至少保存 3 年。

六、跨境提供了个人信息吗？——跨境传输的合规要点

若因业务等需要，确需向我国境外提供个人信息的，应具备下列条件之一：

其一，通过安全评估。关键信息基础设施运营者和处理个人信息达到国家网

信部门规定数量的个人信息处理者（境内储存：应当将在我国境内收集和产生的个人信息存储在境内）确需向境外提供的，应通过国家网信部门组织的安全评估。

其二，个人信息保护认证。按照国家网信部门的规定经专业机构进行个人信息保护认证。

其三，订立标准合同。按照国家网信部门制定的标准合同与境外接收方订立合同，约定双方的权利和义务。

满足前述任一条件跨境提供个人信息的，平台应当采取必要措施，保障境外接收方处理个人信息的活动达到《个人信息保护法》规定的个人信息保护标准。

七、真的准备好“自证清白”了吗？——举证责任倒置的应对

平台处理个人信息，做到前六步，还不足为自身建立起“金钟罩”。

《个人信息保护法》确立了个人信息处理侵权纠纷的举证责任倒置原则（处理个人信息时，侵害个人信息权益造成损害的，个人信息处理者不能证明自己没有过错的，应当承担损害赔偿等侵权责任）。这就倒逼平台留存对应能证明自身没有过错的证据，对此，平台应该如何自证清白？

我们根据既往的个人信息保护合规的项目经验，提炼出个人信息处理者的法定义务，总结出方便记忆的“MACTOP”合规组合，帮助平台“自证清白”：

1.M：即“Management”，平台需要建立与个人信息保护相关的内部管理制度和管理规程，落实个人信息保护负责人岗位设置，申请获得 ISO 27001 信息安全管理体系认证、网络安全等级保护备案等资质，从系统资质、人员岗位设置及管理细则等方面“自外而内”管理职责和要求。

2.A：即“Authorization”&“Assessment”，其一，平台需要合理确定个人信息处理的操作权限，根据业务流、个人信息流，授权不同部门、人员进行相应的处理；其二，平台需要依法定期进行合规审计，并依法履行个人信息保护影响评估义务，予以记录并留痕。

3.C：即“Category”，平台需要对个人信息进行分类管理，赋予不同类别的数据不同级别的保护。如区分一般个人信息、敏感个人信息等类别设置不同维度的保护层级。

4.T：即“Technology”，平台需要采取相应的加密、去标识化等安全技术措施，

来保护经分类和授权处理的个人信息。

5.O：即“Organization”，平台需要定期对从业人员进行安全教育和培训。如通过签署保密协议、进行背景调查、定期安全教育、定期培训等方式，增强平台从业人员对于个人信息保护的合规意识，亦可以进一步明确内部涉及个人信息处理不同岗位的职责和处罚机制。

6.P：即“Plan”，平台需要建立个人信息安全事件应急预案并定期组织相关人员进行演练，履行个人信息泄露通知、补救等各项义务，明确各主体责任。

除通过上述“MACTOP”建立合规体系外，若属于大型网络平台（提供重要互联网平台服务、用户数量巨大、业务类型复杂的个人信息处理者），还应：（1）建立健全个人信息保护合规制度体系，成立主要由外部成员组成的独立机构对个人信息保护情况进行监督；（2）制定平台规则，明确平台内产品或者服务提供者处理个人信息的规范和保护个人信息的义务；（3）对严重违反法律、行政法规处理个人信息的平台内的产品或者服务提供者，停止提供服务；（4）定期发布个人信息保护社会责任报告，接受社会监督，从而“自证清白”。

八、结语

良好的信息保护是数据共享与数字资源最大化利用的基本前提。我们相信，通过前述“七步”秘诀，互联网平台能明晰自身是否受《个人信息保护法》规制、违规成本、处理个人信息的合法性基础、合规方式、个人享有的法定权益、跨境传输的合规要点以及举证责任倒置下的合规应对，逐步践行出符合《个人信息保护法》要求的合格答卷，让广大互联网用户重拾信心，激发网络数据共享与利用的活力，从而营造出数字经济的良好生态环境，最终反作用于平台的商业发展，由此循环往复，使《个人信息保护法》真正为数字经济发展保驾护航。

第二节　个人信息边界判定的合规路径设计

本书第二部分第二章通过对 IP 属地问题的探讨，得出个人信息界定的难点。本节内容我们从另一个视角来重新审视 IP 属地问题给平台企业带来的合规难题：究竟披露与保护之间的平衡点在哪里？

全量上线用户 IP 属地展示功能，意味着所有用户在每次评论 / 发布内容时，平台将根据当时的 IP 属地位置强制公开展示其 IP 属地信息（针对境内账号，仅展示省、自治区、直辖市；针对境外账号，仅展示国家、地区），有的平台亦将 IP 属地信息在其公众账号个人主页一级页面予以展示，且各大网络平台均不支持用户主动开启或关闭（见图 2-6-3）。因波及全网用户的冲浪体验与个人合法权益的保护，这一功能瞬间引起全网热议。

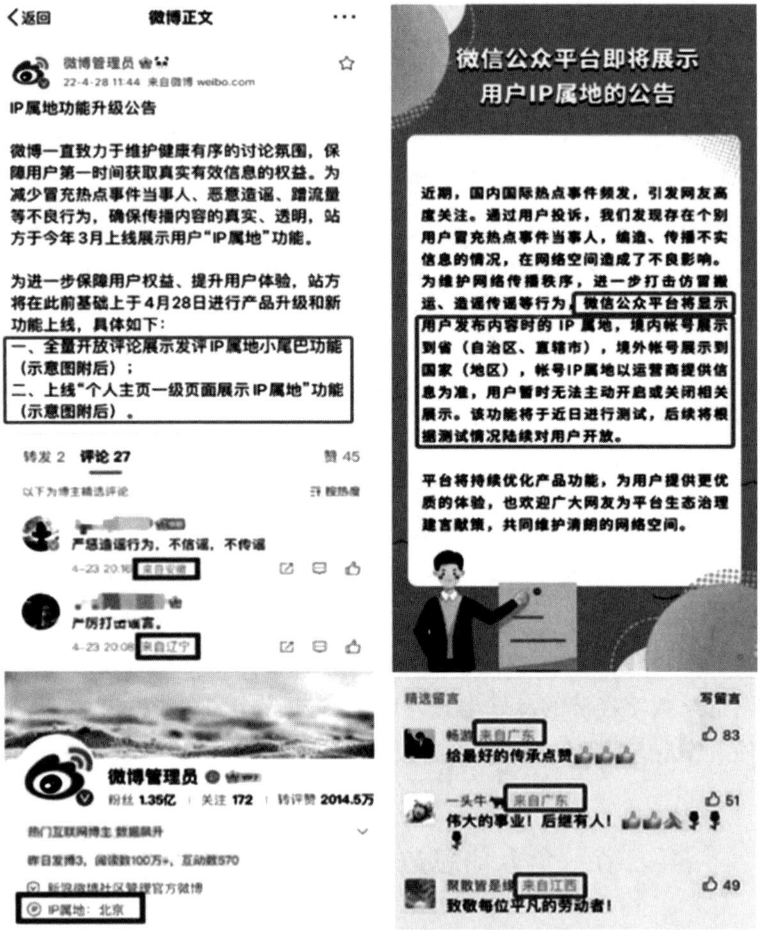

图 2-6-3　两平台关于 IP 属地的公告

为了维护网络空间的健康秩序，各大网络平台强制公开用户 IP 属地信息，在个人信息的保护与平台合规层面，能否进一步优化？

本节将结合法律法规，对强制公开 IP 属地信息这一行为的合规性进行探讨，并对网络平台上线这项功能应履行的合规义务提出一些可借鉴的思考。

一、IP 属地 ≠ IP 地址

我们在第二部分第二章讨论的“IP 属地信息是否构成个人信息”的基础上进一步分析公开 IP 属地的合规问题。

首先，IP 属地≠ IP 地址。后者是指在互联网中对各计算机等上网设备进行唯一标识的一串 32 位二进制数，指向具有唯一性，构成以电子或者其他方式记录的已识别或可识别自然人的信息，属于《民法典》和《个人信息保护法》规定的个人信息〔1〕，也是《个人信息安全规范》中明确列举的属于个人信息的“用户网络身份标识信息”。但各大网络平台公开的 IP 属地信息仅展示为省（自治区、直辖市）（针对境内账号）或国家（地区）（针对境外账号），如上海、北京、江苏，美国、日本等。

单从境内账号展示的地域信息维度来看，省级地域内的用户数量庞大，难以直接通过该信息识别到或关联到特定的自然人，除非依赖其他已识别或可识别该特定自然人的个人信息（如用户于该网络社交平台已经或拟自行公开的其他个人信息，如工作单位、工作经历、头像等）。此时，因各大网络平台自身软件功能不同，如是否支持用户任意查看功能，其在公开 IP 属地上，对个人信息主体权益所造成的风险程度亦将天差地别。

有意思的是，根据某平台最新的个人信息保护政策中“单独的搜索关键字信息无法识别您的个人身份，其不属于您的个人信息，因此我们有权以其他的目的对其进行使用……”的认定逻辑（见图 2-6-4），单独的 IP 属地信息也不应被视为严格意义上的个人信息，体现了平台将结合其他信息可识别特定个人的间接识别性信息纳入非个人信息范畴，从而最大化利用信息的态度。

---

〔1〕《民法典》第 1034 条第 2 款规定，个人信息是以电子或者其他方式记录的能够单独或者与其他信息结合识别特定自然人的各种信息，包括自然人的姓名、出生日期、身份证件号码、生物识别信息、住址、电话号码、电子邮箱、健康信息、行踪信息等。《个人信息保护法》第 4 条第 1 款规定，个人信息是以电子或者其他方式记录的与已识别或者可识别的自然人有关的各种信息，不包括匿名化处理后的信息。

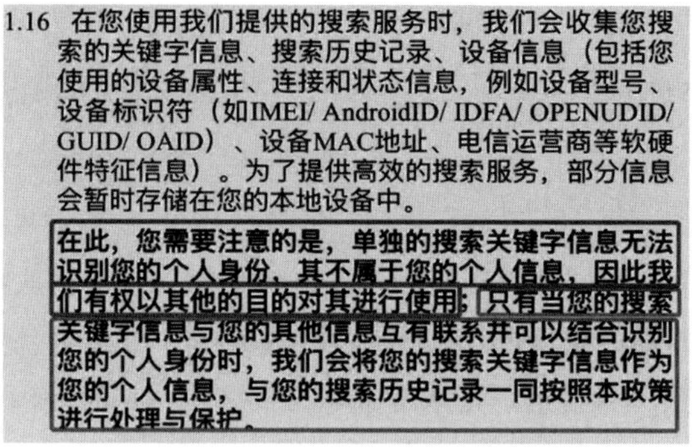

1.16 在您使用我们提供的搜索服务时，我们会收集您搜索的关键字信息、搜索历史记录、设备信息（包括您使用的设备属性、连接和状态信息，例如设备型号、设备标识符（如IMEI/ AndroidID/ IDFA/ OPENUDID/ GUID/ OAID）、设备MAC地址、电信运营商等软硬件特征信息）。为了提供高效的搜索服务，部分信息会暂时存储在您的本地设备中。

在此，您需要注意的是，单独的搜索关键字信息无法识别您的个人身份，其不属于您的个人信息，因此我们有权以其他的目的对其进行使用；只有当您的搜索关键字信息与您的其他信息互有联系并可以结合识别您的个人身份时，我们会将您的搜索关键字信息作为您的个人信息，与您的搜索历史记录一同按照本政策进行处理与保护。

图 2-6-4 某平台个人信息保护政策

但需要特别指出的是，我国立法对于个人信息的界定采取“识别（从信息回溯到特定个人）+ 关联（从个人到信息）”模式。除上文提及的“识别”中的间接识别（单独不足以识别，结合其他信息可识别特定自然人）情形外，针对“关联”，实践中亦存在模糊之处。“关联”，也就是说，若已知既定个人，知晓关于该特定个人的进一步信息也属于个人信息。[1]比如，A、B、C 三项信息单独均不足以识别特定自然人，“A+B”“A+B+C”均可识别特定自然人，C 在识别性上可能没有任何贡献，C 是否也属于个人信息范畴？按照“关联”的标准，基于“A+B”已知既定的个人，则跟该个人相关的信息 C 也属于个人信息，亦应纳入《个人信息保护法》予以保护。不难发现，此种认定可能导致个人信息的外延不断扩大，不利于社会整体层面的信息利用与企业的创新发展，尚有待司法实践的检验。

由此可见，IP 属地是否构成个人信息，需要结合具体场景，评估其对特定自然人的可识别性所起的作用程度；同时，亦有赖于实践对于“关联”个人信息认定边界的把握尺度。既然 IP 属地是否构成个人信息尚无定论，合规问题是否也只能就地搁置？

当我们透过结果表象深思信息处理的本质时就会发现，网络平台何以能实现 IP 属地的强制公开？是因为平台首先获取 IP 地址，而后选择公开属地范围，从而形成展示的 IP 属地信息（囿于篇幅，本书暂不对网络平台与运营商之间的 IP 地址信息处理及其主体定位进行区分），此 IP 地址的收集、传输与加工等环节均属于应受《个人信息保护法》规制的个人信息处理行为。

---

〔1〕 参见张新宝主编：《〈中华人民共和国个人信息保护法〉释义》，人民出版社 2021 年版，第 39～42 页。

二、合法性基础分析

既然 IP 属地信息公开属于个人信息的处理行为，就须具备《个人信息保护法》规定的处理个人信息的合法性基础。其必须在《个人信息保护法》明确列明的七项可处理个人信息的情形之中：（1）取得个人的同意；（2）为订立、履行个人作为一方当事人的合同所必需，或者按照依法制定的劳动规章制度和依法签订的集体合同实施人力资源管理所必需；（3）为履行法定职责或者法定义务所必需；（4）为应对突发公共卫生事件，或者紧急情况下为保护自然人的生命健康和财产安全所必需；（5）为公共利益实施新闻报道、舆论监督等行为，在合理的范围内处理个人信息；（6）依照本法规定在合理的范围内处理个人自行公开或者其他已经合法公开的个人信息；（7）法律、行政法规规定的其他情形。

首先，出于维护网络空间秩序的目的，而于用户每次评论 / 发布内容时收集处理其 IP 地址，非网络平台现行《隐私政策》中已披露并获得用户同意的事项，可以排除第 1 项“取得个人的同意”，亦不符合第 2、4、6 项的规定；

其次，撇开兜底条款（法律、行政法规规定的其他情形，需要特别注意的是，此项法规的效力级别对应的是法律、行政法规，不包含地方性法规、部门规章等规范性文件），针对剩余两种情形，我们逐一来看：

其一，“为履行法定职责或者法定义务所必需”。目前，与公开 IP 属地相关的法规主要指国家互联网信息办公室发布的，于 2022 年 8 月 1 日正式实施的《互联网用户账号信息管理规定》，该规定第 12 条指出：“互联网信息服务提供者应当在互联网用户账号信息页面展示合理范围内的互联网用户账号的互联网协议（IP）地址归属地信息，便于公众为公共利益实施监督。”第 13 条指出：“互联网信息服务提供者应当在互联网用户公众账号信息页面，展示公众账号的运营主体、注册运营地址、内容生产类别、统一社会信用代码、有效联系方式、互联网协议（IP）地址归属地等信息。”虽该文件规定了互联网信息服务提供者应当公布 IP 属地信息，但其效力层级属于“部门规章”，是否能构成合法性基础有待商榷。

其二，“为公共利益实施新闻报道、舆论监督等行为，在合理的范围内处理个人信息”。该项“为公共利益”“实施舆论监督”与本书所讨论的场景相关，但关键点在于“合理范围”。如何确定合理范围？例如：

1. 针对时事热点、敏感事件的评论与日常社交分享相关的动态评论 / 内容发布，采用同样的显示用户的 IP 属地信息方式予以监督合理么？我们认为不合理，毕竟后者并不广泛涉及舆论监管与社会公共利益。

2. 针对不满 14 周岁的未成年人用户与已满 14 周岁的用户的同一类型评论 / 内容发布，采用同样方式予以监督合理么？我们认为不合理，毕竟前者的个人信息处理属于敏感个人信息的处理行为，平台应履行更高的法定及注意义务。

3. 对支持用户任意查看功能的平台与不支持任意查看功能的平台，采用同样方式予以监督合理么？我们认为不合理，前者平台用户基于既往对平台的使用可能已公开大量信息（可能含个人信息），再行强制公开其 IP 属地增加了其总体公开信息的范围，相对后者平台，对该个人权益造成不利影响的可能性更高。

整体来说，网络平台公开 IP 属地一定程度上具有可“依靠”的法律依据，但仍有完善空间——即需要个性化评估合理范围，否则平台若涉嫌违法违规处理个人信息，将面临承担行政责任和 / 或民事责任的风险。

三、完善合规之法

以平台端为例，在个人信息主体权益与网络环境健康秩序等价值的权衡下，将 IP 属地信息强制公开的同时，可以从下述几个方面出发进一步保护个人信息主体的合法权益：

其一，谨守公开、透明原则。作为 IP 地址信息的个人信息处理者，平台应当就 IP 属地功能中涉及的个人信息处理，公开处理的规则、目的、方式和范围（包含处理的频率）。

其二，构建“自证清白”体系。《个人信息保护法》确立了个人信息处理侵权纠纷的举证责任倒置原则[1]。这就倒逼平台留存对应能证明自身没有过错的证据，借鉴“MACTOP”合规“武器”以“自证清白”。其中，建议重点关注 A（Assessment），通过个人信息保护影响评估，探寻契合自身平台功能（是否支持任意查看功能等），并针对不同场景（时事热点、敏感事件的评论，还是其他日常社交分享、相关的动态评论 / 内容发布）、不同用户（用户是否满 14 周岁）予以区分的 IP 属地信息功能，探讨设置更具“温度”的公开方式，如评估现有频率是否符合最

〔1〕《个人信息保护法》第 69 条规定，处理个人信息侵害个人信息权益造成损害，个人信息处理者不能证明自己没有过错的，应当承担损害赔偿等侵权责任。

小必要原则；区分无须强制公开的场景类型；仅强制公开是否属于所涉热点事件发生地区而非精准属地（如针对上海疫情，IP 属地上海者公开为热点区域，其他则公开为非热点区域）；仅强制公开更宽泛的地域（如华东地区）等，并记录留痕。

其三，畅通意见反馈机制。切实安排客服接听相关热线或查看相关邮件，实时整理用户意见并予以反馈或调整自身功能。

总体而言，虽然 IP 属地信息在不同场景下可能具有或多或少"间接识别性"的信息与"非个人信息"的成分，但我们相信通过上述合规建设，能给企业提供一些因 IP 属地强制公开这类问题所带来的合规困境的应对思路：即从个人信息界定到监管与保护冲突下的利益平衡，再到个性化差异化的柔性机制设计，这三者有机地衔接配合可以帮助减少上述冲突中产生的"熵"。

第三节 实名认证与最小必要原则的冲突与融合

在明确个人信息边界之后进入个人信息处理的入口时，就需要遵循个人信息保护的基本原则处理个人信息，而我们认为其中最难把握的就是最小必要原则，因为真实世界中大量的应用场景，很大程度上依赖对最小必要原则的主观判断。

根据《个人信息保护法》定义，最小必要原则指的是"处理个人信息应当具有明确、合理的目的，并应当与处理目的直接相关，采取对个人权益影响最小的方式。收集个人信息，应当限于实现处理目的的最小范围，不得过度收集个人信息"。

定义中出现了两个"最小"，而实践中"最"字是最难判断的。以游戏类 App 为例，实名认证的要求和最小必要原则就面临难解的实务冲突。

国信办 14 号文明确要求，网络游戏类 App 必要个人信息为注册用户移动电话号码。

国家新闻出版署发布并于 2021 年 9 月 1 日生效的《国家新闻出版署关于进一步严格管理切实防止未成年人沉迷网络游戏的通知》（国新出发〔2021〕14 号，以下简称国新出 14 号文）明确要求，所有网络游戏用户必须使用真实有效身份信息进行游戏账号注册并登录网络游戏，网络游戏企业不得以任何形式（含游客体验模式）向未实名注册和登录的用户提供游戏服务。

上述两个要求形成直接冲突，国信办 14 号文要求仅收集移动电话号码，落实处理个人信息的“最小必要原则”；国家新闻出版署则要求实名制，落实国新出14号文的“实名认证”要求。一端是“约谈”风险，另一端是面临被网信办等部门“通报、下架”App的风险。网络游戏App运营者们在“被约谈”与“被下架”的夹缝中举步维艰，该类困境亦是所有App运营者在判定最小必要原则的过程中遇到的普遍难题。

下文我们以实名认证与最小必要原则的“悖论”作为案例，探讨两者“共生”的路径。

一、实名认证原则的前世今生

网络并非法外之地。然而，部分网络用户利用虚拟的网络空间，实施网络暴力、造谣诽谤、购买水军、传播违法侵权视频图片等行为，严重侵害了他人的合法权益与社会公共利益。为治理网络不良现象，净化网络空间，我国相关政府主管部门采用以网络用户实名认证为基础的网络实名制的管理方式，2015年3月1日施行的《互联网用户账号名称管理规定》强调互联网信息服务提供者应当按照“后台实名、前台自愿”的原则，要求互联网信息服务使用者通过真实身份信息认证后注册账号。自此，对互联网信息服务提供者明确了“后台实名、前台自愿”的实名认证原则。

目前实践中存在以下四种主流的实名认证方式：

（一）基于手机号的实名认证方式

这是最简单、最基本的实名认证方式，指互联网平台运营者通过收集用户的实名认证的手机号并转给第三方服务商，由第三方服务商向用户发送验证码，如果用户输入验证码一致，则证明用户是在使用已经实名认证的手机号注册。

（二）基于第三方应用接口的实名认证方式

此种认证方式是指互联网平台运营者提供用户从第三方应用接口注册登录方式，如微信、支付宝等接口登录，以获得第三方的相关实名认证信息。

（三）基于身份证的实名认证方式

在此种模式下，平台根据对于实名认证信息真实性的不同要求，与第三方身份验证服务商合作，通过收集二要素（姓名和身份证号码）、三要素（姓名、身份证号码、银行卡）、四要素（姓名、身份证号码、银行卡、银行预留手机号码）等信息进行实名认证。

（四）基于视频活体检测的实人认证方式

如果说实名认证是为了证明注册某账号使用的身份信息是真实的，那么实人认证就是为了证明持证者本人在使用此账号，通常会采用人脸识别等活体检测方式，多用于金融机构平台（如支付宝）、政府机构平台（如随申办、交管 12123App）、网络游戏未成年人防沉迷系统等。

上述四种实名认证方式所需要的个人信息以及实名认证的准确性依次递增，一般而言，App 运营者通过“基于手机号的实名认证方式”即满足了最基本的实名认证要求，如 App 所处行业类型需要遵守更加严格的安全要求，亦可增加更加准确的实名认证方式。

二、最小必要原则的细化解读

实名认证环节能够实现互联网用户的网络虚拟身份与社会现实身份的统一，使上网足迹“事过留痕”，极大地净化了网络空间，已经成为各大互联网平台的标配。

然而，实名认证在制约和规范网络行为的同时，带来了个人信息泄露的隐忧，使骗子实现“精准诈骗”。中国信息通信研究院发布的《新形势下电信网络诈骗治理研究报告（2020 年）》指出：近年来，“精准诈骗”越来越普遍，而个人信息泄露是其得以实施的关键。据统计，目前超过 7 成的电信网络诈骗与个人信息泄漏或被窃取有关，且该比例呈现持续上升趋势。

鉴于此，国家机关在大力推进实名认证的同时，通过《个人信息保护法》等法律法规确定知情同意、最小必要等个人信息处理原则，其中，最小必要原则能够从源头上遏制互联网平台等个人信息处理者超范围收集个人信息，降低信息泄露风险。

何为“最小必要原则”？

根据《个人信息保护法》的定义，最小必要原则核心指的是：（1）明确合理的目的，且处理目的与此直接相关；（2）处理方式要对个人权益影响最小；（3）针对处理目的，收集最小范围信息。

除《个人信息保护法》之外，相关主管部门亦通过制定部门规章、国家标准等文件从必要个人信息范围、最小影响、直接关联、最小类型、最小频度、最小数量、最小权限等维度，从个人信息的收集、储存、使用、删除等生命周期，对“最小必要原则”进行了细化解读。

三、“拦”在实名认证前的最小必要原则

实名认证与最小必要原则在平衡个人信息保护与维护网络安全方面并未形成相得益彰的效果，两个原则在落地时，反而存在显著的矛盾与冲突。

（一）最小必要原则的落地难题

虽然相关法律法规及国家标准已经对最小必要原则有所细化，但个人信息处理者在实际应用该原则的过程中，还是有不少难关。

第一个难关是必要性难以判定。《个人信息安全规范》将必要性描述为“收集的个人信息的类型应与实现产品或服务的业务功能有直接关联”；国信办 14 号文更是列出了常见类型 App 的基本功能与必要个人信息范围。然而，如今互联网领域的商业模式飞速发展，单个 App 往往集成了多种功能，如“高德地图” App 就集成了导航、打车、代驾等功能，并且打车功能中还可以提供即时通信服务，那应当依据什么判断其归属的 App 类型并确定必要的个人信息范围？

第二个难关是最小范围难以判定。以最小频度为例，《App 违法违规收集使用个人信息行为认定方法》中明确指出收集个人信息频度不得超出实际业务功能需要，可应当如何判断“实际业务功能需要”？如在“随申办” App 中，每隔一段时间通过该 App 打开健康码时，总是需要重新进行人脸识别认证，该 App 人脸识别的频度具体如何计算？是否可归于“超出实际业务功能需要”的范畴？

（二）难以落地的最小必要原则给履行实名认证义务带来的阻碍

由于 App 运营者在将最小必要原则运用至产品的过程中，存在“必要性”和“最小范围”难以判定的难题，具体到实名认证环节，亦存在如下疑问：

1. 何时需要进行实名认证？

《网络安全标准实践指南——移动互联网应用程序（App）收集使用个人信息自评估指南》将“如提供无需注册即可使用的服务模式（如仅浏览、游客模式），当用户拒绝同意该类服务模式以外的个人信息收集行为时，不影响其使用仅浏览等功能”作为“是否遵循必要原则”的一个评估点。

我们将其理解为，根据最小必要原则，在仅浏览、游客模式下，App 运营者不应收集个人信息，可在实名认证相关规定的检索中，却未检索到对该类行为无需进行实名认证的明文规定。

2. 实名认证过程中，需要收集哪些个人信息？

在上文中，我们分析了四种主流的实名认证方式，对应收集不同的个人信息（甚至包括身份证、银行卡号等敏感个人信息），在单个 App 集成多种功能的情况下，App 运营者如何认定自身产品类型进而确定选取的实名认证方式亦成为一个争论焦点。

四、让"拦路虎"变成"顺风车"

不落实最小必要原则将面临 App 被下架、最高可达上一年营业额 5% 罚款的风险；而不落实实名认证原则，亦面临被监管部门约谈的窘境。App 运营者应当如何将"拦路虎"变为"顺风车"？

（一）在遵循最小必要原则前提下进行实名认证

首先，在确定业务功能的必要性方面，App 运营者应明确自身业务类型与核心功能（区别于增值附加功能），厘清需要履行的实名认证方面的监管、信息报送、信息留存、行业关于实名认证的特殊要求等法定义务（如网络游戏 App 具有特殊的实名认证义务，不得为未实名认证用户提供包括游客体验在内的任何服务），以及个人信息收集、储存、使用、删除等全周期的个人信息保护义务。

其次，在确定个人信息的最小范围方面，平台在明确业务类型与核心功能后，应据此选择适当的实名认证方式，仅收集满足监管要求最低限度的个人信息。如对于金融机构平台、政府事务平台、直播平台、涉税相关平台、网络拍卖平台、网络游戏平台等特殊场景，需要收集的注册用户的实名认证信息往往高于其他互联网平台，一般需要选择基于身份证的实名认证方式及基于视频活体检测实人认证方式；而一般类型的 App，则可选择基于手机号或第三方接口的实名认证方式。

（二）根据 App 内设功能选择适当的实名认证方式

上述分析中，基于不同 App 类别，我们提出根据 App 自身业务类型与核心功能选择适当的实名认证方式；除此之外，针对单个 App，亦应当根据其内设功能板块的不同分出不同的实名认证层级。

1. 游客身份——内容展示及浏览功能——无需实名认证

游客在未注册某 App 时，如该 App 提供的服务仅限于内容展示与浏览功能，在此种情况下，除有特殊规定（如网络游戏 App）外，App 运营者无需收集个人信息亦可提供信息展示及浏览服务，因而不应收集个人信息；同时，运营者由于不提供评论、发帖等业务功能，自然也无进行实名认证的必要。如微博，在用户未注册登录时，仍可浏览微博热搜、微博评论，却不能匿名发帖、评论、打赏。

2. 注册用户身份——核心业务功能——基础实名认证

若用户希望使用某 App 核心业务功能（如在微博社区中评论、发帖），则需注册登录，通过基本的实名认证（如提供手机号、邮箱、微信等多种方式）取得自己的 App 账户，从而使用发帖、评论或其他基本业务功能。此时，App 运营者可基于用户选择的实名认证方式收集手机号、邮箱地址等个人信息。

3. 注册用户身份——敏感业务功能——精准实名认证

如用户需要使用直播、打赏、信贷等监管力度较高的某些敏感业务功能，则需要提供身份证号甚至人脸数据进行验证，确保“人证合一”。如“小红书”App 中，用户注册时仅需提供手机号 + 验证码或通过微信登录，即可注册账号、发布笔记，但若需要开启直播、打赏、创作者认证等功能，则需要通过“姓名 + 身份证号 + 人脸识别”的实名认证方式，以满足监管需求。

（三）做好全生命周期的个人信息保护措施

平台应做好全生命周期的个人信息保护措施：从实名认证信息收集时确保用户的知情同意权，其中涉及的敏感个人信息应当取得单独同意；到实名认证信息储存时做到分类储存、加密传输并明确最小时间限制；再到实名认证信息使用时对内设置最小管理权限及对外限制实名认证信息的使用范围，但凡超出身份认证目的的，应当重新取得用户同意；最后明确用户注销账号或超出储存期限实名认证信息的删除及匿名化处理路径。

鉴于《个人信息保护法》明确规定，个人信息处理者造成个人信息权益损害的，适用举证责任倒置规则，建议个人信息处理者保存并记录采取的个人信息安全保护措施，以便在实名认证信息丢失时“自证清白”。

五、结语

为维护健康有序的网络环境，按照相关监管要求，App 运营者应当对注册用户实行“后台实名，前台自愿”的实名认证措施。虽然应该收集实名认证信息，但亦应“取之有道”，谨遵最小必要原则，根据确定的业务类型及 App 内设功能分层级地选择适当的实名认证方式，并做好个人信息保护措施。

我们以 App 实名认证与最小必要原则的“共生”逻辑为例，对照两者在法律法规中的监管要求，在路径选择和设计上进行场景定制化区分，使二者和谐共生，平衡有度，提供最小必要原则在真实落地场景判定过程中的一种思辨方法。

第四节 数据融合场景下的合规路径设计

数据从采集到使用，再到共享，从单一企业发展跨越到多主体架构时，绕不过去的就是数据融合问题。从拟上市集团企业被问询的内容就可以看到监管层面关心的重点就在数据融合这个维度。如在蚂蚁集团上市审核过程中，证监会问询了发行人与阿里巴巴集团的数据共享是否合规、发行人数据平台与阿里巴巴集团的数据平台是否彼此独立、数据资产边界是否清晰〔1〕；京东数科在上市审核过程中，证监会也格外关注数据共享的总体运作机制及其对发行人运营独立性、数据安全、市场竞争优劣势的影响等情况〔2〕。

我们认识到数据融合已成为挖掘数据价值、促进商业模式创新的重要途径。而对于多业务条线的集团公司而言，集团内部的数据融合（一个集团内不同业务子公司之间的业务、产品数据融合）不仅不可避免，反而是主动而为的选择。多数大型集团母公司已经建立内部数据中台，利用其数据汇聚整合、数据提纯加工、数据服务可视化、数据价值变现的能力，〔3〕将旗下业务子公司的全业务、多终端、多形态的数据，通过数据中台进行集中处理、分析并形成决策，以深度萃取数据价值，从而实现数据的资产化管理。〔4〕

如阿里巴巴旗下的“阿里数据”，作为集团中台事业群，沉淀了集团内包括淘宝、天猫、阿里旅行、菜鸟网络等平台的电商交易、搜索、物流、支付、广告、风控、

〔1〕 参见《上海市方达律师事务所关于蚂蚁科技集团股份有限公司首次公开发行人民币普通股（A 股）股票并在科创板上市的补充法律意见书》。

〔2〕 参见《关于京东数字科技控股股份有限公司首次公开发行人民币普通股并在上海证券交易所科创板上市之补充法律意见书》。

〔3〕 参见《拥抱数据中台，加速数字化转型》，载 Forrester 网 2019 年 7 月，http://www.forrester.com.cn。

〔4〕 参见《中国数据中台行业白皮书》，载艾瑞网 2021 年 4 月，http://report.iresearch.cn。

移动、视频等种类多样的高质量数据，并基于全渠道数据融合、全链路数据产品集成，打造了“生意参谋”等数据产品（见图 2-6-5）。[1]

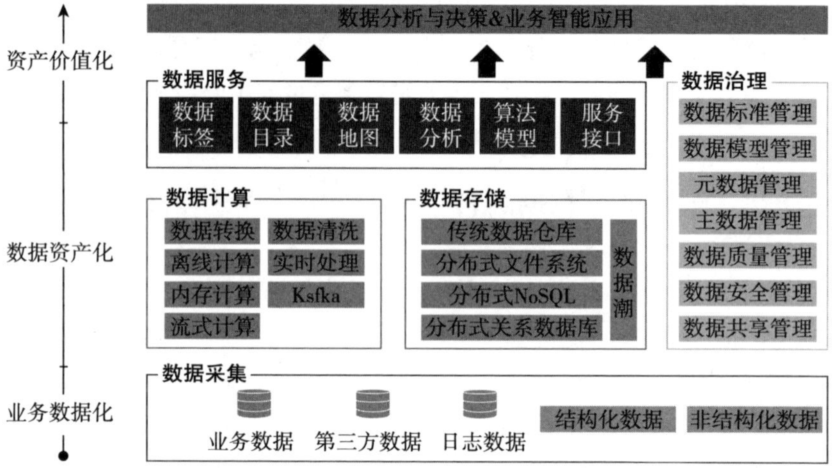

图 2-6-5　数据分析与决策 & 业务智能应用

资料来源：艾瑞咨询研究院。

但在集团内部数据融合场景下，数据处理主体与边界并非泾渭分明。如前文所述，当年蚂蚁集团就曾被证监会问询，其数据平台与阿里巴巴集团的数据平台是否彼此独立，其与阿里巴巴集团的数据资产界限是否清晰，是否有共用混合的数据池、两方互相使用对方数据的情况。

一旦个人信息处理者身份不清，将导致“罚则”无边，根据《个人信息保护法》规定最高可被处以上一年度营业额 5% 的罚款，法律风险可能在集团多主体之间穿透。

那么，应该如何确认集团内部数据融合场景下，各方在个人信息处理过程中的角色及责任？对此，我们就《个人信息保护法》项下约定的个人信息处理角色进行分析比较，厘清不同角色定位下所应承担的法律风险及责任，并提出集团内部数据融合场景下的个人信息安全合规解决方案。

---

〔1〕 参见“阿里数据”官网介绍，http：//dt.alibaba.com/index.htm?spm=a1zar.8197699.0.0.69a25994hwJgAZ。

一、集团内部数据融合场景下，各方的角色定位与责任厘清

在集团内部数据融合场景下，集团母公司与业务子公司一般存在以下三种关系：(1)基于独立提供个人信息，双方构成单独的个人信息处理者；(2)基于委托处理，集团母公司成为业务子公司受托人；(3)基于共同决定处理目的和处理方式，双方均为共同个人信息处理者。

根据《个人信息保护法》的规定，在不同场景下，各方的权利、义务及责任见表 2-6-1：

表 2-6-1 不同场景下个人信息主体责任梳理

处理场景	含义	要点
提供	个人信息处理者向其他个人信息处理者提供其处理的个人信息	提供方： (1)应当向个人告知接收方的名称或者姓名、联系方式、处理目的、处理方式和个人信息的种类； (2)取得个人的单独同意
		接收方： (1)应当在处理目的、处理方式和个人信息的种类等范围内处理个人信息； (2)变更原先的处理目的、处理方式的，应当重新取得个人同意
委托 / 受托处理	委托 / 受托处理个人信息	委托人： (1)应当与受托人约定委托处理的目的、期限、处理方式、个人信息的种类、保护措施以及双方的权利和义务等； (2)对受托人的个人信息处理活动进行监督
		受托人： (1)应当按照约定处理个人信息，不得超出约定的处理目的、处理方式等处理个人信息； (2)委托合同不生效、无效、被撤销或者终止的，受托人应当将个人信息返还个人信息处理者或者予以删除，不得保留； (3)未经个人信息处理者同意，受托人不得转委托他人处理个人信息； (4)应当依照《个人信息保护法》和有关法律、行政法规的规定，采取必要措施保障所处理的个人信息的安全，并协助个人信息处理者履行《个人信息保护法》规定的义务
共同处理	共同决定个人信息的处理目的和处理方式	(1)需约定各自的权利和义务，但约定不得影响个人向其中任何一个个人信息处理者要求行使权利； (2)侵害个人信息权益造成损害的，双方应当依法承担连带责任

二、《个人信息保护法》5% 的顶格罚，落在谁头上？

对于《个人信息保护法》第 66 条规定的上一年度营业额 5% 的顶格罚，在集团内部数据融合场景下，将会落在谁头上？

（一）提供

在此场景下，集团母公司与业务子公司均构成单独的个人信息处理者，相较于其他两类个人信息处理场景，合规义务最高：

1. 个人信息提供行为需要保障用户对于接收方及其处理行为的知情权，且本身需要用户的单独同意；

2. 提供方与接收方均应当各自遵循《个人信息保护法》规定的个人信息处理者所应当履行的义务与责任；

3. 若接收方变更原先的个人信息处理目的、处理方式的，还应当重新取得个人同意。

因此，当发生《个人信息保护法》约定的违法行为时，双方应当各自适用 5% 的顶格罚则；当造成用户的个人信息权益损害时，还应当各自承担赔偿责任。

（二）委托 / 受托处理

在此场景下，委托人（业务子公司）作为个人信息处理者，适用《个人信息保护法》罚则自不用说，但受托人（集团母公司）是否同样适用？

受托人区别于个人信息处理者，并不需要承担《个人信息保护法》规定的个人信息处理者应当遵循的义务；但如果受托人违反了《个人信息保护法》第 5 章“个人信息处理者的义务”项下第 59 条的规定（受托人应当依照本法和有关法律、行政法规的规定，采取必要措施保障所处理的个人信息的安全，并协助个人信息处理者履行本法规定的义务），《个人信息保护法》本身没有给出明确答案。但有专家认为，受托人毕竟对个人信息进行了存储、使用、加工和传输等处理，同样有可能侵害个人信息权益，引发个人信息处理风险，因此亦可能承担《个人信息保护法》第 66 条规定的行政处罚。[1]例如，受托人未违反与个人信息处理者的约定处理个人信息，但该委托处理行为本身违法（如业务子公司超出与收集用户个人信息时所声称的目的使用其个人信息，并委托集团母公司处理），是否可以依据《个

〔1〕 参见张新宝主编：《〈中华人民共和国个人信息保护法〉释义》，人民出版社 2021 年版，第 454 页。

人信息保护法》第 59 条的规定单独追究受托人的行政责任，尚有待进一步的细则及解释的出台。

不过，在民事责任承担上，受托人将可能承担连带责任。根据《民法典》“委托代理”一节的规定，代理人知道或者应当知道代理事项违法仍然实施代理行为，或者被代理人知道或者应当知道代理人的代理行为违法未作反对表示的，被代理人和代理人应当承担连带责任。

（三）共同处理

在此场景下，集团母公司和业务子公司为共同个人信息处理者，如果存在违反《个人信息保护法》约定的，显然是可以直接适用 5% 顶格罚的，而且是分别适用；如果因此损害个人信息权益而需承担损害赔偿等侵权责任的，双方还应当依法承担连带责任。

该场景下的责任承担情况见表 2-6-2。

表 2-6-2 责任承担总结

处理场景	主体类型	
	集团母公司	业务子公司
提供	行政处罚：单独承担	行政处罚：单独承担
	民事责任：单独承担	民事责任：单独承担
委托 / 受托处理	行政处罚：未明确	行政处罚：单独承担
	民事责任：原则上不承担，但若知道 / 明知处理行为违法的，承担连带责任	民事责任：单独承担
共同处理	行政处罚：单独承担	行政处罚：单独承担
	民事责任：连带责任	民事责任：连带责任

三、结语

在集团内部数据融合场景下，基于集团母公司与业务子公司之间的关系不同，双方的权利、义务各不相同，所应承担的行政处罚及民事责任也各有偏重。尤其在个人信息处理行为的界限不明、责任不清的情况下，集团母公司与业务子公司之间可能都已成为个人信息处理者，此时存在被穿透融合处以行政处罚的风险；不仅如此，民事上也适用举证责任倒置。根据《个人信息保护法》第 69 条规定，处理个人信息侵害个人信息权益造成损害，个人信息处理者不能证明自己没有过错的，应当承担损害赔偿等侵权责任。

因此，无论在何种个人信息处理场景下，集团公司均需要重点关注以下合规要点：

1. 在全流程梳理数据流的前提下，确认集团母公司与业务子公司的角色定位，并通过合作协议明确各自的权利、义务，根据《个人信息保护法》及协议约定，依法、依约履行自身职责。例如，当集团母公司设立的数据中台仅作为集团内部的职能部门，帮助、协同各业务子公司处理数据的，那么集团母公司应当作为受托人，谨守“受托人”之本位，遵守协议约定处理前述个人信息，否则其身份将直接转变为“个人信息处理者”，受到《个人信息保护法》的种种约束，亦将面临 5% 顶格罚的行政处罚风险。

2. 在不同个人信息处理场景下，依法保障用户的个人信息权益。例如，在提供场景下，业务子公司需要保障用户的知情权并获得其单独同意；在委托 / 受托处理场景下，业务子公司需要在《隐私政策》中明确委托处理的情形；在共同处理场景下，集团母公司与业务子公司均需要向用户明确主体身份及范围（“我们”是谁）、处理目的及处理方式等信息。

3. 创新数据处理场景，通过数据中台能力产品化，实现真正技术赋能。其实，无论是在提供、委托 / 受托处理还是共同处理的场景下，集团母公司及业务子公司都因为或多或少直接接触用户数据，因而需要承担大小不一的义务和责任。但在很多应用场景下，集团母公司只是为业务子公司提供了数据高效、融合、统一处理的技术能力，并非一定会处理用户的个人信息。在这种情形下，集团母公司可考虑创新数据处理场景，将数据中台能力产品化，通过提供 SaaS 服务等方式，将个人信息的处理决定权交回给业务子公司，自身不再参与决定个人信息的处理目的及处理方式。这样能够在减轻自身的个人信息合规义务的同时，明确个人信息的处理主体与边界。

第五节　“自证清白”的合规体系构建

通过分析拟上市企业披露的问询案例信息情况可知，近年来，在数据安全保障方面，审核机构十分关注企业是否已建立有效的数据安全保障制度，避免网络信息安全事件风险，如零点有数在上市过程中被问询到“发行人针对数据使用、隐私及安全方面的内部控制措施及其有效性，是否存在泄密及其他数据使用风险”[1]；并且证监会亦十分关注数据安全保障方面的争议纠纷解决情况，如微众信科就曾被问询到“发行人报告期内是否存在因数据合规问题而受到处罚、监管等情形”[2]。

因此，企业亟须建立个人信息处理自证清白的合规体系，这样既能破除在日常经营中对个人信息侵权纠纷举证难的困境，亦能满足上市过程中的监管审核要求。

《个人信息保护法》明确规定，个人信息处理者造成个人信息权益损害的，适用举证责任倒置规则。个人信息处理者违法行为情节严重的，可能被处 5000 万元以下或者上一年度营业额 5% 以下罚款。[3]

但实际上，早在《个人信息保护法》出台之前，个人信息处理者的举证责任倒置规则就已在案例中得到确认。早在 2017 年庞某某诉北京趣拿信息技术有限公司、中国东方航空股份有限公司（以下简称东航）隐私权纠纷案（以下简称庞某某案）[4]中，作为个人信息处理者的东航便被法院要求承担证明自己“无过错”的举证责任，最终因举证不能而败诉。

而在 2019 年一起类似判决［即方某某诉北京金色世纪商旅网络科技股份有限公司、东航合同纠纷案（以下简称方某某案）］[5]中，虽然举证责任分配原则遵循的是“谁主张，谁举证”，但由于东航在该起案件中提交的证据不同、证明的力度不等，法院的判决最终走向了不同的结果，东航得以“自证清白”。

对此，本书将通过分析两起东航个人信息纠纷案例，梳理、总结平台在举证责任倒置的情形下，如何应对可能出现的“自证清白”要求。

一、《个人信息保护法》明确：个人信息权益受损，适用过错推定 + 举证责任倒置

《个人信息保护法》第 69 条规定：“处理个人信息侵害个人信息权益造成损

[1] 参见《关于北京零点有数数据科技股份有限公司申请首次公开发行股票并在创业板上市的审核中心意见落实函的回复》。

[2] 参见《关于深圳微众信用科技股份有限公司首次公开发行股票并在科创板上市申请文件的审核问询函之回复》。

[3] 《个人信息保护法》第 66 条规定，违反该法规定处理个人信息，或者处理个人信息未履行该法规定的个人信息保护义务的，由履行个人信息保护职责的部门责令改正，给予警告，没收违法所得。情节严重的，由省级以上履行个人信息保护职责的部门责令改正，没收违法所得，并处 5000 万元以下或者上一年度营业额 5% 以下罚款。

[4] 北京市第一中级人民法院（2017）京 01 民终 509 号民事判决书。

[5] 深圳市宝安区人民法院（2018）粤 0306 民初 23342 号民事判决书。

害，个人信息处理者不能证明自己没有过错的，应当承担损害赔偿等侵权责任。”

该条款实际上确立了个人信息处理者的举证责任倒置规则。

一般而言，当个人认为自身权益遭受损害，因此起诉平台时，按照一般适用的“谁主张，谁举证”原则，个人应当证明平台的过错。

但该条款通过确定过错推定原则，加重了平台一方的举证责任，并通过举证责任倒置规则，要求平台承担其作为个人信息处理者在处理个人信息时没有过错的证明责任。

但这并不意味着，个人不需要承担任何证明责任。

按照《个人信息保护法》第 69 条的规定，处理个人信息“侵害”个人信息权益“造成损害”时，若平台作为个人信息处理者无法证明自己无过错的，方需承担相应侵权责任，也就是说，《个人信息保护法》依然将证明其个人信息权益受到损害、个人信息处理者存在违法行为，以及前述损害事实及违法行为之间存在因果关系的责任留给了个人。

因此，虽然《个人信息保护法》第 69 条建立起举证责任倒置的规则，但个人仍然应承担其相应的举证责任。如个人需证明其信息权益受到了损害，并需要提供初步证据，证明其受到的损害是由平台处理个人信息所造成，如平台处理其个人信息的证据、平台泄露信息途径的证据等。

二、从两起东航个人信息纠纷案例看平台与个人的举证责任分担

事实上，早在《个人信息保护法》出台之前，个人信息处理者的举证责任倒置规则就已在庞某某案中得到实质确认，并进一步延展。

在该案中，庞某某主张“去哪儿网”运营主体北京趣拿信息技术有限公司（以下简称北京趣拿）、东航泄露其个人信息，侵犯其隐私权，要求其承担侵权责任。

对此，法院仅要求庞某某证明北京趣拿及东航存在侵权的高度可能性，而要求北京趣拿及东航证明其已充分履行信息安全保护义务，个人信息由哪方泄露以及泄露的具体环节的证明责任实质已经转移给个人信息处理者。法院之所以这样要求，主要原因在于从收集证据的资金、技术等成本上看，个人难以具备对个人信息处理者内部数据信息管理是否存在漏洞等情况进行举证证明的能力，因此，客观上，法律不能也不应要求庞某某确凿地证明必定是东航或趣拿公司泄露了其隐私信息。这实际在过错推定 + 举证责任倒置的基础上，进一步加重了个人信息处

理者的举证责任。

但在两年后的方某某案中，法院严格执行“谁主张，谁举证”的举证原则，要求方某某承担个人信息泄露证明责任。基于方某某对此无法举证，而东航提交的一系列证据又证明其采取了严密信息安全管理措施（如在后台管理系统中进行了数据脱敏设置，并制定了严密的安全管理制度，对数据存储安全进行专门认证、执行个人信息保护和数据安全方面最严格的国际规范等），最终方某某承担了举证不能的不利后果。

由此可见，虽然方某某案的举证责任分配原则，在《个人信息保护法》出台后将不再适用，但对于平台如何“自证清白”却具有极大的借鉴意义。对此，我们具体梳理了东航在两起案例中提供的主要证据，及法院对该等证据的认定，具体如表 2–6–3 所示：

表 2–6–3 责任承担总结

<table>
<tr><th colspan="2">庞某某案</th><th>方某某案</th></tr>
<tr><td colspan="3">东航提交的主要证据</td></tr>
<tr><td>一审</td><td>证明订票信息不存储于东航系统：
1.《航空公司服务协议》：东航承诺其境内所有机票销售全部使用中航信的系统处理完成。
2.《关于东航 Eterm 系统工号使用情况说明》：如需查询旅客航班信息，需提供订单号、旅客姓名、身份证号信息后逐一查询。
3. 中航信上海分公司出具的材料，包括：（1）中航信在开发东航官网时设置的多项个人信息安全技术措施；（2）获取在东航官网上购买机票的旅客信息的方法及权限；（3）东航使用中航信系统的工号及对应的系统内部配置账号、级别、权限。
证明东航已做到提醒乘客防止诈骗的义务：
1. 东航官网《关于防范不法分子冒充航空公司客服人员诈骗的重要提示》。
2. 中国民用航空局公安局《关于开展打击防范非法侵入民航信息系统犯罪专项行动的通知》。
3.《多航企涉旅客信息“泄露”系统提供方中航信被提及》报道</td><td rowspan="2">证明东航除为履行合同义务而向中航信提供信息外，在方某某提交订单至收到诈骗信息前，未对订单信息进行任何其他数据查询操作：
1. 东航与中航信公司签订的服务合同；
2. 中航信官网网站介绍页面、新闻报告、航旅纵横 App 用户协议、中航信查询页面；
3.《关于原告从 OTA 购票至航信的数据情况汇报》
证明东航采取了多重信息安全保障措施：
1. 信息安全管理体系认证证书、东航信息部文件、中国国家认证认可监督管理委员会网站公告等；
2. 公证书：东航后台管理系统显示乘机人证件号及手机号已进行脱敏处理；
3. 信息系统安全等级测评报告、等级测评情况说明、信息系统的等级保护备案证明；
4. 公安部第三研究所网站介绍、东航与公安部第三研究所签订的《网络安全合作协议》，证明东航特别引进了网络安全方面权威的研究或服务机构；
5. 委托贝克、安永进行合规合作的合同；
6. 东航个人信息保护政策测评报道、2018 年度常用 App 隐私政策透明度排行报告</td></tr>
<tr><td>二审</td><td>证明乘客信息不是航空公司泄露，而是犯罪分子所为：
《关于下发〈山东省机场公安局侦办“民航旅客信息泄露案”情况〉的通知》</td></tr>
</table>

续表

<table>
<tr><th colspan="2">庞某某案</th><th>方某某案</th></tr>
<tr><td colspan="3">法院认定</td></tr>
<tr><td>一审</td><td>法院无法确认东航存在泄露庞某某隐私信息的侵权行为：
1. 现无证据证明东航将庞某某过往留存的手机号与本案机票信息匹配予以泄露；
2. 东航非掌握庞某某个人信息的唯一介体</td><td rowspan="2">法院认为东航在自身掌握信息阶段不存在泄露方某某信息的事实：
1. 金色世纪公司具有泄露方某某信息的高度可能；
2. 东航证明其针对可查看订单信息的后台管理系统进行了数据脱敏设置，确保任何人都无法通过该系统查询到订单信息所对应的订票人身份证号、手机号及联系人手机号，并制定了严密的安全管理制度，对数据存储安全进行专门认证、执行个人信息保护和数据安全方面最严格的国际规范等</td></tr>
<tr><td>二审</td><td>法院确认东航存在泄露庞某某个人隐私信息的高度可能：
1. 东航的反证表明其自身采取了一定的安全管理措施，且犯罪分子窃取信息也是可能的泄露原因；
2. 在法院已确认东航存在泄露隐私的高度可能情况下，东航并未举证证明庞某某隐私泄露的其他途径；
3. 本案所处时间段内，东航被媒体多次质疑泄露乘客隐私，其安全管理并非没有漏洞</td></tr>
</table>

三、发生个人信息权益受损事件时，平台如何“自证清白”？

如今，大部分企业都是由“人、货、场”组成，不可避免地会处理大量的个人信息。以灵活用工平台为例，用工需求方承接具体业务后，会众包给众多的自由职业者，在交易过程中将涉及自由职业者的姓名、手机号、身份证照片、人脸识别数据、流水信息等个人信息（包括敏感个人信息）的处理。一旦发生自由职业者的个人信息权益受损事件，灵活用工平台亦将面临如何证明自己无过错的问题。

以方某某案为鉴，结合《个人信息保护法》规定的个人信息处理者应采取的个人信息安全保护措施，平台为达到“自证清白”的目的，可建立“个人信息安全合规环”：从制定内部个人信息安全合规管理制度及操作规程入手，申请获得 ISO 信息安全管理体系认证、网络安全等级保护备案等资质，合理确定个人信息处理的操作权限，并定期对从业人员进行安全教育和培训；同时，以与中立专业第三方就个人信息安全合规方面开展的合作为抓手，对内、对外完善个人信息处理流程，对个人信息实行分类管理，采取相应的加密、去标识化等安全技术措施，并将该等流程通过完备的《隐私政策》及对应匹配的系统设置，辅之以制定并组织实施的个人信息安全事件应急预案，对外证明其已充分履行个人信息保护义务。

此处的个人信息安全合规环已在前文“拟 IPO 企业数据合规 50 问”的第 50 问“如何对外证明数据合规实力”有所涉及（见图 2-6-6）：

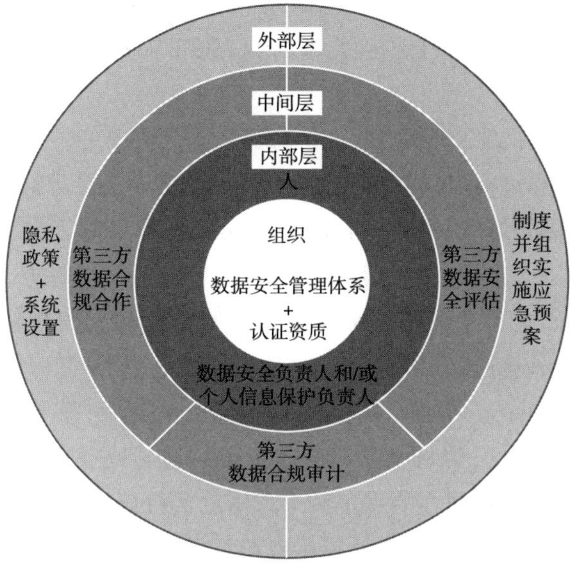

图 2-6-6 个人信息安全合规环

（一）内核层：建立内部个人信息安全合规管理制度 + 设置数据安全及 / 或个人信息保护负责人 + 具备对应认证资质

如果平台能够证明其内部已建立起完善的个人信息安全合规管理制度（包括但不限于《个人信息保护法》中规定的制定内部管理制度和操作规程，合理确定个人信息处理的操作权限，并定期对从业人员进行安全教育和培训等），并根据《个人信息保护法》《数据安全法》的规定，相应设置数据安全负责人、个人信息保护负责人，则将在很大程度上证明已将个人信息保护义务渗透至组织架构及管理制度之中。

对此，平台可考虑根据自己的业务模式及技术特点，申请获得个人信息安全合规管理相应认证资质（如东航在方某某案中提交的 ISO 27001 信息安全管理体系认证、网络安全等级保护备案等资质），以此来证明已建立起一整套个人信息安全合规管理体系。

（二）中间层：与中立专业第三方机构建立集合规合作、安全评估及合规审计于一体的全方位合作

建立合规合作关系。在方某某案中，东航提交的材料中包括与公安部第三研

究所、国际律师事务所贝克·麦坚时律师事务所、安永华明会计师事务所（特殊普通合伙）等中立专业第三方机构签署的合作协议，表明自身已与该等第三方机构建立起个人信息安全合规方面的合作关系。若平台能够提交证据证明其已与中立专业第三方机构开展个人信息安全合规合作，则亦从侧面彰显其对于个人信息安全合规义务的重视程度。

委托进行安全评估。根据《个人信息保护法》的规定，当发生处理敏感个人信息、利用个人信息进行自动化决策、向境外提供个人信息等情形时，平台应当事先进行个人信息保护影响评估。对此，平台可委托专业第三方机构进行评估，并就评估结果予以公示，以此表明其个人信息的处理目的、处理方式等是否合法、正当、必要，其处理行为对个人权益的影响及安全风险，以及其所采取的保护措施是否合法、有效并与风险程度相适应。

委托进行合规审计。根据《个人信息保护法》的规定，平台应定期委托专业第三方机构进行合规审计，以评估平台对于个人信息的处理过程是否合法合规（如是否根据《个人信息保护法》的规定对个人信息实行分类管理，采取相应的加密、去标识化等安全技术措施），并对此提供专业意见及建议，以改善平台处理个人信息的方式。对此，平台可考虑委托第三方进行合规审计，并定期将审计报告公示于平台官网，以便个人进一步了解平台的个人信息处理流程及合规情况。

（三）外部层：制定完备的《隐私政策》+ 对应匹配系统功能设置 + 制定并组织实施应急预案

基于内核层及中间层并未完全对外，对于平台用户而言，其无法直接知晓平台内部对于个人信息安全保护的安排，因此，平台需要构建一个对外有效传达的通道——平台《隐私政策》。在方某某案中，东航亦提供了个人信息保护政策的测评报告、2018 年度 App 隐私政策透明度排行报告，以此表明其《隐私政策》的完备性。

当然，仅仅提供一份“完美的《隐私政策》文本”并不足够，更重要的是《隐私政策》的内容能够真正匹配相应系统设置，从个人信息的收集、共享、传输等环节，将个人信息保护规则一一落到实处，切忌将《隐私政策》落成一纸空文。

除此之外，制定并组织实施个人信息安全事件应急预案，亦能够彰显平台对于个人信息安全事件的高度重视。通过应急响应培训和应急演练，使平台相关人员在紧急情形发生时更好地处理个人信息安全问题，这也是平台对外展示的重要窗口之一。

四、结语

《个人信息保护法》确立的举证责任倒置规则，对大量处理个人信息的处理者（企业）来说不一定是件坏事。主体间法律责任的明晰实际上为企业或平台如何建立信息安全保护体系、如何避免用户过度地主张企业或平台承担责任指明了标准并设立了界限。

根据该界限，企业或平台能更为清晰地认识到其可以为建立个人信息安全保护体系所采取的措施和该等措施应达成的效果，而不用在个人的要求下无限度地扩充其责任边界。

因此，我们建议可以通过建立“个人信息安全合规环”，在企业内部建立个人信息安全合规管理制度的内核层、到与中立第三方合规合作的中间层和对外展示《隐私政策》并匹配系统功能设置的外部层，环环落实个人信息安全保护业务。一旦发生个人信息权益受损事件，这些措施都能在企业被要求“自证清白”时提供有说服力的证据。同时是企业在 IPO 上市过程中，向外部以及审核机构彰显实力的证明。

第六节 数据报送义务与责任边界

企业与行政监管部门在数据维度上的交互，以税务和市场监督这两端为主，两监管部门以此监督企业的日常经营行为与是否及时履行纳税义务。大多数企业在朝着数字化前进的道路上，除会进行内部数字化改造重构，将业务流程数字化、经营数字化，也会基于本行业的平台化建设，整合上下游资源，构建生态，这也是我们看到大量企业上市过程中的一个发展历程。

到了平台发展阶段，我们将“领略”到另一个高层次的监管环境。由于互联网平台内经营者数量庞大，交易信息复杂，相关部门很难实现直接有效的监管。因此，作为平台的搭建者以及数据信息的掌控者，互联网平台经营者应当负有协助市场监督管理部门（以下简称市监部门）与税务部门监管的责任，以提高其监管效率。

对此，2019 年 1 月 1 日起施行的《电子商务法》及 2021 年 5 月 1 日起施行的《网络交易监督管理办法》作为重要的监管法律依据，分别针对平台经营者制定了与市监部门与税务部门之间的协作义务。针对网络直播平台管理责任不到位、偷逃缴纳税款等突出问题，2021 年 5 月 25 日起施行的《网络直播营销管理办法（试行）》和 2022 年 3 月 25 日起施行的《关于进一步规范网络直播营利行为促进行业健康发展的意见》再次强调了网络直播平台的税务信息报送义务。

此外，对于互联网平台内容生态治理，我国还陆续发布了《网络信息内容生态治理规定》《互联网用户账号信息管理规定》《互联网跟帖评论服务管理规定》《互联网信息服务算法推荐管理规定》《互联网信息服务深度合成管理规定》等相关规章制度，以加强网信办等相关主管部门对平台内主体的账号注册使用、内容发布等行为的监督与管理。

然而，由于平台数据涉及平台自身、平台内经营者与公众等多元利益主体，平台的数据报送义务与责任边界在哪里？平台履行数据报送义务是否需要获得平台内经营者授权？如果发生数据安全问题平台又该如何应对？

因此，本部分对平台经营者的数据和信息报送义务进行梳理并作深入评析，明确平台经营者的信息报送义务及具体途径，分析平台经营者数据报送合规风险、责任边界与应对之策，引导平台聚焦“报送”责任，合规健康发展。

一、平台经营者数据及信息报送义务要点梳理

通过梳理上述法律文件，平台经营者需向市监部门报送的信息主要包括平台内经营者身份信息、交易信息及违法行为信息；需向税务部门报送的信息则主要为平台内经营者身份信息及纳税数据相关信息，同时税务部门对于网络直播平台有特殊的报送要求；需要向网信部门报告的信息主要是平台内的违法违规信息、不良信息、网络直播发布者相关信息等。具体报送义务要点如表 2-6-4 所示：

表 2-6-4 平台经营者报送数据及信息义务要点

序号	要点		内　容	法律法规
1. 市监部门报送义务要点				
1-1-1	身份信息报送	要求	按照规定向市监部门报送平台内经营者的身份信息，提示未办理市场主体登记的经营者依法办理登记	《电子商务法》第 28 条第 1 款
1-1-2		身份信息细节	（1）已办理市场主体登记的平台内经营者： 名称（姓名）、统一社会信用代码、实际经营地址、联系方式、网店名称以及网址链接等信息。 （2）未办理市场主体登记的平台内经营者： 姓名、身份证件号码、实际经营地址、联系方式、网店名称以及网址链接、属于依法不需要办理市场主体登记的具体情形的自我声明等信息；其中，对超过《网络交易监督管理办法》第 8 条第 3 款①规定额度的平台内经营者进行特别标示	《网络交易监督管理办法》第 25 条

续表

序号	要点		内　　容	法律法规
1-1-3	身份信息报送	报送时间	每年 1 月和 7 月	
1-1-4		报送对象	住所地省级市场监督管理部门	
1-2-1	交易信息报送	报送信息	提供特定时段、特定品类、特定区域的商品或者服务的价格、销量、销售额等数据信息	《网络交易监督管理办法》第 22 条
1-2-2		报送对象	国家市场监督管理总局及其授权的省级市场监督管理部门	
1-3-1	违法行为报告	检查对象	平台内经营者及其发布的商品或者服务信息	《网络交易监督管理办法》第 29 条
1-3-2		措施	建立检查监控制度。网络交易平台经营者发现平台内的商品或者服务信息有违反市场监督管理法律、法规、规章，损害国家利益和社会公共利益，违背公序良俗的，应当依法采取必要的处置措施，保存有关记录	
1-3-3		报送对象	平台住所地县级以上市监部门	
1-4-1	便利登记措施	登记便利	配合市监部门，针对电子商务的特点，为应当办理市场体登记的经营者办理登记提供便利	《电子商务法》第 28 条第 1 款
1-4-2		自动化报送	鼓励网络交易平台经营者与市场监督管理部门建立开放数据接口等形式的自动化信息报送机制	《网络交易监督管理办法》第 25 条
2. 税务部门报送要点				
2-1-1	电子商务平台一般规则	报送主体	电子商务平台经营者	《电子商务法》第 28 条第 2 款
2-1-2		报送内容	依照税收征收管理法律、行政法规的规定，向税务部门报送平台内经营者的身份信息和与纳税有关的信息	
2-1-3		配合做法	应当提示依照本法规定不需要办理市场主体登记的电子商务经营者办理税务登记	
2-2-1	网络直播平台特殊规则	报送主体	网络直播平台	《关于进一步规范网络直播营利行为促进行业健康发展的意见》第 2 条第 1 项
2-2-2		报送时间	每半年	
2-2-3		报送信息	网络直播发布者个人身份、直播账号、网络昵称、取酬账户、收入类型及营利情况等信息	
2-2-4		报送部门	省级网信部门、主管税务机关	

续表

序号	要点		内　　容	法律法规
3. 网信部门				
3-1-1	网络信息内容	报送主体	网络信息内容服务平台	《网络信息内容生态治理规定》第 10 条
3-1-2		配合做法	应当加强信息内容的管理，发现该规定第 6 条[2]、第 7 条[3]规定的信息的，应当依法立即采取处置措施，保存有关记录，并向有关主管部门报告	
3-1-3		报送主体	算法推荐服务提供者	《互联网信息服务算法推荐管理规定》第 9 条
3-1-4		配合做法	发现违法信息的，应当立即停止传输，采取消除等处置措施，防止信息扩散，保存有关记录，并向网信部门和有关部门报告。发现不良信息的，应当按照网络信息内容生态治理有关规定予以处置	
3-1-5		报送主体	深度合成服务提供者	《互联网信息服务深度合成管理规定》第 10 条、第 11 条
3-1-6		配合做法	（1）深度合成服务提供者发现违法和不良信息的，应当依法采取处置措施，保存有关记录，及时向网信部门和有关主管部门报告； （2）发现利用深度合成服务制作、复制、发布、传播虚假信息的，应当及时采取辟谣措施，保存有关记录，并向网信部门和有关主管部门报告	
3-2-1	账号使用行为	报送主体	互联网信息服务提供者	《互联网用户账号信息管理规定》第 17 条
3-2-2		配合做法	发现互联网用户注册、使用账号信息违法违规的，应当依法依约采取警示提醒、限期改正、限制账号功能、暂停使用、关闭账号、禁止重新注册等处置措施，保存有关记录，并及时向网信等有关主管部门报告	
3-3-1	跟帖评论行为	报送主体	跟帖评论服务提供者	《互联网跟帖评论服务管理规定》第 7 条
3-3-2		配合做法	跟帖评论服务提供者对未尽到管理义务导致跟帖评论环节出现违法和不良信息内容的公众账号生产运营者，应当根据具体情形，依法依约采取警示提醒、删除信息、暂停跟帖评论区功能直至永久关闭跟帖评论区、限制账号功能、暂停账号更新、关闭账号、禁止重新注册等处置措施，保存相关记录，并及时向网信部门报告	

续表

序号	要点		内　　容	法律法规
3-4-1	网络直播行为	网络直播发布者相关	网络直播平台应当每半年向所在地省级网信部门、主管税务机关报送存在网络直播营利行为的网络直播发布者个人身份、直播账号、网络昵称、取酬账户、收入类型及营利情况等信息	《关于进一步规范网络直播营利行为促进行业健康发展的意见》第 2 条第 1 项
3-4-2		违法不良信息处置	直播营销平台发现违法和不良信息，应当立即采取处置措施，保存有关记录，并向有关主管部门报告	《网络直播营销管理办法（试行）》第 9 条
3-4-3		违法违规账号及人员处置	（1）直播营销平台应当对违反法律法规和服务协议的直播间运营者账号，视情采取警示提醒、限制功能、暂停发布、注销账号、禁止重新注册等处置措施，保存记录并向有关主管部门报告。 （2）直播营销平台应当建立黑名单制度，将严重违法违规的直播营销人员及因违法失德造成恶劣社会影响的人员列入黑名单，并向有关主管部门报告	《网络直播营销管理办法（试行）》第 14 条

① 个人从事网络交易活动，年交易额累计不超过 10 万元的，依照《电子商务法》第 10 条的规定不需要进行登记。同一经营者在同一平台或者不同平台开设多家网店的，各网店交易额合并计算。个人从事的零星小额交易须依法取得行政许可的，应当依法办理市场主体登记。

②《网络信息内容生态治理规定》第 6 条规定："网络信息内容生产者不得制作、复制、发布含有下列内容的违法信息：（一）反对宪法所确定的基本原则的；（二）危害国家安全，泄露国家秘密，颠覆国家政权，破坏国家统一的；（三）损害国家荣誉和利益的；（四）歪曲、丑化、亵渎、否定英雄烈士事迹和精神，以侮辱、诽谤或者其他方式侵害英雄烈士的姓名、肖像、名誉、荣誉的；（五）宣扬恐怖主义、极端主义或者煽动实施恐怖活动、极端主义活动的；（六）煽动民族仇恨、民族歧视，破坏民族团结的；（七）破坏国家宗教政策，宣扬邪教和封建迷信的；（八）散布谣言，扰乱经济秩序和社会秩序的；（九）散布淫秽、色情、赌博、暴力、凶杀、恐怖或者教唆犯罪的；（十）侮辱或者诽谤他人，侵害他人名誉、隐私和其他合法权益的；（十一）法律、行政法规禁止的其他内容。"

③《网络信息内容生态治理规定》第 7 条规定："网络信息内容生产者应当采取措施，防范和抵制制作、复制、发布含有下列内容的不良信息：（一）使用夸张标题，内容与标题严重不符的；（二）炒作绯闻、丑闻、劣迹等的；（三）不当评述自然灾害、重大事故等灾难的；（四）带有性暗示、性挑逗等易使人产生性联想的；（五）展现血腥、惊悚、残忍等致人身心不适的；（六）煽动人群歧视、地域歧视等的；（七）宣扬低俗、庸俗、媚俗内容的；（八）可能引发未成年人模仿不安全行为和违反社会公德行为、诱导未成年人不良嗜好等的；（九）其他对网络生态造成不良影响的内容。"

二、评述

第一，监管部门责任划分应明晰。无论是市监部门、税务部门还是网信部门，真正有效落实市场主体 / 纳税主体登记及监管 / 网络信息内容生态等相关责任的前提，是掌握平台内经营者的身份、交易等相关信息，并能够对信息内容及其发布者进行有效管理，而平台经营者数据则是最重要的抓手之一，只有赋予平台经营者及时报送或者提供相关信息的法定义务，相关登记及监管规定方能实现协同治理。

然而，要求平台履行相应法定义务，并不意味着相关政府职能可以“缺位”，让平台经营者成为监管机关“唯一”的抓手。政府相关部门与平台经营者的责任划分应当明晰且边界分明，做到“不越位”也“不缺位”，在发挥平台经营者协同监管的作用的同时，加强对平台自身及平台内经营者的监管力度，以形成高效有序的监管体系。

第二，监管细则要够细，足以实操。从前述规定中可以看出，目前对于平台经营者需向市监部门履行的报送义务的相关信息已较为详细，其中较为务实的规定是鼓励采用自动化数据接口报送模式，即“鼓励网络交易平台经营者与市场监督管理部门建立开放数据接口等形式的自动化信息报送机制”，只有真正做到接口的开放，为报送提供便利，才能鼓励平台去对接，同时提高监管的效率。

第三，平台报送的数据安全风险不可忽视。平台经营者数据报送涉及政府、平台自身、平台内经营者及公众等多元利益，在维护公众利益的同时，个人信息及企业信息的安全与利益保障亦不容忽略。因此，平台报送 / 政府索要数据的具体内容及范围、报送 / 索要数据的具体规范流程及方式、报送 / 索要数据的安全保障及责任边界，都是当前亟须明确与规范的问题。唯有如此，方能实现政府、平台、公众等多元利益的均衡。

第四，税务信息的报送细则缺位。目前，除《电子商务法》规定了平台的报送义务，并未见相关的可操作性的实施办法或管理制度与之相匹配，而《电子商务法》中规定的报送义务又较为宽泛，缺乏实操性及可执行性，从而使税务信息报送难以落地。

相比之下，经济合作与发展组织（OECD）于 2020 年 7 月发布全球税收报告框架，专门针对共享零工经济平台经营者对于平台内经营者的税务报送义务制定了较为详尽的报送指引（《平台运营商针对共享零工经济中的卖方进行报告的示范规则》）。我们确信，税务部门将很快借鉴此类规则指引，制定针对国内平台经营者的税务信息报送义务管理办法。

本节以企业的平台化经营模式作为案例视角，通过厘清与行政监管部门基于协同治理目标的信息交互的报送义务，充分审视了数据从企业自身端传输到政府端的法定义务，下一节我们将探讨这种传输的合法性依据和最小必要原则的适用问题。

第七节 行政执法部门数据处理的最小必要原则

本章第三节我们讨论了最小必要原则在实践中的判定困境，其实在行政部门与企业对接数据过程中，同样面临这个难题，尽管上节总结梳理了企业端的数据报送义务，但是具体更加详细的颗粒度以及通过企业端去采集个人信息的方式同样面临最小必要原则适用判定的挑战。

本节我们将分析行政部门在面对个人信息处理过程中最小必要原则的适用问题，并以人脸识别的生物信息采集处理为主要讨论目标。

《最高人民法院关于审理使用人脸识别技术处理个人信息相关民事案件适用法律若干问题的规定》的出台昭示国家对个人信息处理者在收集人脸识别信息上的约束越发收紧，此刻做到厘清个人信息处理者处理个人信息的边界就尤为重要。但值得思考的是：政府行政部门是否同样受到一系列规范的约束？如在税务端口的人脸识别信息便是判断个人身份的主要手段。因此，在本节，我们将结合目前行政部门处理人脸识别信息这一实际上已司空见惯的举措，以其背后的合规性为例，对这类问题进行深入探讨分析。

根据《个人信息保护法》第 73 条“个人信息处理者，是指在个人信息处理活动中自主决定处理目的、处理方式的组织、个人”以及第 33 条“国家机关处理个人信息的活动，适用本法；本节有特别规定的，适用本节规定”的规定，行政部门是受《个人信息保护法》约束的个人信息处理者，行政部门受《个人信息保护法》的约束。

实践当中，行政部门通过人脸识别技术处理个人信息颇为普遍，但行政部门处理人脸识别信息是否符合《个人信息保护法》的规定呢？

根据《个人信息保护法》第 6 条“处理个人信息应当具有明确、合理的目的，并应当与处理目的直接相关，采取对个人权益影响最小的方式”以及第 28 条“只有在具有特定的目的和充分的必要性，并采取严格保护措施的情形下，个人信息处理者方可处理敏感个人信息”的规定，处理个人信息需要在实现处理目的的最小范围之内；对于处理敏感个人信息有更严格的要求，即必要性审查。

实际上，从字面理解“最小”和“必要”本身便是一件非常困难的事情，尤其是在如今相关领域仍欠缺法律解释的情形下。为此，我们找到了法国国家信息自由委员会（The Commission Nationale de l'Informatique et des libertés，CNIL）在实践 GDPR“最小必要原则”[1]的过程中出台的案例文件，发现以下判断“最小必要”的重要维度。

一、关于信息种类和范围问题

在 CNIL 于 2020 年 7 月 28 日发布的审议案件[2]中，有一个有关公司同时收集个人的“身份证信息”以及“健康卡信息”的案例，CNIL 认为该公司为了同一目的收集两种信息实际上是“无必要的”。对于 CNIL 的这一逻辑实际上不难理解，即“必要性”要求一种目的只需要一种信息来服务，在一种信息便足够的情况下无需收集更多个人信息。

但是，在信息和目的关联性没有那么清晰的情况下又该如何分析信息本身的必要性呢？国信办 14 号文同样给出了答案：本规定所称必要个人信息，是指保障 App 基本功能服务正常运行所必需的个人信息，缺少该信息 App 即无法实现基本功能服务。这里的个人信息具体是指消费侧用户个人信息，不包括服务供给侧用户个人信息。根据这份文件，我们可以轻易得知从网络社交类到女性社交类共 39 种 App 可以法定收集的“必要个人信息”的范围。人脸识别信息虽然没有在这份文件内被规定为任一类别 App 可以收集的“必要个人信息”，但是随着团体标准、国家标准和司法解释的陆续出台，处理人脸识别信息也将更加有法可依。

二、关于信息收集的数量、频度问题

随着相关文件出台，信息收集的数量、频度也被规范。《移动互联网应用程序

---

〔1〕 Regulation（EU）2016/679 of the Eeropean Parliament and of the Council of 27 April 2016 on the protection of natural persons with regard to the processing of personal data and on the free movement of such data，and repealing Directive 95/46/EC（General Data Protection Regulation），art.5–1（c）.

〔2〕 CNIL’s Restricted Committee，Deliberation of the Restricted Committee SAN–2020–003 of 28 July 2020，July 2020，art.35–42.

个人信息保护管理暂行规定（征求意见稿）》以及《信息安全技术 移动互联网应用程序（App）个人信息安全测评规范（征求意见稿）》两份文件其实详列了数据处理者收集数据的具体频度要求。我们整理如表 2-6-5 所示：

表 2-6-5 数据处理者收集数据的具体频度要求

个人信息	场景	合理频率
地理位置	地图导航、位置追踪等实时场景	持续读取（每秒 1 次）
	展示周边可用服务等场景	周期性读取（每 30 秒 1 次）
	识别当前地址等场景	一次性读取（进入功能界面读取 1 次或者用户主动刷新时读取 1 次）
通讯录	添加特定通讯录好友、分享特定通讯录联系人、设置特定通讯录联系人等场景	用户主动触发时读取特定条目 1 次
	通讯录备份、未知联系人骚扰拦截等场景	用户主动触发时读取或经用户明确授权后在通讯录出现变更时自动读取
人脸信息	各类人脸识别应用场景	用户主动触发时读取
应用程序列表	应用管理等场景	用户主动触发时读取
短信	短信备份、短信骚扰拦截等场景	用户主动触发时读取或经用户明确授权后在接收到新短信时自动读取
通话记录	通话记录备份	用户主动触发时读取或经用户明确授权后在通话记录变更时自动读取

三、对于储存信息及其期限的必要性而言

从“A Deliberation of the Restricted Committee SAN-2020-003 of 28 July 2020”给出的另一个案例中我们也可以发现：银行在收集员工工作电话录音用以培训时，如果同时收集到了客户交易信息，对于这些交易信息应该立即作删除处理，即使保存一天也违背了最小必要原则，因为此时银行收集个人信息的目的在于“培训员工”，而为了这一目的存储包含交易信息的录音即使一天，也超出了“最小必要”的界限。[1]

---

〔1〕 CNIL’s Restricted Committee, Deliberation of the Restricted Committee SAN-2020-003 of 28 July 2020, July 2020, art.23-28.

对于储存信息期限的最小界限，在国内法中其实可以找到依据。《电子商务法》第 31 条规定："电子商务平台经营者应当记录、保存平台上发布的商品和服务信息、交易信息，并确保信息的完整性、保密性、可用性。商品和服务信息、交易信息保存时间自交易完成之日起不少于三年；法律、行政法规另有规定的，依照其规定。"《网络交易监督管理办法》第 31 条也明确规定："网络交易平台经营者对平台内经营者身份信息的保存时间自其退出平台之日起不少于三年；对商品或者服务信息，支付记录、物流快递、退换货以及售后等交易信息的保存时间自交易完成之日起不少于三年。法律、行政法规另有规定的，依照其规定。"事实上，根据这两部法律，个人信息处理者在储存期限的问题上其实已经有法可依，不同行业也在陆续出台"个人信息储存期限"的不同的行业标准。在这一维度上，"最小必要"的界限逐渐清晰，可以总结为：储存个人信息一方面需要符合现行国内法已经规定的"最小要求"，即交易信息以不少于三年为原则，各行业收集的其他不同信息按照行业规定施行；另一方面，储存个人信息的行为必须和储存个人信息的目的相符相称且符合"最小必要原则"。

四、结语

综合上述三点考察"最小必要性"原则的因素，再回顾行政部门处理人脸识别信息的问题，我们可以得出如下结论：

首先，行政部门为《个人信息保护法》中规定的个人信息处理者，受《个人信息保护法》约束。

其次，在行政部门自行处理人脸识别信息时：

第一，行政部门需要明确收集人脸识别信息的目的和用途。以税务部门为例，税务部门某官方 App 中的《隐私政策》中提示："如果您希望成为'自然人电子税务局'平台用户，以便我们为您提供服务，包括个人任职受雇信息查询、纳税人识别号查询、票证查验等基本功能，您需要提供姓名、身份证件信息、国籍、个人生物特征、手机号码、经常居住地址和户籍所在地址，并创建'自然人电子税务局'平台账号和密码。"可以看到，税务局目前仅明确会收集人脸识别信息（个人生物特征），但并没有明示它将用于何种目的。

第二，基于目的、用途，行政部门需要谨慎考察收集该种人脸识别信息是否必要。我们为进一步分析，梳理了英国税务局（HMRC）与美国税务局（IRS）的相关做法，以英美实践为例：在验证身份、反欺诈的目的驱动下，英国税务局规定，“你需要有一份由英国政府签发的身份文件。这可以是护照或带照片的驾照”，美国税务局规定，为了验证你的身份你可以使用“1. 信用卡；2. 抵押贷款；3. 学生贷款；4. 房屋净值贷款或房屋净值信用额度；5. 汽车贷款；6. 与姓名绑定的手机号”。这种情况便足以说明使用人脸识别信息来认证身份，结合人脸识别信息的敏感程度而言，实际上是超出最小必要原则的。尤其是国信办 14 号文也没有将“人脸识别信息”收录为任何一种类型 App 的“必要信息”的情况下，收集人脸识别信息会存在较大的违规隐患。

第三，在明确收集该种人脸识别信息时，确保收集频次、储存信息时间符合最小必要原则。《信息安全技术 移动互联网应用程序（App）个人信息安全测评规范（征求意见稿）》已经对收集人脸识别信息明确了频度要求。虽然暂无对人脸识别信息储存期限的专门规定，就目前而言，储存人脸识别信息也应做到《个人信息安全规范》中规定的“分开储存”“明确储存期限”。

综上所述，对行政部门以及所有个人信息处理者而言，我们建议：如果一定要进行人脸识别信息的采集，就必须自负必要性举证责任，同时保证存储人脸识别的期限在最小范围之内、频度符合法律法规的要求；在需要处理人脸识别信息的情形下（如快捷登录），避免将使用人脸识别信息作为唯一手段，并提供其他可选择的路径。

针对受托开展身份认证业务的情形，我们建议行政部门在上述基本原则之外，需要分清《个人信息保护法》中处理者和受托人之间的责任义务并约定清晰双方责任边界，同时注意如下要点规范：

第一，传输和存储人脸识别信息时，应采用加密等安全措施；存储人脸识别信息时，应采用技术措施确保信息安全后再进行存储，如将人脸识别信息的原始信息和摘要分开存储，或仅存储摘要信息。规定存储人脸识别信息的具体期限，做到分开储存信息。

第二，收集、共享或转让人脸识别信息前，应征得个人信息主体的明示、书面同意，并应确保人脸识别信息主体的明示同意是其在完全知情的基础上自主给出的、具体的、清晰明确的意愿表示，并向个人告知处理人脸识别信息的必要性以及对个人的影响。

第三，基于个人同意处理敏感个人信息的，个人信息处理者应当取得个人的单独同意，还应当向个人告知处理敏感个人信息的必要性以及对个人的影响。

第四，与从事个人信息处理岗位上的相关人员签署保密协议，对接触人脸识别信息的人员进行背景审查；按照有关规定设立个人信息安全管理机构、明确个人信息安全管理责任人，并实施特别技术保护。

以上几点，仅仅是起到以点带面的提示作用，本章的核心目标在于让大家从监管者的视角看到，其实权力部门同样受到《个人信息保护法》等相关法律法规的约束，同样应遵守个人信息处理的基本原则，从而便于划清行政执法部门与企业基于不同业务场景在数据交互维度上的责任和义务。这个逻辑指导企业在遇到特定的与政府部门的交互场景时，可以有依据地提出改善性建议，起到双赢的效果。我们在下一章的行业应用的举例中，会进一步去阐释这个理念。

CEO TIPS

资源的有限性决定了您只能抓重点，且动态高频的商业决策也许无法及时匹配上“很重”的数据合规具体要求，在第四章描绘的数据风险雷区地图，以及第五章介绍的基本评估方法的基础上，将本章的重点落到实操层面的具体操作方案，集合场景、聚焦小点、以点带面，贯穿业务流程，协助您进行资源配置。

1. 如何“面面俱到”

“七步走”的最佳实践是遵循个人信息处理流程，步步为营，巩固好每一个环节的合法性基础。您要特别关注：最小必要原则的判定维度。凡是带“最”字，都有主观成分，但仍可以从三个维度加以识别行为的合规性：最小影响，最小范围加最短时间。

2. 如何“既要又要”

让产品“默认式”与“嵌入式”地呈现数据合规，实现“既要又要”是您融合商业与合规的最高境界。以“实名认证”的监管要求与最小必要原则为例，二者并不冲突，但是有机结合的策略需要根据应用场景制定，而这些问题因为和产品呈现形态深度“绑定”，您需要亲自参加讨论。

3. 如何让数据充分融合

大多数公司属于多主体架构，各数据的获取主体、被授权主体与集中数据处理的主体大多不相同。需要区分个人信息处理者和受托人之间的责任划分，对照分析各种角色的风险。这一点在前述要点中多处提及，需要您充分予以重视。

4. 如何建“自证清白”的合规体系

个人信息处理侵权适用举证责任倒置原则，即需要公司“自证清白”，因此您需要建立一套过程控制措施来满足“自证”：(1) 善用 Mactop（我们梳理总结出来的帮您查验落实过程管控措施的 6 个维度）；(2) 熟悉个人信息安全合规环（见图 2-6-6）：用三层同心圆完整展示了体系搭建所需要的维度和要素，层层递进。

5. 如何报送数据

这是您应关注的重点之一。监管部门之间的交叉数据比对形成企业合规画像是必然趋势，我们通过第六、七两节提示您关注报送的义务和责任边界。

第七章　行业/领域的应用：灵活用工平台

导　读

本章开始，我们将进入特定领域的数据合规分析，通过灵活用工（或称灵工）领域案例来剖析数据合规面临的主要问题、解决方案以及合规体系，指导企业如何在人、岗、制度等全流程维度实践数据合规战略。我们做过不完全统计，公司规模达到100人以上的，基本都在一定范围内一定岗位上使用灵活用工模式，灵工的场景已经渗透到全行业。

进入IPO流程的企业如何合规运用灵工模式，已经是当下监管不得不面对的挑战性问题。这些挑战源于人和组织的法律关系界定、商业秘密问题以及数据合规问题等。而所有这些法律关系的界定，最终呈现为数据的交互，结合税务端的数据交互呈现方式就会清晰看到，税务部门所希望做到的业务真实场景下的“四流合一”数据呈现，在灵工场景中尤为重要。我们再将视角切回到上一章行政部门人脸识别身份验证的个人信息处理问题，市监局如何确定灵工商事主体身份，又是不得不面对的另一个数据合规场景。这也是选取灵工这个复杂而现实的视角开展数据合规构建的意义所在。

第一节　灵活用工领域面临的主要数据合规问题

作为数字经济新业态中的重要组成部分之一，灵活用工领域的数据安全及合规管理问题十分严峻。基于其运营模式，灵活用工领域中最核心的价值纽带是灵活用工平台（或称为灵工平台）[1]，平台方是在用工需求方和灵活就业的个人主体之间构建桥梁，完成匹配以及相关的服务收入结算和收入报税等系列服务合集，因此，灵工平台作为数据的集合平台会收集大量个人信息（含敏感个人信息），并存在所采集的个人信息在灵工平台的集团内共享，与业务需求方、第三方服务商或政府部门共享等情形，相关问题在前文对应的篇章均有体现。（本书不对灵工领域的商业模式以及存在的主要法律问题展开论述，如希望对一这领域有更进一步的知识性了解，可以参考 2021 年法律出版社出版的《灵活用工平台的合规之路——合规解决方案的路径设计》一书）。

我们认为，启动数据合规，一定是为企业的最终业务服务的，无论是当下流行的业财一体、业控一体还是业数一体，在本质上都体现为数据治理从成本端思维向业务端价值的转换。在数据治理维度，不仅要提供敏捷高效的企业数字化响应，还需提供嵌入业务端默认式的合规呈现，最终保障业务的连续性。在此维度上，数据合规并没有一蹴而就的通行版本，而是要基于行业和领域特性，定位所在业务领域的数据流，并掌握数据全生命周期，在保障业务的同时，实现数据利用的终极价值。

因此，本节通过梳理灵活用工平台的数据全生命周期，总结灵活用工平台面临的数据安全及合规问题。

一、灵活用工平台的数据全生命周期解析

（一）灵活用工平台的数据全生命周期

随着灵活用工平台的进一步发展，其处理数据的场景越来越多，也越来越复杂。以某灵活用工平台为例，其目前已不仅仅满足于为用工企业及灵工人员提供结算功能，而是通过加载更多的增值服务来为灵活用工平台进行赋能，如为灵工人员提供保险服务、金融服务等。此时，灵活用工平台不可避免地会涉及与第三方保险服务商、金融服务商共享灵工人员的数据，若灵活用工平台未就该等数据

---

〔1〕 除另有说明外，本书中的灵工平台指总包模式下的灵工平台，即灵工平台承揽（总包）用工需求方的业务，并就此向用工需求方收取相应服务费并开具对应增值税专用发票；其后向灵工人员（包括但不限于自然人及自然人注册成立的个体工商户等相关法律主体）进行众包，经验收通过后，向灵工人员支付对应服务费。

共享规则向灵工人员进行说明并获得灵工人员的同意，或虽已获得灵工人员同意但在实际共享过程未遵照规则进行共享的，将会埋下数据安全的隐患，亦涉嫌侵犯灵工人员的数据权益。

灵活用工平台在运营过程中通常会历经以下数据生命周期：(1)针对灵工人员的个人信息(含敏感个人信息)收集；(2)将前述收集的用户数据传输至主管市场监督管理局及主管税务机关以完成工商登记、税务登记、申报纳税等事宜；(3)存储数据以供后续数据的调用及大数据分析；(4)不同业务功能下的数据的使用及共享；(5)应用户要求或在用户注销账号时进行数据删除或匿名化处理。具体而言，灵活用工平台的数据全生命周期如图 2-7-1 所示：

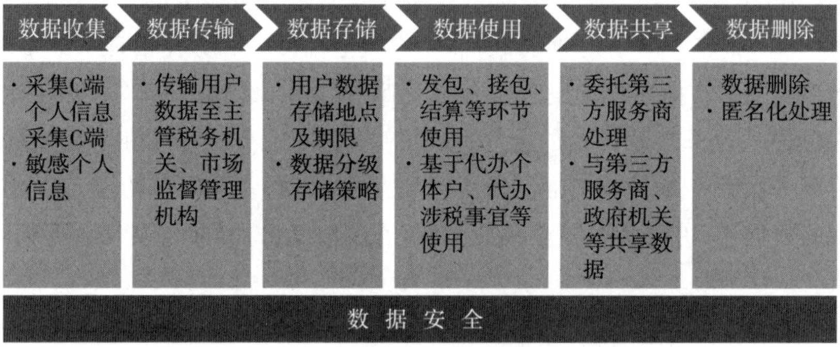

图 2-7-1　灵活用工平台的数据全生命周期

(二)概念厘清：个人信息处理者或受托人

如上所述，不可否认，灵活用工平台会接触大量的数据，但对于灵活用工平台自身而言，其是否真正拥有这些数据？其是否应当对该等数据的安全及合规负责？上述问题的核心在于，灵活用工平台在不同模式下，究竟属于个人信息处理的哪种角色，是个人信息处理者还是受托人？

根据《个人信息保护法》，个人信息处理者指在个人信息处理活动中自主决定处理目的、处理方式的组织、个人；受托人指接受委托处理个人信息的主体。同时，我们在前文“问题 7：如何界定个人信息处理者与受托人？”中给出了更进一步的区分标准。

对于灵活用工平台而言，在总包模式下(此处是指实质意义上的总包模式，非仅为结算资金而采取的“假总包”模式)，用工企业、灵活用工平台及灵工人员是背靠背签署协议，用工企业与灵工人员之间并无直接的法律关系，其无法直接控制灵工人员；而灵活用工平台作为直接与灵工人员发生法律关系的一方，对于灵工人员的数据享有控制权，能够直接决定数据的使用目的及处理方式，因此，在总包模式项下，灵活用工平台属于“个人信息处理者”。

但在撮合模式[1]下，灵活用工平台仅撮合用工企业与灵工人员建立合作关系，不实质参与到业务承揽过程中，其仅系根据用工企业的要求及指示处理灵工人员的数据，因此，在撮合模式项下，灵活用工平台属于“受托人”。

二、灵活用工平台主要面临的数据安全及合规问题

由于灵活用工行业仍处于高速发展阶段，灵活用工平台对于平台数据安全并未予以足够的重视。虽然天津市市场监督管理委员会出台了首个针对灵活用工平台的数据安全地方标准（2021 年 1 月 15 日实施的《共享经济灵活就业人员管理与服务平台基本安全要求》），但该标准对平台的数据安全问题约定得较为简单和笼统，对于灵活用工平台的指导意义不强，大部分灵活用工平台在数据的全生命周期项下，仍然没有遵循个人信息保护的基本原则，数据合规问题存在严峻挑战。

具体而言，灵活用工平台主要面临的数据安全及合规问题如下。

（一）数据收集：未经明示同意收集或过度收集灵工人员个人信息

目前，虽然绝大多数灵活用工平台都会公示相关的用户注册协议及《隐私政策》，但基本都是简单借鉴各大平台的协议，并未重视《隐私政策》所公示内容的完整性、精确性及合规性。如部分灵活用工平台未根据自身平台功能设置对应的数据收集使用规则，或在未经用户同意《隐私政策》前就开始收集、上传个人信息，以至于《隐私政策》形同虚设。

除此之外，部分灵活用工平台还存在过度收集个人信息的情形。国信办 14 号文明确移动互联网应用程序运营者不得因用户不同意收集非必要个人信息，而拒绝用户使用基本功能服务。然而实践中，大量灵活用工平台 App 或微信小程序收集的个人信息与其实现的产品功能并没有明确关联，甚至明显超出合理范围。如在灵工人员的身份验证环节，收集灵工人员的手机号码、验证码、姓名、身份证号码等数据是必要的，但是强制要求灵工人员提供人脸验证视频信息，则明显超出

[1] 用工企业在灵工平台处匹配合适的灵工人员，并与其建立合作关系。

个人信息收集的最小必要原则，构成过度收集个人信息的行为。

（二）数据传输：未采用加密等安全措施传输数据

灵活用工平台收集灵工人员的个人信息后，将基于不同的运营模式将数据传输至其他第三方，但针对数据传输过程并未完全采用加密等安全措施。如在灵活用工个体工商户模式下，灵工平台往往会与当地工商注册登记平台进行对接，将灵工人员注册个体工商户所需要的个人信息进行批量传输，但未采取加密等保护措施。在此过程中容易出现数据泄露、丢失等情形。

（三）数据存储：未明确存储地点及存储期限，亦未实现分级存储

为了便于后续数据调用及大数据分析，灵活用工平台往往会存储部分灵工人员用户数据，但并未明确数据存储地点（如是否存在跨境传输）及存储期限，以及超期限后的数据处理规则。

同时，在数据存储方面，灵活用工平台并未完全实现数据的分级分类管理制度，未针对数据分级分类结果采取不同的数据存储策略，针对敏感个人信息亦未实现加密存储等。

（四）数据使用：超范围使用灵工人员个人信息

实践中，灵活用工平台还存在未在平台《隐私政策》约定的范围内使用灵工人员个人信息的行为，且并未就此行为再次征得灵工人员的明示同意。如《隐私政策》中明确身份证数据仅用于平台基础业务功能，但灵活用工平台却将该等数据用于平台增值业务功能（如用于保险服务），则构成超范围使用灵工人员个人信息的行为。

（五）数据共享：共享规则不清晰

实践中，灵工平台的法律组织特点是多主体集团公司形态，数据采集主体和数据处理主体往往不一致，因此涉及数据转移和数据共享的问题。

另外，灵工平台涉及的外部数据共享场景很多，包括基于监管需求与政务部门进行共享、基于增值服务赋能与第三方服务商进行共享、基于内部运营需求在关联公司间进行共享。

然而，不少灵工平台并未向灵工人员和外部第三方等合作机构明确数据共享目的及共享规则，或虽然明确但实际并未与数据共享方共同遵守该共享规则，导致个人信息被擅自共享。

（六）数据删除：未设置删除路径，亦未实现匿名化处理

通常，当灵工人员要求删除个人信息、灵工人员注销账户或灵活用工平台停止运营时，灵活用工平台应当删除或将灵工人员的个人信息进行匿名化处理。

但绝大部分灵活用工平台并未设置灵工人员可以自主选择删除其个人信息的路径；即便灵工人员已注销账户，其此前被收集的个人信息仍留存在灵活用工平台之内，亦未能实现匿名化处理。

随着灵活用工行业的发展，与数据相关的处理行为和功能会逐渐增多，自动化画像推送问题、数据融合问题、数据迁移等问题会不断涌现，平台所面临的数据安全责任和压力以及合规要求都将不断增加。

三、结语

在灵活用工总包模式下，灵活用工平台作为个人信息处理者，决定着灵工人员个人信息的使用目的和处理方式，故应当对灵工人员的个人信息负责。

尽管灵活用工的运营过程中历经数据的全生命周期，且涉及大量的个人信息，但灵活用工平台对数据安全的重视程度并不高，整体数据安全能力薄弱，在数据收集、运输、存储、使用、共享及删除等各环节均面临严峻的数据合规问题。然而，灵活用工平台如想进一步发展，必然需要承担更高的数据安全责任及合规责任。

总包模式除上述列举的责任和义务之外，实践中还存在服务交付物对应的数字化所有权问题，这是灵工平台总包模式目前面临的运营模式与数据合规之间的核心冲突点。这一类冲突，实质上是运营模式带来的冲突，下两节将在讨论整体数据合规解决方案的基础上，进一步论证运营模式与数据合规之间的风险问题。

第二节　灵活用工平台的数据合规解决方案

上节我们梳理了灵工平台生命周期中数据合规的主要问题，本节我们就灵工平台在数据收集、传输、存储、使用、共享、删除等环节面临的主要数据合规问题进行论述，探讨如何抓住最重要的问题点，达到事半功倍效果。

评估是合规的起点，我们在本书第五章中，就评估的法定义务、触发场景和价

值做了系统分析。之所以在特定领域应用场景中再次重申评估的重要性，正是因为评估在加强个人信息主体权益保护、在发生个人信息安全事件时帮助企业“自证清白”的价值。

《隐私政策》是数据处理的门户和入口。充分重视和利用好《隐私政策》，并将《隐私政策》中展现和承诺的数据处理规则在系统中逐一匹配，是合规的重要抓手。

一、灵活用工平台数据合规路径与解法——关键环节：开展个人信息保护影响评估

开展个人信息保护影响评估是建立数据合规体系的关键环节。根据《个人信息保护法》，个人信息处理者应当对下列个人信息处理活动在事前进行风险评估，并对处理情况进行记录：(1)处理敏感个人信息；(2)利用个人信息进行自动化决策；(3)委托处理个人信息、向第三方提供个人信息、公开个人信息；(4)向境外提供个人信息；(5)其他对个人有重大影响的个人信息处理活动。

无论是从 GDPR 规则还是《个人信息保护法》中的规定中都可以看出，对于灵活用工平台而言，定期开展个人信息保护影响评估是必要且重要的，尤其是在灵工平台基于个人信息应用场景不断延展的情形下。

一方面，开展个人信息保护影响评估可以规范灵工平台日常经营活动，及时识别风险及保护措施的漏洞，减少管理及合规成本。同时，个人信息保护影响评估报告可以帮助灵工人员了解其个人信息将如何被处置及保护，保障其对于个人信息的知情权，避免针对其个人信息进行的可能的高风险数据处理行为。

另一方面，个人信息保护影响评估在灵工平台被有关主管部门事后监管和调查时也发挥着重要的参考作用，甚至会被作为决定其处罚幅度的裁量要素。

灵工平台在选择个人信息保护影响评估产品时，需要关注评估产品出具的检测清单中，是否包括针对平台收集个人信息时基于其提供的业务场景而遵循了最小必要原则进行检测，以及对于儿童等特殊用户是否设置专门的检测路径。

同时，建议灵活用工平台委托专业的外部第三方机构进行独立且专业的评估，且在购买评估产品服务时，重点考察其评估流程中是否包含评估“平台功能描述

与收集的最小必要原则是否匹配”以及“《隐私政策》与系统功能是否一致”这两大问题，以此判断该评估产品的专业性。

二、灵活用工平台数据合规路径与解法二——重要抓手：写好、用好《隐私政策》

《隐私政策》是灵活用工平台对外展示自身数据安全及合规路径的重要抓手。就实用角度而言，不合格的《隐私政策》将导致灵活用工平台面临被下架的风险。因此，“写好”一份《隐私政策》的重要性不言而喻。那么，究竟应该如何写好一份《隐私政策》？灵活用工平台应当把握以下要点：

第一，列明不同业务功能下个人信息收集使用规则。灵活用工平台应当在《隐私政策》中明确业务功能的具体内容、对应收集的必要个人信息范围及对应的服务以及可以自主选择提供的数据范围，使得灵工人员清楚个人信息的收集使用规则。

第二，明确数据共享等处理规则。灵活用工平台应当在《隐私政策》中明确其共享个人信息的类型（尤其是敏感个人信息的类型），数据共享的目的，数据共享方的类型，数据共享方的身份和数据安全能力，以及可能产生的后果等。

第三，明确平台数据安全保护措施。灵活用工平台应当在《隐私政策》中列明其已采取的数据安全保护措施（如上文提及的个人信息保护影响评估及其他安全防护措施等）、其已取得的数据安全认证（如网络安全等级保护备案、ISO 27001 信息安全管理体系认证等）。

第四，明确灵工人员就其个人信息享有的权利。灵活用工平台应当在《隐私政策》中列明灵工人员享有的访问、更正、删除、改变/撤回同意范围、获取个人信息副本等权利具体内容以及实现路径，以保护灵工人员的权利不受侵害。

但若灵活用工平台仅止步于此，完成“形式上的合规”，终究也只能“躲过一时”的监管。《隐私政策》中包括数据全生命周期的规则及制度，对外呈现的是平台对于个人信息的保护实践，如果《隐私政策》与系统实践不一致，灵活用工平台终究还是会自食恶果，承担相应数据违规风险。因此，灵活用工平台应当根据隐私政策设定的规则，及时调整系统功能并确保与之相匹配，完成“实质上的合规”。

三、结语

对于灵活用工平台而言，解决数据合规问题的起点在于个人信息保护影响评估，要点在于《隐私政策》，最终建立数据安全保护体系。

若灵活用工平台能够真正落实开展个人信息保护影响评估的关键环节，有效识别专业的第三方评估机构并与之开展独立的个人信息保护影响评估工作，同时把握住《隐私政策》这一重要抓手，写好、用好《隐私政策》，使得系统功能与《隐私政策》相匹配，则能够建立平台数据合规的基础框架，构建起灵活用工平台的数据合规保护体系。

对于灵活用工平台而言，数据是其进一步发展的重要基石，当平台上合法有效留存的数据沉淀为数字资产，将实现对于灵工人员个人及灵活用工平台本身的价值赋能，有助于灵活用工平台打造整个业务体系的数字链闭环。因此，灵活用工平台应当重视数据安全及合规所创造的价值，依法高效运用及保护平台数据。

第三节　灵活用工平台数据合规与运营模式的冲突

我们从灵工平台数据生命周期视角看到了数据处理的诸多风险点，并在上一节中介绍了两个重要的合规利器——评估和《隐私政策》。但实际上，正如我们在本章开篇导读中所言，数据合规之所以在各个领域和行业有其独特性，是因为数据合规的目标是为业务的合规和连续性提供保障。因此，当厘清风险和明晰手段之后，更需要关注领域自身带来的运营问题，通过数据处理去匹配和化解运营造成的风险，以及反过来可能对数据合规造成的压力。

以灵工平台的商业运营模式为例，总包模式下灵工平台最大的合规障碍就是此前讨论的坐实“总包”的法律性质问题。这个问题映射到数据合规维度上，就面临下述的双罚制下的高额收入罚。

《个人信息保护法》中规定，对于违法处理个人信息，或处理信息未履行个人信息保护义务，且情节严重的个人信息处理者，采取“双罚制”：

1. 针对个人信息处理者本身：针对一般情节，除有关部门责令改正、没收违法所得外，拒不改正的，并处 100 万元以下罚款；针对严重情节，将并处 5000 万元以下或上一年度营业额 5% 以下的罚款，并可以责令暂停相关业务或者停业整顿、通报有关主管部门吊销业务许可或者营业执照。

2. 针对个人信息处理者的直接责任人：针对一般情节，将处以 1 万元以上 10 万元以下罚款；针对严重情节，将处以 10 万元以上 100 万元以下罚款，且可能禁止其在一定期限内担任相关企业的董事、监事、高级管理人员和个人信息保护负责人。

这一规定对于个人信息处理者的处罚重点在营业额三个字上，营业额在财务上的定性是可以确认的收入，以互联网领域为例，"流水"（或者称为 GMV）在法律上的定性并非收入，流水对应的权利和责任并未得到确定的转移。所以从法律视角看营业额，就意味着，企业或者平台对这笔收入应全权负责，承担相应的责任。

伴随互联网平台业务模式的不断创新，平台责任边界越发模糊，既扮演"裁判员"又扮演"运动员"的角色。

沿着本章节以灵工平台为例进行讨论，我们发现行业内既有的模式在不断创新的形态下，出现了总包模式和平台模式的叠加。在这种情况下，平台若是面临全年营业额 5% 的处罚，在具体应用场景中应当承担的责任边界在哪里？如何认定平台上参与各方的担责比例？监管实践中是否有可以遵循的思路？

对此，我们从灵工平台"流水"与营业额之间的关系入手，探究类平台企业的"流水"之困，明确互联网平台履行个人信息安全合规义务、避免高额罚金的破解路径。

一、违法处理个人信息，最高可罚 5000 万元或上一年度营业额的 5%

我们先将《个人信息保护法》与 GDPR 中有关个人信息处理者法律责任的规定作了横向对比（见图 2-7-2），通过比对，能够直观理解立法上的差异和国内企业需要关注的重点。详细的责罚对比见本节末尾表 2-7-1，简略罚则对比见图 2-7-2。

由图 2-7-2 我们可以得出以下结论：

1.《个人信息保护法》与 GDPR 均实行两级处罚制，并针对个人信息处理者的严重违规行为规定了与上一财年"营业额"相关的处罚规则，其处罚之严厉足以引起所有个人信息处理者的关注，但《个人信息保护法》对于处罚措施的区分维度在于情节严重与否，对违法行为本身并未作细致区分；而 GDPR 则是从违法行为本身入手，以行为危害性作为区分标准，最大特点是将违反个人信息保护的基本原则单设处罚较高的一档，这在执法实践中可以大大提高准确性。

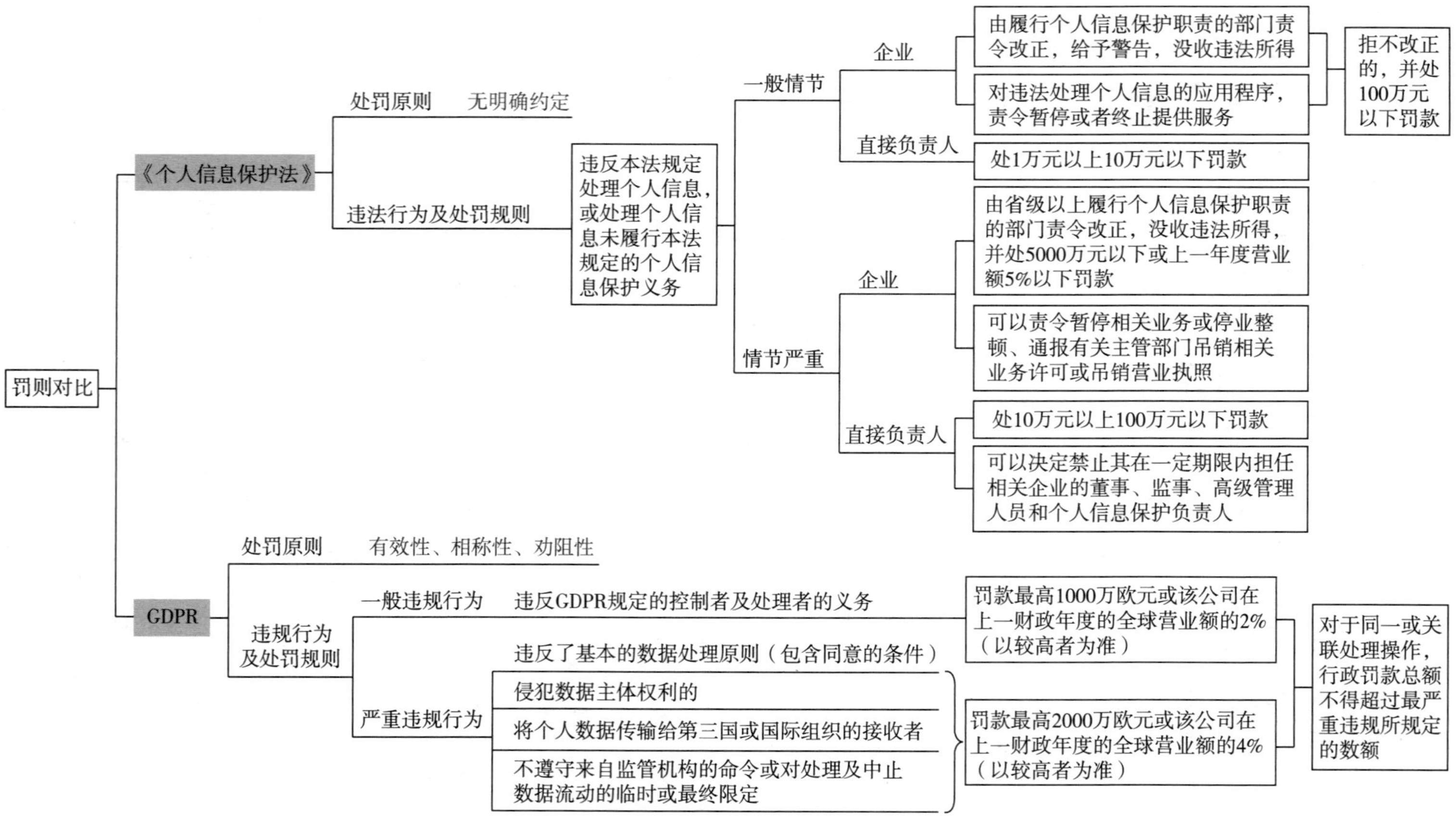
罚则对比
《个人信息保护法》
处罚原则
无明确约定
违法行为及处罚规则
违反本法规定处理个人信息，或处理个人信息未履行本法规定的个人信息保护义务
一般情节
企业
由履行个人信息保护职责的部门责令改正，给予警告，没收违法所得
对违法处理个人信息的应用程序，责令暂停或者终止提供服务
拒不改正的，并处100万元以下罚款
直接负责人
处1万元以上10万元以下罚款
情节严重
企业
由省级以上履行个人信息保护职责的部门责令改正，没收违法所得，并处5000万元以下或上一年度营业额5%以下罚款
可以责令暂停相关业务或停业整顿、通报有关主管部门吊销相关业务许可或吊销营业执照
直接负责人
处10万元以上100万元以下罚款
可以决定禁止其在一定期限内担任相关企业的董事、监事、高级管理人员和个人信息保护负责人
GDPR
处罚原则
有效性、相称性、劝阻性
违规行为及处罚规则
一般违规行为
违反GDPR规定的控制者及处理者的义务
罚款最高1000万欧元或该公司在上一财政年度的全球营业额的2%（以较高者为准）
严重违规行为
违反了基本的数据处理原则（包含同意的条件）
侵犯数据主体权利的
将个人数据传输给第三国或国际组织的接收者
不遵守来自监管机构的命令或对处理及中止数据流动的临时或最终限定
罚款最高2000万欧元或该公司在上一财政年度的全球营业额的4%（以较高者为准）
对于同一或关联处理操作，行政罚款总额不得超过最严重违规所规定的数额

图 2-7-2　罚则对比

2. 相较于 GDPR,《个人信息保护法》大幅提高了罚款上限金额和个人信息处理的违法成本；并且我国处罚实行的是“双罚制”规则，除处罚企业外，相关负责人也将面临个人罚款及“行业禁止令”，处罚更加严厉、处罚维度也更加多元。

3.GDPR 针对“处罚原则”作出了细致的约定，包括监管机关在个案中需要酌情考量的因素，以体现行政处罚与违规行为之间的“相称性”；而《个人信息保护法》仅规定了处罚措施，具体处罚原则尚未明确。对此我们可以等待有关法律细则的出台，以期明确处罚原则的具体落地。

二、进退两难：灵活用工平台“流水”= 营业额？

在之前的灵工平台的定义中，灵工行业内已出现多种商业模式，但最常见的还是总包模式下的灵工平台。在总包模式下，用工需求方向灵工平台支付的费用已覆盖灵工平台应当向灵工人员支付的服务费成本，即前述服务费实际已经转嫁由用工需求方承担，类似于传统行业“来料加工”下的“成本加成法”定价模式。

总包模式下，灵工平台与用工需求方之间为承揽法律关系，灵工平台的“流水”与营业额之间划等号。一旦灵工平台发生违法处理个人信息的行为，在情节严重的情况下将有可能触发高额罚金。

但一旦灵工平台未坐实业务实质，与用工需求方及灵工人员之间不存在真实的业务联系，在支付给灵工人员的服务费不享有实质意义上的定价权的情况下，该部分收入应当根据会计准则采用净额法确认收入。这意味着灵工平台的营业额将远远小于平台“流水”。但同时，这将引发税务上的连锁反应：即灵工平台依据服务费总额向用工需求方开具的增值税专用发票，可能面临涉嫌虚开增值税专用发票的法律风险。

这似乎导致了一个“进退两难”的局面：

如果进一步：平台“流水”= 营业额，那么灵工平台在处理个人信息方面的违法成本将大大提升。这就需要灵工平台做好个人信息安全的强防守。

如果退一步：平台“流水”≠营业额，虽然灵工平台在处理个人信息方面的违法成本可能降低（毕竟最高处罚额除上一年度营业额的 5% 外亦存在“5000 万元”的固定上限额），但又将面临虚开发票的法律风险。

但实际上，这是一个“伪命题”。

对于灵工平台而言，在总包模式下并无第二条路可选，只能选择坐实业务真实性这一条路；而避免承担高额罚金的破解之道，即为践行《个人信息保护法》规定的个人信息处理者所应承担的义务，做好个人信息安全合规保护。

如果平台想打造整体品牌形象，在行“自营”之名时，亦需要坐实“自营”之实，对应承担商家 / 服务商对其销售的商品 / 提供的服务所应承担的法律责任。

如果平台想打造健康的交易生态，则应谨守平台本职，不过多地介入交易实质。这意味着构建灵工生态的开放平台，需要更多关注平台参与方在平台中的功能、角色、责任和义务，构建起立体防护体系。其中一个“自测”的方式，就看平台完成的交易中交付物的风险责任承担，这一“测试”点，也是众多监管机构在看平台角色以及收入属性时的关键点。

这一启示在其他互联网平台同样适用。

附：《个人信息保护法》与 GDPR 之罚则对比（见表 2-7-1）

表 2-7-1 《个人信息保护法》与 GDPR 之罚则对比

序号	要点	《个人信息保护法》	GDPR
1	违法行为	区分行为一般情节及情节严重，包括： 1. 违反《个人信息保护法》规定处理个人信息； 2. 处理个人信息未履行《个人信息保护法》规定的个人信息保护义务	1. 一般违规行为： 违反 GDPR 规定的控制者及处理者的义务； 2. 严重违规行为： （1）违反了基本的数据处理原则（包含同意的条件）； （2）侵犯数据主体权利的； （3）将个人数据传输给第三国或国际组织的接收者； （4）不遵守来自监管机构的命令或对处理及中止数据流动的临时或最终限定
2	处罚原则	处罚原则：未明确约定	处罚原则： 1. 有效性。 2. 相称性：决定是否处以行政处罚及处罚金额时，应当考虑以下因素： （1）侵权行为的性质、严重程度和持续时间，同时考虑处理行为的性质、范围或目的，以及受影响的数据主体的数量及其遭受的损害程度； （2）违规行为的故意或过失性质； （3）控制者或处理者采取的旨在减轻数据主体所受损害的任何措施； （4）控制者或处理者所承担责任的程度（在其已实施技术和组织措施的情况下）；

续表

序号	要点	《个人信息保护法》	GDPR
			(5)控制者或处理者之前发生的任何相关违规行为； (6)与监督机关的合作程度，以纠正违规行为，减轻违规行为可能产生的不利影响； (7)受违规行为影响的个人资料类别； (8)监督机构获知违规行为的方式，特别是该控制者或处理者是否以及在多大程度上对违规行为进行通知； (9)就此前针对同一事件责令控制者或处理者所采取的措施的遵守情况； (10)遵守 GDPR 规定的行为守则或认证机制； (11)适用于本案情形的任何其他加重或减缓处罚因素(如直接或间接因侵权而获得的经济利益或避免的损失)。 3. 劝阻性
3	处罚细则	处罚细则： 1. 针对一般情节： (1)由履行个人信息保护职责的部门责令改正，给予警告，没收违法所得，对违法处理个人信息的应用程序，责令暂停或者终止提供服务；拒不改正的，并处 100 万元以下罚款。 (2)对直接负责的主管人员和其他直接责任人员处 1 万元以上 10 万元以下罚款。 2. 针对情节严重： (1)由省级以上履行个人信息保护职责的部门责令改正，没收违法所得，并处 5000 万元以下或者上一年度营业额 5% 以下罚款，并可以责令暂停相关业务或者停业整顿、通报有关主管部门吊销相关业务许可或者吊销营业执照； (2)对直接负责的主管人员和其他直接责任人员处 10 万元以上 100 万元以下罚款，并可以决定禁止其在一定期限内担任相关企业的董事、监事、高级管理人员和个人信息保护负责人	处罚细则： 1. 针对一般违规行为： 罚款最高 1000 万欧元或该公司在上一财政年度的全球营业额的 2%(以较高者为准)； 2. 针对严重违规行为： 罚款最高 2000 万欧元或该公司在上一财政年度的全球营业额的 4%(以较高者为准)

第四节　灵活用工平台如何打造数据合规体系——责任定位

我们在前三节中阐述了灵工平台在数据生命周期中面临的主要数据安全问题，同时建议平台可以依托重要的评估及《隐私政策》作为重要的起点和抓手来做好数据合规。在此基础上，本节根据灵工平台自身的数据安全特性，分析与数据安全合规相关的法定责任与义务，探讨如何构建灵工平台的数据安全合规体系。

一、自查评估：灵活用工平台如何收集处理数据？

《灵活用工平台的合规之路——合规解决方案的路径设计》[1]一书中总结了灵工平台合规体系构建的四重奏模型理论：平台应具备解决四大问题的核心能力——人的收益问题、人的来源问题、人的管理问题与人的社会保障问题。因此，随着灵工平台的发展，其已不仅仅是一个结算平台，而是通过加载更多的增值服务集合招聘、管理、金融服务、保险服务等多种功能于一体，涉及与用工需求方（B端企业），自由职业者（C端用户），市监局、税务局等政府部门（G端政府），第三方服务商（S端）的数据收集与交互，相应地，收集处理的数据亦会愈加复杂。我们简要梳理灵工平台从功能的角度展示的与数据相关的内容（见表2-7-2）：

表2-7-2　灵工平台收集的数据内容

涉及主体	C端用户	B端企业	G端政府	S端服务商
数据收集	✓ 一般数据：如姓名、性别、年龄等 ✓ 重要数据：如身份证号、银行卡号、人脸指纹等敏感数据	✓ 一般数据：如企业名称、社会信用代码等 ✓ 重要数据：如税务数据、用工数据、商业秘密等	税源地政策数据等	✓ 一般数据：如企业名称、社会信用代码等 ✓ 重要数据：如税务数据、商业秘密等

[1] 参见高亚平、周梦、纪倩：《灵活用工平台的合规之路——合规解决方案的路径设计》，法律出版社2021年版。

续表

涉及主体	C端用户	B端企业	G端政府	S端服务商
数据储存	✓数据储存地点、期限 ✓数据去标识化 ✓数据分级储存 ✓数据超期处理			
数据使用	✓自行处理使用：如出于结算、代办的目的使用。需要注意以下控制体系建立： 数据访问控制 数据展示控制 用户画像、汇聚融合、自动化决策控制 …… ✓委托第三方处理：自身不具备数据处理能力时委托第三方处理 委托数据范围 个人信息保护影响评估 监督管理			
数据传输	✓境内 一般数据传输 重要数据传输 ✓境外 跨境传输——个人信息保护影响评估			
数据共享转让	✓知情同意 ✓最小必要 ✓撤回同意 ……	✓C端用户基本信息、结算、接包等数据； ✓G端政府政策数据； ✓S端服务商服务数据	✓C端用户税务数据、工商数据、基本信息等 ✓B端企业基本信息、税务、工商数据等	✓C端用户税务数据、征信数据、基本信息、用户画像等； ✓B端企业基本信息、企业画像等数据
数据删除	✓数据删除规则与途径 ✓匿名化处理			

二、责任厘清：违背数据安全管理义务的法律责任有哪些？

根据《数据安全法》的规定，在境内或境外开展数据收集、存储、使用等数据处理活动及其安全监管皆适用该法，如灵工平台这类集合大量数据的互联网平台企业可预见地会成为监管的重中之重。为帮助灵工平台建立数据合规意识，厘清法律责任，我们以《数据安全法》数据安全违规内容对应的法律后果以及相应的处罚对象为视角进行梳理，具体见表2-7-3。

表 2-7-3　灵工平台数据安全管理义务法律责任

违规内容	法律责任	处罚对象
1. 未建立数据安全管理制度 (1)一般数据处理者 未建立数据安全管理制度 未组织开展数据安全教育培训 未采取数据安全保障措施 (2)重要数据的处理者 未明确数据安全负责人和管理机构 2. 未落实数据安全保护责任 3. 未进行风险监测、发生数据安全事件处置不当 4. 未对重要数据展开合规风险评估，并发送合规报告	1. 一般后果： 有关主管部门责令改正，给予警告； 可以并处 5 万元以上 50 万元以下罚款； 对直接负责的主管人员和其他直接责任人员可以处 1 万元以上 10 万元以下罚款。 2. 严重后果： 拒不改正或者造成大量数据泄露等严重后果的，处 50 万元以上 200 万元以下罚款； 可以责令暂停相关业务、停业整顿、吊销相关业务许可证或者吊销营业执照； 对直接负责的主管人员和其他直接责任人员处 5 万元以上 20 万元以下罚款	（1）灵工平台运营企业； （2）灵工平台数据处理业务的直接负责的主管人员和其他责任人员
违反国家核心数据管理制度，危害国家主权、安全和发展利益	1. 由有关主管部门处 200 万元以上 1000 万元以下罚款； 2. 根据情况责令暂停相关业务、停业整顿、吊销相关业务许可证或者吊销营业执照； 3. 构成犯罪的，依法追究刑事责任	
重要数据出境违规的	1. 一般情节： 有关主管部门责令改正，给予警告； 可以并处 10 万元以上 100 万元以下罚款； 对直接负责的主管人员和其他直接责任人员可以处 1 万元以上 10 万元以下罚款。 2. 严重情节： 处 100 万元以上 1000 万元以下罚款； 可以责令暂停相关业务、停业整顿、吊销相关业务许可证或者吊销营业执照； 对直接负责的主管人员和其他直接责任人员处 10 万元以上 100 万元以下罚款	
未配合公安机关、国家安全机关合规合法取证	1. 有关主管部门责令改正，给予警告； 2. 并处 5 万元以上 50 万元以下罚款； 3. 对直接负责的主管人员和其他直接责任人员处 1 万元以上 10 万元以下罚款	

续表

违规内容	法律责任	处罚对象
未经主管机关批准向外国司法或者执法机构提供数据	1. 一般后果： 由有关主管部门给予警告，可以并处 10 万元以上 100 万元以下罚款，直接负责的主管人员和其他直接责任人员可以处 1 万元以上 10 万元以下罚款。 2. 严重后果： 处 100 万元以上 500 万元以下罚款，并可以责令暂停相关业务、停业整顿、吊销相关业务许可证或者吊销营业执照，对直接负责的主管人员和其他直接责任人员处 5 万元以上 50 万元以下罚款	
窃取或者以其他非法方式获取数据，开展数据处理活动排除、限制竞争，或者损害个人、组织合法权益	依照有关法律、行政法规的规定处罚	
给他人造成损害的	依法承担民事责任	
构成违反治安管理行为的	依法给予治安管理处罚，构成犯罪的，依法追究刑事责任	

除《数据安全法》外，若灵工平台未能履行数据安全合规相关的法定责任与义务，亦会承担《个人信息保护法》下相关的法律责任，在行政责任上，市监局、网信办、工信部等监管部门会对于违规处理个人信息的 App 或小程序予以通报、整改、下架；在民事责任上，除数据主体会自行提起民事诉讼外，针对灵工平台在内的互联网企业违法违规收集个人信息和非法获取个人信息问题，最高人民检察院 2020 年 9 月出台《关于积极稳妥拓展公益诉讼案件范围的指导意见》，明确将个人信息保护纳入检察公益诉讼领域，灵工平台或将会面临严格的民事责任；亦有可能因触犯侵犯公民个人信息罪而承担相应的刑事责任。

三、小结

本节我们归纳总结灵工平台应当如何收集处理数据以及违背数据安全管理义务的法律责任，结合下文“灵活用工平台如何打造数据合规体系——风险评估与数据制度”和“灵活用工平台如何打造数据安全合规体系——责任人”，构建灵工平台数据安全合规体系。

第五节 灵活用工平台如何打造数据合规体系——风险评估与数据制度

对违规内容对应的法律责任进行梳理，可以让灵工平台相关责任人清晰界定自身和企业的法律责任。在数据安全领域，面对多监管部门的压力和更加严密的法律法规，建立全流程的数据安全合规体系已经成为灵工平台迫在眉睫的需求。

我们通过对灵工平台的主要风险来源进行分析，认为灵工平台的数据安全核心起点在于个人信息安全，因此，我们认为构建整个灵工平台数据安全合规体系首先要重视个人信息保护影响评估，然后通过类似网络安全等级保护备案、ISO 27001 信息安全管理体系认证等途径构建起整体的数据安全合规体系，并最终将责任落实到具体的负责人。

我们在前文中多次提及评估，无论是在拟 IPO 企业的数据合规制度建设中，还是在上文中把评估作为一个合规起点的分析，都是在不断强调评估在数据合规中的重要价值。本节将在具体的领域应用中进一步全面分析具体评估流程和方式。

下文就按照这个逻辑展开分析，并就概念定义和必要性再次进行提炼，重点落在如何评估以及如何比对选择数据维度上的认证管理体系。

一、分析风险：个人信息保护影响评估

（一）概念界定

根据《个人信息安全规范》的定义，“个人信息安全影响评估是指针对个人信息处理活动，检验其合法合规程度，判断其对个人信息主体合法权益造成损害的各种风险，以及评估用于保护个人信息主体的各项措施有效性的过程”。

（二）必要性分析

《数据安全法》第 30 条规定：“重要数据的处理者应当按照规定对其数据处理活动定期开展风险评估，并向有关主管部门报送风险评估报告。”虽然目前“重要数据”的范围尚未厘清，但根据《个人信息保护法》第 55 条的规定：“个人信息处理者应当事前进行个人信息保护影响评估，并对处理情况进行记录：（一）处理敏感个人信息；（二）利用个人信息进行自动化决策；（三）委托处理个人信息、向其他个人信息处理者提供个人信息、公开个人信息；（四）向境外提供个人信息；（五）其他对个人权益有重大影响的个人信息处理活动。”

可见，即使尚未出台关于“重要数据”的解释，但依据《个人信息保护法》以及相应的国家标准，对于灵工平台收集处理敏感个人信息、提供、公开个人信息数据等行为亦应当进行个人信息保护影响评估。

通过评估，可以识别可能导致个人信息主体权益遭受损害的风险，并据此采用适当的个人信息安全控制措施；引导合作伙伴采取适当的安全控制措施；加强对员工的个人信息安全教育；最重要的是，评估还有助于减轻、免除组织相关责任和名誉损失。

（三）如何进行评估？

在进行个人信息保护影响评估之前，要进行相应的准备工作。首先，要通过企业内部选任或聘请外部专业机构等方式，组建评估团队；其次，准确界定所需评估场景，是针对个人信息收集、共享、转让，还是数据出境？再次，梳理平台已经采取的该场景项下的数据安全控制措施与相关法律法规具体要求的差距，如在收集某敏感个人信息的时候，是否取得了用户的单独同意。最后，灵工平台便可按照图 2-7-3[1]，进行个人信息保护影响评估。

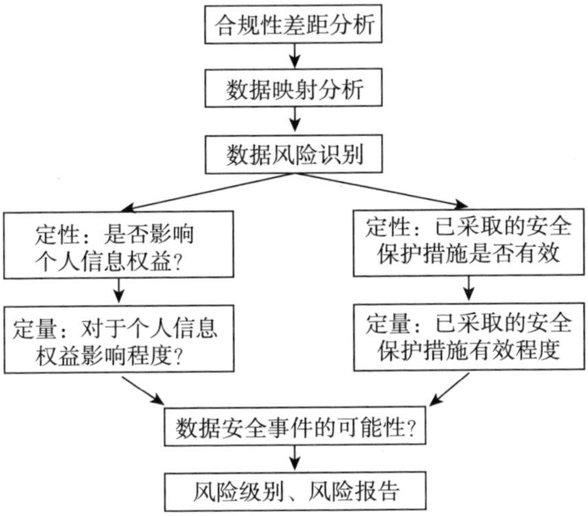

图 2-7-3 灵活用工平台的个人信息保护影响评估流程

---

〔1〕 根据《信息安全技术 个人信息安全影响评估指南》整理。数据映射是指组织在针对个人信息处理过程进行全面的调研后，形成清晰的数据清单及数据映射图表。数据映射分析阶段需结合个人信息处理的具体场景。梳理数据映射分析的结果时，根据个人信息的类型、敏感程度、收集场景、处理方式、涉及相关方等要素，对个人信息处理活动进行分类，并描述每类个人信息处理活动的具体情形，便于对后续分类进行影响分析和风险评价。

二、制度体系：建立全流程的数据安全管理制度

（一）必要性分析：法定义务

《数据安全法》第 27 条规定："开展数据处理活动应当依照法律、法规的规定，建立健全全流程数据安全管理制度，组织开展数据安全教育培训，采取相应的技术措施和其他必要措施，保障数据安全。"《个人信息保护法》第 51 条亦规定："个人信息处理者应当根据个人信息的处理目的、处理方式、个人信息的种类以及对个人权益的影响、可能存在的安全风险等，采取下列措施确保个人信息处理活动符合法律、行政法规的规定，并防止未经授权的访问以及个人信息泄露、篡改、丢失：（一）制定内部管理制度和操作规程……"

从上述第 27 条的规定分析，"应当" 两字表明采取必要措施保障数据安全已经属于法律法规中的强制性义务，因此，对于汇集海量个人信息的灵工平台而言，应当清楚地认知到，建立全流程的数据安全保护管理制度是一个法定义务。根据上文的表格，若违反该法定义务，相应的具体法律责任和责任人十分清晰：法律责任是平台罚和个人罚并举，区分一般后果和严重后果，一旦造成大量数据泄露属于严重后果，平台被罚款的同时会被责令暂停业务、停业整顿和吊销相关许可证或吊销营业执照，而对此负责的责任人也一并处以罚款。

针对该法定义务，需要借鉴一些实践经验为灵工平台构建数据安全合规体系。

（二）如何建立全流程数据安全管理制度？

我们从一个独特的视角来帮助大家理解构建针对数据安全的最佳实践。投资人尽调数据合规方面通常关注平台的两个资质：网络安全等级保护备案或 ISO 27001 信息安全管理体系认证。我们分析这两个资质的内容就能清晰看到，灵工平台如何通过这两个认证构建信息 / 数据安全管理体系，建立全流程数据安全管理制度。

1. 网络安全等级保护备案

网络安全等级保护是目前中国最权威的信息产品安全等级资格认证，它由公安机关对平台信息系统安全等级保护状况进行认可及评定。

根据《网络安全法》，我国实行网络安全等级保护制度。网络运营者应当按照网络安全等级保护制度的要求，履行安全保护义务。

根据公安部、国家保密局、国家密码管理委员会办公室、国务院信息化工作办

公室印发的《关于信息安全等级保护工作的实施意见》(公通字〔2004〕66 号)规定，信息安全等级保护，是指对国家秘密信息、法人和其他组织及公民的专有信息以及公开信息和存储、传转处理这些信息的信息系统分等级实行安全保护，对信息系统中使用的信息安全产品实行按等级管理，对信息系统中发生的信息安全事件分等级响应、处置。

《信息安全等级保护管理办法》(公通字〔2007〕43 号)，根据信息系统受到破坏后的影响程度，从不同的维度定义了信息系统的五个等级保护层级。其中第三级为监督保护级，适用于涉及国家安全、社会秩序和公共利益的重要信息系统，其受到破坏后，会对国家安全、社会秩序和公共利益造成损害。

现在大多数的互联网平台被列为第三级的监督保护级(以下简称三级等保)。三级等保是对非银行机构的最高等级保护认证，测评内容涵盖信息保护、安全审计、通信保密等在内的近 300 项要求。三级等保在七大关键点上对网络安全进行全方位保护，包括身份验证、访问控制、安全审计、入侵防范、恶意防范、数据完整性、数据的保密性。

目前已经有一些相对比较成熟和规范的灵活用工平台取得了三级等保资质，我们相信，接下来会有更多的灵工平台关注并实践信息安全等级保护制度。下文“三级等保”认证覆盖的内容和风险控制点的思维导图(见图 2-7-4)，可以帮助理解如何建立全流程数据安全管理制度。

2.ISO 27001 信息安全管理体系认证

信息安全管理体系(ISMS)的概念源于英国标准协会(BSI)制定的 BS 7799 标准系列，后形成国际系列标准群。ISO 27001 即“信息安全管理实施指南”(Code of practice for Information Security Management Systems)，提出了在组织内部启动、实施、保持和改进信息安全管理的指南和一般原则，包括 11 个要素、39 个控制目标和 133 种控制措施；ISO/IEC27000 是国际标准化组织专门为 ISMS 预留的相关标准的总称，其中 ISO 27001 是指“信息安全管理体系要求”(Specification for Information Security Management Systems)。

从标准的两个部分来理解，一部分 ISO 27001 是一个总的指导思想，依据是“PDCA”(PLAN、DO、CHECK、ACTION)的“戴明环”管理思想，是一个整体的信息安全管理框架，强调的是建立一个持续循环的长效管理机制；另一部分是在组织内部建立信息安全管理体系的一套规范，通过管理来保护组织信息的机密性、完整性和可用性，其中详细说明了建立、实施、运行、监视、评审、保持和改进信息安全管理体系的模型和要求，其最终目的是通过规范的过程，建立适合组织实际要求的信息安全管理体系。

因此，ISO 27001 认证的本质是组织通过若干管理和技术措施，形成一个以体系文档为保证的控制流程，从而保证组织业务的连续性，并可以通过国际认证机构的严格审核，获得国际信息安全认证证书。该认证框架如下文思维导图（见图 2-7-5）。

3. "三级等保" 与 "ISO 27001" 的比较分析

简单来说，ISO 27001 和三级等保，一个是国际的信息安全标准，另一个是国家的信息安全政策，两者既存在差异又有共性，等级保护是一个宏观的信息安全政策，而 ISO 27001 标准是一个具体的信息安全管理标准。那么对于灵工平台，应当如何选择一种认证体系，而不至于重复投资，就需要充分了解两者之间的细节异同。通过对照，我们认为，组织实施了 ISO 27001 标准，基本能够符合信息安全等级保护制度的要求；但对于需要三级以上等保要求的承载国家安全的信息系统而言，等级保护的要求就高于 ISO 27001。

因此，对于需满足三级等保要求的灵工平台而言，在没有特殊要求的前提下，选择三级等保和 ISO 27001 均可以满足建立数据安全保护体系的要求。若要两者并举，也可以考虑以 ISO 27001 标准为主线落实三级等保制度，因为三级等保的安全要求基本和 ISO 27001 标准内容匹配，因此两者可以协同完成。等级保护检查准则基本和 ISO 17799（ISO 27001 的具体管理）的条款类似，都从管理和技术两个方面，即横向的 IT 系统的整个生命周期和纵向的分层次安全入手进行信息安全保护。等级保护的检查和 ISO 27001 的审查也比较类似。

但是两者也存在显著差异，虽然从外观上看，两者都从技术和管理两个方面提出了信息安全的具体要求，但是分类标准有差异。等级保护有 10 个方面的要求，技术方面包括物理安全、网络安全、主机系统安全、应用安全、数据安全，管理方面包括安全管理机构、安全管理制度、人员安全管理、系统建设管理、系统运维管理；而 ISO 27001 标准有 11 个方面，包括安全策略、组织信息安全、资产管理、人力资源安全、物理和环境安全、通信和操作管理、访问控制、信息系统获取开发和维护、信息安全事件管理、业务连续性管理、符合性。而且两者在各个大分类下面又规定了若干的小项目。

上述分类差异并非两者的本质差异，我们认为，网络安全等级保护备案制度和 ISO 27001 的根本差异在于以下两点：

首先，两者的目的不同。网络安全等级保护备案制度的目的是国家安全、社会秩序和公共利益，而 ISO 27001 标准的目的是保证组织安全和利益。因此网络安全等级保护备案制度是为了构建国家整体的信息安全保障体系，而 ISO 27001 标准是为了保证组织业务的连续性，缩减业务风险，保证组织在风险可控前提下的收益最大化。目的差异在两者不同的分级标准中也充分体现。

其次，两者的分级标准不同。这一点至关重要，也是理解网络安全等级保护备案制度和 ISO 27001 差异的核心。网络安全等级保护备案制度实施的前提是分级，针对不同的等级，提出了不同的安全要求；ISO 27001 标准的第一步也是风险评估，根据资产的价值和所面临的风险进行分级，然后针对不同的风险选择相应的风险处置措施。

虽然都是从分级入手，但是两者的分级标准不同，充分体现了各自保护的目的。网络安全等级保护备案制度的分级主要考虑四个方面的风险，即根据信息系统遭到破坏后，对国家安全、社会秩序、公共利益以及公民、法人和其他组织的合法权益所造成的影响程度大小，分为五级，因此，该分级理念的关键依据是组织外部的影响程度。而 ISO 27001 标准的分级是组织根据自己对风险的接受程度，对资产、威胁、脆弱点、影响、风险等各个因素之间的关系进行评估后，进行分级分类，再根据分级决定自身采取何种风险处置措施。因此，ISO 27001 标准的分级理念的关键依据是组织内部的影响程度。

由此可以看出，ISO 27001 标准的实施对于组织而言有更多的定制化特性，组织可以结合自身的行业特性、发展阶段要求、外部监管的环境变化而作出不一样的分级标准，进而选择适合自身的风险控制措施。

为了帮助灵工平台在两个认证体系中做出恰当选择或者两者并举，我们根据《信息安全技术 网络安全等级保护基本要求》(GBT 22239-2019)等相关标准将“三级等保”与“ISO 27001”认证内容及风险控制点整理成如下思维导图(见图 2-7-4、图 2-7-5)。

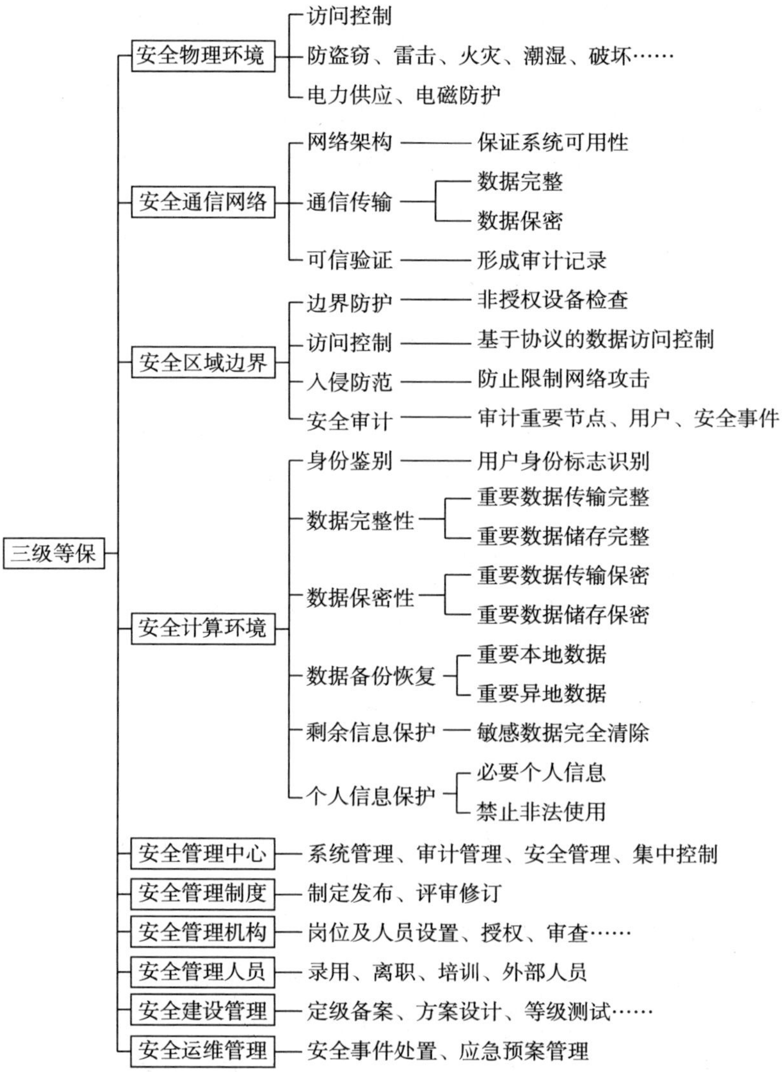

图 2–7–4 “三级等保”认证内容及风险控制点

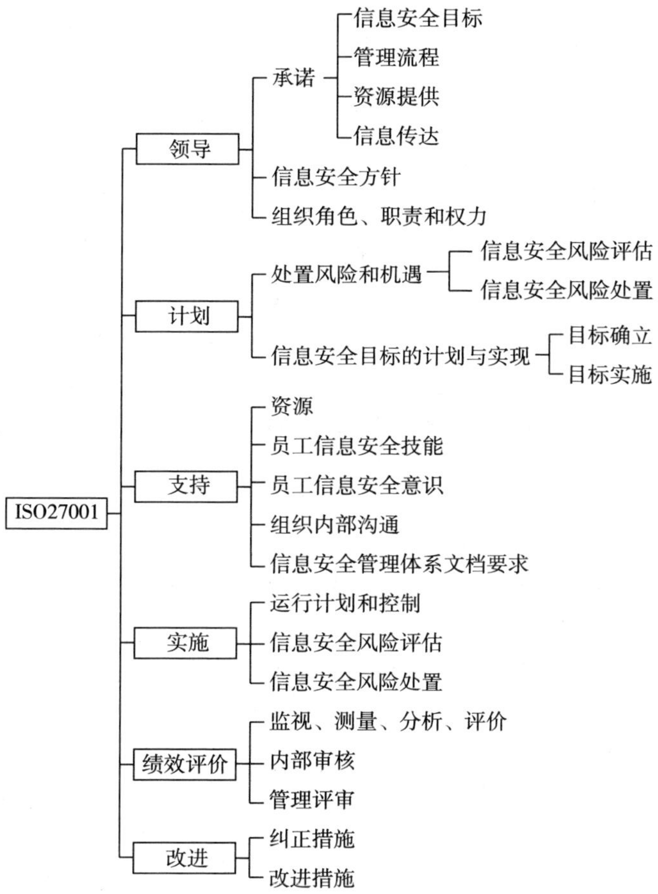

图 2-7-5 "ISO 27001"认证内容及风险控制点

三、小结

目前，灵工平台已逐渐发展为个体户、委托代征、临时税务登记等多种运营模式并举，甚至还出现了许多细分垂直领域的灵工平台，时至今日，灵工平台仍在不少合规环节存在模糊地带，如个体户的管辖权问题，个人经营所得和劳务的收入的区分问题，委托代征模式的增值税问题等。我们在感慨这一领域大有发展前景的同时，也关注到很多灵工平台需要不断跨越障碍。正因如此，我们更加关注平台在不同发展阶段需要重点关注的合规问题，本节探讨的正是基于灵工平台发展到目前阶段已经出现的集合大量个人信息、与大量服务商对接、在集团大量关联主体之间的数据交互以及与政府界面上的大量数据报送等现状，由此提出构建数据合规体系的必要性和迫切性。

我们通过实践中的一些灵工数据合规项目发现，数据问题不仅仅牵涉数据领域的合规，亦与灵工平台的系统搭建、业务真实性、真实合作关系的建立等灵工基础合规问题紧密相连。实践证明，平台通过搭建数据安全体系，来整体梳理平台的合规制度，正好与灵工平台的整体合规一脉相承，在基础合规法律问题中贯穿数据合规的内容，亦在数据合规体系中呈现基础合规法律问题的解决方案。例如，灵工平台最关心的业务真实性问题，在打造数据合规体系过程中，数据的真实性是一个重要的要素指标，两者是互通的。由此，我们建议灵工平台构建数据合规体系，将责任落实到个人信息保护 / 数据安全负责人，来推动平台全方位合规。具体个人信息保护 / 数据安全负责人应当如何落实，将在下文中展开讨论。

第六节　灵活用工平台如何打造数据合规体系——责任人

上节，我们以灵工平台如何收集处理数据为起点，通过自查评估发现风险点并厘清责任，清晰地识别出灵工平台在违反数据安全管理义务时要面临的法定责任，以及平台如何通过可以借鉴的认证体系构建起全流程的数据合规管控体系。所有上述体系化标准化工作的完成，最终都得依赖人，本节我们将重点回归到平台和人的具体职责如何托起和承担数据合规的义务和责任。

一、法定要求：专人落实数据信息的管理保护义务

（一）境内法规

通过梳理所有与个人信息处理者应履行的义务相关的境内法律规范，我们发现，众多法律规范中一个重要的共通点就是要求个人信息处理者有专人落实相关的数据信息管理与保护义务，否则需要承担罚款、停业整顿、吊销营业执照甚至刑事责任等处罚，具体内容详见表 2-7-4：

表 2-7-4 境内法规对专人的规定

内 容	法律责任	来源
1. 设置条件： 处理个人信息达到国家网信部门规定数量的个人信息处理者应当指定个人信息保护负责人。 2. 职责范围： 负责对个人信息处理活动以及采取的保护措施等进行监督。 3. 公示义务： 个人信息处理者应当公开个人信息保护负责人的联系方式，并将个人信息保护负责人的姓名、联系方式等报送履行个人信息保护职责的部门	1. 一般情节： 由履行个人信息保护职责的部门责令改正，给予警告，没收违法所得； 拒不改正的，并处 100 万元以下罚款；对直接负责的主管人员和其他直接责任人员处 1 万元以上 10 万元以下罚款。 2. 严重情节： 由履行个人信息保护职责的部门责令改正，没收违法所得，并处 5000 万元以下或者上一年度营业额 5% 以下罚款，并可以责令暂停相关业务、停业整顿、通报有关主管部门吊销相关业务许可或者吊销营业执照； 对直接负责的主管人员和其他直接责任人员处 10 万元以上 100 万元以下罚款	《个人信息保护法》第 52 条、第 66 条
重要数据的处理者应当明确数据安全负责人和管理机构，落实数据安全保护责任	1. 一般情节： 由有关主管部门责令改正，给予警告，可以并处 5 万元以上 50 万元以下罚款，对直接负责的主管人员和其他直接责任人员可以处 1 万元以上 10 万元以下罚款； 2. 严重情节： 拒不改正或者造成大量数据泄露等严重后果的，处 50 万元以上 200 万元以下罚款，并可以责令暂停相关业务、停业整顿、吊销相关业务许可证或者吊销营业执照，对直接负责的主管人员和其他直接责任人员处 5 万元以上 20 万元以下罚款	《数据安全法》第 27 条、第 45 条
国家实行网络安全等级保护制度。网络运营者应当按照网络安全等级保护制度的要求，履行下列安全保护义务，保障网络免受干扰、破坏或者未经授权的访问，防止网络数据泄露或者被窃取、篡改： （一）制定内部安全管理制度和操作规程，确定网络安全负责人，落实网络安全保护责任……	由有关主管部门责令改正，给予警告；拒不改正或者导致危害网络安全等后果的，处 1 万元以上 10 万元以下罚款，对直接负责的主管人员处 5000 元以上 5 万元以下罚款	《网络安全法》第 21 条、第 59 条

续表

内　　容	法律责任	来源
网络运营者应当设置专门的儿童个人信息保护规则和用户协议，并指定专人负责儿童个人信息保护	违反本规定的，由网信部门和其他有关部门依据职责，根据《网络安全法》《互联网信息服务管理办法》等相关法律法规规定处理；构成犯罪的，依法追究刑事责任	《儿童个人信息网络保护规定》第 8 条、第 15 条、第 26 条
网络运营者对其工作人员应当以最小授权为原则，严格设定信息访问权限，控制儿童个人信息知悉范围。工作人员访问儿童个人信息的，应当经过儿童个人信息保护负责人或者其授权的管理人员审批，记录访问情况，并采取技术措施，避免违法复制、下载儿童个人信息		
满足以下条件之一的组织，应设立专职的个人信息保护负责人和个人信息保护工作机构，负责个人信息安全工作： (1)主要业务涉及个人信息处理，且从业人员规模大于 200 人； (2)处理超过 100 万人的个人信息，或预计在 12 个月内处理超过 100 万人的个人信息； (3)处理超过 10 万人的个人敏感信息的	——	《个人信息安全规范》第 11.1 条
运营者应当设置专门安全管理机构，并对专门安全管理机构负责人和关键岗位人员进行安全背景审查。审查时，公安机关、国家安全机关应当予以协助	由有关主管部门依据职责责令改正，给予警告；拒不改正或者导致危害网络安全等后果的，处 10 万元以上 100 万元以下罚款，对直接负责的主管人员处 1 万元以上 10 万元以下罚款	《关键信息基础设施安全保护条例》第 14 条、第 39 条

可见，为维护社会利益与公民的合法权利，保证个人信息（包括敏感个人信息、儿童个人信息）、重要数据与网络系统的安全，对于灵工平台等集成了大量信息数据的个人信息数据处理者，国家正逐步要求其在体系内构建数据与信息安全的个人责任制（见图 2-7-6），以促使数据安全保护制度的高效有序运转实施。

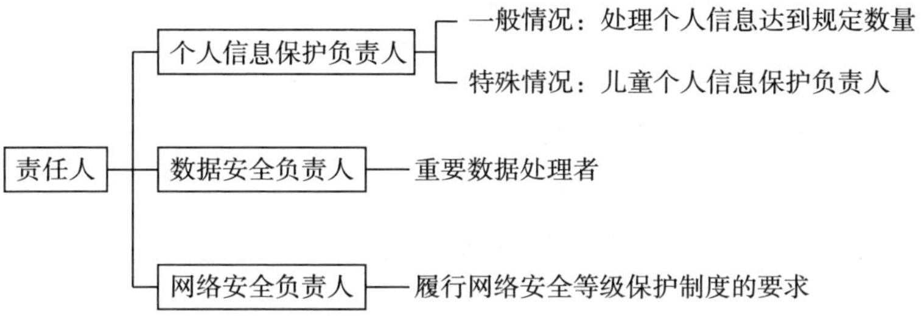

图 2-7-6 各类型责任人

（二）域外经验

GDPR 规定，部分企业必须设置数据保护官（DPO），如核心业务涉及对数据主体进行定期大规模、系统性的监控的企业，以及大规模处理敏感数据的企业。应该设置 DPO 却未设置的企业属于违规，将面临最高 1000 万欧元或企业全球年营业额 2% 的处罚（两者取高值）。

WP29[1]出具的 “Guidelines on Data Protection Officers” 对于 “大规模”、“系统性” 和 “敏感数据” 都做了非常详细的解释，如图 2-7-7 所示：

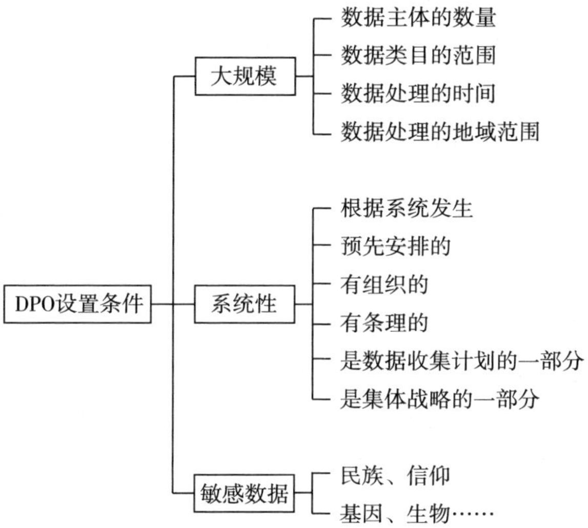

图 2-7-7 DPO 设置条件

---

〔1〕 第 29 条数据保护工作组（The Article 29 Working Party，WP29），由所有欧盟各成员国个人数据保护机构的代表组成，于 2018 年 5 月 25 日解散。

因此，无论是国内还是国际，监管思路均是将数据与信息管理和保护的责任落实到具体的责任人，若违反上述法律法规对于设置数据保护 / 个人信息保护等相关负责人的要求，就要承担相应的法律责任。

二、稳步升级：灵活用工平台如何设置责任人？

现行的法律法规中，规定数据信息的个人责任制度的法律法规略显纷杂，灵工平台究竟是应当设置“个人信息保护负责人”、“数据安全负责人”还是“数据保护官”？对此，我们认为，应当根据灵工平台的发展阶段，结合收集处理数据的范围、体量、地域等维度，设立不同的责任人。

（一）第一阶段：个人信息保护负责人

《个人信息保护法》中提及处理数量这个界定标准，同时《个人信息安全规范》第 11.1 款（c）中规定，满足以下条件之一的组织，应设立专职的个人信息保护负责人和个人信息保护工作机构，负责个人信息安全工作：（1）主要业务涉及个人信息处理，且从业人员规模大于 200 人；（2）处理超过 100 万人的个人信息，或预计在 12 个月内处理超过 100 万人的个人信息；（3）处理超过 10 万人的个人敏感信息的。

《个人信息安全规范》第 3.2 条对个人敏感信息内涵和范围进行了更为详细的规定：将身份证件号码等个人身份信息，指纹、基因等个人生物识别信息，交易信息、银行账号在内的个人财产信息，医疗记录等健康生理信息，通信记录、聊天内容、行踪轨迹、住宿信息等内容，纳入个人敏感信息范围。

上述标准在本书中多次出现，一方面是因为其本身在可参照标准中相对确定，用具体数字作为衡量指标，具有可实操性；另一方面是因为其在一定程度上反映了数据合规层面的几个关注维度，包含企业达到一定规模标准和处理个人信息量和处理敏感个人信息量三个条件并行的综合参考价值。

对于灵工平台而言，平台交易规模的大小直接与处理个人信息量成正比，个人信息的处理是平台的基本服务内容，因此很容易达到上述三个条件，尤其是容易达到第三个处理数量达到 10 万人次的条件，因此个人信息保护负责人是灵工平台的必备岗位。我们建议灵工平台重点关注个人信息保护负责人的人员配备和岗位设置，严格履行个人信息保护义务。

（二）第二阶段：数据安全负责人

虽然《数据安全法》中提及“重要数据”这个界定标准，由于实施细则尚未出台，对于“重要数据”的定义尚且模糊，但从已发布的法律法规和征求意见稿中，我们可以得出以下结论：

1.“重要数据”不等同于“个人信息”。即便有些法律法规和规范性文件将“重要数据”与“个人信息”混用，但从《个人信息保护法》和《数据安全法》等最上层立法来看，还是将数据、个人信息予以区分，对其义务履行规定亦有差异。

2. 将依据不同行业制定“数据安全目录”。根据《数据安全法》，国家建立数据分类分级保护制度，根据数据在经济社会发展中的重要程度，以及一旦遭到篡改、破坏、泄露或者非法获取、非法利用，对国家安全、公共利益或者个人、组织合法权益造成的危害程度，对数据实行分类分级保护。各地区、各部门应当按照数据分类分级保护制度，确定本地区、本部门以及相关行业、领域的重要数据具体目录，对列入目录的数据进行重点保护。

由此，当灵工平台的规模体量、商业模式足可对“公共利益”“社会保障”等方面造成影响，或垂直领域的灵工平台涉及该行业的“数据安全目录”时，则必须承担相应的社会义务，设立“数据安全负责人”。

（三）第三阶段：数据保护官（DPO）

根据 GDPR 的规定，即使中国公司在欧洲没有分支机构，但如果其提供的产品与服务收集并处理了欧洲自然人的数据，那该公司就需要遵守 GDPR 相关规定。

也就是说，当灵工平台迈出国门走向世界后，将会面临更加严格的数据信息管理与保护义务，设置 DPO 也成了必备条件，DPO 的主要职责（见图 2–7–8）。

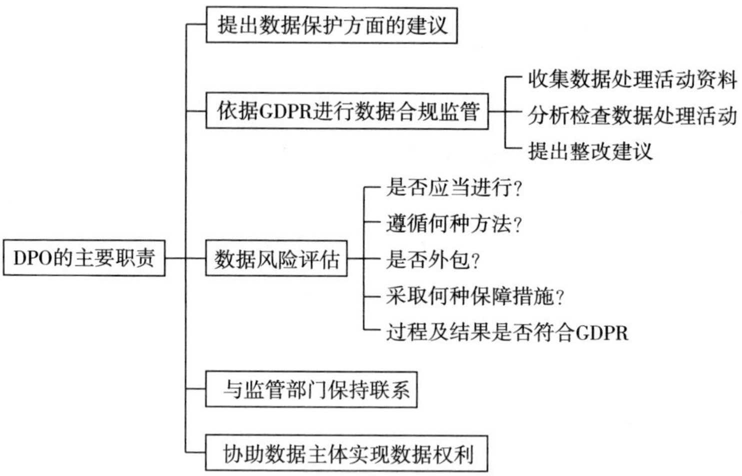

图 2-7-8　DPO 的主要职责

并且，灵工平台设置 DPO 职位，不仅仅是灵工平台向境外发展的合规需要，更是在境内数据监管趋严的背景下的现实合规需求。DPO 实际上相当于灵工平台中半独立的数据安全合规检查顾问。因此，鉴于目前国际上对于 DPO 的岗位 / 职位能力认证已经有相对成熟的国际认证体系，其要求标准较高，职责及能力要求较为明确，根据“举重以明轻”的原则，在灵工平台数据合规“责任到人”的监管背景下，我们建议即使灵工平台目前尚未有国际战略布局，亦可以借鉴该等认证的知识体系，培养自身所需的个人信息保护 / 数据安全负责人。

三、具体职责：责任人的具体职责范围

虽然《数据安全法》等国内目前的法律法规以及规范性法律文件中，并没有明确数据负责人应当具体履行的职责内容，但我们可以通过借鉴《个人信息安全规范》、GDPR 和相应的对于数据保护官的国际认证中负责人应履行的职责内容，确定灵工数据安全责任人的具体职责范围：

第一，全面策划实施灵工平台相关的数据安全保护工作。包括但不限于数据安全管理制度的制定、数据保护工作计划的实施、数据安全管理团队的选任、管理权限的赋予等，对数据安全负直接责任。

第二，分析解读最新的法律法规等文件，监督灵工平台日常运营是否符合法规要求。结合灵工平台的具体数据处理场景，定期更新数据安全管理制度与工作

计划，分析灵工平台可能面对的数据处理违规等风险。

第三，牵头开展灵工平台的个人信息保护影响评估，提出个人信息保护的对策建议，督促整改安全隐患。例如，灵工平台基于不同的模式会采用不同个人信息采集方式，拟采用的采集方式是否满足最小必要原则，这些都需要进行个人信息保护影响评估。

第四，积极配合主管部门监管工作。如就灵工平台的数据处理活动进行日常咨询、如期递交相关报告、配合监管部门获得所需数据和信息等。

第五，协调各方人员，避免数据安全事件。灵工平台新的功能发布前，以及与新的服务商、数据处理机构合作前进行检测、尽调，避免出现数据安全事件；积极组织开展灵工平台相关工作人员的个人信息安全培训工作，增强平台内人员的数据合规意识，并不定期进行匿名抽查。

第六、法律法规规定的其他义务。如数据留存、删除、投诉举报途径披露、数据安全事件报告等。

基于灵工平台的功能特性，个人信息保护 / 数据安全负责人将承担重要的对内对外的数据安全相关的合规工作，责任重大。

四、结语

平台的合规体系打造需要借助最佳的认证体系，通过流程构建起组织的数据安全管理制度；通过责任人的设置有效落实数据安全管理制度，只有人和组织的共同协作，才能真正构建起数据合规体系。

我们从平台的视角出发，梳理了通过借助 ISO 27001 认证和网络安全等级保护备案，有效快速地帮助平台构建起整体合规管理体系。但是我们认为，平台作为一个组织，推行一个制度，通过一个认证，并不十分困难，真正的困难在于认证体系在组织中的有效实施，同时不断优化改进，而这一切的重点在于人。这就是为什么相关法律法规特别强调，需要明确负责人。这从组织行为学的角度亦证明，责任只有真正落实到人，激发善意和潜能，组织才真正有生命力。

我们从个人信息保护 / 数据安全负责人在法律法规中的规定，到具体负责人缺位下的法定责任，再到负责人的具体职责，对灵工平台数据保护负责人做了全方位的分析，结论很清晰：个人信息保护 / 数据安全负责人将是灵工平台的法定标配。

CEO TIPS

我们以特定领域实践案例为例，从绘制契合行业应用场景的数据生命周期开始，分析主要数据合规问题和核心矛盾冲突点，由此找到解决方案中的关键抓手，最终提出如何打造整体数据合规体系的方案建议。通过这个脉络，便于您理解与应用。

1. 厘清数据生命周期和发现核心问题：

通常平台类企业自带数据合规“通病”。以灵活用工平台为例，大规模处理敏感个人信息是其最核心的痛点，同时，商业运营总包模式导致的高流水，与平台实质结算功能仅截留的微薄收益，二者之间的冲突直接“投射”到数据违规处罚问题上营业额 5% 最高罚的计算口径，让灵活用工平台骑虎难下。此外，数据获取、数据共享、数据存储以及数据删除等一系列问题也在行业内普遍存在，发现问题与解决问题的思路值得其他行业借鉴。

2. 主要矛盾怎么抓：

针对灵活用工平台的行业特性，我们聚焦两个维度帮助您学会抓主要矛盾：(1)个人信息保护影响评估方案；(2)《隐私政策》撰写策略。再一次强调评估与《隐私政策》的重要性，切不可“虎头蛇尾”、内外“两张皮”。

3. 平台体系打造的三部曲：

带您案例化学习平台体系打造的核心三部曲：(1)责任定位：以该特定行业为例，定位出平台上各合作方在功能实现过程中的数据处理边界和内容，明确各自分别应当承担的义务和责任；(2)利用认证体系：三级等保和 ISO27001 控制点对照之后，风险点了然于心，您可以轻松查验并进行过程管理；(3)可问责：厘清组织内部个人信息保护负责人、数据安全负责人和数据保护官的法定设置义务以及各自的职责。

第八章　专题：数据合规商业热点

导 读

进入本章，我们将讨论更有意思的算法、个性化推荐、爬虫和黑模式。选取这几个维度作为本书的最后一个章节，是希望在前文基本面分析的基础上，把视线重新聚焦到大部分企业都会碰到的一些特殊的“点”上。通过观察，我们发现需求的多样性和丰富性，与信息冗杂形成强烈冲突；算法和个性化数据处理在商业价值上无可比拟，但算法面临的监管已经往伦理方向飞速发展；与此同时，我们又发现数据的分散性和需求的集中度和高效性形成冲突，于是数据归集处理的价值凸显，爬虫不可避免地发挥着巨大作用。经初步统计，进行大量数据处理的高科技类企业中，算法基本成为必备武器，且个性化功能或爬虫功能加总应用的概率在 90% 以上。

本书的最后一站是黑模式数据治理。欧盟和美国引领的黑模式治理似乎将数据合规问题带入社会学和心理学的“潜意识”领域，数据治理也不再强调非黑即白，而是在中间大量的“灰色”地带探索着保护的路径。如果说个人信息保护的最小必要等基本原则是黑与白的较量，那么黑模式的“高级灰”绝对就是下一波合规的重点。

第一节　算法之治的启程——算法备案

我们已悄然迈入“万物互联、事事算法”的人工智能时代，算法正日益广泛地被应用于互联网信息推荐、电子商务、智能驾驶等社会多个领域，在我们生活中无处不在。

与此同时，算法的不合理利用问题也愈演愈烈，在算法技术的“加持”下，网络用户逐渐变成“网络透明人”，日益威胁着个人权利、公共利益乃至国家利益，算法治理已经成为国内外政府关注的重要问题。如美国政府对于 TikTok 数据安全问题表示持续担忧：2022 年 11 月 15 日，美国联邦调查局局长 Christopher Wray 表示，中国政府可能会利用 TikTok 来控制用户信息的收集或控制推荐算法[1]。在多方压力下，TikTok 宣布将美国用户的数据迁移到甲骨文公司拥有的美国服务器上，并且甲骨文正在对 TikTok 算法和内容审核模型进行审查和验证，以确保它们不被中国操纵；在我国，为对各互联网平台使用的算法进行事前监督，2022 年 3 月 1 日互联网信息服务算法备案系统正式上线，截至 2022 年 12 月，已有 100 个算法于该系统中进行备案，还有大量算法在备案申请过程中。

在此背景下，本节从个人信息保护的视角，以算法备案为起点分析我国的算法治理之路。

一、域外算法备案发展现状

算法备案作为一种能够增强算法透明度的有效监管手段，除了我国，欧盟、美国亦在探索算法备案的实践之路。其算法备案的规定（见表 2-8-1）。

表 2-8-1　欧盟及美国算法备案规定

类别	要点	内　容
欧盟《AI 统一规则条例（提案）》	备案算法	高风险 AI 系统①，如： （1）对自然人进行“实时”和“事后”远程生物识别； （2）关键基础设施的管理和运作安全； （3）教育和职业培训（进入机构或学生评估）； （4）招聘或者其他人力资源决策； （5）评价个人的信誉； （6）评估一个人获得公共援助福利和服务的资格； （7）以可能干扰基本权利的方式执法； （8）处理和审查庇护和签证申请以及边境管制； （9）协助法官研究和解释事实和法律，并将法律适用于事实
	备案时间②	将高风险 AI 系统投放市场或投入服务之前，提供方或授权代表（如适用）须在第 60 条所提及的欧盟数据库中登记该系统
	备案地点③	欧盟独立高风险 AI 系统数据库。欧盟委员会须与成员国合作，建立和维护欧盟数据库

〔1〕 https://executivegov.com/2022/11/christopher-wray-fbi-has-national-security-concerns-over-tiktok/.

续表

类别	要点	内　容
欧盟《数字服务法案》	在线平台的告知义务[4]	在线平台业务的核心部分之一是在其在线界面上对信息进行优先排序和展示，以促进和优化服务接收者获取信息的方式……因此，在线平台应始终确保其服务的接收者被适当地告知推荐系统如何影响信息的显示方式，以及推荐系统如何影响呈现给他们的信息。在线平台应该以一种容易理解的方式清楚地介绍这种推荐系统的参数，以确保服务接收者了解如何为其确定信息的优先次序。这些参数应至少包括确定向服务接收者推荐信息的最重要的标准以及其各自重要性的根据，包括根据画像和接收者的在线行为对信息进行优先排序的情形
美国《算法问责法案（2022）》[5]（草案）	公开访问的储存库	委员会应开发一个可公开访问的存储库，用于发布关于每个自动化决策系统和增强关键决策过程的有限信息子集……委员会应每季度更新存储库
	储存库设立的考量因素	储存库设立的考量因素包括提交此类总结报告的被涵盖实体的身份，包括与被涵盖实体网站的任何链接；扩充关键决策过程作出的具体关键决策，以及关键决策的类别；在可能的范围内，用于开发、测试、维护或更新自动决策系统或增强型关键决策过程的任何数据源；在可能的情况下，用于评估扩展关键决策过程在利用时的性能的技术和业务指标的类型等

① High-risk AI systems will be subject to strict obligations before they can be put on the market, including: Adequate risk assessment and mitigation systems; High quality of the datasets feeding the system to minimise risks and discriminatory outcomes; Logging of activity to ensure traceability of results; Detailed documentation providing all information necessary on the system and its purpose for authorities to assess its compliance; Clear and adequate information to the user; Appropriate human oversight measures to minimise risk; andHigh level of robustness, security and accuracy.https://www.scl.org/news/12247-european-commission-proposes-a-risk-based-approach-to-regulate-use-of-ai.

② Article 51 Registration: Before placing on the market or putting into service a high-risk AI system referred to in Article 6(2), the provider or, where applicable, the authorised representative shall register that system in the EU database referred to in Article 60.

③ Article 60 EU database for stand-alone high-risk AI systems 1.The Commission shall, in collaboration with the Member States, set up and maintain a EU database containing information referred to in paragraph 2 concerning high-risk AI systems referred to in Article 6(2) which are registered in accordance with Article 51.

④ https://mp.weixin.qq.com/s/3IBqiXU063_Iafj7L9mrYA.

⑤ https://www.wyden.senate.gov/imo/media/doc/Algorithmic%20Accountability%20Act%20of%202022%20Bill%20Text.pdf.

可见，目前欧盟对于算法备案，主要针对于事前高风险 AI 系统的登记备案，同时要求在线平台向用户公示其推荐系统如何影响信息的显示方式；而美国的“储存库”方案则侧重于事中监察，通过不断更新储存库以对算法进行动态监管。

二、我国算法备案现状、问题及建议

为加强算法综合治理，我国网信办等九部门于 2021 年 9 月 17 日发布《关于加强互联网信息服务算法综合治理的指导意见》，要求构建算法安全监管体系；于 2022 年 3 月 1 日生效的《互联网信息服务算法推荐管理规定》对于算法备案进行细化规定，进一步构建互联网平台问责体系；于 2023 年 1 月 10 日实施的《互联网信息服务深度合成管理规定》再次强调了深度合成服务提供者算法备案要求。

截至 2022 年 10 月，网信办合计公布 100 个备案算法，迈出了我国算法治理蓝图落地的重要一步。

1. 我国算法备案相关法律要求

在分析我国算法备案现状之前，需要厘清相关法律要求，具体如表 2-8-2 所示。

表 2-8-2　我国算法备案规定

序号	要点	内　　容
1	应备案主体	具有舆论属性或者社会动员能力①的算法推荐服务提供者 / 深度合成服务提供者应当在提供服务之日起 10 个工作日内履行备案手续
2	应备案内容	应通过互联网信息服务算法备案系统填报服务提供者的名称、服务形式、应用领域、算法类型、算法自评估报告、拟公示内容等信息
3	备案审查机构	国家和省、自治区、直辖市网信部门
4	备案信息公示	完成备案的算法推荐服务提供者应当在其对外提供服务的网站、应用程序等的显著位置标明其备案编号并提供公示信息链接
5	法律责任	（1）应备案未备案 法律、行政法规有规定的，依照其规定；法律、行政法规没有规定的，由网信部门和电信、公安、市场监管等有关部门依据职责给予警告、通报批评，责令限期改正；拒不改正或者情节严重的，责令暂停信息更新，并处 1 万元以上 10 万元以下罚款。构成违反治安管理行为的，依法给予治安管理处罚；构成犯罪的，依法追究刑事责任。 （2）备案瑕疵 具有舆论属性或者社会动员能力的算法推荐服务提供者通过隐瞒有关情况、提供虚假材料等不正当手段取得备案的，由国家和省、自治区、直辖市网信部门予以撤销备案，给予警告、通报批评；情节严重的，责令暂停信息更新，并处 1 万元以上 10 万元以下罚款

①《具有舆论属性或社会动员能力的互联网信息服务安全评估规定》规定："具有舆论属性或社会动员能力的互联网信息服务包括下列情形：（一）开办论坛、博客、微博客、聊天室、通讯群组、公众账号、短视频、网络直播、信息分享、小程序等信息服务或者附设相应功能；（二）开办提供公众舆论表达渠道或者具有发动社会公众从事特定活动能力的其他互联网信息服务。"

2. 我国算法备案问题及建议

我国的算法备案制度将算法治理领域全球公认的监管原则之一——算法透明落到了实处，推动了算法治理工作的常态化和规范化，有利于营造清朗网络空间。然而，如今的算法备案实践仍有部分可探讨之处：

（1）针对应备案内容部分

（a）未能实质解决违规收集、共享个人信息问题

实质上，算法就是对数据进行挖掘、运算和得出结论的一系列操作程序。数据是培育优质算法的重要基础，也是算法价值形成的根源。在算法技术加持下，数据资源得到空前范围地汇聚、挖掘和变现。根据我国《个人信息保护法》的规定，处理个人信息需具备知情同意、最小必要的合法性基础，不得强制、过度收集个人信息。然而，出于算法技术的海量数据需求，通过绑定收集、秘密收集、利用文字和 UI 界面设计使得用户作出同意的"黑模式"（Dark Pattern）[1]方式诱导用户提供个人信息成为部分互联网平台汇聚个人信息资源、强化算法优势而采取的秘而不宣的手段，具有为攫取商业利益而侵犯个人信息权利的风险。

然而，在应备案内容方面，我国并未规定算法服务提供者公示实质使用的数据类型，未能实质解决违规收集、共享个人信息问题。

此前，美国联邦贸易委员会（Federal Trade Commission，FTC）公布了一项处罚决定，要求 Everalbum 公司删除其从用户处收集的照片，并删除利用这些违法收集的数据训练出的所有算法，起因在于 Everalbum 在启动"朋友"功能时默认为所有移动应用程序用户启用面部识别。

结合上述美国案例以及我国《个人信息保护法》《消费者权益保护法》等相关法律法规，网信办等相关部门应进一步细化算法公示维度，要求算法服务提供者公示收集并用于训练算法或提供服务的数据类型，亦或要求其对于个人信息收集、处理作出相关承诺，作为事后问责依据。同时，对于违规收集用户个人信息用于训练算法的算法服务提供者，除一般性的警告、通报批评、责令限期改正、罚款等处罚外，还可以考虑要求其删除用违规数据训练的算法。

---

〔1〕 根据欧盟数据保护委员会于 2022 年 3 月发布的《Guidelines 3/2022 on Dark patterns in social media platform interfaces：How to recognise and avoid them》，"黑模式"是指一种产品设计模式，其目的是通过软件界面（interface）及用户体验（user experiences）致使用户对其个人数据作出无意识、非自愿且可能有害的决定。

(b)未能实质解决用户标签管理不当的问题

根据相关规定[1]，算法推荐服务提供者不得将违法和不良信息关键词记入用户兴趣点或者作为用户标签并据以推送信息，而算法公示的内容中未体现对这部分内容采取的措施，也未要求披露算法运行中用户选择权及控制权行使状况。

因此，可探讨算法服务提供者解释用户标签管理方式的可行性，要求其建立用户标签管理机制、不良信息识别机制，并可要求算法服务提供者主动提出应对算法公平、信息茧房问题的方案，如抖音在算法公示中，就主动提出对于“信息茧房”问题建立“兴趣探索”机制。

(2)针对备案信息公示部分：算法公示情况有待改进

算法备案与算法公示的目的是不同的，算法备案目的是实现对于监管部门的算法透明，便于算法监管的实现，对于算法信息披露程度要求较高；而算法公示目的是实现对于用户及公众的算法透明，满足其知情权，保障合理利益及公众监督。目前，绝大部分算法服务提供者未于备案系统之外公示其算法。

按照《互联网信息服务算法推荐管理规定》的要求，算法服务提供者可在对外提供服务的网站、应用程序等显著位置标明其备案编号并提供公示信息链接。

三、结语：积极探索算法治理路径

毋庸置疑，算法在丰富个人生活的同时带来了潜在的个人信息滥用的风险，我国算法备案制度在强化算法透明度、保护个人信息权益方面迈出了重要一步，但也有完善的空间，仍需进一步推进完善算法治理手段。

算法治理的对象是使用算法提供服务的行为。在算法备案方面，相关主管部门可以从算法的数据源头入手，避免其过度收集、共享个人信息的行为，并进一步探讨算法服务提供者备案登记用户标签管理机制、不良信息识别机制的可行性。同时，加强备案信息公示程序的监督工作，进一步完善算法备案制度，切实保障算法透明、算法监督与用户权益。除算法备案制度外，亦应落实算法影响评估制度与审计机制，互联网平台在利用算法开展业务之前，应当对应用算法可能造成的风险进行影响评估，并由独立第三方对算法进行审计，以保障算法合法合规应用。

算法备案作为我国算法治理道路新征程的开端，在发挥积极作用的同时，应

---

〔1〕《互联网信息服务算法推荐管理规定》第 10 条。

该看到目前面临的问题并没有因为形式上的备案而起到个人信息权益保护的实质性的作用，备案后续如何更有效，是否能探寻算法治理的更切实际的路径，都值得我们放眼全球去学习，本节内容仅为抛砖引玉。下节我们将聚焦算法中最为常见和最受欢迎的个性化推荐主题。

第二节 个性化推荐实践与监管的冲突

企业 IPO 过程中，监管部门已经开始关注个性化推荐这个领域在商业变现过程中的价值和风险点。正如本书第一部分第二章第二节“数据使用合规 12 问”中对木仓科技的案例所展现的，通过算法实现个性化定向推荐的问询已经非常详细和具体，关注到具体产品本身的影响。

我们依赖不断发展的数字技术所实现的虚拟世界对抗着现实中的被定位、被画像和被个性化推荐。于是，摆在面前的问题是，如何突破信息茧房的枷锁重构自身的知识体系？个性化推荐在极大降低交易成本的同时，忽略了个体需求的可变性和迭代性以及人成长的多重营养诉求。

如果把删除权比作为个人权益的最末端，那么我们认为最前端的权益体现在个性化推荐端。和个人信息采集过程的明示确认原则不一样，《个人信息保护法》以及 GDPR 规则统一达成的共识是，个性化推荐是可以不经过同意就能实现的功能，仅给予个人拒绝个性化推荐的选择权。这使我们每天接触并喜闻乐见的个性化推荐内容在商业变现体系中尤为耀眼。

本节聚焦个性化推荐，从处理大量个人信息的互联网头部平台入手分析为什么个性化推荐被比作“唐僧肉”。

一、个性化推荐，缘何成为“唐僧肉”？

在互联网产业的快速发展下，超大规模数据平台逐步形成，基于大数据基础上的精准广告数量陡增，它以全新的面貌引领广告业的革新和发展，不断突破传统的传播策略，形成新的营销态势。

平台在掌握海量的用户数据基础上，为用户提供个性化推荐服务，一方面，它“更懂你的用户”，通过不断推送其感兴趣、有需求的商品或服务，使其花更少的力气，获得心仪的内容，以此增强用户体验，不断强化自身用户黏性；另一方面，这使得广告主基于用户标签精准识别目标用户群，最大化商业转化率（例如，百度广告营销平台声称其信息流广告可以根据用户主动搜索的关键词，在用户浏览资讯时，定向展现营销内容[1]），而由此产生的收益，更不容小觑。

YouTube 作为全球广受欢迎的社交媒体平台，过去几年广告收入增速斐然。根据 Alphabet（谷歌母公司）21Q4 财报显示，孙公司 YouTube 广告业务营收为 86.33 亿美元，同比增长 25.4%[2]。而从 Alphabet 总体来看，当期广告业务营收为 612 亿美元，同比增长 32.5%，占总营收的 81.3%，属于总收入的绝对重心[3]。

同样地，我国即时通信巨头——微信在互联网广告业务领域也展现了可观的营收规模。腾讯 2021 年度财报显示，微信 2021 年月活跃用户超 12.68 亿，雄厚的用户群规模赋予了微信显著的广告营销优势，互联网广告一直是近几年腾讯三大主营业务之一，其中 2021 年网络广告营收 886.66 亿元，所占比例达 16%[4]。

可见，广告服务作为头部互联网平台的重要盈利点，已逐步深入企业的经营模式的"骨髓"。而传统普适性广告推送早已无法满足广告投放精准率和转化率的考核要求，在利益与效率双重的驱动下，利用算法收集用户信息、形成用户画像进行个性化广告推荐，成为行业内各大平台追逐的"唐僧肉"。

二、"由奢入俭难"，各大平台的割舍现状

头部平台习惯了既往对用户信息使用的"随心所欲"，面对逐步完善的法律法规与监管体系，一时间"由奢入俭难"。

为摸底我国各头部平台个性化推荐的合规现状，我们从个性化推荐的关闭功能设置角度切入，逐一试用各主流头部平台（百度、小红书、哔哩哔哩、抖音、今日头条、微信、微博、淘宝、京东、美团，排名不分前后，样本平台为随机选取，无特殊含义）合计 10 个（下称测试平台）[5]，发现：

1. 可否关闭：各大平台均已向用户提供个性化广告推荐的关闭功能；

2. 如何关闭：40% 的平台需要用户操作四步即可关闭，其他平台为 5~7 步，且

---

〔1〕 参见百度网，http://e.baidu.com/product/feed/?refer=800。

〔2〕 参见《超越 Netflix！ You Tube 第四季度广告营收 86.3 亿美元》，载腾讯网 2022 年 2 月 2 日，https://xw.qq.com/cmsid/TEC2022020200006530A。

〔3〕 https://baijiahao.baidu.com/s?id=1723653914308727639&wfr=spider&for=pc。

〔4〕 参见腾讯 2021 年财报。

〔5〕 测试日期：2022 年 11 月 30 日。

80% 平台关闭功能采用“黑模式”；

3. 关闭效果：各大平台均明确表示，关闭个性化广告，用户看到的广告数量将保持不变，但展示广告的相关度会降低［如图 2–8–1（a）］；

4. 能否清除：100% 测试平台均未向用户提供针对其个人特征的用户标签的选择或删除的权利，仅有 20% 的平台在关闭个性化广告界面提供“清除全部个性化记录”功能，其他平台均未设置此便捷清除记录的功能［如图 2–8–1（b）］。

（a）　　　　　　　　（b）

图 2–8–1 App 中的便捷清除记录功能

不难看出，各大平台在个性化广告推荐这块“唐僧肉”的割舍上，尽显“暧昧”。例如，各大平台都不约而同地表明，在用户关闭个性化广告时，广告数量不变，仅降低广告的相关度，没有任何平台斩钉截铁地表示将停止与用户个人特征挂钩，停止个性化广告推荐；仅有极个别平台向用户提供清除历史个性记录功能。

三、各大平台“忍痛割爱”的法律动因

是什么逼迫各大平台割舍个性化广告推荐这块几乎已经到口的“唐僧肉”？

仔细剖析来看，对于个性化推荐的法律规制，存在于下述几个维度：

（一）个人信息保护相关

以《个人信息保护法》为代表的个人信息保护相关法律法规，从自动化决策（自动化决策，是指通过计算机程序自动分析、评估个人的行为习惯、兴趣爱好或者经济、健康、信用状况等，并进行决策的活动）的透明度、结果的公正性、用户的拒绝权出发，对个性化推荐进行规制。

相关重点法条：

《个人信息保护法》第 24 条规定：个人信息处理者利用个人信息进行自动化决策，应当保证决策的透明度和结果公平、公正，不得对个人在交易价格等交易条件上实行不合理的差别待遇。

通过自动化决策方式向个人进行信息推送、商业营销，应当同时提供不针对其个人特征的选项，或者向个人提供便捷的拒绝方式。

通过自动化决策方式作出对个人权益有重大影响的决定，个人有权要求个人信息处理者予以说明，并有权拒绝个人信息处理者仅通过自动化决策的方式作出决定。

（二）算法治理相关

以《互联网信息服务算法推荐管理规定》为代表的算法治理相关法律法规，从算法推荐技术这一个性化推荐的实现路径与方式出发，约束实现个性化内容推荐的算法技术，从而对个性化推荐进行规制。

相关重点法条：

《互联网信息服务算法推荐管理规定》第 17 条规定：算法推荐服务提供者应当向用户提供不针对其个人特征的选项，或者向用户提供便捷的关闭算法推荐服务的选项。用户选择关闭算法推荐服务的，算法推荐服务提供者应当立即停止提供相关服务。

算法推荐服务提供者应当向用户提供选择或者删除用于算法推荐服务的针对其个人特征的用户标签的功能。

算法推荐服务提供者应用算法对用户权益造成重大影响的，应当依法予以说

明并承担相应责任。

（三）消费者权益保护与经济秩序维护相关

以《消费者权益保护法》《电子商务法》《反垄断法》为代表的法律法规，从个性化推荐可能导致的消极结果“损害消费者知情权与公平交易权”“大数据杀熟/杀生”“滥用市场支配地位”等出发，对个性化推荐进行规制。

相关重点法条：

《消费者权益保护法》第10条规定：消费者享有公平交易的权利。

消费者在购买商品或者接受服务时，有权获得质量保障、价格合理、计量正确等公平交易条件，有权拒绝经营者的强制交易行为。

《电子商务法》第18条规定：电子商务经营者根据消费者的兴趣爱好、消费习惯等特征向其提供商品或者服务的搜索结果的，应当同时向该消费者提供不针对其个人特征的选项，尊重和平等保护消费者合法权益。

《反垄断法》第22条规定：禁止具有市场支配地位的经营者从事下列滥用市场支配地位的行为：……（六）没有正当理由，对条件相同的交易相对人在交易价格等交易条件上实行差别待遇……

经营者违反规定的，除存在因侵权行为被用户主张民事赔偿外，还面临上述法规下的各项行政责任，其中违反规定处理个人信息且情节严重的，平台面临5000万元以下或者上一年度营业额5%以下罚款，以及责令暂停相关业务或者停业整顿、通报有关主管部门吊销相关业务许可或者吊销营业执照；直接负责的主管人员和其他直接责任人员亦将面临10万元以上100万元以下罚款，以及一年内不得担任相关企业董监高与个人信息保护负责人的禁令。

四、各大平台个性化推荐的法律评价

回过头来，对比测试中各大平台的暧昧态度，不难发现：

（一）合规点

测试的各大平台均已向用户提供个性化广告推荐的关闭功能，满足法律规定的向用户提供拒绝自动化决策方式进行信息推送、商业营销/关闭算法推荐服务选项的要求。

（二）模糊点

不难注意到，《个人信息保护法》《互联网信息服务算法推荐管理规定》对平台提供的拒绝选项均有“便捷”的要求。但有趣的是，现有法律法规等相关规定尚未对何为便捷作出解释，导致各大平台所需步骤不尽一致（3~7 步操作）。其中 40% 的平台需要 4 步，这可能是借鉴了《App 违法违规收集使用个人信息行为认定方法》中对隐私政策 4 次点击即可访问的要求，但仍有待法规进一步明确与实践进一步检验。

（三）违规点

在关闭效果与清除个性化记录上，绝大多数测试平台的主流做法，在严格解读法律规定的情况下，存在涉嫌违规之处（见图 2-8-2）：

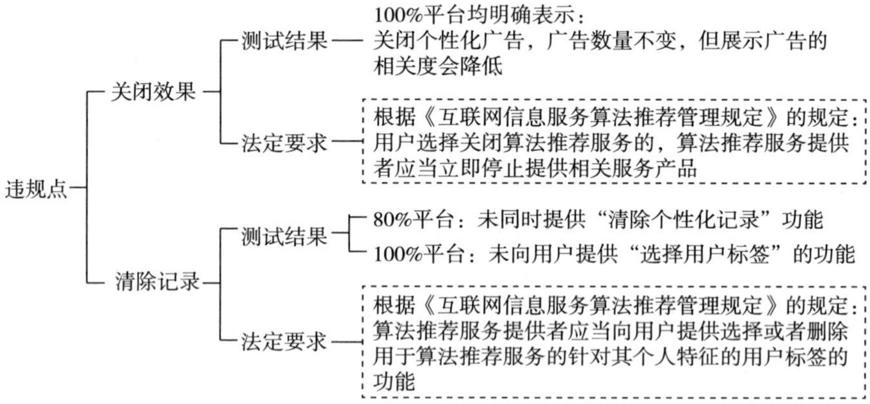

图 2-8-2　违规点总结

其一，针对关闭效果，100% 测试平台均表示关闭个性化广告后，展示广告的相关度会降低，而相关度的降低程度未知。文字上采用“降低”而非“完全停止”，通常理解下依然存在通过个人信息进行广告推荐的可能性。虽该做法已成为业内主流，但此种策略似乎仍存在风险，与法定要求的立即停止存在显著差距。

其二，针对清除个性化记录，个性化广告作为算法推荐服务的一种形式，法定要求是在向用户提供“选择”与“删除”用户标签中，二者择一。但 100% 测试平台均未选择前者，赋予用户选择针对其个人特征的用户标签的自主权，仅有 20% 的测试平台满足此法定要求，在关闭个性化广告界面提供“清除全部个性化记录”的功能。涉嫌违规的情形占绝大多数，可见，在个性化推荐维度，数字遗忘权未能充分保障，使用户标签持久被互联网平台记忆。

此外，除此用户交互界面外，在平台的后台个人信息删除方面，根据《个人信息保护法》的要求，基于个人同意处理个人信息的，个人有权撤回其同意。个人信息处理者应当提供便捷的撤回同意的方式。个人撤回同意，个人信息处理者应当主动删除个人信息；个人信息处理者未删除的，个人有权请求删除。在个性化广告推荐场景下，平台所使用个人信息的合法性基础大都源于用户的在先同意，平台应当依法提供便捷的撤回同意方式。用户对个性化广告关闭权的行使，构成对平台以个性化推荐目的与方式使用个人信息的明确拒绝，应被视为在个性化推荐维度使用个人信息的撤回同意。在此情况下，平台作为个人信息处理者，若无其他合法性基础，应主动删除已形成的个性化标签。未删除的，即便平台未向用户提供一键清除个性化记录的功能，个人也有权直接联系平台，要求其依法删除。

五、结语："用之有度"

值得注意的是，平台在自动化决策 / 算法推荐活动中，为个人提供便捷的拒绝方式，非唯一选项。根据《个人信息保护法》《互联网信息服务算法推荐管理规定》的规定，平台应当履行两个主要义务之一，即为个人提供不针对个人特征的选项，或者为个人提供便捷的拒绝方式。而互联网平台占据庞大的用户数据后，实难割舍商业化利用用户信息的资源禀赋，往往选择后者，给予用户拒绝权，但在保障用户的拒绝权上，便捷度与彻底度上的态度尽显"暧昧"，即使立法日趋严格，仍存在不少平台试图通过模糊化执行以规避与用户信息资源池的割裂，平台自身存在或多或少的违规风险，保障用户个人特征标签的删除权亦任重道远。

面对可以为互联网平台带来巨额利润的"唐僧肉"——个性化广告推荐服务，我们建议平台事先依法进行个人信息保护影响评估并对处理情况予以记录，确保"用之有度"，嵌入保障用户各项合法权益的功能设计，畅通用户权利响应通道，及时处理用户的各项请求。

"惟事事，乃其有备，有备无患。"开展个性化广告推荐服务的平台，应提前审视并调整不合规之处，塑造合法的经营模式，未雨绸缪方能行稳致远。

第三节　爬虫技术的合规风险分析

2020 年 11 月，微众信科[1]在上市审核过程中被审核机构问询到自行采集数据采用的技术，内容是否合法合规，程序是否正当等问题；无独有偶，2022 年 3 月，合合信息[2]在上市审核过程中亦被问询到了如何确保通过自动化访问获取的企业数据来源的合法性。

爬虫，在技术上是中立的，但在应用过程中被贴上了相对负面的标签，它一定程度上和个性化推荐一样，是极大提高效率和降低交易成本的技术工具，可以将分散的信息汇聚，正因如此，行业中才会达成通行的 Robots 协议的共识，来认可爬虫的身份。但难点在于技术和法律边界的把握，有阳光就一定有阴影，爬虫的阴影就像是《反电信网络诈骗法》在一定程度上将群控技术归类为一种助力违法违规行为的恶技术。

针对爬虫边界的合规难点问题，我们在对爬虫技术的定义进行归纳的基础上，结合利用爬虫技术侵犯个人信息的相关案例，对利用爬虫技术获取个人信息存在的法律风险进行提示，为数据类企业利用爬虫技术获取个人信息合规提供借鉴及参考。

一、爬虫的定义

网络爬虫（Web Crawler[3]）（以下简称爬虫），也被称为网络蜘蛛、蜘蛛爬虫（Web Spider）或网络机器人（Web Robot），是互联网时代一项运用非常普遍的网络信息搜索技术。

目前，我国现行法律法规并未对爬虫行为作出明确定义，2012 年中国互联网

---

〔1〕 参见《关于深圳微众信用科技服务有限公司首次公开发行股票并在创业板上市申请文件审核问询之回复报告》

〔2〕 参见《关于上海合合信息科技股份有限公司首次公开发行股票并在科创板上市申请文件的首轮审核问询函的回复》。

〔3〕 A web crawler is one common type of bot that systematically searches the Internet and downloads copies of web pages, which can then be indexed by a search engine.HIQ LABS, INC.v.LINKEDIN CORPORATION, No.17-16783, Filed April 18, 2022.

协会曾于出台的《互联网搜索引擎服务自律公约》中将其简单定义为“自动爬行网络的程序”，而国家互联网信息办公室于2019年5月出台的《数据安全管理办法（征求意见稿）》，首次对爬虫行为进行明确规制，即“网络运营者采取自动化手段访问收集网站数据，不得妨碍网站正常运行；此类行为严重影响网站运行，如自动化访问收集流量超过网站日均流量三分之一，网站要求停止自动化访问收集时，应当停止”。虽然该文件尚未正式出台正式稿，但其预示着爬虫行为将受到法律法规的专门规制。

二、爬取个人信息常见侵权行为及法律风险梳理

通过以“爬虫”为关键词于中国裁判文书网进行检索，我们发现与利用爬虫技术爬取个人信息相关的行为主要分为5类：(1)制作爬虫软件并出售牟利，制作者不使用该类软件爬取个人信息；(2)制作爬虫软件用于自己爬取个人信息，并以将非法获得的个人信息出售给他人等方式牟利；(3)不制作爬虫软件，从制作者处购买获得爬虫软件使用权用于爬取个人信息，并将非法获得的个人信息出售给他人牟利；(4)不制作爬虫软件，从制作者处购买获得爬虫软件使用权用于爬取个人信息，并将非法获得的个人信息用于自身牟利；(5)任职于使用爬虫软件获取用户信息的平台公司，利用职务便利获取用户个人信息，并将非法获得的个人信息出售给他人牟利。前述行为的法律风险要点如下：

（一）制作爬虫软件并出售牟利，制作者不使用该类软件爬取个人信息

在该情形下，行为人虽然制作爬虫软件的目的仅是用于出售，本身并不利用该软件爬取个人信息，但因其制作的爬虫软件能利用平台网站的漏洞并突破其数据安全保护措施，在未经授权的情况下获取相关用户个人信息，因而根据《刑法》规定，仍可能构成提供侵入、非法控制计算机信息系统程序、工具罪，情节严重的，将被处以3年以下有期徒刑或者拘役，并处或者单处罚金；情节特别严重的，处3年以上7年以下有期徒刑，并处罚金。

（二）制作爬虫软件用于自己爬取个人信息，并以将非法获得的个人信息出售给他人等方式牟利

刑事责任层面，如行为人制作了能利用数据平台网站的漏洞并突破其数据安全保护措施，在未经授权的情况下获取相关用户个人信息的爬虫软件系统，并使

用该软件系统爬取网站上的个人信息，用于出售牟利，则可能涉嫌构成侵犯公民个人信息罪或非法获取计算机信息系统数据罪。实践中行为人还可能制作了能侵入国家事务、国防建设、尖端科学技术领域的计算机信息系统的爬虫软件系统，这种行为涉嫌构成非法侵入计算机信息系统罪，将被处以 3 年以下有期徒刑或者拘役。〔1〕

民事及行政责任层面，如行为人对竞争者实施上述行为，造成其数据平台网站额外的运行成本，干扰其平台正常运行、破坏平台健康生态秩序的，存在被认定为构成不正当竞争行为的法律风险，依据《反不正当竞争法》等法律法规规定，将面临向权利人赔偿相应损失或被主管机关处以相应行政处罚的风险。

（三）不制作爬虫软件，从制作者处购买获得爬虫软件使用权用于爬取个人信息，并将非法获得的个人信息出售给他人牟利

如行为人购买他人制作的能利用平台网站的漏洞并突破其数据安全保护措施，在未经授权的情况下获取相关用户个人信息的爬虫软件系统，则可能涉嫌构成非法获取计算机信息系统数据罪，情节严重的，处 3 年以下有期徒刑或者拘役，并处或者单处罚金；情节特别严重的，处 3 年以上 7 年以下有期徒刑，并处罚金。

（四）不制作爬虫软件，从制作者处购买获得爬虫软件使用权用于爬取个人信息，并将非法获得的个人信息用于自身牟利

当行为人购买他人制作的能利用平台网站的漏洞并突破其数据安全保护措施，在未经授权的情况下获取相关用户个人信息的爬虫软件系统，并使用该软件系统爬取网站上的个人信息，用于自身经营牟利，亦存在构成侵犯公民个人信息罪的法律风险，情节严重的，处 3 年以下有期徒刑或者拘役，并处或者单处罚金；情节特别严重的，处 3 年以上 7 年以下有期徒刑，并处罚金。

（五）任职于使用爬虫软件获取用户信息的平台公司，利用职务便利获取用户个人信息，并将非法获得的个人信息出售给他人牟利

除上述常见的爬虫行为外，如行为人利用其在利用爬虫软件获取用户信息的平台公司从事技术工作等方面原因的便利，未经公司允许非法获取公司平台数据

---

〔1〕 根据我国《刑法》第 285 条规定，违反国家规定，侵入国家事务、国防建设、尖端科学技术领域的计算机信息系统的，处 3 年以下有期徒刑或者拘役。上述黑客案例中行为人被法院认定为非法侵入计算机信息系统罪。

库内的公民个人信息，并用于转卖获利，这种情况下可能涉嫌构成侵犯公民个人信息罪。

三、爬取个人信息典型案例梳理

通过以“爬虫”为关键词于中国裁判文书网进行检索，我们梳理了公开可检索的与前述通过爬虫软件侵犯个人信息行为相关的 32 起[1]典型案例。我们发现，行为二（即制作爬虫软件用于自己爬取个人信息，并将非法获得的个人信息出售给他人等方式牟利）受到的处罚最多，相关案例共有 23 起，占总数的 72%（见图 2-8-3）。

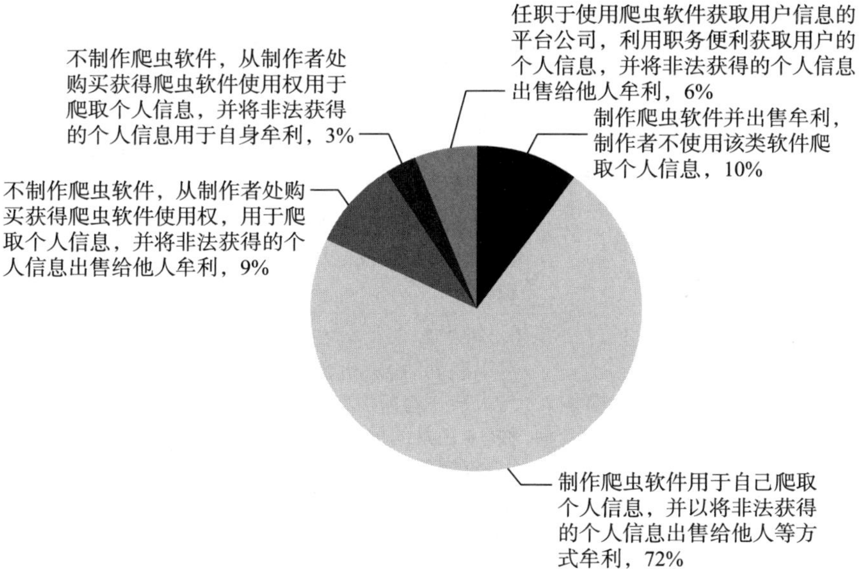

图 2-8-3 案件数量

对此，我们就前述争议案件进行梳理，针对其中的典型案例总结出如下裁判要点（见表 2-8-3），作为大数据企业运用爬虫软件获取及使用数据的参考。

〔1〕 案例检索截至 2022 年 12 月。

表 2-8-3　爬虫个人信息典型案例梳理

<table>
<tr><th>序号</th><th>要点</th><th colspan="2">内　容</th></tr>
<tr><td colspan="4">（一）制作爬虫软件并出售牟利，制作者不使用该类软件爬取个人信息</td></tr>
<tr><td colspan="4">1. 王某等提供侵入、非法控制计算机信息系统程序、工具案［（2018）赣 1021 刑初 13 号］</td></tr>
<tr><td>1-1-1</td><td>法院判决</td><td colspan="2">（1）被告人 ××× 犯提供侵入、非法控制计算机信息系统程序、工具罪，判处有期徒刑 1 年零 3 个月，并处罚金 10,000 元。
（2）被告人王某犯提供侵入、非法控制计算机信息系统程序、工具罪，判处有期徒刑一年，并处罚金 5000 元</td></tr>
<tr><td>1-1-2</td><td>基本案情</td><td colspan="2">（1）被告人 ××× 为牟取利益，利用计算机编程先后制作了“ANYR”“蓝鲸”两个非法软件，专门针对 58 同城网页漏洞进行攻击，盗取 58 同城网站上的公民个人简历信息。
（2）在出售上述软件的过程中，被告人王某应欧某 1 的要求，要 ××× 制作一款盗取公民个人简历信息的专卖“宝马软件”，该软件与“ANYR”“蓝鲸”软件的性质和运行原理相似</td></tr>
<tr><td rowspan="2">1-1-3</td><td rowspan="2">裁判要点</td><td>涉案程序、工具是否具备“避开 / 突破安保措施功能 + 未经授权 / 超越授权获取功能”</td><td>被告制作的软件，可利用 58 同城网站的漏洞突破其安全保护措施，在未经授权的情况下按照设定的条件自动采集网站上的简历信息，具备“避开 / 突破安保措施功能 + 未经授权 / 超越授权获取功能”，也即制作之初，该款软件只能也仅能用于侵入、非法控制计算机信息系统犯罪</td></tr>
<tr><td>被告是否有向他人提供上述程序、工具的行为</td><td>（1）被告人 ××× 在发现售卖涉及公民个人信息的软件可以获利后，就进行涉案软件的开发，并在制作完成后与王某一起向他人出售软件，因此具有向他人提供上述程序、工具的行为；
（2）仅制作上述程序、软件而不向他人提供、也不自行使用的，不构成侵入、非法控制计算机信息系统程序、工具罪</td></tr>
<tr><td colspan="4">2. 马某辉等侵害公民个人信息、提供侵入计算机信息系统程序、非法获取计算机信息系统数据、盗窃、掩饰、隐瞒犯罪所得案［（2016）浙 0602 刑初 1145 号］</td></tr>
<tr><td>1-2-1</td><td>法院判决</td><td colspan="2">被告人张某云等犯提供侵入计算机信息系统程序罪，判处有期徒刑，并处罚金</td></tr>
<tr><td>1-2-2</td><td>基本案情</td><td colspan="2">被告人张某云等开发制作“林某 1”、“凌某”系列软件、“淘小米”系列软件、“淘淘”等系列软件，并通过挂售网站、QQ 群、代理销售等形式销售给他人非法获利。上述系列软件能够突破淘宝安全防护系统，通过撞库或找回密码等批量操作手段和自动更换 IP 等方式盗取淘宝、支付宝账号及密码</td></tr>
</table>

续表

<table>
<tr><th>序号</th><th>要点</th><th colspan="2">内 容</th></tr>
<tr><td rowspan="2">1-2-3</td><td rowspan="2">裁判要点</td><td>案涉系列软件的功能、性质认定问题</td><td>案涉系列软件具备专用于侵入计算机信息系统程序的属性：
(1)为防控非法获取淘宝、支付宝系统数据信息，淘宝公司采取了人机识别、IP登录限量、数字验证、图片验证等一系列措施，客观上组成了一个完整的安全防护系统。案涉系列软件程式化规避上述系列措施的实质效用，批量提取淘宝、支付宝系统内的数据信息，直接威胁数据信息安全；
(2)被告人张某云、叶某等人对系列软件的功能设计有明确的目的导向，规避淘宝公司安全防护措施的针对性极强，开发、制作系列软件的用途及使用人指向明确。运行系列软件，违背淘宝公司系统设定的操作规程，批量提取的淘宝公司系统内数据无证据证明有合法、正当用途，足见系列软件的设计、开发、维护的非正当性；
(3)系列软件使用人已在无淘宝公司授权和账号权利人许可的情况下，通过运行系列软件成功批量化提取了淘宝、支付宝系统内数据信息；
(4)系列软件在实际使用中或拆或并，其目的均在于非授权地批量成功获取淘宝、支付宝系统数据信息服务，软件的合法用途无事实根据</td></tr>
<tr><td>利用案涉软件侵入计算机获取原始数据的行为</td><td>被告人买进的原始数据信息为“邮箱账号+密码”，而其销售的数据为淘宝、支付宝附属数据信息，被告人行为前后的两个数据信息的存储位置（分属两个系统）以及信息范围均存在实质差异，其行为构成侵入计算机获取原始数据的行为</td></tr>
<tr><td colspan="4">(二)制作爬虫软件用于自己爬取个人信息，并以将非法获得的个人信息出售给他人等方式牟利</td></tr>
<tr><td colspan="4">1. 呙某某非法获取计算机信息系统数据、非法控制计算机信息系统案[(2019)鲁0213刑初144号、(2020)鲁02刑终108号]</td></tr>
<tr><td>2-1-1</td><td>法院判决</td><td colspan="2">(1)被告人呙某某犯非法获取计算机信息系统数据罪，判处有期徒刑5年，并处罚金2万元。
(2)对被告人呙某某违法所得54万元依法予以追缴或责令退赔</td></tr>
<tr><td>2-1-2</td><td>基本案情</td><td colspan="2">(1)2018年1月至7月，被告人呙某某通过SQL注入漏洞以及编写爬虫脚本的方式，侵入计算机信息系统，获取计算机系统内存储的大量数据。
(2)其中涉及个人信息的数量约为1500万余条，该将其获取的个人信息通过QQ销售给他人，从中获利约54万余元</td></tr>
<tr><td>2-1-3</td><td>裁判要点</td><td>呙某某编写爬虫脚本获取计算机信息系统数据的行为是否具有违法性</td><td>呙某某未经网站授权，利用特定网站的漏洞，通过编写爬虫脚本入侵特定网站的方式，批量获取计算机信息系统中公民信息数据并用于出售，该采取的技术手段具有非法性</td></tr>
</table>

续表

序号	要点	内　　容
2. 无锡思拓汇众信息技术有限公司、李某等侵犯公民个人信息案［（2020）湘 0981 刑初 77 号］		
2-2-1	法院判决	（1）被告单位无锡思拓汇众信息技术有限公司犯侵犯公民个人信息罪，判处罚金 26,000 元（罚金已缴纳）。 （2）被告人李某等犯侵犯公民个人信息罪，判处有期徒刑，并处罚金。 （3）被告单位无锡思拓汇众信息技术有限公司退缴的违法所得 26,000 元，予以没收，上缴国库
2-2-2	基本案情	（1）2018 年 12 月，李某 1（另案处理）想要购买网络贷款软件，邀请黄某凯（另案处理）等人找到被告人李某，并与其达成合作协议，由被告单位为李某 1 开发 “FQ 快贷” 网络贷款软件网页版。 （2）2019 年 3 月，被告单位将 “FQ 快贷” 网络贷款软件网页版升级为 App。被告人苗某天、钱某心通过对接第三方公司接口，利用爬虫技术获取借款人的最近半年通话记录，淘宝及支付宝交易记录，淘宝收货地址，支付宝花呗、芝麻分记录，网上贷款记录等公民个人信息。 （3）被告单位在对上述信息进行整理后，在李某 1 等人使用网络贷款软件查询借款人信息时，以 2.7 元每条的价格提供给李某 1 等人使用，非法获利共 26,000 元
2-2-3	裁判要点	（1）被告单位无锡思拓汇众信息技术有限公司违反国家有关规定，向他人出售公民个人信息，情节严重，其行为已构成侵犯公民个人信息罪； （2）被告人李某、吴某涛作为被告单位的负责人、股东，被告人苗某天、钱某心具体实施了非法获取公民个人信息的行为，对被告单位侵犯公民个人信息犯罪行为负有直接责任，其行为均已构成侵犯公民个人信息罪
3. 高某菁、肖某省侵犯公民个人信息案［（2019）皖 0603 刑初 204 号］		
2-3-1	法院判决	（1）被告人高某菁犯侵犯公民个人信息罪，判处有期徒刑 4 年 3 个月，并处罚金 4 万元； （2）被告人肖某省犯侵犯公民个人信息罪，判处有期徒刑 4 年，并处罚金 35,000 元； （3）被告人刘某东犯侵犯公民个人信息罪，判处有期徒刑 3 年 3 个月，并处罚金 20,000 元
2-3-2	基本案情	（1）2018 年 3 月至 8 月，被告人肖某省利用程序在网站上抓取有关姓名、住址、联系方式等公民信息。后按照买家需求，将从网站非法获取的公民个人信息数据提取成 Excel 文档发送给被告人高某菁，由高某菁和买家协商并通过 QQ 将包含公民个人信息的 Excel 文档出售给买家。 （2）被告人高某菁共卖出 71 万余条信息，违法所得约 4.56 万元，被告人肖某省分得 3.5 万元。 （3）2018 年 6 月初至 8 月初，被告人刘某东从被告人高某菁等人处多次购买公民个人信息，购买后用于倒卖，从中赚取差价

续表

<table>
<tr><th>序号</th><th>要点</th><th>内　容</th></tr>
<tr><td>2-3-3</td><td>裁判要点</td><td>被告人高某菁、肖某省、刘某东非法获取公民个人信息后将信息提供给他人，非法获利，情节特别严重，其行为均已构成侵犯公民个人信息罪</td></tr>
<tr><td colspan="3">4. 深圳市腾讯计算机系统有限公司等诉杭州快忆科技有限公司不正当竞争及行为保全纠纷案[（2019）浙8601民初2435号之二]</td></tr>
<tr><td>2-4-1</td><td>法院判决</td><td>杭州快忆科技有限公司立即停止提供“微信公众号文章信息API”“微信订阅号和最新文章API”“腾讯滚动新闻API”“辖区内按省市微信公众号及其企业认证信息数据”产品的行为</td></tr>
<tr><td>2-4-2</td><td>基本案情</td><td>杭州快忆科技有限公司针对微信开发爬虫工具和提供爬取结果数据包，数据包包括“微信公众号文章信息API”“微信订阅号和最新文章API”“微信热搜榜、订阅热词API”及针对微信获取数据相关的会员套餐服务、大数据定制服务、IP代理服务等</td></tr>
<tr><td>2-4-3</td><td>裁判要点</td><td>（1）深圳腾讯公司、腾讯科技公司是微信社交软件产品的权利人和运营者，享有保证微信公众号平台正常运营和数据安全的权利，微信公众号文章内容信息、数据信息、微信公众号正常运营权益应当受到法律保护。
（2）杭州快忆科技有限公司作为市场竞争者，其在主观上知道或应当知道申请人微信公众号的市场知名度、经营模式、功能、用途以及服务协议。杭州快忆科技有限公司违反《微信公众平台服务协议》，开发出多款用于爬取微信公众平台各类数据的产品，并以此牟利，构成不正当竞争的可能性大。
（3）“神箭手”网站上的相关产品可自动运行在“神箭手”云平台上，不及时停止相关产品，可能对数据权益造成侵害，并可能会进一步扩大用户个人信息和数据安全隐患风险</td></tr>
<tr><td colspan="3">（三）不制作爬虫软件，从制作者处购买获得爬虫软件使用权，用于爬取个人信息，并将非法获得的个人信息出售给他人牟利</td></tr>
<tr><td colspan="3">1. 马某辉等侵犯公民个人信息、提供侵入计算机信息系统程序、非法获取计算机信息系统数据、盗窃、掩饰、隐瞒犯罪所得案[（2016）浙0602刑初1145号]</td></tr>
<tr><td>3-1-1</td><td>法院判决</td><td>被告人张某等犯非法获取计算机信息系统数据罪，判处有期徒刑，并处罚金</td></tr>
<tr><td>3-1-2</td><td>基本案情</td><td>被告人张某等从他人处购买大量邮箱账号及密码等原始数据信息，并利用上述系列软件，对购买的原始数据信息进行批量状态查询、找回密码、修改密码等批量操作，盗取大量淘宝、支付宝账号数据信息用于销售获利</td></tr>
</table>

续表

<table>
<tr><th>序号</th><th>要点</th><th colspan="2">内　　容</th></tr>
<tr><td rowspan="2">3-1-3</td><td rowspan="2">裁判要点</td><td>案涉系列软件的功能、性质认定问题</td><td>案涉系列软件具备专用于侵入计算机信息系统程序的属性：
(1)为防控非法获取淘宝、支付宝系统数据信息，淘宝公司采取了人机识别、IP 登录限量、数字验证、图片验证等一系列措施，客观上组成了一个完整的安全防护系统。案涉系列软件程式化规避上述系列措施的实质效用，批量提取淘宝、支付宝系统内的数据信息，直接威胁数据信息安全。
(2)被告人张某云、叶某等人对系列软件的功能设计有明确的目的导向，规避淘宝公司安全防护措施的针对性极强，开发、制作系列软件的用途及使用人指向明确。运行系列软件，违背淘宝公司系统设定的操作规程，批量提取的淘宝公司系统内数据无证据证明有合法、正当用途，足见系列软件的设计、开发、维护的非正当性。
(3)系列软件使用人已在无淘宝公司授权和账号权利人许可的情况下，通过运行系列软件成功批量化提取了淘宝、支付宝系统内数据信息。
(4)系列软件在实际使用中或拆或并，其目的均在于非授权地批量成功获取淘宝、支付宝系统数据信息服务，软件的合法用途无事实根据。
(5)综上事实，辅之以鉴定意见，足以认定系列软件系专用于侵入计算机信息系统程序的属性</td></tr>
<tr><td>利用案涉软件侵入计算机获取原始数据的行为</td><td>被告人买进的原始数据信息为“邮箱账号 + 密码”，而其销售的数据为淘宝、支付宝附属数据信息，被告人行为前后的两个数据信息的存储位置(分属两个系统)以及信息范围均存在实质差异，其行为构成侵入计算机获取原始数据的行为</td></tr>
<tr><td colspan="4">(四)不制作爬虫软件，从制作者处购买获得爬虫软件使用权用于爬取个人信息，并将非法获得的个人信息用于自身牟利</td></tr>
<tr><td colspan="4">1. 莫某杰、黄某辉侵犯公民个人信息案</td></tr>
<tr><td>4-1-1</td><td>法院判决</td><td colspan="2">被告人犯侵犯公民个人信息罪，判处有期徒刑，缓刑 2 年，并处罚金</td></tr>
</table>

续表

<table>
<tr><th>序号</th><th>要点</th><th colspan="2">内 容</th></tr>
<tr><td>4-1-2</td><td>基本案情</td><td colspan="2">（1）2017 年 3 月底，被告人莫某杰与被告人黄某辉商量后达成协议做微商生意，由被告人莫某杰提供资金，黄某辉提供做微商所需要的陌生电话号码和其他技术支持。2017 年 4 月到 6 月，黄某辉在网上购买了约 80 万个女性手机号码给莫某杰用于添加微信好友。
（2）2017 年 6 月，黄某辉伙同“陈某”（在逃）购买了一个“绿色淘宝”软件，该软件可以将大批量自编手机号码与淘宝的数据进行碰撞，获取自编手机号码是否开通淘宝账号和账号的性别信息，2 人将 20 万个成功辨别性别为女性的手机号码提供给工作室用于添加粉丝。
（3）2017 年 7 月，黄某辉提出解除合作关系，莫某杰便支付 6 万元给黄某辉要求黄某辉将获取到的手机号码及技术转让给莫某杰的工作室使用，并教会工作室的工作人员日常的操作、维护，后工作室工作人员便按黄某辉的方法操作获取女性手机号码用于添加微信粉丝</td></tr>
<tr><td rowspan="2">4-1-3</td><td rowspan="2">裁判要点</td><td>关于“公民个人信息”的认定问题</td><td>本案中被告人获取的信息是手机号码及性别信息，自 2013 年 9 月 1 日《电话用户真实身份信息登记规定》施行后，对手机号码已实行实名登记制，即通过手机号码可识别特定自然人身份，且即使手机号码仍未实名登记，但通过与其他信息结合仍可识别特定自然人身份，显然属于“公民个人信息”的范畴</td></tr>
<tr><td>对于“非法获取”的认定问题</td><td>（1）本案中被告人莫某杰与黄某辉合股经营微商生意，先通过购买的方式获取了 80 余万条公民个人信息，后又购买、使用软件去获取大量公民个人信息。
（2）虽然涉案的软件经鉴定不具有侵入或者控制其他计算机的功能，但根据被告人黄某辉的供述、淘宝公司人员张某的证言及其提供的后台数据等证据可以证实该软件是通过数据碰撞的技术手段（代替人工操作）来获取手机号码对应的淘宝用户的性别信息，被告人是通过付款购买取得涉案软件的使用权限，其本质上仍是通过购买的途径获取公民个人信息，因此应认定为“非法获取”</td></tr>
<tr><td colspan="4">（五）任职于使用爬虫软件获取用户信息的平台公司，利用职务便利获取用户个人信息，并将非法获得的个人信息出售给他人牟利</td></tr>
<tr><td colspan="4">1. 吕某、周某、彭某正侵犯公民个人信息案［（2018）川 01 刑终 454 号、（2018）川 0191 刑初 94 号］</td></tr>
<tr><td>5-1-1</td><td>法院判决</td><td colspan="2">（1）被告人彭某正犯侵犯公民个人信息罪，判处有期徒刑 5 年，并处罚金 50 万元；
（2）被告人吕某犯侵犯公民个人信息罪，判处有期徒刑 4 年，并处罚金 10 万元；
（3）被告人周某犯侵犯公民个人信息罪，判处有期徒刑 3 年 6 个月，并处罚金 4 万元</td></tr>
</table>

续表

序号	要点	内　　容
5-1-2	基本案情	（1）被告人彭某正利用其在成都市知数科技有限公司（以下简称知数公司）从事技术工作的便利，非法获取公民个人信息数十万条，伙同被告人吕某，通过QQ 向被告人周某等人出售，违法获利约 50 万元。被告人周某以 0.35 元 / 条、0.4 元 / 条等价格，从彭某正、吕某处持续购买约 40 万条公民个人信息用于转卖获利，通过支付宝向吕某给付对价 161，731 元。 （2）知数公司主要通过大数据信息为客户提供数据分析并收取费用，如给信贷系统的审批人员提供查询服务，通过大数据分析对用户进行征信调查。知数公司通过开发的爬虫程序，在互联网各大网站上自动采集信息，采集的数据类型有微博、新闻、招聘信息、电商数据（含店铺信息、商品信息、商品评价）、最高人民法院执行信息、在第三方提供用户登录授权后采集淘宝平台信息，采集后的数据交由知数公司研发中心对数据进行整理、加工、存储。彭某在知数公司从事技术工作，负责数据处理、清洗、入库、算法
5-1-3	裁判要点	吕某、周某、彭某正违反国家规定，向他人出售或者以非法方法获取公民个人信息，情节特别严重，其行为已构成侵犯公民个人信息罪

四、爬取个人信息技术合规法律建议

通过对上述行为及典型案例的梳理与分析，我们发现，利用爬虫软件获取个人信息的侵权行为主要面临被认定为构成提供侵入、非法控制计算机信息系统程序、工具罪，侵犯公民个人信息罪及非法获取计算机信息系统数据罪等刑事责任风险。

提供侵入、非法控制计算机信息系统程序、工具罪在爬虫软件获取个人信息的侵权案件中主要认定标准为行为人是否制造并向他人提供、出售在未经网站或平台授权的情况下，获取相关用户个人信息的爬虫软件系统。因此，数据企业在制作并出售爬虫软件时，应重点关注买方是否确已获得平台及用户个人的授权，在难以或无法确定的情况下，不建议出售。

侵犯公民个人信息罪的核心认定标准在于行为人是否向他人出售或者以非法方法获取公民个人信息。对此，数据企业在爬取获得个人信息时，应当严格限定数据采集的范围，不得非法或超过平台及个人的授权范围采集及使用相应数据，亦不得将其用于出售以获取非法利益。

非法侵入计算机信息系统罪及非法获取计算机信息系统数据罪的核心认定标准在于爬取的计算机信息系统是否属于国家事务、国防建设、尖端科学技术领域等特定领域，以及获取计算机信息系统数据的行为手段是否具有非法性。对此，大数据企业在平台上获取计算机信息系统数据时，应审查其数据获取手段是否违反法律法规或平台相关规定，谨慎爬取上述特定领域的计算机系统信息。

除此之外，在民事及行政责任方面，数据企业亦不得将爬虫技术及采集到的数据信息用于不正当竞争等用途，否则将会被认定为构成不正当竞争行为，从而存在被处以行为保全措施或承担相应民事赔偿或行政处罚责任的法律风险。

五、小结

数据企业在获取个人信息时，往往会通过爬虫等技术进行采集。一般而言，爬虫程序只是在更高效地收集信息，虽然爬虫技术具有技术中立性，但爬虫使用者对他人数据的采集及使用应在合理限度之内。

数据企业若在未明确买方是否获得平台及个人的明确有效授权的情况下，制作爬虫软件并予以出售，则可能被认定为构成“提供侵入、非法控制计算机信息系统程序、工具罪”，单位将被处以罚金，其直接负责的主管人员和其他直接责任人员亦将依法承担相应刑事责任。

数据企业若未依法利用爬虫技术获取个人信息，或将利用爬虫技术获取的个人信息用于出售或不正当竞争等非法用途，则将会面临被认定为构成“侵犯公民个人信息罪”或“非法获取计算机信息系统数据罪”的法律风险，单位将被处以罚金，其直接负责的主管人员和其他直接责任人员亦将依法承担相应刑事责任，或被认定为构成不正当竞争行为，存在被处以行为保全措施或承担相应民事赔偿或行政责任的法律风险。

对此，我们建议数据企业在法律允许的范围内审慎运用爬虫软件获取及使用数据，以此降低因爬取用户信息而需要承担侵犯个人信息安全或构成不正当竞争的风险。

第四节　爬虫在不正当竞争领域的显著风险

上一节中我们对爬虫的刑事责任问题作了探讨，本节将讨论爬虫的行政和民事责任风险，正如我们在前述 IPO 数据合规 50 问中关于爬虫问题的提问，反不正当竞争维度下，爬虫方胜算究竟有几成？

近两年，爬虫行为引发的不正当纠纷案件也在逐年攀升。在微信诉广州合聚公司案[1]中，法院以被爬取的公众号文章点击量及微信广告收费标准为基准计算赔偿额，而在最新的微信诉杭州斯氏公司案[2]中，法院却认为爬虫行为与微信流量损失不具有因果关系，对原告提出的赔偿方案不予采纳。明明是两个类似的案子，法院对赔偿额的认定却截然不同。

究竟什么样的爬虫行为构成不正当竞争？赔偿额又该如何认定？对此，我们将在梳理爬虫所涉不正当竞争相关法律法规的基础上，聚焦爬虫行为被认定为不正当竞争行为的判定维度以及确定最终赔偿额度的考量要素，结合当前司法实践，明确企业使用爬虫技术所可能面临的法律风险，并提供初步法律建议。

一、爬虫行为的反不正当竞争法规制

当前司法实践关于爬虫行为的反不正当竞争法规制，主要集中在《反不正当竞争法》第 2 条规定的“一般不正当竞争行为”及第 12 条规定的“特殊不正当竞争行为”两类。这两类不正当竞争行为，在法律责任方面，除均涉及《反不正当竞争法》第 17 条规定的民事责任外，特殊不正当竞争行为还可能涉及《反不正当竞争法》第 20 条规定的行政责任。

除此之外，市场监督管理总局于 2021 年 8 月 17 日出台的《禁止网络不正当竞争行为规定（公开征求意见稿）》，亦专门针对爬虫行为进行明确规制。

具体法律规制内容如表 2-8-4 所示：

表 2-8-4　反不正当竞争法规制

要点	法条内容
不正当竞争行为类型	
一般不正当竞争行为	《反不正当竞争法》第 2 条： 本法所称的不正当竞争行为，是指经营者在生产经营活动中，违反本法规定，扰乱市场竞争秩序，损害其他经营者或者消费者的合法权益的行为

〔1〕 腾讯科技（深圳）有限公司、深圳市腾讯计算机系统有限公司等与广州合聚教育咨询有限公司等商业贿赂不正当竞争纠纷案，（2020）粤 0104 民初 46873 号。

〔2〕 腾讯科技（深圳）有限公司与斯氏（杭州）新媒体科技有限公司不正当竞争纠纷案，（2021）浙 8601 民初 309 号。

续表

要点	法条内容
特殊不正当竞争行为	《反不正当竞争法》第12条： 经营者利用网络从事生产经营活动，应当遵守本法的各项规定。 经营者不得利用技术手段，通过影响用户选择或者其他方式，实施下列妨碍、破坏其他经营者合法提供的网络产品或者服务正常运行的行为： （一）未经其他经营者同意，在其合法提供的网络产品或者服务中，插入链接、强制进行目标跳转； （二）误导、欺骗、强迫用户修改、关闭、卸载其他经营者合法提供的网络产品或者服务； （三）恶意对其他经营者合法提供的网络产品或者服务实施不兼容； （四）其他妨碍、破坏其他经营者合法提供的网络产品或者服务正常运行的行为。 《禁止网络不正当竞争行为规定（公开征求意见稿）》第20条： 经营者不得利用技术手段，非法抓取、使用其他经营者的数据，并对其他经营者合法提供的网络产品或者服务的主要内容或者部分内容构成实质性替代，或者不合理增加其他经营者的运营成本，减损其他经营者用户数据的安全性，妨碍、破坏其他经营者合法提供的网络产品或者服务的正常运行
法律责任	
民事责任	《反不正当竞争法》第17条： 经营者违反本法规定，给他人造成损害的，应当依法承担民事责任。 经营者的合法权益受到不正当竞争行为损害的，可以向人民法院提起诉讼。 因不正当竞争行为受到损害的经营者的赔偿数额，按照其因被侵权所受到的实际损失确定；实际损失难以计算的，按照侵权人因侵权所获得的利益确定
行政责任	《反不正当竞争法》第24条： 经营者违反本法第十二条规定妨碍、破坏其他经营者合法提供的网络产品或者服务正常运行的，由监督检查部门责令停止违法行为，处十万元以上五十万元以下的罚款；情节严重的，处五十万元以上三百万元以下的罚款。 《禁止网络不正当竞争行为规定（公开征求意见稿）》第35条： 经营者违反本规定第二十条的，由市场监管部门依据反不正当竞争法第二十四条的规定处罚

二、爬虫行为构成不正当竞争的判定维度

我们以“爬虫”为关键词在北大法宝检索并筛选出自2016年起至2022年12月的爬虫类相关案件共387件，刑事案件涉及侵犯著作权罪、非法经营罪、侵犯公民个人信息罪、诈骗罪、敲诈勒索罪等，民商事案件主要涉及侵害信息网络传播权纠纷著和不正当竞争纠纷（见图2-8-4）。

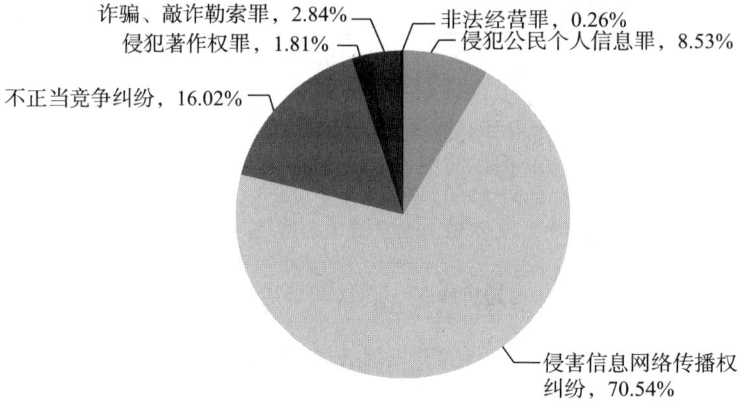

图 2-8-4 案例数量

对其中的典型案例进行梳理后，我们发现，这类案件的争议焦点主要集中于以下三个方面：涉案双方是否构成竞争关系、涉案行为是否构成不正当竞争以及赔偿额如何确定。具体判定维度如图 2-8-5 所示：

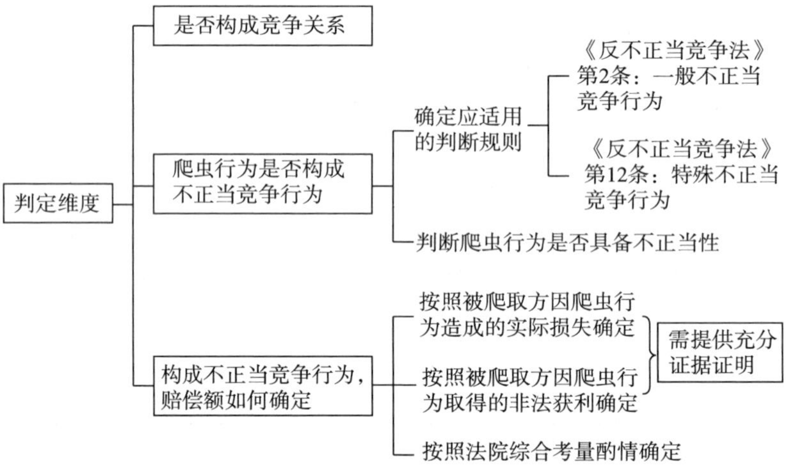

图 2-8-5 不正当竞争关系判定维度

（一）竞争关系的认定

法院在判断爬虫行为是否构成不正当竞争时，首先会分析涉案双方之间是否构成竞争关系。

现有司法实践均未局限于涉案双方是否在整体业务模式上构成竞争关系，而是聚焦于爬虫行为所涉及的双方之间的产品或服务是否有替代关系。

如在新浪微博诉脉脉不正当竞争案[1]中，法院认为：涉案双方提供的服务性质相同（均为网络社交服务），且双方用户和经营范围高度重叠，故判定二者之间构成竞争关系。

除此之外，若该爬取数据并使用的行为导致对其他经营者利益造成损害的可能性，且其同时会基于该行为获得现实或潜在的经济利益，构成“此消彼长”的关系，亦可能被法院判定为构成“竞争关系”。

如在新浪微博诉蚁坊公司不正当竞争案[2]中，法院认为：蚁坊公司的爬取行为既依托于微博平台数据提高了其自身交易能力，且可能剥夺或降低了微梦公司在相同市场中的交易机会，构成“此消彼长”的关系，故而与微梦公司之间构成竞争关系。

（二）不正当竞争行为的认定

1.《反不正当竞争法》具体条款的适用

在判定具体爬虫行为是否构成不正当竞争行为前，需要先明确判断标准：爬虫行为是属于《反不正当竞争法》第 12 条规定的特殊不正当竞争行为，还是属于《反不正当竞争法》第 2 条一般兜底条款规定的行为？

有案例认为爬虫行为在网络环境中发生，且因利用技术手段开展经营性活动而引发，故而应当根据特殊不正当竞争行为的判断规则进行认定。判断要素是否利用技术手段，实施妨碍、破坏其他经营者合法提供的网络产品或者服务正常运行的行为。

但也有案例认为爬虫属于新兴技术，无法纳入《反不正当竞争法》第 2 章所规定的不正当竞争行为类型之内，故而应当按照一般不正当竞争行为的判断规则进行认定。判断要素一般涵盖：(1)是否遵循自愿、平等、公平、诚信的原则；(2)是否遵守法律和商业道德；(3)是否侵犯了其他经营者的合法权益、市场竞争秩序及消费者的合法权益。

由此可以看出，对于爬虫这一新兴技术，在法律适用上仍存在不小的分歧。

2. 爬取行为是否具备不正当性的判定维度

---

〔1〕 北京微梦创科网络技术有限公司与北京淘友天下技术有限公司等不正当竞争纠纷案，(2016)京 73 民终 588 号。

〔2〕 湖南蚁坊软件股份有限公司与北京微梦创科网络技术有限公司不正当竞争纠纷案，(2019)京 73 民终 3789 号。

（1）特殊不正当竞争行为

部分案件在审查爬虫行为是否构成特殊不正当竞争行为时，会从爬取的是否为公开数据、爬取公开 / 非公开数据的行为是否正当来进行判断。

部分案件在审查时，还会结合《反不正当竞争法》第 2 条进行考虑，即额外考虑该爬虫行为是否有违诚实信用原则，是否属于技术创新的公平竞争，是否有违竞争者自由竞争利益、消费者自主决策权利及社会公共利益等。

（2）一般不正当竞争行为

当爬虫行为被认定为可能构成一般不正当竞争行为时，不同法院给出了不同的考虑维度：

部分法院还是聚焦于被爬取方是否因不正当竞争行为受到损害（如阿里巴巴诉企业名搜索平台不正当竞争案〔1〕）。

而部分法院则聚焦于《反不正当竞争法》第 2 条法律条文本身，考虑该不正当竞争是否侵害其他经营者的合法权益、违反市场竞争秩序及侵犯消费者的合法权益（如今日头条诉新浪微博不正当竞争案〔2〕）。

（三）赔偿额的认定

一旦爬虫行为被认定为构成不正当竞争行为，爬取方所应承担的赔偿责任就成为案件焦点。赔偿额一般包括经济损失及合理支出，具体数额则往往取决于法院的酌定考量。

1. 经济损失

对于经济损失，被爬取方需提供证据证明其因此所遭受的实际损失或爬取方的非法获利。

在微信诉今日看点平台不正当竞争案〔3〕中，法院按照被爬取方的广告收费标准，根据单次收费范围及涉案平台的点击量，计算出被爬取方遭受的广告收益损失范围。考虑到该收益是由被爬取方与微信公众号经营者共享，但被爬取方未明确收益分配方案，故最终取平均值确认了被爬取方遭受的广告收益损失。

---

〔1〕 杭州阿里巴巴广告有限公司、阿里巴巴（中国）网络技术有限公司等与南京码注网络科技有限公司等不正当竞争纠纷案，（2019）浙 0108 民初 5049 号。

〔2〕 北京微梦创科网络技术有限公司与北京字节跳动科技有限公司不正当竞争纠纷上诉案，（2021）京民终 281 号。

〔3〕 腾讯科技（深圳）有限公司、深圳市腾讯计算机系统有限公司等与广州合聚教育咨询有限公司等商业贿赂不正当竞争纠纷案，（2020）粤 0104 民初 46873 号。

但在绝大多数案件中，涉案双方很难向法院提交充分证据证明被爬取方因爬虫行为遭受的实际损失或爬取方的非法获利。尤其对于爬取方的非法获利，不仅需要证明对方通过爬虫行为的获利数额，还需要证明其获利与自身受损失的因果关系，而第二点往往较难证明。

因此法院往往还会综合考量以下其他因素（见图 2-8-6），酌情确定损失数额。

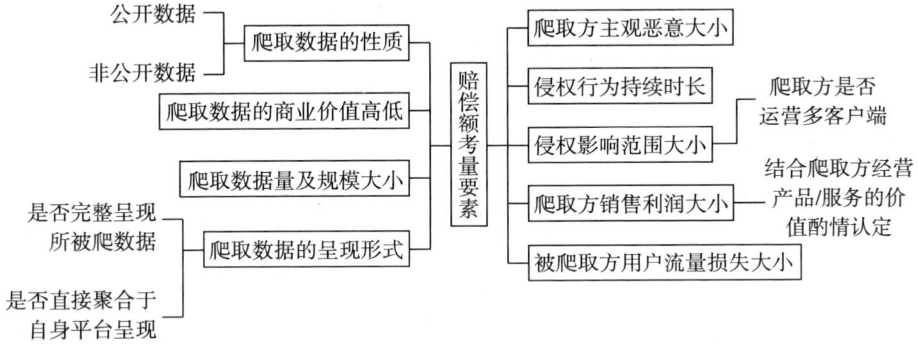

图 2-8-6 赔偿考量因素

2. 合理支出

对于合理支出，一般包括公证费、律师费等支出。该项费用在被爬取方能够提供真实、合法、有效的单据及凭证的情况下，基本都能获得法院支持。

三、应用爬虫行为的风险提示及建议

虽然爬虫技术本身属于中立的技术手段，但一旦使用不当，将面临被认定为不正当竞争的风险。

一旦被认定为构成不正当竞争，在计算赔偿额时，被爬取方提出的合理支出基本都会被支持，而对于经济损失，法院会在酌情考量爬取方的主观恶意，侵权行为持续时长及范围，所爬取数据的数量、规模及商业价值，爬取方因爬虫行为所获得的收益等因素。

为此，我们总结出以下要点，供企业在评估是否使用及如何使用爬虫技术时考量：

（1）看与被爬取方是否存在竞争关系。是否构成不正当竞争的重要前提，在于爬取方与被爬取方之间是否构成竞争关系。但竞争关系不仅仅局限于同一业务领域竞争，也包括非同一业务领域竞争但仍对交易机会、交易能力存在争夺、构成“此消彼长”的情形。对此，爬取方需予以动态评估。

（2）看抓取数据的类型和手段是否合法合规。根据目前司法实践，在判断爬虫行为本身正当性时，可着重考虑爬取的数据类型、爬取数据的数量及规模、爬取数据的商业价值高低及爬取数据后的呈现形式。

一般而言，对于以合理正当技术手段爬取公开数据，未对被爬取方平台服务器造成较大压力，且爬取后非直接聚合呈现于自身平台而需跳转至原被爬取平台的行为而言，被认定为构成不正当竞争行为的风险较小。

第五节　爬虫在不正当竞争领域的微弱机会

上一节我们从法院责任认定的视角分析了爬虫在反不正当竞争领域对于爬取方可能存在的风险。本节同样从案例统计数据分析的视角切入，站在爬取方和被爬取方各自的立场，重新审视爬虫在不正当竞争领域对双方的影响，从而更加丰满地看到爬虫责任在双方对决过程中最后的落脚点。

以抖音诉小葫芦数据爬取不正当竞争纠纷案〔1〕（以下简称抖音诉小葫芦案）为典型案例，爬取方败诉。尽管被爬取方抖音提供的证据并未能证明爬取方系通过突破其技术防护措施直接从其后台抓取数据，但因爬取方并未能就其主张的“系在未登录抖音平台的状态下通过 OCR 软件识别抖音平台的公开信息”给出令法院信服的说明，因而被判定为构成不正当竞争。

实质上，这并非个例。我们以“爬虫”“不正当竞争”为关键词在中国裁判文书网进行检索，共筛选出近十年（2011~2022 年）发生的 22 起典型案例〔2〕，发现爬取方胜诉的仅 5 起，占比约为 22.8%。

〔1〕 北京微播视界科技有限公司、上海六界信息技术有限公司等不正当竞争纠纷案，(2021) 浙 0110 民初 2914 号。

〔2〕 除文中所引用案例外，还包括（2017）京 0108 民初 24510 号、（2016）沪 73 民终 242 号、（2011）中民终字第 7512 号、（2017）京民终 487 号、（2020）浙 01 民终 5889、（2017）粤 03 民初 822 号、（2018）浙 01 民终 7312 号、（2017）京 0105 民初 69425 号、（2018）浙 8601 民初 956 号、（2019）沪 0110 民初 16688 号、（2021）粤 73 民终 153 号、（2017）京 73 民初 2020 号、（2021）京民终 281 号、（2020）京 0108 民初 12709 号案例。

我们就这22起案例进行了系统性的梳理，总结不正当竞争案件下被爬取方主张合法权益受到侵害的关键要点，以及爬取方对于爬虫行为合规的核心抗辩理由，并综合法院对此的判定，探讨在被认定为不正当竞争行为后，赔偿额的主张及认定，最后就被爬取方如何保障自身合法权益、爬取方如何合规爬取数据提供初步建议及参考。

一、不正当竞争下，被爬取方与爬取方的证明要点分析

通过对22起案例的梳理，我们发现，无论是被爬取方向法院主张权益，还是爬取方向法院进行抗辩，其证明要点主要集中在以下五个方面：

（一）被爬取方与爬取方之间是否存在竞争关系？

对于不正当竞争行为的认定，前提在于确定双方是否构成“竞争关系”。因此，爬取方通常都会向法院进行抗辩，其与被爬取方之间不存在竞争关系。如在微博诉蚁坊案[1]中，爬取方蚁坊公司认为与被爬取方微博之间不存在竞争关系，并向法院提交了平台协议、关于微博的维基百科介绍及蚁坊公司的百度百科介绍截图等证据，以证明二者平台定位及服务内容各不相同，因而不存在竞争关系。但法院对于互联网企业之间的竞争关系认定已逐渐泛化，不再局限于同业竞争，最终认定二者之间存在“此消彼长”的关系，仍然构成竞争关系。

又如微博诉蚁脉案[2]，爬取方表示其经营的蚁脉软件与微博所属产品或服务类别不同、受众群体不同，因此其与微博非同业竞争者，不具有竞争关系。但法院认为，外在形式的不同并不影响双方都提供网络社交服务的实质。同时，双方用户群体、业务模式、经营范围都存在交叉重叠，双方在经营活动中也都涉及尽可能吸引用户注册、登录、留存用户信息，并高效安全地使用用户信息等行为，最终认定二者之间存在竞争关系。

（二）被爬取方对被爬数据是否享有竞争性权益？

为了证明自己是适格的原告，被爬取方往往会向法院证明，自己对被爬数据享有竞争性权益（指被爬取方对其合法且付出劳动开发的数据资源享有竞争法上的合法权益），且主张前述权益具备合法性基础，应当予以保护。

---

〔1〕 湖南蚁坊软件股份有限公司与北京微梦创科网络技术有限公司不正当竞争纠纷案，(2019)京73民终3789号。

〔2〕 新浪微博诉脉脉交友软件不正当竞争纠纷案，(2016)京73民终588号。

如在抖音诉小葫芦案中，抖音向法院提供了《2020 抖音数据报告》《抖音平台促进就业研究报告》，表明其平台内用户数量庞大且活跃。尽管单一的直播系由具体的用户开展，其权益应当归属于用户，但抖音对直播数据投入了大量运营成本，并通过运营该些数据实现其商业策略，该些数据整体能够为抖音带来竞争优势，抖音就直播数据整体享有竞争法上的合法权益。同时，抖音主张这些数据权益也具备合法性基础，对此其提供了《“抖音”隐私政策》《用户充值协议》《直播主播入驻协议》等平台协议，证明抖音收集被爬数据征得了用户同意，抖音基于其与用户的相关协议及抖音产品的运营需要，对被爬数据亦具有相应的管理责任。

对此，爬取方则往往会“针锋相对”，主张被爬取方对该等数据不享有竞争性权益。如在微博诉云智联案”[1]中，爬取方云智联公司认为被爬数据的权益主体属于用户，故被爬取方微博不享有权益。但法院认为，被爬数据虽源于用户数据，但并非该些零散且相对独立的数据的简单集合，而是由微博进行了数据安全保护等加工后形成的数据；此外，被爬数据中亦有非用户生产的数据（如被爬数据中的明星在线时间，显然系微博根据用户在线时间计算、整理得出），因此，认定微博主张的被爬数据系微博平台数据，与用户个人信息存在本质不同。

（三）爬取方是否实施了爬虫行为？

在爬虫相关不正当竞争案件中，双方争议的主要焦点便是爬取方是否实施了爬虫行为。对此，被爬取方通常无法提供直接的证据证明，而是通过被爬数据为非公开数据，被爬数据与自身平台数据之间的吻合度较高，以及爬取数据的次数及数量巨大等证据间接证明。

此时，爬取方往往会抗辩自己未实施爬虫行为，但往往无法“自圆其说”，从而导致败诉。如在抖音诉小葫芦案中，虽然法院认为抖音提供的证据并未能证明爬取方系通过突破抖音技术防护措施直接从其后台抓取数据，但爬取方亦未能就其主张的“在未登录状态下以拟人自动化操作方式不断轮巡直播间并截图，并通过 OCR 软件识别信息”给出令法院信服的说明，从而败诉：（1）爬取方对于直播间轮巡时间间隔的表述前后矛盾。爬取方在现场勘验时和第二次庭审中针对每个直播间的轮询时间间隔的陈述不一致，前后矛盾。（2）爬取方未能合理说明如何通过

---

〔1〕 北京微梦创科网络技术有限公司与云智联网络科技（北京）有限公司不正当竞争纠纷案，（2017）京 0108 民初 24512 号。

OCR 技术识别大量截图。爬取方陈述系运用自研 OCR+ 百度 OCR 识别技术相结合的方式识别截图，但无法合理说明具体如何通过前述识别技术处理大量截图，且未提供任何调用百度 OCR 的有效证据。(3)爬取方未能合理解释其官网数据与抖音数据之间的高吻合度。爬取方无法合理解释为何将爬取方官网上显示的主播某场直播收入与抖音后台数据对比，偏差较小。

（四）被爬取方设置的 Robots 协议是否正当？

为应对潜在的爬虫行为，被爬取方往往会设置多种技术保护措施，如设置 Robots 协议、设置用户登录机制、IP 频率访问机制、验证机制等，其中以 Robots 协议最为常见。当爬取方未遵守 Robots 协议而爬取数据时，会被法院认定为“主观恶意明显”[1]。对此爬取方通常会质疑该 Robots 协议的正当性，认为其阻碍了平台内的信息自由流通。

如在微博诉云智联案中，法院认为，微博对爬虫所采取的阻断行为，具有正当、合理的理由：(1)被爬数据不属于信息共享互通的类型。被爬数据中的非公开数据因其涉及用户选择不公开等因素而并不属于应当纳入信息自由流动的信息类型；即便是被爬数据中的公开数据，亦因其具有较强的用户个人色彩，微博对该部分数据有所投入等因素而并不当然成为通常意义上应当纳入信息共享互通的信息类型。(2)被爬取方未对爬取方作区别对待。根据微博提交的 Robots 协议，不同微博产品允许爬虫抓取数据的权限不同，微博并未作出区别性对待。(3)被爬取方不存在明知而无理由拒绝抓取的行为。未有证据显示云智联公司曾向微博发出希望其开放被爬数据的意思表示，故亦不存在微博明确知晓云智联公司希望抓取被爬数据但未提出拒绝抓取的合理、正当理由之情形。

然而，在百度诉奇虎案[2]中，法院认为被爬取方设置的 Robots 协议不具备正当性。法院认为，搜索引擎服务商与网站服务商或所有者关于 Robots 协议产生纠纷时，应当遵循“协商—通知”程序处理。被爬取方百度在不知晓爬取方奇虎公司提供搜索引擎服务的前提下，没有将其加入其 Robots 协议的白名单内并无不当；但在爬取方推出搜索引擎之后，尤其是在双方争议短时间内快速升级，爬取

---

〔1〕 北京微梦创科网络技术有限公司与云智联网络科技（北京）有限公司不正当竞争纠纷案，(2017)京 0108 民初 24512 号。某计算机系统公司、某科技（深圳）公司与杭州某科技公司不正当竞争纠纷案，(2021)浙 8601 民初 309 号。

〔2〕 北京百度网讯科技有限公司、百度在线网络技术（北京）有限公司与北京奇虎科技有限公司不正当竞争纠纷案，(2013)一中民初字第 2668 号。

方也明确表示希望抓取其网站内容的前提下，被爬取方既没有充分阐明如此设置Robots协议的理由，又未遵循“协商—通知”程序修改其Robots协议，故而其请求法院判令禁止爬取方抓取其网站的主张不应得到支持。

（五）爬虫行为本身是否正当？

当爬虫行为确实存在，爬虫行为是否正当则成为双方争议的焦点。部分被爬取方认为爬取方爬取的数据数量之大、频率之高，已经影响平台的正常运营，给被爬取方服务器的正常运行造成额外负担（如带宽成本等），加大了被爬取方的运营成本；部分被爬取方则认为爬虫行为妨碍了被爬取方平台的正常运行机制，破坏了被爬取方对于被爬数据设定的特定展示规则及呈现方式等。

然而，有部分爬取方认为爬虫技术中立，但均未得到法院支持。有法院认为，爬取方的爬虫技术从爬虫层到推送层虽一般系自动化过程，但也存在人工参与的情形，即其爬虫技术已结合自身产品特点或经营需要进行了一定的选择，此种行为方式亦难谓中立[1]。有法院认为，爬取方技术上不具有“拾遗补缺”的创新性，爬取方通过技术手段抓取数据后，仅通过简单统计和分析即对第三方提供，不管是爬虫抓取手段还是对第三方提供的服务在技术上并没有明显创新性，且爬取行为不利于长期市场效能的提升，虽然在短期内或许可以满足极为少数群体的需求，但如果对爬虫行为不予规制，将会损害创作者的创作环境，使得社会整体内容生产萎靡，消费者对优质内容的需求也就无从保障。[2]

有部分爬取方认为如果爬取的是公开数据，应当不受限制。但法院认为，即使是公开数据爬取也不能超过合理限度。如被爬取方已通过网站做出了法律声明，禁止未经许可使用爬虫软件获取、使用数据，则即使被爬数据已公开，也并非可以任意获取、使用的开放数据，爬取方不可以毫无节制地抓取、使用数据，应当本着善良、诚信的原则，在必要限度内使用涉案数据。爬取方将被爬取方公布的商家数据直接用于其网站，甚至可以直接替代被爬取方平台的部分功能，显然已经超过合理限度。[3]

---

〔1〕 北京微梦创科网络技术有限公司与云智联网络科技（北京）有限公司不正当竞争纠纷案，（2017）京 0108 民初 24512 号。

〔2〕 某计算机系统公司、某科技（深圳）公司与杭州某科技公司不正当竞争纠纷案，（2021）浙 8601 民初 309 号。

〔3〕 杭州阿里巴巴广告有限公司、阿里巴巴（中国）网络技术有限公司等与南京码注网络科技有限公司等不正当竞争纠纷案，（2019）浙 0108 民初 5049 号。

另外，还有部分爬取方认为其设置了链接跳转至被爬取方平台，反而起到了为被爬取方引流的作用，对被爬取方有推广作用，并未损害其权益。

如在微博诉饭友案[1]及微博诉云智联案中，饭友和云智联均声称其数据爬取行为对于微博有推广作用，故未损害微博权益，但法院认为，爬取方抓取并展示数据并未获得相关数据发布用户的授权，其所称引流和帮助推广缺乏事实依据。

然而，也有部分法院支持了这一观点，如爱奇艺诉电视猫案[2]中，法院认为，电视猫软件播放源于爱奇艺视频内容时明确标注了“爱奇艺”标识，因此已经向其用户明示了该视频内容的来源。在这种情形下，如果完整链接播放源于爱奇艺的全部内容，不对其进行改变、增加或删减，实质上是将爱奇艺的全部内容提供给了用户，同样会给被爬取方带来广告收益以及相应的流量与曝光率，在一定程度上还会扩大被爬取方的知名度与影响力，因此不会损害被爬取方的合法利益。

二、爬虫双方各自的证明要点

通过上述案例的梳理，我们将被爬取方与爬取方的证明要点总结为如图2-8-7所示：

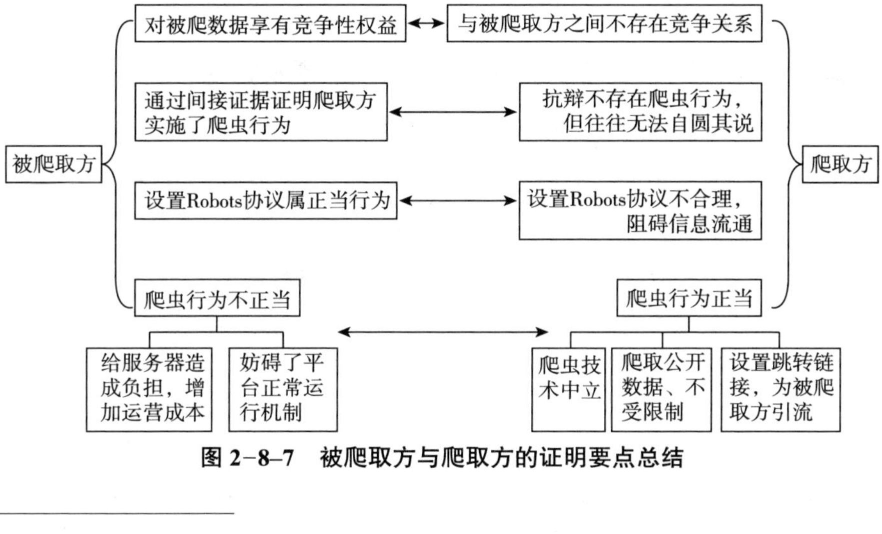

图2-8-7 被爬取方与爬取方的证明要点总结

---

〔1〕 北京微梦创科网络技术有限公司与上海复娱文化传播股份有限公司不正当竞争纠纷案，(2017)京0108民初24510号。

〔2〕 北京爱奇艺科技有限公司与上海千杉网络技术发展有限公司、悦观网络技术（上海）有限公司不正当竞争纠纷案，(2015)浦民三(知)初字第143号。

对此，法院的判定要点如下：

1. 法院对于竞争关系的认定不再局限于同一业务领域竞争，且存在泛化的趋势；

2. 法院基本认可被爬取方对其合法且付出劳动而开发的数据资源，享有竞争法上的合法权益；

3. 是否存在爬虫行为，被爬取方通常无法提供直接证据证实；但若爬取方对此亦无法自圆其说的，法院会判定爬取方存在爬虫行为；

4. 关于被爬取方设置 Robots 协议是否正当，法院主要关注被爬取方是否通过设置该协议进行区别性对待，以及当爬取方向被爬取方明确提出希望爬取数据的意思表示时，被爬取方是否未能提出拒绝抓取的合理、正当理由。若不存在前述情形，法院一般认可被爬取方设置 Robots 协议具备正当性。

被爬取方通常以爬虫行为增加了自身运营成本、妨碍了平台正常运行机制等为由主张爬虫行为不正当；爬取方则通常基于爬虫技术中立、爬取公开数据不受限制或是已设置跳转链接而未拦截被爬取方流量等理由进行抗辩。针对爬取方提出的前两个理由，法院一般不予认可；针对第三个理由，若爬取方确能提供事实依据，部分法院予以认可。

三、被认定为不正当竞争的，赔偿额如何主张及认定？

一旦爬取方的爬虫行为被定性为不正当竞争，民事赔偿额也是双方的主要争议焦点之一。赔偿额由两部分组成——经济损失 + 合理费用，其中若实际经济损失难以计算，则按照爬取方因侵权所获得的利益确定。对此，我们将 22 起案例中被爬取方主张产生损失及爬取方抗辩未有获利的要点总结如下，以供参考：

（一）被爬取方主张产生损失

对于合理费用，被爬取方一般会提交公证费发票，律师费发票及代理协议，取证费发票，打印费、复印费、光盘制作费、拍照冲印费发票，差旅费凭证，翻译费发票等。对于该部分费用，法院一般都会予以支持。

对于经济损失，被爬取方则会通过不同的方式进行计算。如在腾讯诉极致了案中，被爬取方提出两种计算方式：（1）以爬取方的每月付费会员收费及会员人数为计算维度进行计算；（2）以爬取方单次监控 / 采集收集的获利金额及监控 / 采集次数为计算维度进行计算。

而在微博诉云智联案中,被爬取方则提出三种计算方式:(1)以被爬取方平台广告收入和活跃用户数量的减少为计算基础;(2)从被爬取方单用户获客成本及爬取方的用户数量为计算维度计算;(3)从爬取方非法获利(产品收费+营销和广告收入)的角度计算。

除此之外,还有请求法院以营业成本为计算维度[1],以及以修复被破坏的系统程序所需要的费用和爬取数据对应的价值(通过该部分数据的技术服务维护费用确定)[2]计算赔偿额的。

(二)爬取方抗辩未有获利

为了证明自己没有获得利益,有爬取方会提交利润表和费用明细表各一份,显示其项目系亏损[3];有爬取方声称其后续已经取消了产品付费服务,因而不存在对被爬数据进行商业性使用之情形。

然而,在赔偿额的认定上,法院对于被爬取方的支持率却不高。22 起案例中,只有 1 起案例,法院完全支持了被爬取方对于经济损失的主张,其余案例的赔偿数额均大幅度低于被爬取方主张的额度。如在腾讯诉极致了案中,被爬取方主张赔偿经济损失 200 万元、合理支出 3 万元,然而法院最终认定赔偿经济损失及合理费用共 5 万元。

由此可见,法院对于赔偿额认定享有相当大的自由裁量权。法院会综合爬取数据性质(公开、非公开)、爬取数据的商业价值高低、爬取数据数量及规模大小、爬取数据呈现形式、爬取方主观恶意大小、侵权行为持续时长、侵权影响范围大小、爬取方销售利润大小及被爬取方用户流量损失大小等进行判定,很少会全盘接受被爬取方的主张及爬取方的抗辩。

四、小结

通过对 22 起案例的梳理与分析,我们认为,在不正当竞争案件的交锋中,被

---

〔1〕 参见北京百度网讯科技有限公司与上海汉涛信息咨询有限公司、上海杰图软件技术有限公司不正当竞争纠纷案,(2016)沪 73 民终 242 号。

〔2〕 参见深圳市谷米科技有限公司与武汉元光科技有限公司、邵某某等不正当竞争纠纷案,(2017)粤 03 民初 822 号。

〔3〕 参见上海复娱文化传播股份有限公司与北京微梦创科网络科技有限公司不正当竞争纠纷案,(2019)京 73 民终 2799 号。

爬取方应重点关注以下要点：

1. 数据的来源应合法合规。被爬取方向法院起诉的前提要件之一便是主体适格，其对于被爬数据享有竞争性权益。因此，在最前端的用户数据收集方面就应当遵循《个人信息保护法》等法律法规规定，制定完善的《用户协议》及《隐私政策》，依法合规地收集用户数据。

2. 对于爬取方是否存在爬虫行为，被爬取方并不一定需要提供完全确凿的证据方能证明。鉴于爬虫技术较为复杂和隐蔽，被爬取方往往无法提供直接证据证明，但若此时爬取方对于获取数据的行为亦未能“自圆其说”，法院将认定其存在爬虫行为。

3. 被爬取方设置 Robots 协议具备正当性，爬取方明知而故犯将可能被认定为主观恶意明显。被爬取方平台的非公开数据，本身即不属于信息自由流动的非公开数据类型；即使是公开数据，基于被爬取方对此也投入了大量的成本和人力，因而也不必然成为通常意义上应当纳入信息共享互通的信息类型。除非爬取方向被爬取方明确表达了希望爬取数据的意思表示，且被爬取方未提出拒绝抓取的合理、正当理由，否则被爬取方设置 Robots 协议应具备正当性，爬取方明知而继续非法爬取数据的，将可能会被法院认定为“主观恶意明显”，不利于减轻后续的民事赔偿责任。

4. 爬虫行为是否正当，可以考虑通过对服务器造成的压力、被爬取方为此付出的成本以及对正常运行机制的破坏等维度证明。

5. 针对赔偿额度，法院具有较大的裁量权，被爬取方的诉请很少会得到全额支持。一般而言，被爬取方为制止不正当行为所付出的合理费用，基本都能得到法院支持；但针对被爬取方的经济损失，鉴于双方通常均无法提供确凿的证据证实自己存在损失或不存在获益，法院会结合案情进行综合判定。对此，被爬取方在日常运营过程中，对于确实产生的经济损失应做好证据留存；若确实无法直接证明，则可考虑提出多种己方损失或对方获利的计算方式，以供法院届时参考。

爬取方则应重点关注以下要点：

1. 竞争关系的认定已趋于泛化，以不构成同一业务领域竞争为由的抗辩往往不会被法院采纳。基于互联网公司的特性，法院在认定双方是否构成竞争关系时并不局限于同一业务领域竞争，只要在某一范围内用户出现重合，法院即倾向于认定双方存在竞争利益。

2. 针对本身是否存在爬虫行为，需要能够“自圆其说”。若爬取方确实通过非爬虫技术获取数据的，则应当在平常业务流程过程中注重证据留存工作，以便向法院证明清白；否则，将很可能因此败诉。

3. 面对不合理的 Robots 协议，可以参照“协商—通知”路径。若爬取方认为对方设置的 Robots 协议不合理，希望能够爬取该等数据，可以考虑参照百度诉奇虎案，向被爬取方提出书面修改 Robots 协议、准许其爬虫抓取的请求。被爬取方在知晓该请求后，如不同意修改，应当在合理的期限内，书面、明确地提出其拒绝修改 Robots 协议的合理理由告知爬取方。若爬取方认为其提出的合理理由不成立的，双方可以向自律公约执行机构或行业协会陈述意见，由相关执行机构或行业协会先行调解和裁决。若被爬取方在合理的期限内未书面、明确地提出其拒绝修改 Robots 协议的合理理由，或者爬取方认为被爬取方提出的合理理由不成立，可以按照相关法律规定采取诸如诉讼、申请行为保全等法律措施予以解决。

4. 抓取数据需要在合理、限度内，不能对服务器造成压力。爬取非公开数据，需要具备合法合约的基础，否则涉嫌破坏被爬取方正常的运行机制；爬取公开数据，则应当在合理限度内进行，其请求量级、请求频率和请求技术手段均应在正常范围之内，不应对被爬取方的服务器造成远超正常用户访问的负担。

5. 在爬取数据的呈现形式上，建议明确显示数据来源，并考虑设置跳转链接。若爬取方在向自身用户呈现爬取数据时，能够明确数据来源，不会导致用户造成混淆；同时通过设置跳转链接，使被爬取方的用户流量不会完全被爬取方截取，则有利于证明其未对被爬取方造成实质损害。

6. 自身产品不盈利并不意味着对于被爬数据未进行商业化使用，法院将会综合考量确定最终的赔偿额度。法院会综合爬取数据性质（公开、非公开）、爬取数据的商业价值高低、爬取数据数量及规模大小、爬取数据呈现形式、爬取方主观恶意大小、侵权行为持续时长、侵权影响范围大小、爬取方销售利润大小及被爬取方用户流量损失大小等因素判定。

第六节 爬虫责任与 ISO37301

上一节已经将爬虫的责任全方位作了梳理，从刑事责任、行政责任和民事责任方面明确了法院在认定维度上的判定原则，同时从爬取方和被爬取方不同视角下重新解构了各自的自证义务，所有的解读只有一个目的，即强调爬虫的模糊性以及高风险性，同时为了方便看清责任边界和行为边界。

本节在明确风险和责任的基础上，进一步探讨切实可行的“挽救”路径。

在浙江省高院于 2022 年 7 月 4 日公布的《侵犯公民个人信息犯罪十大典型案例》中，就提到一起因爬虫行为而被认定构成侵犯公民个人信息罪的案例：孙某某通过编写程序软件、伪造用户 ID 的方式，从“格格家购物平台”爬取了 65，877 条公民个人信息，包括姓名、电话、住址等。最后法院以其行为构成“以非法侵入他人计算机信息系统的方式获取公民个人信息”的行为，以“侵犯公民个人信息罪”定罪量刑。

然而，刑事合规不起诉制度的施行，给了爬虫企业“从头再来”的机会。在国内首例爬虫合规不起诉案例中，涉案企业通过爬虫技术非法获取某外卖平台数据，造成外卖平台方直接经济损失 4 万余元。后经该公司申请，普陀区检察院对该案启动合规整改制度，该公司围绕管理、技术、制度进行自查整改，并聘请法律顾问团队制定数据合规整改计划，严格按照合规承诺扎实推进。最后，普陀区检察院对涉案企业及人员作出不起诉决定。

检察院的“合规不起诉”试点与合规整改计划与我们接下来要讨论的 ISO37301 等合规认证工具之间的关系是什么？利用爬虫技术打造数据产品的企业的底线保障在哪里？要提前做哪些准备动作？

顺着这些问题，我们重新梳理前文通过案例方式总结为表格的爬虫刑事责任，下文先用思维导图和总结回顾的方式重新整理爬虫刑事责任，再梳理合规不起诉的脉络和其与 ISO37301 的“勾稽关系”，由此看到 ISO37301 对于企业的实际价值和可以遵循的实操路径。

一、“风险指南”——爬虫技术刑事责任风险

爬虫会涉及的刑事风险（见图 2-8-8）。

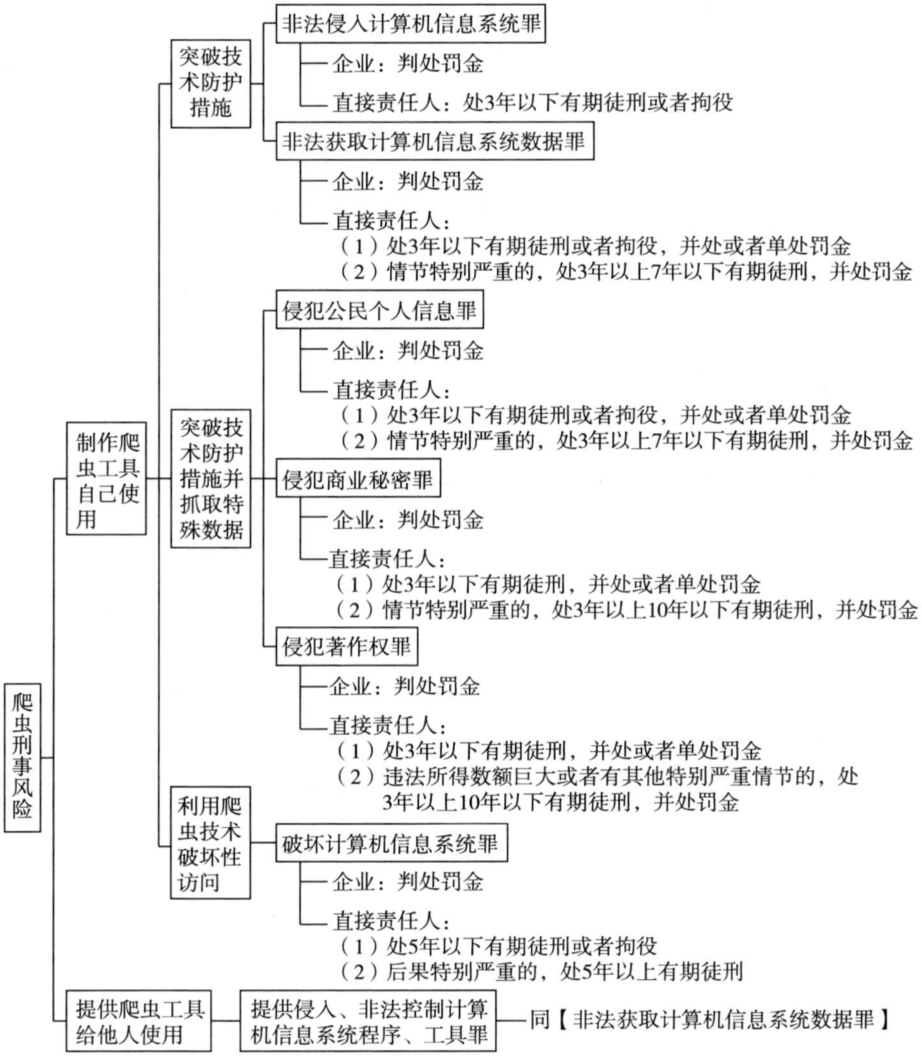

图 2–8–8 爬虫刑事风险

由图 8–8 可知，爬虫技术主要面临以下刑事责任风险：

（一）制作爬虫工具自己使用

1. 突破技术防护措施但未抓取数据

【非法侵入计算机信息系统罪 / 非法获取计算机信息系统数据罪】：为了限制或阻碍爬虫企业的数据爬取行为，被爬取方往往会设置封网络地址、封网络账号、参数加密等种种反爬虫技术措施；而一旦企业突破前述反爬机制，则该行为本身将有可能构成计算机犯罪意义上的“侵入”行为，基于所侵入计算机系统的不同类别，构成“非法侵入计算机信息系统罪”（即侵入国防事务、国防建设、尖端科学技术领域的计算机系统）或“非法获取计算机信息系统数据罪”（即侵入前述系统外的系统或采用其他技术手段获取数据），企业自身及其主要负责人均将面临相应刑事责任。

如在晟品公司等非法获取计算机信息系统数据罪案[1]中，晟品公司利用技术手段抓取字节跳动公司服务器中存储的视频数据，并破解字节跳动公司的防抓取措施，使用“tt_spider”文件实施视频数据抓取行为。其在抓取过程中使用伪造 device_id 绕过服务器的身份校验，使用伪造 UA 及 IP 绕过服务器的访问频率限制，最终被法院认定为构成“非法获取计算机信息系统数据罪”。

2. 突破技术防护措施并抓取特殊数据

当企业利用爬虫技术突破被爬取方设定的技术防护措施，且成功抓取到被爬取方特殊数据时，根据抓取数据的不同，可能构成以下三项犯罪：

（1）【侵犯公民个人信息罪】：爬虫行为很有可能构成“以其他方法非法获取公民个人信息”的行为，爬虫企业及其主要负责人员均将面临相应刑事责任。

（2）【侵犯商业秘密罪】：根据法律规定，以电子侵入或者其他不正当手段获取权利人的商业秘密，造成损失达 30 万元或者获利达 30 万元的，即构成“侵犯商业秘密罪”。

“商业秘密”，是指不为公众所知悉，能为权利人带来经济利益，具有实用性并经权利人采取保密措施的技术信息和经营信息。在如今大数据时代，数据对于被爬取方而言无疑是重要的资产之一。而参照《最高人民法院关于审理侵犯商业秘密民事案件适用法律若干问题的规定》的规定，与技术有关的算法、数据、计算机程序及其有关文档等信息也已被纳入商业秘密中的“技术信息”，若爬虫企业爬取的数据属于被爬取方的商业秘密的，将可能构成本罪。

（3）【侵犯著作权罪】：在《刑法修正案（十一）》出台之前，针对爬取受著作权法保护的作品数据行为，相关法规主要规制的是后续的传播行为（如非法复制、非法通过信息网络传播等）；但《刑法修正案（十一）》规定了一种新的侵犯著作权方式，即“未经著作权人或者与著作权有关的权利人许可，故意避开或者破坏权利人为其作品、录音录像制品等采取的保护著作权或者与著作权有关的权利的技术措施的”，这意味着如果在爬取公开数据时避开或者破坏了保护著作权的技术措施，

---

〔1〕 参见北京市海淀区人民法院（2017）京 0108 刑初 2384 号刑事判决书。

则依然可能因违反前置性保护要求而构成本罪。

对于采取侵入计算机系统的行为抓取数据，同时触犯上述罪名的，一般从一重罪论处，不数罪并罚。

3. 利用爬虫技术破坏性访问

【破坏计算机信息系统罪】：企业在使用爬虫技术时，很容易基于大批量、高频率的自动化访问手段，对被爬网站的正常运行造成阻碍，导致被爬取方服务器出现阻塞、宕机等情形，这将很有可能构成《刑法》所规定的“破坏计算机信息系统”的行为，同样将面临“双罚制”的处罚；如果利用爬虫技术恶意删除计算机系统中的数据，甚至删除信息系统功能，后果严重或造成系统不能正常运行的，亦构成破坏计算机信息系统罪。

如在杨某某、张某某破坏计算机信息系统案〔1〕中，行为人利用网络爬虫以每秒 183 次的速率向深圳市居住证网站请求数据，导致深圳市居住证系统服务器阻塞，无法正常运行，最终被法院以“破坏计算机信息系统罪”定罪处罚。

（二）提供爬虫工具给他人使用

【提供侵入、非法控制计算机信息系统程序、工具罪】如果企业打造出爬虫工具后，自己不爬数据，而是交由别人爬取，是否就能全身而退？答案是不能。

根据《刑法》的规定，提供专门用于侵入、非法控制计算机信息系统的程序、工具，情节严重的，将构成“提供侵入、非法控制计算机信息系统程序、工具罪”，同样面临双罚制的刑事处罚。

如在陈某提供侵入、非法控制计算机信息系统程序、工具案〔2〕中，陈某编写“爬虫”软件用于“大麦网”平台抢票并向他人出售，非法获利 12 万余元。该“爬虫”软件具有以非常规方式构造和发送网络请求，模拟用户在平台手动下单和购买商品的功能；具有以非常规手段模拟用户识别和输入图形验证码的功能，该功能可绕过人机识别验证机制，以非常规方式访问平台资源。最终法院以“提供侵入、非法控制计算机信息系统程序、工具罪”对行为人定罪量刑。

二、“脱罪利器”——ISO37301 认证工具

2022 年 8 月，最高人民检察院发布了第三批涉案企业合规典型案例，该批典

〔1〕 参见广东省深圳市南山区人民法院（2019）粤 0305 刑初 193 号刑事判决书。
〔2〕 参见广东省广州市南沙区人民法院（2021）粤 0115 刑初 5 号刑事判决书。

型案例从检察机关近期办理完结的案件中选出，充分考虑各类企业合规特点，其中就包括上文提及的上海市普陀区检察院办理的首例数据合规不起诉案例。这个案件让因爬虫行为而涉罪的企业看到了起死回生的希望，该案中因案制宜的数据合规专项计划也成为爬虫企业的合规良方。

然而，并不是所有的案件都能适用合规不起诉制度，即合规不起诉也并不适用于所有涉案企业，同时合规不起诉也并非绝对的“免死金牌”。首先，它一般只适用于轻罪，涉案企业、人员均系初犯、偶犯；其次，如果启动合规整改后结果不合格，还是存在依法被起诉的可能性。并且事后进行的涉案企业合规整改往往也是时间紧、任务重，可能仓促之间难以满足检察机关的评估要求。

因此，我们拟通过具体案例，让企业近距离观察如何“未雨绸缪”，借助 ISO37301 合规管理体系，事前建立刑事合规制度。

（一）案情简析：首例爬虫企业数据合规不起诉案

1. 基本案情

涉案企业 Z 公司系一家为本地商户提供数字化转型服务的互联网大数据公司，为吸引更多客户，在未经 E 公司授权许可的情况下，Z 公司通过“外爬”“内爬”等爬虫程序，非法获取 E 公司外卖平台数据，造成 E 公司海量信息被非法获取，增加了流量成本，Z 公司及其涉案员工因涉嫌非法获取计算机信息系统数据罪被移送检察院。

2. 合规整改

（1）满足要件，合规考察启动程序

案件移送审查起诉后，检察机关经审查认为 Z 公司具备下述条件，因此作出合规考察决定：

（a）主观恶性小、损害后果轻：Z 公司存在重技术开发、轻数据合规等问题，此次爬取数据出于自身拓展业务的动机，未进行二次售卖；

（b）认罪认罚、积极赔偿：Z 公司及涉案人员均认罪认罚，积极赔偿 E 公司经济损失并取得谅解；

（c）合规意愿强：Z 公司合规整改意愿强烈，提交了《适用刑事合规不起诉申请书》及企业经营情况、社会贡献度等书面证明材料。

（2）各司其职，启动数据合规专项计划

合规考察决定作出后，检察机关、第三方组织、Z 公司及其聘请的法律顾问各司其职，履行合规整改职责：

（a）检察机关：检察机关向 Z 公司制发《合规检察建议书》，从数据合规管理、数据风险识别、评估与处理、数据合规运行与保障等方面提出整改建议；

（b）法律顾问：Z 公司为积极整改，聘请法律顾问制定数据合规专项整改计划；

（c）第三方组织：全程监督 Z 公司数据合规整改工作；

（d）精准"开方"，进行数据合规专项整改。

依据各方的专业意见，Z 公司进行了如下数据合规专项整改工作：

（a）数据来源合规方面。Z 公司与 E 公司达成合规数据交互约定，彻底销毁相关爬虫程序及源代码，对非法获取的涉案数据进行无害化处理，并与 E 平台 API 数据接口直连，实现数据来源合法化。

（b）数据安全合规方面。Z 公司设立数据安全官，专门负责数据安全及个人信息安全保护工作；构建数据安全管理体系，制定数据保护制度；加入区级态势感知平台，提升安全威胁的识别、响应处置能力；数据及时脱敏、加密，增强网络攻击防护能力。

（c）数据管理制度合规方面。Z 公司建立数据合规委员会，制定常态化合规管理制度，开展合规年度报告。

（3）整改结果

2022 年 5 月，检察机关依法对犯罪嫌疑单位 Z 公司及涉案员工作出不起诉决定。

（二）合规不起诉：是什么？谁能做？如何做？

当下，互联网企业采取爬虫技术的行为屡见不鲜，然而技术上方便了，法律上就十分危险了，爬虫技术一旦被不当使用，触犯刑事红线，企业自身及主要负责人均有可能面临刑事责任。这时，合规不起诉制度就成为涉案企业起死回生的救命稻草。

那么，合规不起诉制度究竟是什么？满足什么条件的企业可以适用？又应如何进行合规整改？

1. 是什么

简言之，企业合规不起诉，是指检察机关对于那些涉嫌实施犯罪并认罪认罚的涉案企业，在其承诺或者实施有效合规管理体系的前提下，对其作出不起诉决定的制度[1]。

2. 谁能做

涉案企业要想适用合规不起诉制度，需要满足以下条件：

---

〔1〕 参见陈瑞华：《企业合规基本理论》，法律出版社 2022 年版。

（1）案件类型：适用于公司、企业等市场主体在生产经营活动中涉及的经济犯罪、职务犯罪等案件。

（2）涉案企业需要同时满足以下条件：①认罪认罚；②能够正常生产经营，承诺建立或者完善企业合规制度，具备启动第三方机制的基本条件；③自愿适用第三方机制。

（3）检察院审查启动：检察院主动审查与企业申请适用、检察院被动受理审查相结合，检察院审查认为符合适用条件的，可以商请本地区第三方机制管委会启动该程序。

3. 如何做

合规不起诉制度的流程如图 2-8-9 所示。

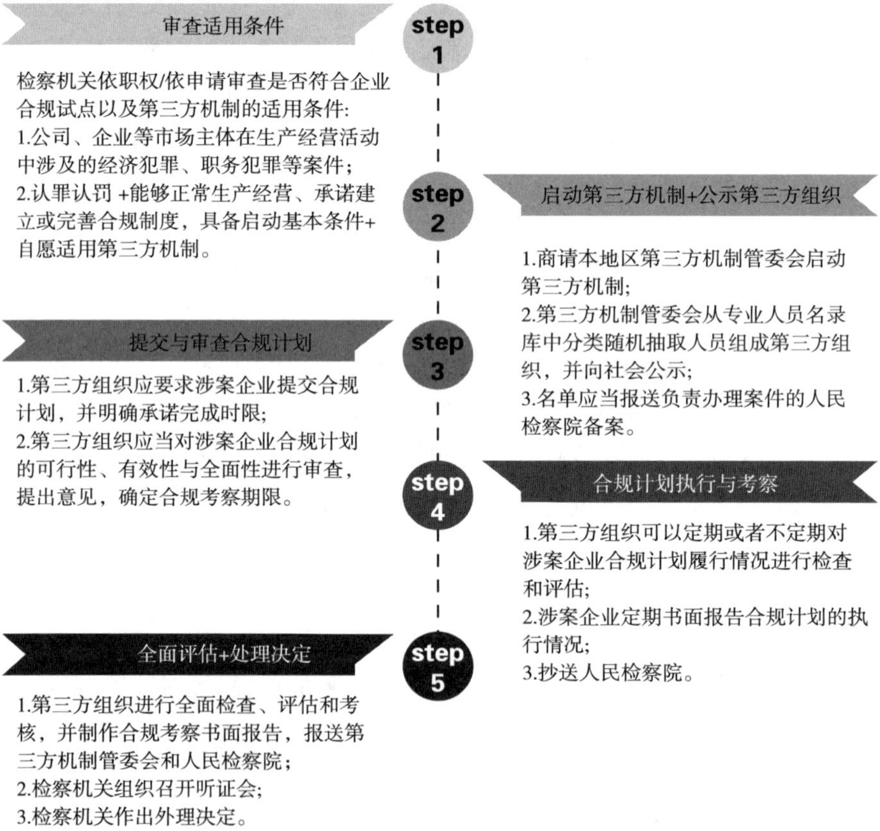

图 2-8-9　合规不起诉制度的流程

在上述合规不起诉流程中，合规计划执行与考察为核心环节，其中：

（1）合规考察期如何确定

根据《关于建立涉案企业合规第三方监督评估机制的指导意见（试行）》的规定，合规考察期由第三方组织[1]基于其对涉案企业合规计划的可行性、有效性与全面性进行的审查，根据案件具体情况和涉案企业承诺履行的期限予以确定。实践中，各地检察机关根据各自适用的政策文件，合规考察期少则1~3个月，多则6个月以上。

（2）合规考察什么内容

根据《涉案企业合规建设、评估和审查办法（试行）》的规定，合规考察期内，涉案企业须能满足下述几个方面的要求：①对涉案合规风险的有效识别、控制；②对违规违法行为的及时处置；③合规管理机构或者管理人员的合理配置；④合规管理制度机制建立以及人力物力的充分保障；⑤监测、举报、调查、处理机制及合规绩效评价机制的正常运行；⑥持续整改机制和合规文化已经基本形成。

（三）未雨绸缪：借助ISO37301合规管理体系

宁未雨而绸缪，勿临渴而掘井。最高人民检察院积极推行合规不起诉制度，助力营造安商惠企法治化营商环境，然而，经过上述分析，我们发现涉案企业在合规考察期内时间紧、任务重，可能仓促之间难以满足检察机关的评估要求，因此，企业可以“未雨绸缪”，借助ISO37301合规管理体系，事前建立刑事合规体系。

1. 什么是ISO37301企业合规管理体系

图2-8-10能帮助我们理解ISO37001与合规不起诉制度中合规整改的关系。

ISO37001是由国际标准化组织（ISO）于2021年正式发布，全称是《合规管理体系 要求及使用指南》，采用PLAN（计划）—DO（执行）—CHECK（检查）—ACT（改进）（PDCA）理念（见图2-8-11），为企业建立与运行合规管理体系提供了整套解决方案。

---

〔1〕 由第三方监督评估机制管理委员会选任组成的第三方监督评估组织。

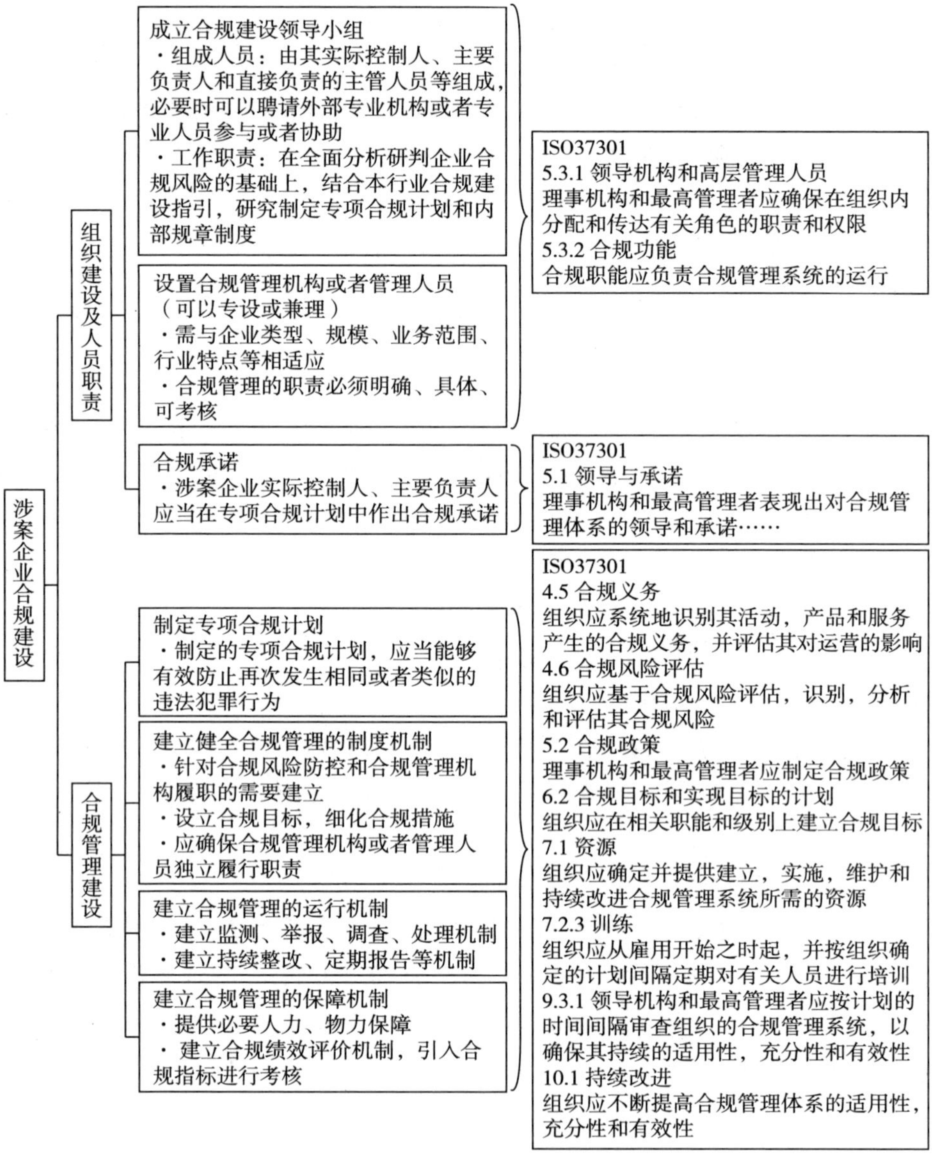

图 2-8-10　涉案企业合规建设

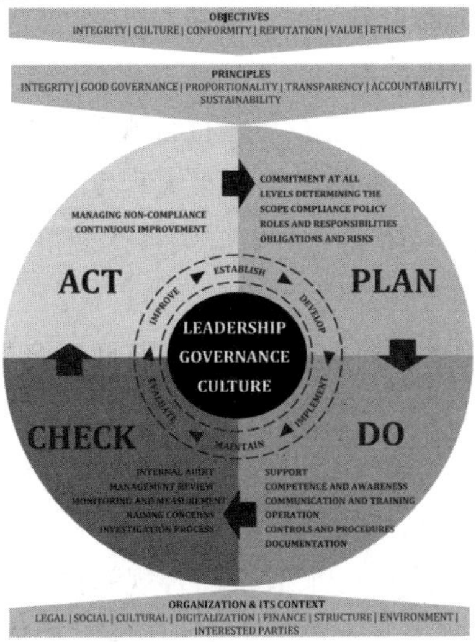

图 2-8-11 ISO37301 国标标准

目前可查阅资料显示，百度智能云、美的集团、中国移动等多家企业率先通过 ISO37301 认证，并且根据广东省国资委要求，ISO37301 已经成为广东省省属企业合规标准动作（见图 2-8-12）。

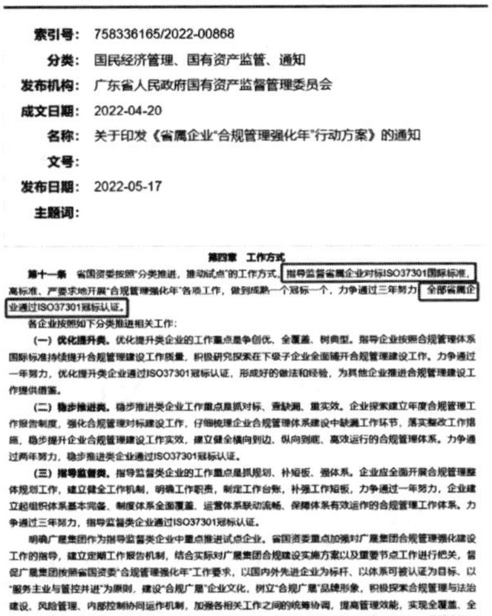

索引号： 758336165/2022-00868

分类： 国民经济管理、国有资产监管、通知

发布机构： 广东省人民政府国有资产监督管理委员会

成文日期： 2022-04-20

名称： 关于印发《省属企业"合规管理强化年"行动方案》的通知

文号：

发布日期： 2022-05-17

主题词：

第四章 工作方式

第十一条 省国资委按照"分类推进，推动试点"的工作方式，指导监督省属企业对标ISO37301国际标准，高标准、严要求地开展"合规管理强化年"各项工作，做到成熟一个冠标一个，力争通过三年努力，全部省属企业通过ISO37301冠标认证。

各企业按照如下分类推进相关工作：

（一）优化提升类。 优化提升类企业的工作重点是争创优、全覆盖、树典型。指导企业按照合规管理体系国际标准持续提升合规管理建设工作质量，积极研究探索在下级子企业全面铺开合规管理建设工作。力争通过一年努力，优化提升类企业通过ISO37301冠标认证，形成好的做法和经验，为其他企业推进合规管理建设工作提供借鉴。

（二）稳步推进类。 稳步推进类企业工作重点是抓对标、查缺漏、重实效。企业探索建立年度合规管理工作报告制度，强化合规管理对标建设工作，仔细梳理企业合规管理体系建设中缺漏工作环节，落实整改工作措施，稳步提升企业合规管理建设工作实效，建立健全横向到边、纵向到底、高效运行的合规管理体系。力争通过两年努力，稳步推进类企业通过ISO37301冠标认证。

（三）指导监督类。 指导监督类企业的工作重点是抓规划、补短板、强体系。企业应全面开展合规管理整体规划工作，建立健全工作机制，明确工作职责，制定工作台账，补强工作短板，力争通过一年努力，企业建立起组织体系基本完备、制度体系全面覆盖、运营体系联动流畅、保障体系有效运作的合规管理工作体系。力争通过三年努力，指导监督类企业通过ISO37301冠标认证。

明确广晟集团作为指导监督类企业中重点推进试点企业。省国资委重点加强对广晟集团合规管理强化建设工作的指导，建立定期工作报告机制，结合实际对广晟集团合规建设实施方案以及重要节点工作进行把关，督促广晟集团按照省国资委"合规管理强化年"工作要求，以国内外先进企业为标杆、以体系可被认证为目标、以"服务主业与管控并进"为原则，建设"合规广晟"企业文化，树立"合规广晟"品牌形象，积极探索合规管理与法治建设、风险管理、内部控制协同运作机制，加强各相关工作之间的统筹协调，提高管理效能，实现全覆盖、全参与、全过程、全体系，持续稳定健康运行的合规管理模式，全面提升广晟集团依法治企能力、合规管理能力和风险防控能力。通过两年努力，推动广晟集团合规管理建设整体达到优化提升类企业水平，并形成一套可推广可复制的经验成果。其中，2022年为达标建设年，在组织体系、制度体系、运作机制、保障机制、合规文化等方面形成完整的合规管理框架，有关工作应通过省国资委组织的检查验收；2023年为持续深化年，指导督促企业按照国际验收标准持续深化合规管理建设，并通过ISO37301认证。

图 2-8-12 关于印发《省属企业"合规管理强化年"行动方案》的通知

2. 获得 ISO37301 认证的益处

（1）有利于事前构建合规计划

我们发现，ISO37301 为企业建立与运行合规管理体系提供了整套解决方案，其与合规不起诉中涉案企业合规整改存在很大程度上的对应关系，将有利于企业事前构建合规计划。图 2-8-10 将这种对应关系体现得十分充分。

（2）有效证明企业自主合规意愿

相较于事前合规建设空白的企业，建立事前刑事合规体系的企业，明显具有更为强烈的主观合规意愿，能一定程度向检察机关证明其对刑事合规的重视以及进行合规整改的决心。

（3）有利于企业高效执行合规计划

由于合规考察期时间有限，已采取事前合规举措的涉案企业，具有高效执行合规计划的基础条件，可基于其事前刑事合规体系，快速"查漏补阙"，大大提升合规建设的效率与质量，更容易满足涉案企业合规评估要求，通过合规审查。

三、小结

最高人民检察院发布的首例数据合规不起诉案例极大地鼓舞了爬虫企业，诚然，合规不起诉制度为企业在数据合规刑事案件中预留了一个缓冲地带，然而这并不意味着可以忽视合规管理体系的重要性。

我们建议，爬虫企业应当把功夫下在事前，通过 ISO37301 建立刑事合规体系，这样既能保障企业日常合规运营，又可在事后触犯刑事红线时，有效向检察机关等争取合规不起诉制度适用、高效执行合规计划。

第七节 "黑模式"究竟是什么？

很多人遇到过以下类似场景：

▪ 卸载客户端时，要求你填写卸载原因，并弹出各种弹窗，或是挽留或是确认；

▪ 购买车票进入支付页面时，"继续支付（加 ×× 元疫情保障）"的选项被黄色标亮，"放弃"的选项则以白底灰字呈现；

▪ 回复"退订""TD"后仍然无法退订的营销短信；

- 订阅视频网站会员时简单快捷，取消“连续续费”时却复杂艰难……

以上这类或是通过页面，或是通过文字“蛊惑”“诱导”消费者的“套路”，已经成为国内外各大平台“精准割韭菜”的工具。国外用户体验设计师哈里·布里格诺尔（Harry Brignull）为此取了个十分生动形象的名字——“黑模式”（Dark Pattern）。

正如本章开头导读所言，我们进入“黑模式”的数据治理领域，意味着监管的能力和层次上升到了一定的境界和高度，从“非黑即白”过渡到了“高级灰”的治理。本节将展开对“黑模式”规制的具体讨论，从概念和定义入手，总结黑模式的基本形态和主要场景，分析基本危害和欧盟、美国的治理现状。

2022 年 11 月 22 日，市场监管总局就《反不正当竞争法（修订草案征求意见稿）》公开征求意见，其中一大修订亮点就是增加了对“黑模式”规制的专门条款，明确“不得利用数据和算法、技术以及平台规则等，通过影响用户选择或者其他方式，扰乱市场公平竞争秩序。前款所称影响用户选择，包括违背用户意愿和选择权、增加操作复杂性、破坏使用连贯性等”。

《个人信息保护法》《消费者权益保护法》等法律法规中也能够寻觅到“黑模式”监管的法律依据。比如，“不得通过误导、欺诈、胁迫等方式处理个人信息”；又如，消费者“享有自主选择商品或者服务的权利”“享有知悉其购买、使用的商品或者接受的服务的真实情况的权利”等。

然而，如何准确辨别和界定“黑模式”，如何认定“黑模式”所侵犯的消费者权益，却并不是一个容易回答的问题。

“黑模式”究竟指什么？平台经常使用的“黑模式”主要类型包括哪些？使用“黑模式”是否会侵犯消费者的利益？“黑模式”最终是否会被纳入合规监管？

为解答上述困惑，我们拟通过梳理、分析国内外平台典型“黑模式”类型，结合欧盟、美国等域外“黑模式”监管趋势与启示，探讨“黑模式”在我国的“现在”与“未来”，希冀为尚处灰色边缘地带的“黑模式”带来一丝“光明”（Bring Dark Pattern to Light）。

一、什么是“黑模式”？

“黑模式”最早源于用户体验设计师哈里·布里格诺尔于 2010 年创设的“黑

模式”网站（darkpatterns.org），网站在耻辱墙（Hall of Shame）板块揭露了大量平台（包括谷歌、Facebook、亚马逊等）针对用户的欺骗性设计（见图 2-8-13），由此引发大家开始真正关注“黑模式”。

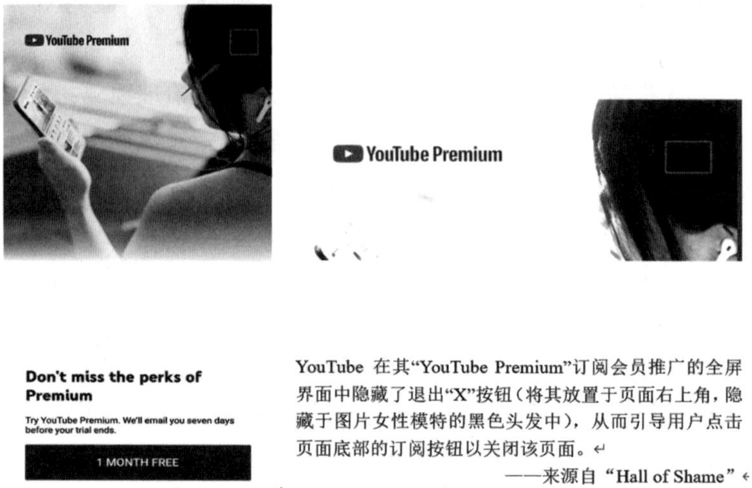

图 2-8-13　YouTube“黑模式”案例

2022 年 11 月 16 日起正式生效的欧盟《数字服务法案》首次对黑模式进行了明确的定义，即“黑模式”是指故意或实质性地扭曲或损害服务接受者作出自主和知情选择或决定的一种做法，这些做法可被用来说服服务接受者从事不需要的行为或者作出不需要的决定从而对他们产生负面的影响。[1]

在“眼球经济”之下，大大小小的互联网平台为了实现前端获客、中端转化、后端维护的目的，或有心或无意地利用界面及内容，通过欺骗性手段蛊惑用户订阅会员、购买原本不会购买或购买数量较少的商品 / 服务，诱导分享、提供超过必要范围的个人信息并放弃注销等。

从短期来看，大多数用户是被“唬住了”，这会带来平台 KPI、转化率、复购

〔1〕 参见《数字服务法案》序言第 67 条：在线平台的在线界面上的黑暗模式是指故意或事实上实质性地扭曲或损害服务接收者作出自主和知情的选择或决定的能力的实践。这些实践可被用来说服服务接收者从事其不需要的行为或作出其不需要的决定，从而对其产生负面影响。因此，在线平台的提供者应禁止欺骗或诱导服务接收者，禁止通过在线界面或其一部分的结构、设计或功能扭曲或损害服务新治理接收者的自主性决策或选择。这应该包括但不限于利用设计选择来引导接收者采取有利于在线平台提供者的行动，但这可能不符合接收者的利益，包括在要求服务接收者作出决定时，以非中立的方式呈现选择，如通过视觉、听觉或其他组件，更加突出特定的选择。

率、业务收入等指标的增长。但从长期来看，一方面，用户也会“反套路”；另一方面，用户对于平台的信赖感也会持续降低，一旦有了更好的替代方案，用户会毫不留情地走开。

然而，长期的利弊无法予以准确预判和简单量化，在当前合规监管尚不明朗、没有法律明令禁止的情形下，还是有大量的平台为了眼前的利益“前赴后继”。或许这也就是为什么“黑模式”会盛行至今的原因。

二、哪些属于“黑模式”？

“黑模式”的具体展现形式五花八门，但大致可以总结为两类：一是基于内容的“黑模式”（content-based pattern），二是基于界面的“黑模式”（interface-based pattern）。

（一）基于内容的“黑模式”

1. 定义

基于内容的“黑模式”指与具体展示的实际内容（包括句子及信息组成的措辞及上下文语境）有关的“黑模式”。例如，在用户通知 / 提示页面，使用双重否定的方式使用户产生误解（如“请不要不分享我的个人信息”“请不要在下面取消你不想安装的附加软件”等）。

2. 典型示例

（1）情绪引导

在该模式下，平台通过吸引用户的情绪来影响用户的选择。如国外某 App 通过以下表述鼓动用户分享他们的地理位置：“嘿，你是孤狼吗？但与他人分享和联系有助于使世界变得更加美好！分享您的地理位置！让你周围的地方和人唤醒你！”

又如，在主要面向儿童用户的某国外手机游戏中，当儿童用户选择不进入下一个关卡时，应用内的游戏角色会说“你想放弃吗？”；当用户闲置时，应用内的游戏角色会说“你让我想睡觉吗？”，从而通过情绪引导的方式使儿童用户延长游戏时间。

（2）矛盾的信息

在该模式下，用户不确定他们的选择 / 数据是如何被处理的，以及他们在行使权利时可能对其拥有什么样的控制权。

如在图 2-8-14 所示国内某 App 中，切换开关的位置与文字并不匹配。一般情况下，如果界面上的开关在右边，通常与功能的开启有关，但在该 App 中，却代表着功能的关闭。该 App 通过相反的表述引导用户对“关闭程序化 / 个性化广告推荐”的开关保持默认关闭状态，在一定程度上限制了用户对其法定享有的自动化决策 / 算法推荐服务拒绝权的便捷行使，容易造成用户理解时的歧义，导致用户产生错误认识，从而未能正确行使“关闭”个性化广告推荐功能的权利。

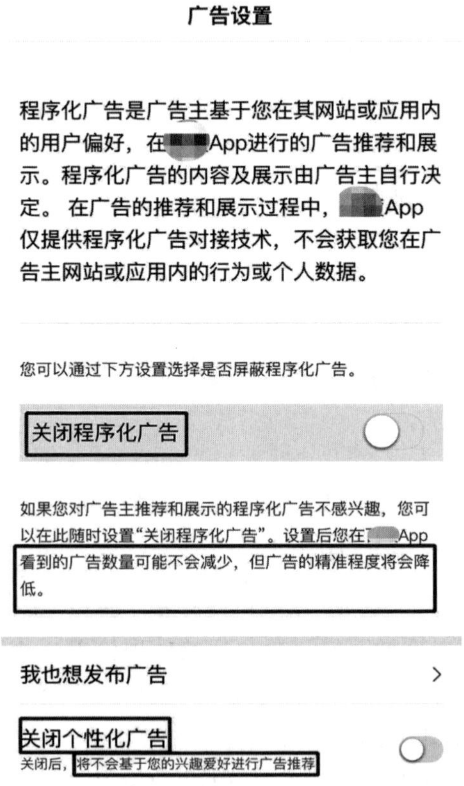

图 2-8-14　某 App 广告关闭功能设置

（3）信息过载

在该模式下，用户会面临大量的请求、信息、选项或可能性，以促使用户共享更多的个人信息或无意中允许了违背其自身预期的个人信息处理行为。

比如，国内某 App 的“设置”界面（见图 2-8-15）罗列了多个与数据保护措施相关的子功能板块（包括“账号与安全”“隐私”“了解与管理广告推送”“个人信息管理”，其中“个人信息管理”页面又嵌入了“个性化内容推荐”）。用户如果打算关闭个性化内容推荐，他很有可能不知道究竟应该进入哪个功能页面。

图 2-8-15　某 App 设置页面

（4）缺少层次感

在该模式下，用户难以定位 / 导航到具体内容并理解平台相关设置的目的。如在国外某 App 中，大部分的隐私保护数据是按照以下顺序呈现的：最严格的选项（如与第三方在最小范围内共享数据）—有限的选项（介于最严格的选项与限制性最小的选项之间）—限制性最小的选项（如与第三方共享数据的范围不受限）。然而，这种排列方式并不适用于最后一项设置，此时，选项是按照限制性最小的选项—有限的选项—最严格的选项排列的，用户基于思维惯性将可能作出完全不利于自身权益的选择。

又如国外某 App 呈现的《隐私政策》文本篇幅很长，多达 70 多页，然而，《隐私政策》本身并没有从标题和内容维度划分为不同的部分，该 App 在页面侧边栏或顶部也没有设置任何导航菜单，导致用户无法方便、快捷地访问他们正在阅读/寻找的部分。

（二）基于界面的“黑模式”

1. 定义

基于界面的“黑模式”是指与界面显示、浏览或与用户交互的方式有关的“黑模式”。如在用户注销账户时，通过强制要求用户填写注销理由、向用户展示解决其所填写注销理由的方法等步骤/流程，降低用户注销账户的效率。

2. 典型示例

（1）灯下黑

在该模式下，平台利用视觉上的偏差影响用户选择，用户很有可能不会注意到相关文字或选项。

美国联邦贸易委员会曾于 2019 年指控 AH Media 欺诈消费者，理由是 AH Media 向消费者提供免费护肤产品试用时，并未显著告知消费者提交试用申请即为同意成为连续订阅会员，仅通过页面底部一块小号灰色字体予以提示（见图 2-8-16，“一经提交，即意味着您同意我们的用户协议，且在您 14 天试用期届满后，您将自动成为我们的订阅会员。您可通过拨打电话随时取消”。）

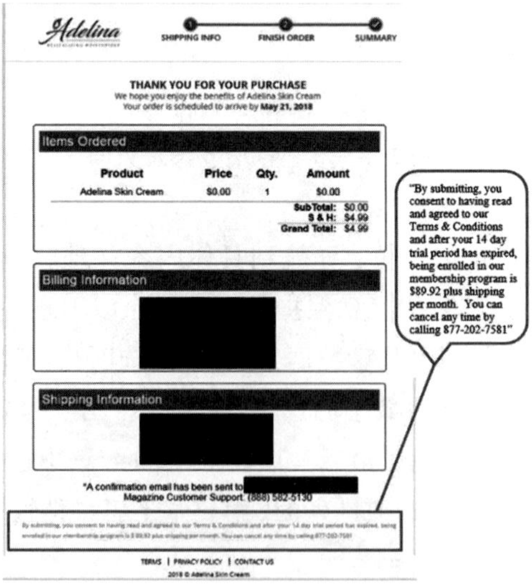

图 2-8-16　某 App 利用视觉偏差影响用户

（2）默认选项

在该模式下，平台以期待用户忘记或未想起为原则进行设置。如在国外某 App 中，当用户输入出生日期后，选择分享范围时，虽然界面上提供了一些侵略性较低的选项，但却默认选择了“与所有人分享”这一选项（见图 2–8–17）。

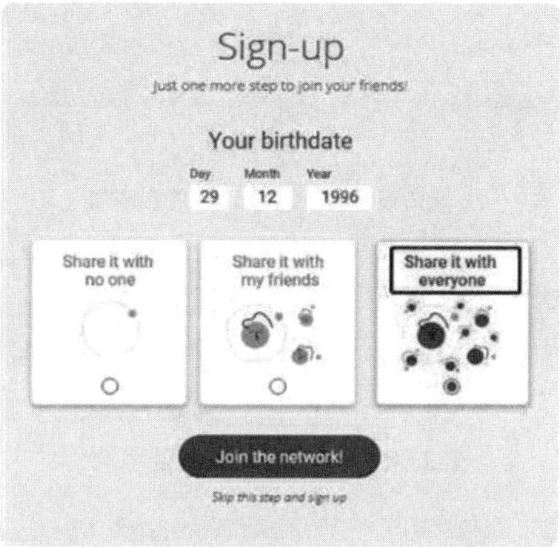

图 2–8–17 某 App 默认选项设计

（3）超过必要

在该模式下，用户在获取信息或控制相关功能设置的过程中被加以各种阻碍或障碍，使其行为难以或不可能实现。

法国数据保护机构 CNIL 曾于 2022 年指控 Google.fr 和 Facebook Ireland 没有为法国用户提供足够的退出按钮来拒绝接受 Cookie。Google.fr 和 Facebook Ireland 提供了一个按钮，允许用户立即在其平台上接受 Cookie。但是，没有相应的按钮允许用户拒绝接受 Cookie。相反，需要多次点击才能拒绝所有 Cookie，而只需点击一次就能接受所有 Cookie。最终 Google.fr 被罚款 1.5 亿欧元，Facebook Ireland 被罚款 6000 万欧元。

（4）隐私迷宫

该模式与信息过载实质相同，区别点即在于通过设计复杂的艰深页面 / 路径，从而迫使用户放弃相应选择。

在图 2–8–18 的示例中，与数据保护权利有关的信息至少有四个界面。虽然隐私政策告知了用户拥有的所有权利（访问权、删除权、可携带权等），但并没有设置超链接转到每项权利的相关设置页面。相反，当用户访问他们的账户时，他们找不到关于可以行使的这些权利的任何信息。这种隐私迷宫迫使用户在许多页面中寻找行使每项权利的地方，而且基于他们的浏览情况，他们可能并不知道他们拥有的所有权利。

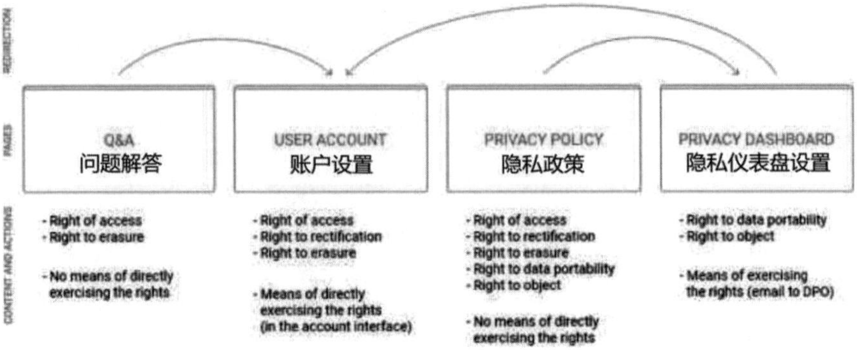

图 2-8-18　隐私和迷宫示例

三、"黑模式"的危害

(一)侵犯消费者权益

毋庸置疑，"黑模式"侵犯了用户的消费者权益。平台利用"黑模式"通过不平等、不公平、不合理的方式与用户达成交易，诱使或强迫他们订阅会员、购买平台商品 / 服务等，侵害他们的自主决策及选择的权利，致使其未能行使自主选择商品或服务、自主注销账户等权利。

如美国联邦与贸易委员会曾于 2020 年指控 Age of Learning 在账户注销环节涉嫌欺诈消费者。当用户试图注销账户时，整个流程非常繁琐，总共需要浏览 6—9 个页面才能完成注销。最终，Age of Learning 以 1000 万美元与 FTC 达成和解，其中超过 970 万美元将用于支付 206，814 名消费者的退款。

而这对于儿童及文化程度不高的弱势群体而言，"黑模式"将会带来更大的危害后果。不少 App 利用"黑模式"诱惑儿童用户"使用成瘾"或是在父母不知情 / 未授权的情形下引导其进行 App 内购买。如谷歌及亚马逊都曾因被美国联邦贸易委员会控诉引诱儿童在未经父母授权的情形下完成 App 内购买，而分别向消费者退款 1900 万美元与 7000 万美元。

（二）侵犯个人信息权益

随着互联网经济的不断发展，“黑模式”法益侵犯的范围也逐渐从消费者权益拓展至个人信息权益。

在“黑模式”下，用户的个人信息并未能按照公平、透明的基本处理原则被处理，用户在不知情、被诱导或被强迫的情形下向平台提供了更多的个人信息。平台亦未遵循“设计和默认的数据保护”（Data Protection by Design and by Default）的基本原则，合法且在最小必要的范围内使用用户数据。

同样地，这一数据处理模式，亦将对包括儿童在内的弱势群体产生更大的负面影响。儿童并不真正理解与他们行使个人信息权益相关权利时的可能风险与后果，而又容易受到诱惑，在这种情形下，平台再利用“黑模式”向儿童提供相应服务，引诱其对外提供或分享更多的个人信息，将会对儿童的个人信息权益造成严重的侵害。

（三）造成不正当市场竞争

《反不正当竞争法（修订草案征求意见稿）》已经开始向“黑模式”发起挑战，“黑模式”的滥用将造成市场的扭曲性竞争。通过降低市场竞争的透明度，“黑模式”阻碍了消费者根据产品特点选择最佳公司的能力。使用“黑模式”的企业，可以在获取更多收入、个人信息而无需对应提供更好质量的商品或服务的情况下，获得与不采用“黑模式”的企业相比的竞争优势，而占主导地位的行业巨头则可能会利用“黑模式”进一步巩固其市场地位。

如果不加以规制，消费者对于企业的信任就会减弱，最终将导致消费者对于整个市场失去信心并离开，而这将误伤一批未使用“黑模式”的诚实企业，从而破坏整个市场的良性竞争。

四、“黑模式”在域外是否受到监管？

面对“黑模式”所带来的危害，欧盟及美国已经采取行动，通过立法规制及执法行动进行合规监管。

在欧盟，“黑模式”的主要执法机构包括欧盟公共执法协调机构、各国消费者权益执法机构（多为消费者委员会或类似机构）及数据保护机构，执法依据则涵盖消费者权益保护领域及个人信息权益保护领域，包括新兴立法《数字服务法案》[1]、《数字市场法案》[2]及传统立法《不公平商业行为指令》、GDPR 等。

欧盟对于“黑模式”的监管特色有：(1)执法依据多维且纵深。欧盟已针对“黑模式”从多个维度进行了规定，包括平台服务协议等文本内容及格式、消费者“知情—同意”的认定等，基本能够涵盖大多数“黑模式”行为。同时，欧盟开始关注垂直细分领域的“黑模式”规制(如重灾区社交类平台等)，实现点面结合的多方面监管。(2)充分尊重涉案企业的辩护权。欧盟十分尊重企业的辩护权，通过向企业发布公开信等方式，与企业就可能的“黑模式”行为进行友好沟通往来，允许企业对此发表意见、提供补充材料或进行澄清等，避免因执法机构的单方误解造成负面影响。(3)非以罚代管，以消费者权益保护为最终导向。欧盟更注重引导平台主动停止或整改侵犯消费者权益的不当“黑模式”行为，而非仅依靠处以巨额罚金来约束平台行为，以此形成良性激励，最终实现平台经营利益与消费者权益、市场竞争利益的平衡。

在欧盟，类似 WhatsApp、TikTok、Facebook 和 AliExpress 等头部平台都因部分功能上的“黑模式”受到不同程度的监管(见表 2-8-5)。

表 2-8-5　欧盟对“黑模式”的监管

“黑模式”类型	涉及平台	监管内容
信息过载	WhatsApp(即时通讯类平台)	1.“黑模式”内容： 2021 年 1 月，WhatsApp 发布新版《隐私政策》，称将与其母公司 Meta 共享更多的用户数据和平台交互细节。对此，WhatsApp 一直以持续通知的方式(“该条款于 2021 年 5 月 15 日开始生效。请接受这些条款以继续在此日期后继续使用 WhatsApp”)提示其用户接受其政策变化。即使是在 WhatsApp 官方承认大多数用户已经接受新版隐私政策的情况下，WhatsApp 仍持续不断地向未接受条款的用户发送前述通知。 而且，在通知页面的设计上，用户只能通过点击页面底部蓝底大字的“接受”按钮，或通过点击页面右上角一个几乎不可见的灰色小关闭按钮，才能关闭该通知页面以继续使用 WhatsApp

〔1〕《数字服务法案》在第 25 条(在线界面设计和组织)中明确，在线平台的提供者在设计、组织或操作其在线界面时，不得欺骗或操纵其服务对象，或以其他方式实质性地扭曲或损害其服务对象作出自由和知情决定的能力。特别是：(a)在要求服务接受者作出决定时，更加突出某些选择；(b)在已经作出选择的情况下，反复要求服务接受者作出选择，特别是通过呈现干扰用户体验的弹出式窗口；(c)使终止服务的程序比订阅服务更困难。

〔2〕《数字市场法案》明确，大型在线平台(守门人)不得降低其向用户提供的任何核心平台服务的条件或质量，或使这些权利或选择的行使变得不适当的困难，包括以非中立的方式向用户提供选择，或通过用户界面或其一部分的结构、设计、功能或操作方式颠覆用户的自主权、决策或自由选择。

续表

“黑模式”类型	涉及平台	监管内容
		2. 监管机构： 欧盟国家消费者保护机构网络（the Network of National Consumer Protection Authorities，CPC Network）基于欧洲消费者组织（the European Consumer Organisation，BEUC）等机构向其提交的针对WhatsApp在更新其服务条款和隐私政策时涉嫌的不公平行为的外部警报（an external alert），于2022年1月向WhatsApp发送了第一封信，要求其对此作出澄清。 3. 监管依据： 《不公平商业行为指令》（Unfair Commercial Practices Directive，UCPD）第8～9条：如果通过骚扰、胁迫（包括使用武力）或不当影响，严重损害或可能严重损害普通消费者选择产品的自由，从而导致他或可能导致他作出他不会作出的交易决定，则该商业行为是侵略性的（aggressive）。 4. 监管进展： WhatsApp于2022年3月回复了CPC Network的第一封信。然而，在仔细评估其提交的材料后，CPC Network并不认可，于2022年6月发出了第二封信，要求其7月前进一步提供材料
情绪操纵	TikTok（短视频类平台）	1. “黑模式”内容： 当用户向视频博主送“虚拟礼物”时，发送的礼物价值只显示为TikTok虚币，并没有额外与真实货币（欧元或其他适用的国家货币）对应。结合闪亮的颜色和有趣的表情符号，一切都旨在确保处理TikTok币的用户（特别是儿童等未成年用户）忘记他们实际上是在使用真实货币。 2. 监管机构： 欧盟委员会与CPC Network在BEUC于2021年2月向其提供外部警报后与TikTok展开正式对话，以审查其涉嫌侵犯欧盟消费者权益的商业行为和政策。 3. 监管依据： （1）《消费者权益保护指令》（Consumer Rights Directive）第6条：商家应当向消费者提供一套合同前信息（pre-contractual information，其中应包含价格信息），使其能够作出知情的购买决定； （2）UCPD第7条规定：如果商业行为遗漏了与价格有关的信息，则构成误导性遗漏行为。 4. 监管进展： 在与欧盟委员会和CPC Network进行对话后，TikTok承诺与欧盟关于广告和消费者保护的规则保持一致

续表

“黑模式”类型	涉及平台	监管内容
超过必要	Facebook（社交类平台）	1.“黑模式”内容： 2021 年 4 月，CNIL 发现 Facebook 向用户提供可以立即接受 Cookie 的按钮，但没有提供等效的解决方案（按钮或其他），使用户能够轻松拒绝 Cookie。用户需要多次点击才能拒绝所有 Cookie，而不是一次点击即可拒绝。而且，用户必须先点击“接受 Cookie”的按钮之后，才能在第二个页面底部中点击“拒绝 Cookie”。 这一套拒绝机制非常复杂，且容易造成用户误解（以为无法拒绝和管理 Cookie），从而影响了互联网用户的同意自由。 2. 监管机构： 法国数据保护机构 CNIL 3. 监管依据： （1）《法国数据保护法》第 82 条规定：电子通信服务的任何订阅用户或普通用户都必须以明确、完整的方式被告知以下内容：（a）任何旨在以电子方式获取已储存在其电子通信终端设备中信息，或向该设备写入信息的行为的目的；（b）用户可以如何拒绝前述行为。前述访问或写入的行为只能在订阅用户或普通用户在收到该等信息并表示同意后方可进行。 （2）GDPR 第 4 条规定：“同意”指的是数据主体通过一个声明，或者通过某项清晰的确信行动而自由作出的、充分知悉的、不含混的、表明同意对其相关个人数据进行处理的意愿。 4. 监管进展： Facebook 最终被处罚 6000 万欧元，并要求按照 CNIL 的要求进行整改
灯下黑	AliExpress（在线购物类平台）	1.“黑模式”内容： AliExpress 以小字形式呈现平台内适用的服务条款 2. 监管机构： 荷兰竞争和消费者保护委员会（Authority for Consumers&Markets，ACM） 3. 监管依据： （1）《消费者权益保护指令》（Consumer Rights Directive）第 6 条规定：商家应当向消费者提供一套合同前信息（pre-contractual information，包含信息的完整呈现），使其能够作出知情的购买决定； （2）UCPD 第 7 条规定：如果商业行为遗漏了普通消费者根据上下文作出知情交易决定所需的重要信息，或者隐瞒或以不明确、难以理解、模棱两可或不及时的方式提供该等重要信息，或者未能表明该商业行为的商业意图，从而导致或可能导致普通消费者作出他原本不会作出的交易决定，则该商业行为是误导性的。 4. 监管进展： AliExpress 在其欧洲网站上改进了向消费者提供有关其权利的信息的呈现方式，并使该信息符合欧盟消费者法

而在美国，“黑模式”的主要执法机构包括美国联邦贸易委员会、各州检察长等机构及美国广告自律组织、美国儿童广告自律组织等自治组织，也不乏消费者通过集体诉讼的方式实现自力救济。执法依据则涵盖消费者权益保护领域及个人信息权益保护领域，包括联邦层面的《联邦贸易法案》[1]《减少对在线用户的欺骗性体验（草案）》[2]等，以及州层面的《加州消费者隐私保护法修正案》[3]《加州隐私权法》[4]《科罗拉多州隐私法》[5]等。

美国对于“黑模式”的监管特色有：(1)规制主体丰富。除法定执法机构外，美国也很看重自律组织在其中发挥的有益补充作用，鼓励行业组织自主形成监管措施，在非执法层面与企业达成合规共识；同时建立案件转介路径，为不遵循自律组织整改建议的企业戴上“紧箍咒”，增强自律组织的威慑力。(2)规制路径多元。美国的规制路径主要包括美国联邦贸易委员会执法、各州检察长提起诉讼及消费者的集体诉讼。目前多数企业会选择达成和解协议，除支付高额赔偿金 / 退款之外，更重要的是达成整改方案，在弥补消费者权益的损害、整顿市场竞争的同时，从商业实践本质上降低乃至消除“黑模式”的负面影响。

美国的典型案例包括 Google 等头部平台“黑模式”案例（见表 2–8–6）。

表 2–8–6　美国对黑模式的监管

“黑模式”类型	涉及平台	监管内容
灯下黑	Age of Learning, Inc.（在线儿童教育平台）	1.“黑模式”内容：在注册页面上，Age of Learning 表示会员费为 12 个月一次性 59.95 美元或四期等额分期付款 19.75 美元 / 期，用户可随时取消其会员资格。但是，Age of Learning 并没有在其会员注册页面上披露会员资格每年自动更新，用户需访问单独的超链接才能访问具体的会员协议，且该页面所披露的信息的字体也比页面上的其余部分要小，位置在页面底部一长串条款和条件附近

〔1〕《联邦贸易法案》第 5 章规定禁止不公平或欺骗性的行为或做法。

〔2〕《减少对在线用户的欺骗性体验（草案）》未明确提及“黑模式”，但就操纵用户界面有关的不公平和欺骗性行为和做法进行了规制。

〔3〕《加州消费者隐私保护法修正案》主要是在消费者行使“选择退出权”（Opt–out）方面规制“黑模式”。

〔4〕《加州隐私权法》明确了“黑模式”的定义，明确通过使用“黑模式”而获得的用户同意并不构成“同意”。

〔5〕《科罗拉多州隐私法》明确“黑模式”的定义，并明确通过使用“黑模式”而获得的用户同意并不构成“同意”。

续表

“黑模式”类型	涉及平台	监管内容
		2. 监管方式：2020 年，美国联邦贸易委员会向 Age of Learning, Inc. 所在地联邦地区法院（加利福尼亚州中部地区）指控其欺诈消费者，要求寻求永久禁令救济、恢复原状、退还已收取款项等救济。 3. 监管结果 / 进展：Age of Learning 以 1000 万美元与 FTC 达成和解，其中超过 970 万美元将用于 206，814 名消费者的退款
隐私迷宫	Google（在线搜索平台）	1. “黑模式”内容：Google 在用户不知情的情况下收集了额外的位置数据，并阻碍用户拒绝位置数据收集，用户必需浏览多个互相冲突的设置页面（Google 账户设置页面及设备设置页面）以保护他们的位置数据，然而这些设置并不相通，禁用其中一个设置并不阻碍 Google 根据其他设置收集和储存用户的位置数据。 2. 监管方式：2022 年，华盛顿特区、华盛顿州、印第安纳州、得克萨斯州等州检察长分别提起诉讼，指控 Google 利用“黑模式”侵犯消费者权益。 3. 监管结果 / 进展：谷歌已同意与 40 个州达成 3.915 亿美元的和解协议
超过必要	Noom（减肥健康类应用）	1. “黑模式”内容：Noom 以欺骗性的承诺诱导用户加入免费的会员试用期计划，声称若用户在试用期内认为该计划不适合自己，则无需其他操作，仍可以继续使用 App。然而事实上是用户必需自主通过 App 指定联系人取消其账户，而该联系人通常不会在免费试用期或付款期结束之前作出回应，从而导致用户陷入昂贵的自动注册会员资格数月。 2. 监管方式：受侵害的消费者以集体诉讼形式向美国纽约南部地区法院指控 Noom 侵犯消费者权益。 3. 监管结果 / 进展：Noom 以 6200 万美元达成和解，并同意在未来 2 年内针对商业实践进行变更（如在用户订阅会员前以更明确的方式向用户说明订阅和取消政策等）

五、小结

“黑模式”无处不在。它通过五花八门的界面设计与文字，操纵用户作出无意识、非自愿且可能有害的决定。这或许会为企业带来短期的利益提升，但从长期来看，最终会因侵犯用户的消费者权益、个人信息权益及造成不正当竞争，而为企业、用户及整个市场带来长期的负面影响。

事实上，欧盟、美国等已经意识到了滥用“黑模式”所带来的危害，纷纷通过出台相应法律法规或以司法、行政执法的方式，实现对于“黑模式”的合规监管。而对于当下平台经济飞速发展的中国而言，“黑模式”又将何去何从?

下一节我们将结合中国“黑模式”的现状，探讨中国对于“黑模式”的监管趋势。

第八节 “黑模式”进行时：平台的下一个数据合规风口

上一节我们清楚了“黑模式”的定义，熟悉了“黑模式”的基本形态和主要场景，也分析了欧美国家对“黑模式”的规制法案以及相关的案例。

本节我们将在摸清国内平台“黑模式”现状的基础上，梳理、分析国内的“黑模式”监管实操，借鉴域外先进经验，为平台侧与监管侧提出初步法律建议，希冀以此为起点，通过“黑模式”的合规监管，实现平台创新、用户利益与市场竞争秩序的平衡，助力平台良性、健康发展。

一、无处不在的“黑模式”? 国内平台“黑模式”现状

虽然“黑模式”并非源于我国，但我国各大互联网平台早已“深谙其道”。对此，我们比照当前主要的典型“黑模式”类型，对国内主流平台进行了合规测评，发现其已然成为“重灾区”：

(一)基于内容的黑模式

1. 情绪引导

在某头部长视频 App 的“个性化内容推荐”关闭界面上，该平台通过“错失您更感兴趣的内容”等表述对用户进行情绪引导，鼓励用户保持设置开启的状态(见图 2-8-19)。与之形成鲜明对比的是，该平台在“删除观看历史”的解释说明文字中则是以相对中立的态度进行陈述。

2. 矛盾的信息

在某头部社交网络 App 的隐私设置界面中，文字表述与系统设置并不匹配。一般情况下，若界面上的开关在右边，通常与功能的开启有关，但在该平台中，却

代表着功能的关闭（见图 2–8–20）。该平台通过相反的表述引导用户对“不允许”通讯录推荐好友 / 通过手机号搜索好友的开关保持默认关闭状态，容易造成用户理解歧义，导致用户产生错误认识，从而未进行正确设置。

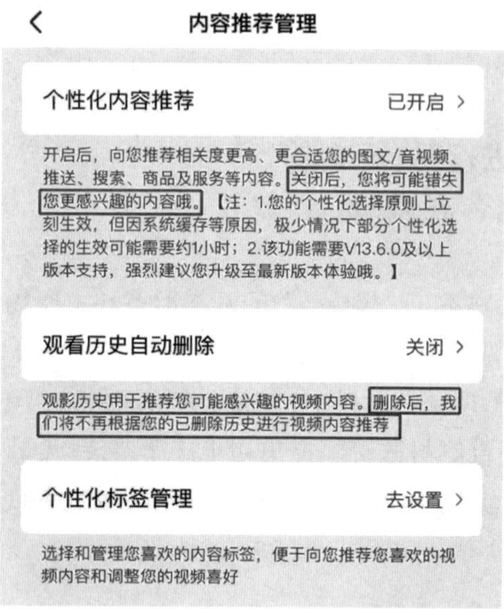

图 2–8–19　某 App“内容推荐管理”界面

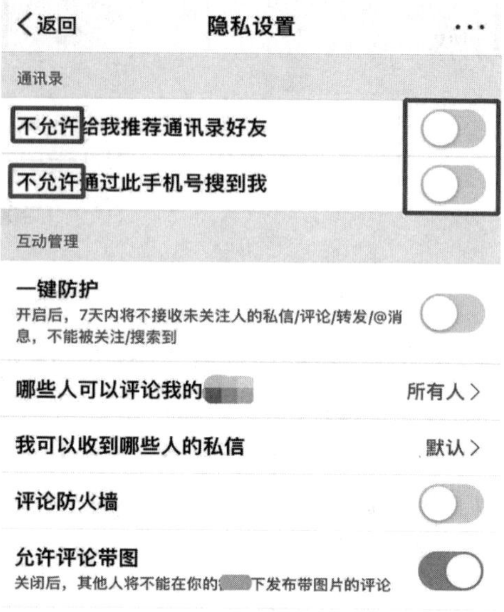

图 2–8–20　某 App 隐私设置界面

3. 信息过载

当新注册用户进入某头部社交网络 App 时，该平台会直接替用户选择潜在感兴趣的博主并默认勾选为一键关注，当用户点击页面左下角底部的“取消勾选”进入使用界面时，该平台又跳出弹窗再次挽留用户，用户需要再次点击“进入”按钮后才能真正抵达使用界面，但此时平台又会设置弹窗提示用户关注其推荐的博主（见图 2–8–21）。用户在不堪其扰的情形下，可能会“屈服”于平台的推荐选择，但真的关注后，用户却没有被赋予“一键取关”的权利。

4. 缺少层次感

在某头部在线搜索引擎 App 的用户设置界面，前后临近的两个功能设置页面的表述并不一致（见图 2–8–22）（前者文字表述与功能设置正向匹配，功能打开即意味着开启，后者文字表述与功能设置反向匹配功能打开意味着关闭），缺少层次感，容易引起用户惯性思维，造成误解。

图 2-8-21 某 App 推荐关注界面

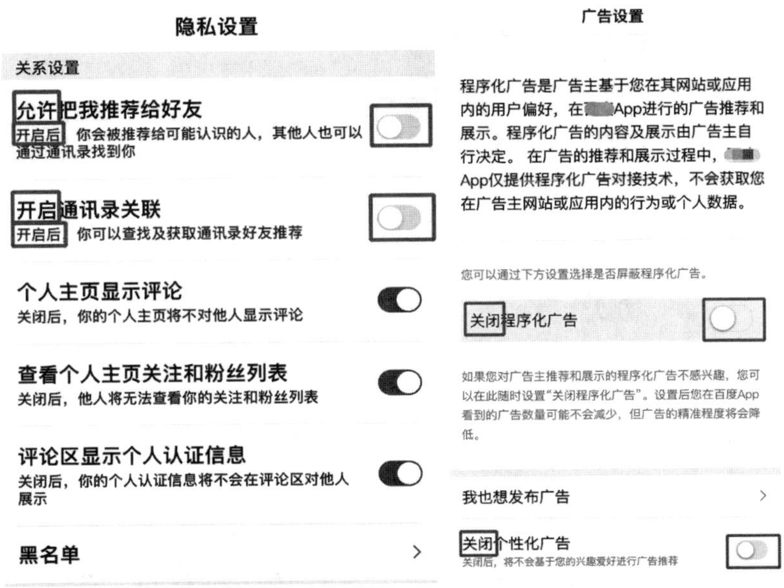

图 2-8-22 某 App 用户设置界面

（二）基于界面的“黑模式”

1. 灯下黑

在某头部在线旅行服务平台中，当用户下单购买高铁票并点击支付时，该平台会跳出保险购买弹窗，将语焉不详的“退改不用愁，添份保障更安心”以大字标识，将“是否添加 ×× 全能保障套餐”以小字形式呈现，同时“是”的点击按钮赋之以显眼的颜色（见图 2–8–23）。用户在不注意的情形下极有可能误操作点击“是”，从而购买不必要的平台产品。

2. 默认选项

在某头部电商平台的商品结算页面，该平台旗下信用支付产品“白条”结算功能被默认选中（见图 2–8–24）。这就使用户在不注意的情况下可能就激活、开通了该信用支付，从而侵犯了用户自主选择权。

图 2–8–23 某 App 购票支付设置

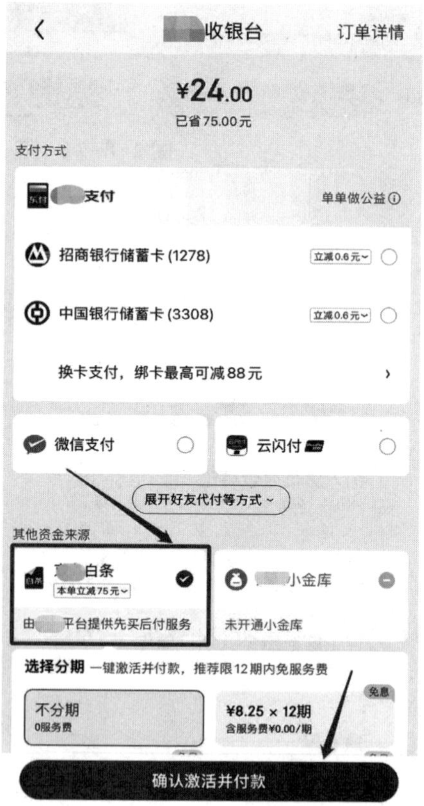

图 2–8–24 某 App 默认选项设置

3. 超过必要

在某头部即时通讯 App 中，各个子功能板块的个性化推荐功能均是一键默认开启，但关闭路径却是单独的路径（见图 2-8-25），为用户便捷地行使个性化推荐的拒绝权施加各种阻碍或障碍。

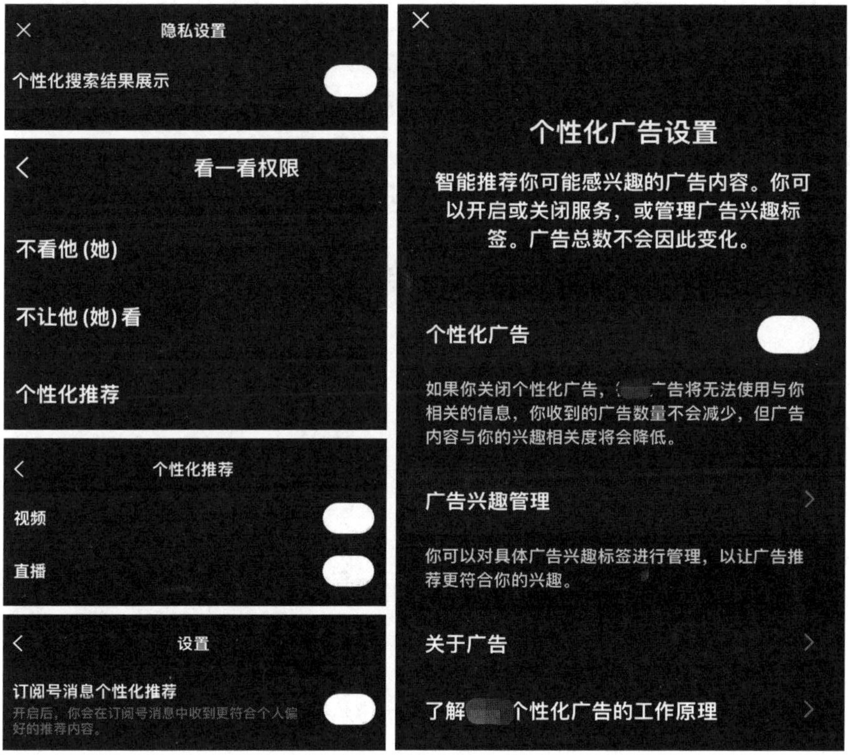

图 2-8-25 某 App 个性化推荐和关闭路径

4. 隐私迷宫

某头部短视频 App 虽然在隐私政策中提及系统权限设置并列出清单供用户查看，但并未说明具体的关闭路径，用户点击链接跳转查看清单时也无法获取关闭路径。同时，在用户的设置界面，“应用权限”被单独成立一个子功能菜单，但用户点击后仅可查看清单。只有当用户单击“隐私”设置中的“系统权限”后，才能进行关闭（见图 2-8-26）。如此复杂艰深且未作任何说明的页面 / 路径设置，很有可能迫使用户最终放弃相应选择。

图 2-8-26　某 App 隐私迷宫

二、“黑模式”监管进行时：国内立法及执法实践

虽然国内还未正式形成“黑模式”的概念，但相关立法与执法其实已出手对其进行规制（见图 2-8-27）。

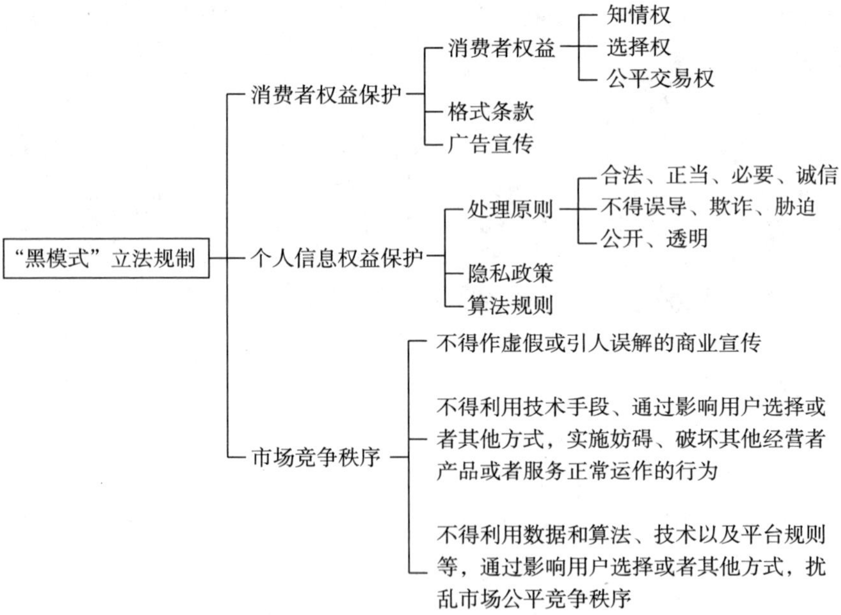

图 2-8-27　国内对“黑模式”的立法规制

（一）国内对"黑模式"的立法规制

1. 消费者权益保护相关法律规制

国内在消费者权益保护方面对"黑模式"的规制见表 2-8-7。

表 2-8-7 消费者权益保护相关法律规制

要点	内容
消费者权益	《消费者权益保护法》 第 8 条：消费者享有知悉其购买、使用的商品或者接受的服务的真实情况的权利。 第 9 条：消费者享有自主选择商品或者服务的权利。消费者有权自主选择提供商品或者服务的经营者，自主选择商品品种或者服务方式，自主决定购买或者不购买任何一种商品、接受或者不接受任何一项服务。消费者在自主选择商品或者服务时，有权进行比较、鉴别和挑选。 第 10 条：消费者享有公平交易的权利。消费者在购买商品或者接受服务时，有权获得质量保障、价格合理、计量正确等公平交易条件，有权拒绝经营者的强制交易行为。
格式条款	《民法典》 第 496 条：采用格式条款订立合同的，提供格式条款的一方应当遵循公平原则确定当事人之间的权利和义务，并采取合理的方式提示对方注意免除或者减轻其责任等与对方有重大利害关系的条款，按照对方的要求，对该条款予以说明。提供格式条款的一方未履行提示或者说明义务，致使对方没有注意或者理解与其有重大利害关系的条款的，对方可以主张该条款不成为合同的内容。 《电子商务法》 第 33 条：电子商务平台经营者应当在其首页显著位置持续公示平台服务协议和交易规则信息或者上述信息的链接标识，并保证经营者和消费者能够便利、完整地阅览和下载。
广告宣传	《消费者权益保护法》 第 20 条：经营者向消费者提供有关商品或者服务的质量、性能、用途、有效期限等信息，应当真实、全面，不得作虚假或者引人误解的宣传。 《互联网广告管理办法》 第 10 条：以弹出等形式发布互联网广告，广告主、广告发布者应当显著标明关闭标志，确保一键关闭，不得有下列情形： （一）没有关闭标志或者计时结束才能关闭广告；（二）关闭标志虚假、不可清晰辨识或者难以定位等，为关闭广告设置障碍；（三）关闭广告须经两次以上点击；（四）在浏览同一页面、同一文档过程中，关闭后继续弹出广告，影响用户正常使用网络；（五）其他影响一键关闭的行为。 启动互联网应用程序时展示、发布的开屏广告适用前款规定。 第 11 条：不得以下列方式欺骗、误导用户点击、浏览广告：（一）虚假的系统或者软件更新、报错、清理、通知等提示；（二）虚假的播放、开始、暂停、停止、返回等标志；（三）虚假的奖励承诺；（四）其他欺骗、误导用户点击、浏览广告的方式。

2. 个人信息权益保护相关法律规制

国内在个人信息权益保护方面对"黑模式"的规制见表 2-8-8。

表 2-8-8　个人信息权益保护相关法律规制

要点	内　　容
处理原则	《个人信息保护法》 第 5 条：处理个人信息应当遵循合法、正当、必要和诚信原则，不得通过误导、欺诈、胁迫等方式处理个人信息。 第 7 条：处理个人信息应当遵循公开、透明原则，公开个人信息处理规则，明示处理的目的、方式和范围。
隐私政策	《App 违法违规收集使用个人信息行为认定方法》 《数据安全管理办法（征求意见稿）》 第 9 条：如果收集使用规则包含在隐私政策中，应相对集中，明显提示，以方便阅读。另仅当用户知悉收集使用规则并明确同意后，网络运营者方可收集个人信息。 第 10 条：网络运营者应当严格遵守收集使用规则，网站、应用程序收集或使用个人信息的功能设计应同隐私政策保持一致，同步调整。
算法规制	《互联网信息服务算法推荐管理规定》 第 4 条：算法推荐服务提供者提供算法推荐服务，应当遵守法律法规，尊重社会公德和伦理，遵守商业道德和职业道德，遵循公正公平、公开透明、科学合理和诚实信用的原则。 第 15 条：算法推荐服务提供者应当向用户提供不针对其个人特征的选项，或者向用户提供便捷的关闭算法推荐服务的选项。

3. 市场竞争秩序相关法律规制

除《反不正当竞争法（修订草案征求意见稿）》新规定的“黑模式专条”外，现行《反不正当竞争法》其实也对“黑模式”有所规制，如第 8 条规制的虚假与引人误解的宣传行为、第 12 条规制的利用技术手段妨碍、破坏其他经营者的行为等。

（二）国内“黑模式”的执法实践

执法实践中，虽然相关案例没有直接以“黑模式”进行阐述，但其实对于“黑模式”带来的实质危害行为已有所规制。

1. 消费者权益保护领域

如在黄某某与亚马逊电商平台网络服务合同纠纷案[1]中，原告黄某某主张被告亚马逊电商平台以“免费试享”为由误导其订阅会员服务且自动续费，要求其退还会员费并赔偿经济损失。法院认为，亚马逊电商公司具有多年经营电子商务平台的成熟经验且规模较大，却故意隐瞒“免费试享”期限，且在网页页面和申请流

〔1〕 参见（2019）京 0491 民初 18396 号民事判决书，该案由北京互联网法院于 2021 年 7 月 31 日作出裁判。

程的设计上只突出“××会员”会费优惠和会员权益等宣传内容，对预付费和自动扣费却使用模棱两可的语言避免消费者直接、明确地获得该信息，主观上存在隐瞒并误导消费者的故意，最终判定亚马逊电商平台构成欺诈。

2. 个人信息权益保护领域

如在吴某某诉某某网购 App 等违规提供用户个人信息纠纷案[1]中，原告吴某某主张某网购 App 在其不知情的情形下将其个人信息共享给关联第三方支付机构及银行以开通“某钱包”支付应用功能，侵犯其个人信息权益。在该网购 App 开通“某钱包”的页面上，仅显示有一份服务协议，需再次点击后才显示共有 5 份协议，包括某网购 App 服务协议及隐私政策、快捷支付协议、支付付款授权服务协议等。法院认为，某网购 App 平台并未通过弹窗提示等方式就其共享用户个人信息至其关联第三方支付机构及相关银行一事明确予以告知并单独征得其授权同意，仅将相关的告知事项隐含于“服务协议”之中并默认同意，不符合知情同意原则的要求，其处理行为缺乏合法性基础，侵犯了原告的个人信息权益。

3. 市场竞争秩序领域

如在浙江淘宝网络公司等与北京易车公司不正当竞争纠纷案[2]中，虽然案件争议焦点在于易车公司在淘宝公司旗下 App 页面设置“网页插件”强迫用户跳转的行为是否构成不正当竞争，但其产品设计实质也构成了对用户权益的损害。用户在下载易车旗下 App 后如果再访问淘宝公司旗下 App，弹出的页面则仅显示打开易车旗下 App 的提示框，且用户只能选择“打开”或“取消”。法院认为易车公司不当引流的行为干扰了用户正常的网络购物，侵害了消费者的知情权和自主选择权等合法权益，最终认定其构成不正当竞争行为。

三、“黑模式”未来已至：平台的下一个合规风口

从上文我国对于“黑模式”的立法规制及执法实践中可以看出，“黑模式”监

---

〔1〕 该案一审法院是杭州互联网法院，案号是（2021）浙 0192 民初 2929 号，二审法院是杭州市中级人民法院，案号是（2021）浙 01 民终 12780 号，判决书未公开，系根据公众号文章《从“拼多多共享数据侵权”案，探讨关联主体数据“互通”法则》（https://mp.weixin.qq.com/s?__biz=Mzg3NDU0MDg3Nw==&mid=2247488321&idx=1&sn=ea85043e4cb941cf5ddfe9ba00931712&chksm=cece6963f9b9e07505f24284216c572dc6fa9e81ca99fe99994a678d9c4742200c36233ca8b0&scene=21#wechat_redirect，2022 年 12 月 20 日第一次访问）及相关新闻报道等整理而成。

〔2〕 参见杭州市中级人民法院（2020）浙 01 民终 8743 号民事判决书。

管已然是“进行时”，各大互联网平台对此不应再抱有侥幸心理。但不可否认的是，“黑模式”的隐蔽性与模糊性，确实为监管部门合规监管带来阻碍。对此，我们分别从平台端与监管端提出如下建议：

（一）平台端：合规先行、拥抱监管

1.“将合规融入设计”。对于各大互联网平台而言，与其事后被动监管，不如在事前做好合规实践应对，“将合规融入设计”（Compliance by Design），在上线新产品 / 重要功能迭代时，由平台内部合规 / 法务部门或委托外部第三方专业机构（如律师事务所等）参与到合规评审过程中，及时识别合规风险并采取相应风险控制措施。同时，在平台内部将合规要点形成规范制度，形成合规文化，由各部门、各人员自主形成合规意识并运用到各项工作与活动中。

2. 拥抱监管。平台应保持与主管部门以及消费者保护协会、行业协会等自律组织的良好沟通互动，充分阐述产品 / 功能设置的初衷与意图，减少双方对于彼此的误解。同时，如果被发现可能涉嫌合规问题，平台应及时进行合规自查，按照监管部门的意见及时有序进行对照整改。

（二）监管端：包容审慎、鼓励创新

1. 监管主体多元。无论是欧盟还是美国，监管部门在执法过程中都很注重消费者保护协会、行业协会等自律组织发挥的有益补充监管作用。对此，我国在监管主体的设置上可以参照。自律组织会更了解行业运营模式与企业需求，可以帮助监管部门作出更明智的决策。

2. 执法维度细分。我国当前在“黑模式”主要涉及领域已经有相应立法规制与执法实践，可考虑在垂直行业（如电商行业、短视频行业等）或合规细分领域（如自动续费、账号注销等）实现进一步精细化监管，针对性地制定规范细则及 / 或展开执法行动。

3. 不应“以罚代管”，充分尊重企业辩护权。“黑模式”监管的主要障碍在于难认定、难识别。如不少平台设置“二次确认”环节的初衷确实是担心用户误触、误点，但过程中却可能对用户行使权利造成阻碍。因此，监管部门在执法过程中应当借鉴域外经验，充分尊重涉案平台的意见，可在前期通过问询函、建议函等形式进行初步沟通，了解平台的想法和意见，并根据平台的反馈决定采取下一步行动。同时，执法时应以合规监管为导向而非仅以违规处罚为导向，若平台能够形成整改方案并及时落实，可以考虑减轻处罚或不予处罚。

四、结语

事实上，“黑模式”已逐渐引起监管部门的注意，虽没有冠之以“黑模式”之名，但已在立法与执法层面被规制。

作为下一个数据合规风口，各大互联网平台不应被动等待事后的“黑模式”监管，而应当“将合规融入设计”，提前、主动地将合规要求融入到业务和各项活动中。同时，监管侧应充分尊重平台意见，切忌“一刀切”监管、“以罚代管”，而应借助消费者保护协会、行业协会等自律组织的自治力量，形成监管的有益补充。

CEO TIPS

本章的四大热点已成为您必须直面的数据合规“刚需”问题：爬虫代表数据获取路径合规问题，算法代表数据处理的合规问题，个性化推荐代表算法在商业变现中的合规问题，“黑模式”代表监管的下一个风暴眼。

1. 算法透明：

目前的算法备案制只能算是算法透明监管的起点。算法叠加应用场景，就很难保持中立。算法透明的监管要求正在被不断完善。因此，您需要在算法透明和个人信息保护之间，在算法备案的公示义务和知识产权、商业秘密保护之间把握平衡。

2. 个性化推荐的拒绝权后置：

监管赋予个性化推荐商业上一定的自由度，这种自由度我们将其称为个性化推荐拒绝权的后置设计机制，核心是个人仅拥有的个性化推荐发生以后的拒绝权。但是这个机制是以对个人的充分告知以及提供拒绝便利为前提的。并且个人对标签的控制权已成为个人法定权益，是对拒绝权后置机制下个人信息保护权益的向前延伸。“无标签、不推荐”已是商业共识，因此您需要关注在个人标签控制权的保障，以持续释放商业价值。

3. 爬虫上岸：

除了侵权和不正当竞争下的民事及行政责任，对于一家企业、包括您在内的核心管理人员来说，爬虫治理已经上升到了刑事责任维度。因此本章用四小节来体系化说明爬虫可能构成的风险责任，以及可以防范和脱罪的合规方案。您需要掌握爬虫责任形成的基本逻辑以及风险边界，便于判断是否值得采用特定的技术来支撑业务的持续发展，并在此决策基础上部署相应的防御和应急措施。防御措施中，需重点关注 ISO37301 合规管理体系认证带来的合规不起诉的保障性价值。

4.“黑模式”潜水：

“黑模式”的核心在于“诱导”决策。纵观欧美大量“黑模式”诱导个人决策的处罚案例以及国内法规的修订进程，我们得出基本判断：国内接下来的个人信息合规监管方向，将会聚焦在企业提供的服务或产品与用户交互的界面上的“黑模式”监管维度。未来已来，您需要重点关注产品呈现中的“黑模式”形态，为即将到来的监管做好准备。

附录：本书相关法律法规

发布机关	法律文件	发布时间	生效时间
全国人民代表大会、全国人民代表大会常务委员会	《宪法》	1982年12月4日	1982年12月4日
	《刑法修正案（七）》	2009年2月28日	2009年2月28日
	《治安管理处罚法》（2012年修正）	2012年10月26日	2013年1月1日
	《全国人民代表大会常务委员会关于加强网络信息保护的决定》	2012年12月28日	2012年12月28日
	《网络安全法》	2016年11月7日	2017年6月1日
	《刑法修正案（九）》	2015年8月29日	2015年11月1日
	《电子商务法》	2018年8月31日	2019年1月1日
	《电子签名法》（2019年修订）	2019年4月23日	2019年4月23日
	《密码法》	2019年10月26日	2020年1月1日
	《民法典》	2020年5月28日	2021年1月1日
	《未成年人保护法》（2020年修订）	2020年10月17日	2021年6月1日
	《刑法修正案（十一）》	2020年12月26日	2021年3月1日
	《数据安全法》	2021年6月10日	2021年9月1日
	《个人信息保护法》	2021年8月20日	2021年11月1日

续表

发布机关	法律文件	发布时间	生效时间
国务院、国务院办公厅	《互联网信息服务管理办法》（2011年修订）	2011年1月8日	2011年1月8日
	《计算机信息网络国际联网安全保护管理办法》（2011年修订）	2011年1月8日	2011年1月8日
	《信息网络传播权保护条例》（2013年修订）	2013年1月30日	2013年3月1日
	《科学数据管理办法》	2018年3月17日	2018年3月17日
	《关键信息基础设施安全保护条例》	2021年7月30日	2021年9月1日
最高人民法院、最高人民检察院	《最高人民法院、最高人民检察院关于办理危害计算机信息系统安全刑事案件应用法律若干问题的解释》	2011年8月1日	2011年9月1日
	《最高人民法院、最高人民检察院关于办理利用信息网络实施诽谤等刑事案件适用法律若干问题的解释》	2013年9月6日	2013年9月10日
	《最高人民法院、最高人民检察院关于办理侵犯公民个人信息刑事案件适用法律若干问题的解释》	2017年5月8日	2017年6月1日
	《最高人民法院、最高人民检察院关于办理非法利用信息网络、帮助信息网络犯罪活动等刑事案件适用法律若干问题的解释》	2019年10月21日	2019年11月1日
最高人民法院	《最高人民法院关于审理利用信息网络侵害人身权益民事纠纷案件适用法律若干问题的规定》（2020年修正）	2020年12月29日	2021年1月1日
	《最高人民法院关于审理侵害信息网络传播权民事纠纷案件适用法律若干问题的规定》（2020年修正）	2020年12月29日	2021年1月1日

续表

发布机关	法律文件	发布时间	生效时间
最高人民法院	《最高人民法院关于审理使用人脸识别技术处理个人信息相关民事案件适用法律若干问题的规定》	2021 年 7 月 27 日	2021 年 8 月 1 日
	《最高人民法院关于审理网络消费纠纷案件适用法律若干问题的规定（一）》	2022 年 3 月 1 日	2022 年 3 月 15 日
最高人民检察院	《检察机关办理侵犯公民个人信息案件指引》	2018 年 11 月 9 日	2018 年 11 月 9 日
国家互联网信息办公室	《数据安全管理办法（征求意见稿）》	2019 年 5 月 28 日	
	《数据出境安全评估办法》	2022 年 7 月 7 日	2022 年 9 月 1 日
	《个人信息出境标准合同办法》	2023 年 2 月 22 日	2023 年 6 月 1 日
	《儿童个人信息网络保护规定》	2019 年 8 月 22 日	2019 年 10 月 1 日
	《网络信息内容生态治理规定》	2019 年 12 月 15 日	2020 年 3 月 1 日
	《互联网用户公众账号信息服务管理规定》（2021 年修订）	2021 年 1 月 22 日	2021 年 2 月 22 日
	《移动互联网应用程序信息服务管理规定》（2022 年修订）	2022 年 6 月 14 日	2022 年 8 月 1 日
	《互联网跟帖评论服务管理规定》（2022 年修订）	2022 年 11 月 16 日	2022 年 12 月 15 日
	《互联网用户账号信息管理规定》	2022 年 6 月 27 日	2022 年 8 月 1 日
	《数据出境安全评估办法》	2022 年 7 月 7 日	2022 年 9 月 1 日
	《未成年人网络保护条例（征求意见稿）》	2022 年 3 月 14 日	

续表

发布机关	法律文件	发布时间	生效时间
公安部	《网络安全等级保护条例(征求意见稿)》	2018年6月27日	
	《公安机关互联网安全监督检查规定》	2018年9月15日	2018年11月1日
工业和信息化部	《电信和互联网用户个人信息保护规定》	2013年7月16日	2013年9月1日
	《工业和信息化领域数据安全管理办法(试行)》	2022年12月8日	2023年1月1日
全国信息安全标准化技术委员会	《网络安全实践指南——移动互联网应用基本业务功能必要信息规范》	2019年6月1日	2019年6月1日
	《网络安全标准实践指南——网络数据分类分级指引》	2021年12月31日	2021年12月31日
国家市场监督管理总局、国家标准化管理委员会	《信息安全技术　个人信息安全规范》	2020年3月6日	2020年10月1日
	《信息安全技术　移动互联网应用程序(App)收集个人信息基本要求》	2022年4月15日	2022年11月1日
	《信息安全技术　网络安全等级保护基本要求》	2019年5年10日	2019年12月1日
国家互联网信息办公室、公安部	《具有舆论属性或社会动员能力的互联网信息服务安全评估规定》	2018年11月15日	2018年11月30日
文化部(已撤销)	《互联网文化管理暂行规定》(2017年修订)	2017年12月15日	2017年12月15日
中央网络安全和信息化委员会办公室、工业和信息化部、公安部、国家市场监督管理总局	《关于开展App违法违规收集使用个人信息专项治理的公告》	2019年1月23日	2019年1月23日
App专项治理工作组	《App违法违规收集使用个人信息自评估指南》	2019年3月3日	2019年3月3日
公安部、北京市网络行业协会	《互联网个人信息安全保护指南》	2019年4月10日	2019年4月10日

续表

发布机关	法律文件	发布时间	生效时间
国家互联网信息办公室、工业和信息化部、公安部、国家市场监督管理总局	《App 违法违规收集使用个人信息行为认定方法》	2019 年 11 月 28 日	2019 年 11 月 28 日
国家市场监督管理总局、国家标准化管理委员会	《信息安全技术 个人信息安全影响评估指南》	2020 年 11 月 19 日	2021 年 6 月 1 日
国家互联网信息办公室、工业和信息化部、公安部、国家市场监督管理总局	《常见类型移动互联网应用程序必要个人信息范围规定》	2021 年 3 月 12 日	2021 年 5 月 1 日
国家市场监督管理总局	《网络交易监督管理办法》	2021 年 3 月 15 日	2021 年 5 月 1 日
工业和信息化部、国家互联网信息办公室、公安部	《网络产品安全漏洞管理规定》	2021 年 7 月 12 日	2021 年 9 月 1 日
国家互联网信息办公室、国家发展和改革委员会、工业和信息化部、公安部、交通运输部	《汽车数据安全管理若干规定（试行）》	2021 年 8 月 16 日	2021 年 10 月 1 日
中央网络安全和信息化委员会办公室	《关于进一步加强娱乐明星网上信息规范相关工作的通知》	2021 年 10 月 26 日	2021 年 10 月 26 日
国家互联网信息办公室、国家发展和改革委员会、工业和信息化部、公安部、国家安全部、财政部、商务部、中国人民银行、国家市场监督管理总局、国家广播电视总局、中国证券监督管理委员会、国家保密局、国家密码管理局	《网络安全审查办法》	2021 年 12 月 28 日	2022 年 2 月 15 日
国家互联网信息办公室、工业和信息化部、公安部、国家市场监督管理总局	《互联网信息服务算法推荐管理规定》	2021 年 12 月 31 日	2022. 年 3 月 1 日
国家互联网信息办公室、工业和信息化部、公安部	《互联网信息服务深度合成管理规定》	2022 年 11 月 25 日	2023 年 1 月 10 日
中国人民银行、工业和信息化部、国家互联网信息办公室、中国银行保险监督管理委员会、中国证券监督管理委员会、国家外汇管理局、国家知识产权局	《金融产品网络营销管理办法（征求意见稿）》	2021 年 12 月 31 日	